Thomas Etzemüller
Landschaft und Nation

Thomas Etzemüller, geb. 1966, ist Professor für Kulturgeschichte der Moderne an der Universität Oldenburg. Er studierte Geschichte, empirische Kulturwissenschaften und Filmwissenschaft in Tübingen und Stockholm. Seine Forschungsschwerpunkte sind die europäische Kulturgeschichte seit 1800 und die Wissenschaftsforschung.

Thomas Etzemüller

Landschaft und Nation

Rhein – Dalarna – England

[transcript]

Gedruckt mit freundlicher Unterstützung der Geschwister Boehringer Ingelheim Stiftung für Geisteswissenschaften in Ingelheim am Rhein sowie der Deutschen Forschungsgemeinschaft.

Bibliografische Information der Deutschen Nationalbibliothek
Die Deutsche Nationalbibliothek verzeichnet diese Publikation in der Deutschen Nationalbibliografie; detaillierte bibliografische Daten sind im Internet über http://dnb.dnb.de abrufbar.

Umschlaggestaltung: Kordula Röckenhaus, Bielefeld
Umschlagabbildung: Franz Jensen, »Blick von Schloss Ernich auf Unkel, Remagen und die Erpeler Ley« (Öl auf Leinwand, 1934; Sammlung RheinRomantik, Slg. Nr. 091). Der Bilderrahmen ist montiert, um den medialen Charakter der Landschaftswahrnehmung zu verdeutlichen.
Satz: Jan Gerbach, Bielefeld
Druck: Majuskel Medienproduktion GmbH, Wetzlar
Print-ISBN 978-3-8376-6100-2
PDF-ISBN 978-3-8394-6100-6
https://doi.org/10.14361/9783839461006
Buchreihen-ISSN: 2702-9409
Buchreihen-eISSN: 2702-9417

Gedruckt auf alterungsbeständigem Papier mit chlorfrei gebleichtem Zellstoff.
Besuchen Sie uns im Internet: *https://www.transcript-verlag.de*
Unsere aktuelle Vorschau finden Sie unter *www.transcript-verlag.de/vorschau-download*

Inhalt

Prolog

Wie schön muss es einst am romantischen Rhein gewesen sein. Der Fluss mäanderte durch eine wilde Landschaft, auf deren Bergspitzen heroische Burgruinen standen, die von einer großen deutschen Vergangenheit kündeten. An den Hängen wuchs der liebliche Rheinwein, an den Ufern pittoreske Fachwerkstädtchen, und man wusste sich selbstverständlich all die Sagen zu erzählen, die in das europäische Kulturgut eingegangen sind: Achim von Arnim, Clemens Brentano und Robert Schumann sei Dank. Schon 1850 war alles dahin. Die Eisenbahn zerstörte schöne Perspektiven, die Industrie setzte ihre rücksichtslosen Akzente, und als die Ansichtspostkarte in den Kiosken mit »ihrer blanken und billigen Buntheit« erschien, war auch der »gute[n], alte[n] Vedutenkunst« der Garaus bereitet.[1] Nach dem Zweiten Weltkrieg wurde es nur trostloser. Bahnlinien, Bundesstraßen, Neubaugebiete und das Arp-Museum in Rolandseck – die Moderne hat den Rhein besinnungslos verunstaltet.[2] Touristen wurden mit Sonderzügen »an die sattsam bekannten Aussichtspunkte gespült«, ihre »Restaurationswagen befeuchten die fröhliche, fahrbare Rheinromantik«.[3] Das Paradies, das die Urlauber suchten, zerstörten sie. Die Landschaft: »vom Strombett bis hinauf zu den Höhen, reguliert, begradigt, verbaut«.[4] Die Romantik: »aufbereitet für den Massenkonsum«.[5] Da verkommt selbst der edle Tropfen, denn »[h]eute erlauben die modernen Verarbeitungsprozeduren [...] einen guten Konsumwein zu erreichen, der allerdings seinen Charakter als Rheinwein verloren hat«.[6] Angesichts dieser Verheerungen blieb, wie der Publizist und Mitherausgeber der »Frankfurter Allgemeinen Zeitung« Karl Korn zu Heiligabend 1964 in seinem Blatt wehmütete, »empfindsamen Gemütern nur noch übrig, schöne alte Rheinansichten in kolorierten Stichen zu sammeln und sie im Treppenhaus oder Hausflur dekorativ aufzuhängen«,[7] denn vor dem Haus fällt der Blick auf einen »zertrampelten Garten des Tourismus«, auf einen »Schuttabladeplatz der industrialisierten und vom Wohlstand gesättigten Gegenwart«.[8] Den »Kenner alter Landschaftsstiche vom Mittelrhein, der seine Veduten vergleicht mit Photographien der gleichen Motive unserer Zeit [...] [,] überkommt Betroffenheit und Trauer.«[9] Ihm ist eine Landschaft entwendet! Stahlstiche zeigen ihm, dass die Zeit *nicht stillgestellt* wurde, dass die Moderne sich nicht bremsen ließ. — —

Das wird nicht der Ton meines Buches sein. Die kulturpessimistischen Philippiken lesen sich ja ganz unterhaltsam, und wenn Horst-Johannes Tümmers dieses bildungsbürgerliche Drama mit Vorher-Nachher-Bildern illustriert, ist der Tadel noch eingängiger, noch evidenter: Vorher eine unversehrte Landschaft mit Segelschiffen, heute

Abb. 106: Robert Batty. Wasserdiligence
bei Andernach mit Blick auf Leutesdorf

Abb. 107: Heute ist der Blick auf die gleiche Landschaft
verstellt durch häßliche Verladerampen
und durch Verkehrsbauten

Abb. 1: Horst-Johannes Tümmers kulturpessimistische Gegenüberstellung eines
romantischen, unversehrten Rheins mit der Gegenwart. Die negative Wertung leuchtet
durch die visuelle Kraft der Bildauswahl unmittelbar ein – und genau deshalb sollte man
misstrauisch sein (Tümmers 1968: 125).

eine mit vermauerten Ufern und röhrenden Zügen (Abb. 1); auf dem Berg nicht mehr bloß die Marksburg, sondern benachbart auch die drei markanten Schornsteine einer Blei- und Silberhütte.[10] Viele dürften beipflichten, dass die Konsum- und Autogesellschaft so viel zerstört hat, wie ramschig die Drosselgasse ist, wie lärmend die Bundesstraßen und Bahnlinien, wie entwürdigend der Kitsch, die Säufer und die billige Poesie sind. Das trifft durchaus zu, und man kann sich mit dieser Kritik leicht auf der »richtigen« Seite positionieren, auf Seiten der Hochkultur, gegen einen entfremdenden Kommerz.[11] Allerdings finde ich diese Haltung zu schlicht.

Es gibt noch heute Standorte, von denen aus man nur Wasser und Bäume sieht, also Natur. Man kann den riesigen Steinbruch hinter der Burg Sooneck, der den Hang zernagt, leicht ignorieren – oder in den Blick rücken: Johanna Schopenhauer meinte 1831, dass Steinbrüche überhaupt erst das romantische Bild des Flusses vervollständigten. Man kann die weinselig trällernden Schiffspassagiere, die Verladeanlagen und Leitwerke im Fluss verachten oder unsentimental als Teil einer »ehrlichen« Landschaft würdigen, wie Schriftsteller oder Fotografen der »Neuen Sachlichkeit« das getan haben, deren Bilder für Tümmers bloß den Verfall der Rheinlandschaft belegen. Wie kommt es eigentlich, dass eine bereits im 18. Jahrhundert durch und durch kultivierte Landschaft, in der die Franzosen mit einer »Kunststraße« der heutigen Verkehrsflut den Weg gebahnt hatten, als »ursprünglich« wahrgenommen wurde? Schon die Stahlstiche, die uns die angeblich unversehrte Welt der Romantik vor Augen führen, waren seinerzeit ein *Massen*medium, das preisgünstig möglichst viele Touristen erreichen sollte. Wieso goutiert man den romantisierenden Wiederaufbau zahlloser Burgen, die Neuerrichtung »gotischer« Kirchen und die »Restaurierung« des Rolandsbogens im 19. Jahrhundert als »authentisch«? Mit dem Mittelalter hat das gar nichts mehr zu tun, und mit den Lebensbedingungen im Mittelalter erst recht nichts.

Das zeigt: Der Umgang mit Landschaften ist widersprüchlich und ambivalent, und zwar schon lange. Will man sich dem beleidigt entziehen, um bequemer sein Feindbild der Moderne pflegen zu können? Oder möchte man genauer hinschauen, weil sich plötzlich spannende Einsichten auftun, weil man entdeckt, wie vielfältig Zeitgenossen damals mit ihrer Gegenwart, den Veränderungen und dem Verblassen einer alten Welt umgegangen sind? Gewiss ist eine Welt verloren gegangen. Man mag das beklagen. Doch anregender ist es allemal, sie zu entziffern. »Die Zukunft des Rheins ist so trübe wie sein Wasser«, schrieb Tümmers 1968.[12] Ich werde die Geschichte anders erzählen.

Anmerkungen

1. Hässlin 1953: 27.
2. Biehn 1975; Häuser 1963; Jundt 1954; Kühn 1995; Riemann 1988; Schäfke ⁴2006; Schwarze (Hg.) 1966.
3. Tümmers 1968: 114.
4. Ebd.: 111f.
5. Fleckenstein 1988: 202.
6. Tümmers 1968: 121.
7. Zit. n. ebd.: 119.
8. Ebd.: 127.
9. Ebd.: 121.
10. Ebd.: 122-125.
11. So z.B. Gassen/Holeczek 1992c.
12. Tümmers 1968: 126.

Einleitung: Die Landschaft als Projektionsfläche

Wir lieben Ursprungsmythen. Zum Beispiel diesen hier: Ende April 1336 schrieb der Dichter Francesco Petrarca einen Brief, dass er den Mont Ventoux in der Provence bestiegen habe. Das wird zu der Jahreszeit kein angenehmes Erlebnis gewesen sein. Der Berg ist über 1900 Meter hoch, bis in den Mai hinein kann es schneien, und selbst im Sommer muss man mit einem empfindlich kühlen Wind rechnen. Petrarca also stand auf dem Mont Ventoux und ließ den Blick in die Ferne schweifen. Er habe sich die Mühe nur gemacht, um den Ausblick zu genießen, berichtete er, und diese zweckfreie Unternehmung muss so unerhört gewesen sein, dass der Philosoph Joachim Ritter sie zum Ausgang eines neuartigen, ästhetisch-kontemplativen Blicks auf die Natur erklärt hat.[1] Natur ist zur *Landschaft* geworden. – Solche Geschichten sind allerdings zu verführerisch. Es ist sogar umstritten, ob Petrarca tatsächlich oben gewesen ist, ob der Brief nicht vielmehr eine literarische Fiktion darstellt, lange nach dem angeblichen Ereignis verfasst.[2] Sein Bruder und zwei Diener waren ebenfalls aufgestiegen, und ein alter Schäfer behauptete, 50 Jahre vor ihnen diese Leistung vollbracht zu haben, er habe nur Dornen und Steine vorgefunden. Warum soll allein Petrarca plötzlich anders gesehen haben? Weil er dort oben in Augustinus' »Confessiones« über die Bewunderung der Natur las, die den Menschen auf sich selbst zurückwerfe? Weil er das erste *schriftliche* Dokument hinterlassen hat? Weil nach wie vor individuelle Entdecker höher im Kurs stehen als komplexe Prozesse, sowohl beim breiten Publikum als auch bei Professoren?

Tatsächlich dauerte die Ästhetisierung der Natur länger, denn die Geschichte ist, wie immer, komplizierter. Andere Reisende wären kaum auf die Idee gekommen, wie Petrarca einen Gipfel zu erklimmen. Was sollten sie dort? Sie wollten an ein Ziel gelangen, und ihre ohnehin beschwerlichen Wege führten bevorzugt durch die Ebene, durch Täler, längs der Flüsse und notfalls auch über die Pässe der Mittel- und Hochgebirge. Zumeist war dieser Raum den Reisenden feind, weil die wenigen Wege im Regen aufweichten und Anstiege beschwerlich waren – von wilden Tieren und Wegelagerern gleich zu schweigen. Bis weit ins 18. Jahrhundert hinein galt: Man reise nur, wenn es unabdingbar war, und gerade in den Bergen versuchte man, möglichst schnell hindurch zu kommen. Dass sich das änderte, verdankte sich einer langsamen und vielschichtigen Entwicklung. Urbanisierung und Technisierung waren genauso Voraussetzungen für einen neuen Blick auf die Natur, wie dieser Ursache dafür war, dass Städter die Dörfer als Urlaubsziele oder Künstlerkolonien entdeckten, deshalb Eisenbahnen und später auch Buslinien angelegt wurden, Verkehrswege bewusst schöne Landschaftsausschnitte erschließen sollten oder der Raum mit einer touristischen Infrastruktur überzogen wurde. Ein genaues Datum für die Umwertung eines Raums in eine Landschaft lässt sich nicht bestimmen, und je Region finden wir durchaus unterschiedliche Gründe für ihre »Entdeckung«. Es gab chronologische Überlappungen und Verschiebungen ebenso wie konkurrierende Interessen, etwa von Politikern, Ingenieuren oder Heimatschützern. Landschaft-Werden war ein Wechselspiel von ideellen und ästhetischen Vorstellungen des Verhältnisses von Mensch und Natur, von sozialen und technologischen Umbrüchen sowie politischen Gründen.[3]

Was ist eine Landschaft?

Der Geograf Gerhard Hard hat Ende der 1960er Jahre eine komplexe semantische Untersuchung vorgenommen, wie der Begriff »Landschaft« im Alltag und von Geografiestudenten verwendet wurde. Um es kurz zu machen: Der Begriff ist unscharf, wird im Alltagsverständnis zumeist mit »Schönheit« und »Natur« identifiziert, und es wird zwischen der Naturnähe, Stille und Schönheit einer »Landschaft« und dem abstrakteren und blasseren Begriff der »Gegend« unterschieden. Es gibt eine »Mindestausstattung«: Berge oder Hügelketten, Täler oder flaches Land, Fluß oder See, größere oder kleinere Waldteile, Burgruine. Landschaft muß weiträumig sein – möglichst bis zum Horizont« (sonst ist es eher eine Gegend oder ein Fleckchen Erde).[4] Die Industrie wird aus dem Landschaftsbegriff zumeist verbannt. Hard zitiert einen Jurastudenten:»Eine Industrielandschaft ist eine Landschaft, wenn die Industrie die Landschaft nicht stört.«[5] Und eine Lehrerin: »Industrielandschaft? Nein ... ja doch – [...] wenn abends die Hochöfen (!) leuchten und so, aber das ist eher ein Motiv, nein, Landschaft kann man das eigentlich nicht nennen. [...]. Für einen romantisch veranlagten Menschen gibt es keine Industrielandschaft.«[6]

Hard hat seine Befragungen so zusammengefasst (negative Attribute kursiv, positive gesperrt): »Die (wahre) Landschaft ist w e i t und h a r m o n i s c h, s t i l l, f a r b i g, g r o ß, m a n n i g f a l t i g und s c h ö n. Sie ist ein primär ä s t h e t i s c h e s Phänomen, dem A u g e näher als dem *Verstand*, dem H e r z e n, der S e e l e, dem G e m ü t und seinen S t i m m u n g e n verwandter als dem *Geist* und dem *Intellekt*, dem w e i b l i c h e n Prinzip näher als dem *männlichen*. Die wahre Landschaft ist etwas G e w a c h s e n e s, O r g a n i s c h e s und L e b e n d i g e s. Sie ist uns eher v e r t r a u t als *fremd* und dennoch eher f e r n als *nah*, eher S e h n s u c h t als *Gegenwart*, denn sie hebt uns über den *Alltag* hinaus und grenzt an die P o e s i e. Aber so sehr sie uns auch ins Unbegrenzte, ja ins Unendliche weist, so bietet die m ü t t e r l i c h e Landschaft dem Menschen doch immer auch H e i m a t, W ä r m e und G e b o r g e n h e i t: Sie ist ein Hort der V e r g a n g e n h e i t, der G e s c h i c h t e, der K u l t u r und der T r a d i t i o n, des F r i e d e n s und der F r e i h e i t, des G l ü c k e s und der L i e b e, der R u h e auf dem L a n d e, der E i n s a m k e i t und der E r h o l u n g von der *Hast* des *Alltags* und dem *Lärm* der *Städte*; sie muß e r w a n d e r t und e r l e b t werden, versagt aber ihr G e h e i m n i s dem *Tourismus* und dem bloßen *Intellekt*.«[7] Mütterliche Geborgenheit des Landes gegen den männlichen Intellekt der Städter, das ist ein zentraler Gegensatz, mit dessen Hilfe die Moderne bis weit in die Nachkriegszeit verhandelt wurde. Über die Landschaft sagen diese Zuschreibungen weniger aus als über die Wahrnehmung und das Sprechen von zeitgenössischen Beobachtern.

Im Alltagsverständnis wird ein ästhetischer Ausschnitt der Natur oft umstandslos als Landschaft bezeichnet, wahlweise auch eine Region wie die Eifel oder ein Landschaftsgemälde. Verwaltungseinheiten wie die schwedischen *landskap*, ein Verband wie die Lippische Landschaft oder die ehemaligen preußischen Kreditanstalten heißen zwar ebenfalls »Landschaft«, sind aber Rechtsbegriffe, die ich hier beiseitelassen will. Beschränkt man sich auf das geografische Verständnis, bleibt trotzdem unklar, wie eine Landschaft (territorial) begrenzt wird und wie ihr Verhältnis zur Natur aussieht. Ist *Natur* die unberührte Basis, *Landschaft* das Menschengemachte, das im Zweifelsfalle die Natur zerstört? Der Biologe Hansjörg Küster geht davon aus, dass die Natur auch jenseits unserer Wahrnehmung besteht und vergeht, Landschaft dagegen als kulturelle Gestaltung von Natur deren Reflexion und Interpretation darstellt. Sie ist physisch durch Bewirtschaftung, symbolisch durch Diskurse und normativ durch Wertzuschreibungen *immer* vergesellschaftet. Es mag Natur geben, wir sehen nur Kultur.[8] Aber wir setzen »Natur« als Gegenpol zu unserer Kultur, sehnsuchtsvoll codiert als Nicht-Gemachtes, Nicht-Zivilisiertes, Nicht-Berechenbares, also als Ursprüngliches, Zu-Befreiendes, Zu-Zähmendes. Dadurch verleihen wir »Natur« eine *soziale* Bedeutung. Nur durch »Natur« gewinnt Kultur Kontur.[9]

Vieldeutig ist auch das Verhältnis von Landschaft und Geschichte. Es gibt die Geschichte *von* Landschaften – wie sie seit der Eiszeit gemacht und geworden sind[10] –, Geschichte, die sich materiell in einer Landschaft *abzeichnet* – die für den Mittelrhein typische Dichte an Burgen –, Geschichte *innerhalb* einer Landschaft (Region), beispielsweise die Kulturgeschichte des Weserraums seit der Antike, *historische* Landschaften, in denen sich, wie in der Mark Brandenburg, bei den Einwohnern das Bewusstsein einer historisch gewachsenen Zusammengehörigkeit ausgebildet hat, und schließlich *Geschichtslandschaften*: Erinnerungsorte wie die flandrischen Schlachtfelder des Ersten Weltkrieges. In allen Fällen aber lässt sich die Landschaft »lesen«, diese Metapher taucht in der Literatur immer wieder auf. Was gibt sie über ökonomische Nutzungen und Machtstrukturen preis oder über die Erinnerungskultur, darüber, was erzählt und erinnert werden darf und was nicht?[11]

Trotz oder wegen dieser Diffusität sind Geografen lange Zeit davon ausgegangen, dass eine Landschaft etwas objektiv Gegebenes sei, dass ihr ein »Wesen« eigne, welches man anhand eindeutiger Kriterien auch bestimmen könne. In so einer »deutschen« oder »englischen« Landschaft zeichne sich unübersehbar der Charakter desjenigen Volkes ab, das dort siedele. In diesem Sinne schrieb der Geograf Friedrich Ratzel 1896: »Der Grundzug der deutschen Landschaft [...] ist grundernst. Die Natur verzärtelt uns nicht. Auf heitere Tage folgen immer wieder trübe. Unser Himmel ist öfter umwölkt als sonnig [...]; wir brauchen Wolle und Pelze zur Kleidung. Unser Boden ist nur ergiebig bei harter Arbeit. [...] Eine mehr sehnsuchtsvolle als heitere und zur Not genügsame Freude an der Natur trägt daher der Deutsche in die Welt hinaus.«[12] Nationaler Charakter der Landschaft und nationaler Charakter der Menschen bedingen einander – in England ist dieser Gedanke noch heute populär. Im Nationalsozialismus wurde diese Vorstellung pervertiert, wenn es darum ging, Osteuropa über die Landschaftswahrnehmung abzuqualifizieren. Die sowjetischen Agrarfabriken spiegelten den Kolchosengeist eines Volkes (hieß es), das Natur durch die hemmungslose, maschinelle, materialistische Ausbeutung in Steppe verwandele, bewirtschaftet von einem Heer entseelter Knechtsnaturen.[13] Wenn der »Osten« derart aber kein Ort war, sondern ein *Zustand* der Desorganisation,[14] überrascht die brutale Eroberungspolitik der Nationalsozialisten nicht. Sie imaginierten einen Raum, in dem *tabula rasa* gemacht und eine von »Wilden« besiedelte Fläche gesäubert und entleert werden musste. Diese Lebensraumpolitik stellte allerdings ein doppelt codiertes Zivilisationsprojekt dar: Einerseits sollte der eroberte Raum kultiviert werden, andererseits war er derjenige Ort, an dem sich die angeblich überzivilisierte moderne deutsche Industriegesellschaft im Siedlerdasein an der Grenze zur Wildnis revitalisieren konnte.[15] Landschaftsplaner spürten deshalb die vermeintlichen Konturen des deutschen »Kulturbodens« auf, übertüncht von »slawischen« Wirtschafts- und Lebensweisen, um sie als *deutsche Landschaft* zu remodellieren.[16]

Wer also vom »Wesen« einer Landschaft ausgeht, sieht sich schnell zu vermeintlich zwingenden Interventionen herausgefordert, die konkrete Effekte auf das Leben von Menschen haben können. Er ist aber auch genötigt, dieses Wesen wirklich zu bestimmen. Deshalb haben sich Geografen seit dem vorletzten Jahrhundert bemüht, Landschaftseinheiten objektiv zu erkennen und gegen andere Landschaften abzugrenzen. Sie haben zergliedernde Methoden entworfen, um mit Hilfe von Komplexen und Zellen »Landschaftszellenkomplexe« und »Landschaftszellenkomplexgruppen« zu finden; sie haben in Anlehnung an die Gestaltpsychologie Landschaftselemente zu übersummativen Ganzheiten zusammengesetzt – die *Gestalt* einer Landschaft –; sie haben eine »geographische Substanz« behauptet und nach den Wurzeln von Landschaften in tiefen geologischen Schichten gefahndet; oder aber zu belegen versucht, dass Landschaften ein spezifischer Ausdruckswert eigne, der Beobachter diese Landschaft automatisch erkennen lasse.[17] Die Geografie distanziert sich mittlerweile von solchen Essenzialisten, denn die haben ihre Wesensbestimmung nie objektivieren können. Heute dominiert eine konstruktivistische Perspektive.[18]

Bereits im Jahre 1913 hat der Soziologe Georg Simmel postuliert, dass Landschaften in einem Wechselspiel aus objektiven Gegebenheiten und Wahrnehmungen entstehen. Natur, so Simmel, ist ein undifferenziertes Ganzes, eine Landschaft dagegen etwas Abgegrenztes, singulär Enthobenes. Natur werde erst durch die rahmende, zuschneidende, homogenisierende, ausgrenzende Beobachtung zu Landschaft umgebaut; man sehe die Landschaft intuitiv in Form eines Kunstwerks, aber nicht als *Abbild*: »Landschaftselemente kann unser Blick bald in dieser, bald in jener Gruppierung zusammenfassen, die Akzente unter ihnen vielfach verschieben, Zentrum und Grenzen variieren lassen«[19] – während allerdings die reale »Stimmung« einer Landschaft im Betrachter diese Einheit evoziere. Das ist widersprüchlich. Gründet das Landschaftsbild also, so müssen wir uns fragen, in der Realität, realisiert sich freilich erst oder endgültig in der Wahrnehmung des Beobachters? Simmel behalf sich mit der Metapher der *Luftschwingung* (materielle Realität), die erst in unserem Ohr zum *Ton* (wahrnehmende Konstruktion) werde. Ähnlich formulierte es später der Geograf Herbert Lehmann: Das »Ausdruckspotenzial« sei in der »geographischen Natur« begründet, müsse jedoch im »Prozeß des landschaftlichen Sehens realisiert werden«.[20]

Diese konstruktivistische Perspektive leugnet nicht die Realität, wagt aber mit guten Gründen keine Aussage, welchen Einfluss sie genau auf die Wahrnehmung hat. Aber wie müssen wir uns das Verhältnis zwischen Realität und Wahrnehmung vorstellen? Kann Natur eine Beobachtung aktiv prägen oder gar formatieren – oder besitzt sie bloß ein »Vetorecht« (Reinhart Koselleck) bei allzu »falschen« Wahrnehmungen? Sollten wir von einem nicht näher definierbaren Impuls ausgehen, den die Natur dem Beobachter sendet? Der konservative Volkskundler Wilhelm Heinrich Riehl hatte jedenfalls schon 1850 in proto-konstruktivistischer Manier festgestellt, dass die Maler unterschiedlicher Epochen unbeeindruckt ihren je eigenen Rhein gemalt hätten: »Während wir z.B. bei Saftleewen die Rheingegenden immer wie in einen zarten Duft [Dunst] gehüllt schauen, rühmte man es vor siebenzig Jahren umgekehrt von dem älteren Schütz, daß er seinen Rhein- und Mainbildern immer die reinste Luft gebe und nie eine Spur von Dunst in der Atmosphäre zeige! Gegen beides halte man nun wieder die Rheinveduten in der modernen Stahlstichmanier mit den schweren tropischen Gewitterhimmeln, den schwarzen Wolkenschichten, zwischen denen dicke, grelle Lichtströme durchbrechen und ähnlichen gewaltsamen Beleuchtungseffekten!«[21] Was immer die Beobachter sahen, schloss Riehl: »Sie haben höchstens das Wasser gemein.«[22] Und die Berge, sollte man hinzufügen, denn sie alle haben das Rheintal eben nicht als Flachland gemalt. Das wäre eine Art »Widerstandsaviso« (Ludwik Fleck), das einer Landschaft eignet. Es unterscheidet nicht zwischen »richtigen« und »falschen«, sondern zwischen möglichen und kaum möglichen Wahrnehmungen. In diesem Sinne wird die Realität also nicht geleugnet, aber man konzentriert sich auf Kommunikationsprozesse über sie.[23]

Imaginationen und die Naturalisierung des Sozialen

Es gibt einen eindrücklichen Aufsatz des Sozialpsychologen Kurt Lewin aus dem Jahr 1917. Dort führte er vor Augen, dass weniger die reale Ausformung einer Landschaft als vielmehr ihre Nutzung ihre Wahrnehmung – und körperliche Erfahrung – prägt: Ein offenes Feld dehnt sich ungeachtet seiner tatsächlichen Größe unendlich, wenn man nicht mehr spazieren geht, sondern den Sturmangriff auf eine MG-Stellung überleben muss. Eine flache Mulde unterbricht für den schlendernden Blick kaum die Ebene, wird aber vom Soldaten als entscheidend lebensrettender Schutzgraben registriert. Für ihn reduziert sich ein Wald vom Feld her auf dessen Rand, den das Auge unter rein taktischen Gesichtspunkten abtastet. Eine Kriegslandschaft besteht aus wenigen Elementen, die, so Lewin, vom Soldaten als Zeichen für eine aktuelle Gefechts- und Gefahrenlage gelesen werden. Und ohne dass eine Veränderung der realen Geografie notwendig ist, wird ein zuvor als potenzielle Kampfzone konstituierter Raum vor den Augen wieder zum Acker oder zur Wiese, die erneut in ein ausgedehntes ziviles Landschaftsbild eingehen.[24] In Krieg oder Frieden nimmt eine Landschaft für ein menschliches Bewusstsein also faktisch eine regelrecht andere Gestalt und räumliche Dimension an, die unterschiedliche Praktiken abverlangen. Ereignis (Krieg), Wahrnehmung (Gefechtsfeld) und Praktiken (Kampftaktik) konstituieren eine spezifische Landschaft, die im Frieden nicht als dieselbe Geografie erkennbar ist. Es *sind* vollkommen verschiedene Landschaften. In der einen weiß der Körper, dass er in aller Muße aufrecht flanieren darf, in der anderen, dass er eine Ewigkeit lang gekrümmt gegen einen Kugelhagel anspringen muss.

Ich werde im Folgenden den Begriff der *Imagination* bevorzugen, denn der Begriff »Wahrnehmung« ist zu stark durch das Alltagsverständnis geformt, dass man nämlich mehr oder weniger adäquat ein Abbild der Realität erkennen kann. »Imagination« hingegen betont im Sinne Simmels die konstruktivistischen Aspekte des Wahrnehmens. In Imaginationen wird die Realität zugeschnitten, gerahmt und geformt; sie wird als eine *bestimmte* Landschaft gesehen, und dieses Bild wird nicht allein durch das beobachtete Objekt, sondern ebenso durch das beobachtende Subjekt geschaffen. In Imaginationen wird Landschaft in Form einer spezifischen *Gestalt* konstituiert und symbolisch aufgeladen. Der Soziologe Detlev Ipsen nannte solche gestalthaften Imaginationen »Raumbilder«.[25] Raumbilder sind deshalb wirksam, weil sie für viele Menschen entzifferbar sind, früher etwa das Raumbild »Osten«, das für die Lebensraum-Ideologie stand, oder der Assuan-Staudamm in Ägypten als symbolischer Ausdruck der radikalen Modernisierungsgläubigkeit der Nachkriegszeit. In Raumbildern wird Raum vergesellschaftet. Sie sind mehr als ein *image*, weil sie implizite Handlungsanweisungen beinhalten. *Vom Bild her* lässt sich in die Realität intervenieren.[26] In Landschaftsbildern, so der Soziologe Stefan Kaufmann, manifestieren »sich politische Visionen, gesellschaftliche Vorstellungen von [...] geordneten sozialen Verhältnissen und gesellschaftlichen Entwicklungsidealen«.[27] Sie sind in der Lage, Machtbeziehungen zu naturalisieren; sie können sie verschleiern, aber auch ablesbar machen.[28] Wer strategisch Raumbilder herstellen kann, z.B. in Landschaftsgemälden, wer die Deutung von Landschaften erfolgreich medial formatieren kann, kann auch die politischen Begriffe, in denen über *Gesellschaft* gesprochen wird, prägen.[29] In Landschaftsbildern lassen sich z.B. Teile einer Bevölkerung: Arbeiter, Frauen oder Migranten, unsichtbar machen, indem sie einfach a-präsent sind – wobei Landschaften umgekehrt durchaus mit geschlechtsspezifischen Merkmalen beschrieben werden können, um auf diese Weise eine herkömmliche Geschlechterordnung und einen kolonialen Blick zu naturalisieren.[30] Regelrecht monumental fiel und fällt diese Deutungsarbeit in den Black Hills aus, einer heiligen Stätte der Sioux. Dort ließen die Sieger der Indianerkriege die gigantischen Köpfe von George Washington, Thomas Jefferson, Abraham Lincoln und Theodore Roosevelt aus dem Fels meißeln und benannten die Landschaft in »Mount Rushmore« um. Seit 1948 jedoch wird in der Nähe der Köpfe an einem Landschaftsmonument zu Ehren des Häuptlings Crazy Horse gearbeitet. Allein der Kopf von dessen Pferd soll so groß werden wie alle Präsidentenköpfe zusammen, ein Skulpturenwettbewerb der Superlative, um die Hoheit über die Landschaft zu gewinnen.[31]

Landschaft ist also wie ein Text, der de- und re-codiert werden kann. Die Forschung hat eine Reihe von Beispielen dieser imaginierten Landnahmen untersucht: Dänemark, Island, Schottland, die Pontinischen Sümpfe in Italien, die niederländische Zuiderzee, das amerikanische Tennessee Valley, die Niagarafälle, Karelien, das schwedische Norrland, die Wolga, Sibirien oder den Balkan.[32] – Ich greife zwei prägnante Beispiele heraus, die norwegische Telemark und das Sauerland. In der Telemark wurde 1812 der angeblich höchste Wasserfall der Welt, der Rjukanfossen entdeckt. Bald kamen bürgerliche Reisende, um in einer »sublimen«, unberührten Natur zu sich selbst finden und der städtischen Zivilisation zu entgehen. Besonders der Wasserfall und der winzige Ort Rjukan wurden zu einer von der Industrialisierung unberührten Wiege des »Norwegischen« stilisiert. Knapp 100 Jahre darauf entstand ein zweiter Mythos, als 1911 nämlich der Wasserfall vollständig in ein Fallrohr verlegt und in eines der größten Wasserkraftwerke weltweit verbaut wurde, einem Vorzeigeprojekt norwegischer Hochtechnologie. Rjukan wuchs von einer Bauerngemeinde in kurzer Zeit zu einer größeren Industriestadt. Hierin gründete ein dritter Mythos, der Natur und Technik verschmolz. Im Zweiten Weltkrieg sabotierte eine waghalsige norwegische Kommandoaktion die Produktion Schweren Wassers, das für den Bau einer deutschen Atombombe vorgesehen gewesen war. Ein britischer Versuch war zuvor krachend gescheitert; nur naturverbundene Norweger waren offensichtlich in der Lage, den Weg durch die winterliche, bergige Wildnis des Hardangervidda nach Rjukan und zurück erfolgreich zu bewältigen.

Wildnis, Technik und Widerstand amalgamierten zum Mythos einer naturverbundenen und dennoch technologischen, einer zugleich modernen wie vormodernen Nation. Er erlaubte es der Stadt Rjukan, sich als erste norwegische Stadt touristisch zu vermarkten, und zwar als industrielle Laboratoriums- wie auch naturbelassene Gegenlandschaft zur industriellen Zivilisation. Diese paradoxe Imagination von Landschaft ist bis heute ein wichtiger Baustein der nationalen Selbstdeutung Norwegens. Rjukan sei in einen mehrschichtigen Mythos transformiert worden, schrieb der Kulturwissenschaftler Peter Fjågesund, dessen »timeless appeal can be compared to that of such fictional counterparts as the siege of Troy and the love story of Romeo and Juliet«.[33] Mit der Ernennung zum UNESCO-Welterbe wurde eine in die Natur eingebettete Industrieanlage schließlich zu einem Erinnerungsort der gesamten Welt geadelt.[34]

Das Sauerland hingegen wurde von einem ehemals depravierten Landstrich in eine angeblich traditionelle, naturnahe und anti-moderne Landschaft verwandelt.[35] Um 1800 stand die Region als Symbol für Misswirtschaft und Elend. Beamte und Reisende verfassten in drastischem Ton Berichte über die wirtschaftlichen, sozialen und hygienisch-medizinischen Verhältnisse. Die Ästhetik der Landschaft spielte keine Rolle. Auch Schriftsteller evozierten eine Atmosphäre von Tristesse und Melancholie. Umliegende Regionen verwahrten sich, dem Sauerland zugerechnet zu werden. Einem Wanderer, so geht die Geschichte, sei in jedem Ort des Sauerlandes bedeutet worden, dieser Landstrich liege noch vor ihm, im letzten Dorf jedoch, er habe ihn bereits verlassen.[36] Mitte des 19. Jahrhunderts jedoch beschwor die Schriftstellerin Annette von Droste-Hülshoff schäumende Bäche, kühne Felswände, Burgruinen und Tropfsteinhöhlen. Das negative Bild wich einer gefühlsbetont-sentimentalen Wahrnehmung. Entscheidend war dann eine Broschüre des Lehrers und Heimatschriftstellers Friedrich Wilhelm Grimme mit dem Titel »Das Sauerland und seine Bewohner« aus dem Jahr 1866. Grimme schrieb vehement gegen das Negativimage seiner Region an, nicht zuletzt gegen Romantikerinnen wie Droste-Hülshoff, denen er vorwarf, dem Sauerland den »heimlichen Reiz des Kümmerlichen, Krüppelholzigen, Kahlgipfligen und der noch im Frühling von Schnee überwucherten Saatfelder« angedichtet zu haben.[37] Der Vorstellung naiver Naturkinder setzte er das Bild eines verwurzelten, unbeugsamen, freundlichen Menschenschlages entgegen.

Dann ging es schnell. Innerhalb von 20 Jahren wandelte sich das Bild der Region. Zur Eröffnung der Ausstellung »Das Sauerland« 1913 in Essen wurde die Vorstellung eines Raumes entworfen, die von Industrieferne und bürgerlich-romantischer Natursehnsucht geprägt war: eine reine und unberührte Insel jenseits der schwarzen Schlote, eine heitere Landschaft mit frischfrohen Bewohnern. Dass das Land zuvor Industrie verloren hatte und re-agrarisiert worden war, erwies sich als Vorteil. So bauten die Sauerländer die touristische Infrastruktur aus, der Schnee verwandelte sich von einer Last der Natur zu einem ökonomischen Vorteil, seit er Skifahrer brachte. In der Folge nahm das Sauerland geografisch an Umfang zu, weil sich immer mehr Regionen zu diesem Landstrich bekannten. Die junge Heimatschutzbewegung propagierte das Ideal von Ursprünglichkeit und Echtheit der bäuerlich-ländlichen Lebenswelt. Und diese Projektionen bestimmten maßgeblich die materielle Gestaltung. Das »sauerländische Haus« beispielsweise wurde als zweigeschossig mit schlichtem Satteldach, schwarz-weißem Fachwerk, sparsamen Giebel- und Torbogenschmuck, massiv ummauertem Erdgeschoß, Schieferdach und verschieferten Wänden an der Wetterseite imaginiert. Moderne Materialien wie Backstein oder Blech waren verpönt. Bis heute gilt das schwarz-weiß-Schema als typisch für das Sauerland, ergänzt durch das Grün tiefer Wälder und das Braun einer ursprünglichen Erdverbundenheit. So wurde das Sauerland als eine Landschaft kreiert, in die man hineinfuhr, um Abstand von der industrialisierten Zivilisation zu gewinnen.[38]

Mit diesen Beispielen habe ich angerissen, was ich in den folgenden Kapiteln ausführen werde: Landschaften – nicht alle, und nicht für alle Beobachter – sind verführerisch glänzende *Flächen*, auf die Betrachter ihre gesellschaftlichen Befindlichkeiten, Ideale und Sehnsüchte *projizieren*; diese Projektionen können differieren und regelrecht widersprüchlich sein. Die Landschaften werden allerdings oft (und irrtümlich) als *Bildschirme* begriffen, von denen Beobachter den Zustand einer Gesellschaft *abzulesen* vermeinen. Bildstörungen – etwa der angeblich ruinierte Rhein – indizieren dann eine Störung der Gesellschaft, die behoben werden kann, wenn die Landschaft, die das missliche Bild sendet, repariert wird.

Tourismus, Landschaft, Nation

Die allermeisten Menschen sind bis weit in die Moderne hinein nicht zu ihrem Vergnügen gereist, das hatte ich erwähnt. Es gab allerdings schon früh Reisende, für die Landschaften mehr als ein transitorischer Zustand waren. In der Frühen Neuzeit nahmen Publizisten anstrengende und lange Touren bis ins weit entfernte Ausland auf sich, um detaillierte Beschreibungen ökonomisch bedeutsamer Regionen zu veröffentlichen. Und Adelige entdeckten auf ihrer »Grand Tour«, einer obligatorischen Bildungsreise nach Italien, Landschaften wie den Mittelrhein oder die Alpen und machten sie später zu eigenständigen Reisezielen. Gegen Ende des 18. Jahrhunderts dann drangen einzelne Angehörige der bürgerlichen Eliten in unzugängliche Landschaften vor, um eine dramatische, schroffe Natur als Inbegriff des Erhabenen und Göttlichen zu erleben. Im Idealfall fanden sie in abgelegenen Regionen wie der Telemark, dem Kleinen Walsertal oder Schottland vermeintlich ursprüngliche, im Einklang mit der Natur lebende Bauern und Clans, die den Beobachtern eine zeitlose Existenz jenseits der Moderne verkörperten. Seit dem frühen 19. Jahrhundert und Dank des Straßenbaus, beschleunigter Postkutschenlinien, der Dampfschiffe sowie der Eisenbahn, wurden solche Räume dann in großem Stile durch Künstler, Publizisten und Wissenschaftler bereist und in Gemälden, Stahlstichen, Reiseberichten, Reiseführern und Musik als »typische« und nationale Landschaften popularisiert, um seit Ende des 19. Jahrhunderts in Freilicht- und volkskundlichen Museen baulich verdichtet und folklorisiert zu werden.[39]

1815 tauchte der Tourist auf, zuerst auf einem Gemälde von John Knox mit dem Titel: »Landscape with Tourist at Loch Katrine«. Nur vier Jahre darauf nannte William Green seinen Reiseführer ganz selbstverständlich »The Tourist's New Guide«. Doch bald wurden Reisende von Touristen unterschieden. Bürgerliche Reisende *erlebten* angeblich eine Landschaft und suchten den Kontakt zu Einheimischen. Touristen traten, so ihre Kritiker, in Scharen auf und ließen sich durch Reiseführer *fremdsteuern*. Die Kritik war sich nicht zu schade, Napoleons revolutionäre Massenheere mit Touristenhorden zu vergleichen; *the people* mit wirklichem *taste* wurden gegen *the public* mit bloßem *appetite* gesetzt.[40] Für Reisende galt das *Wandern* als eigentlich angemessene Form, eine Landschaft wirklich verinnerlichen zu können.[41] Touristen nutzten, so hieß es, Dampfschiffe und Eisenbahnen, deren Geschwindigkeit jeden Eindruck verwische. Johanna Schopenhauer lästerte 1831 über die »fast epidemieartige Reiselust«,[42] besonders über Mütter mit anstrengenden Kindern auf Kurfahrten und über englische Touristen: »Hier saß einer mit dem Rücken gegen die Aussicht gewendet und schrieb, vermuthlich an seinem Reisetagebuch, dort ein Anderer in Schreiber's ›Handbuch für Reisende am Rhein‹ vertieft, von welchem, in mehrere Hände vertheilt, wenigstens ein Dutzend Exemplare vorhanden waren«, ebenso siebzehn Exemplare von Heinrich Wilmans Panorama der Rheingegenden.[43] Das steigerte Schopenhauer zu einer üblen Karikatur auf englische Parvenüs, aber andere Kritiker bezeugten nur zu gerne, dass deutsche Touristen nicht besser waren.[44] Und nach wie vor gerne zitiert wird die Schelte eines weiteren Schriftstellers, Ludwig Rellstab, der sich durch eher mäßigen Witz profilierte (erst recht, wenn er über seinen eigenen Witz nachdachte): »So viel Schlösser, Städte, Flecken, Dörfer, Landhäuser am Rhein, so viele Stoßseufzer richtet ein Dampfschiffreisender zum Himmel, über alle die schönen Punkt, die er nicht sieht. Ich schätze die Zahl nach Delkeskamp's Panorama mäßig und rund ab auf 999, von Bingen bis Bonn. Da man in sieben Stunden dahin fährt, so kommen auf jede Stunde ja noch nicht einmal 150, also nicht viel mehr als zwei in der Minute, sowohl Schlösser und Orte, als Seufzer; das läßt sich doch noch aushalten.«[45]

Touristen sind durch Kommerz und Kitsch entfremdet, statt selbst authentisch erfahren zu können – so lautet das Credo seit Beginn des Tourismus. Voller Ernst kritisierte 1992 ein Autor das Dampfschiff »Concordia«, das im frühen 19. Jahrhundert die Fahrzeit zwischen Mainz und Köln von zwei bis drei Tagen auf neun Stunden verkürzt hatte! »Vorbei waren die Zeiten des gemächlichen Dahintreibens, der großen und der vielen kleinen Abenteuer in den Wirtshäusern am Ufer […]. Bequem, aber ebenso abgeschottet, dampfte man in einem ›fahrenden Gasthofe‹ […] durch die Landschaft, fast nur noch mit sich selbst und mit der neuen Attraktion des Dampfschiffes und seinem Luxus beschäftigt. Alles war durchorganisiert, der Zufall hatte fast keinen Raum mehr. Man brauchte auch nicht mehr in die Landschaft zu blicken: Eine Bibliothek mit Reiseführern stand für die Gäste bereit. […] Das neue Fortbewegungsmittel beförderte mehr die Phantasie als eine wirkliche Begegnung mit der Natur, mit der Landschaft, mit Land und Leuten. […] Die Rheinreise wurde zum Konsumartikel. […] Der Blick ins Buch ersetzte den Blick auf die Landschaft: Erfahrung aus zweiter, vorstandardisierter Hand. […] Immer mehr Reisende konnten sich einen Ausflug an den Rhein leisten, aber sie sahen und erfuhren dabei immer weniger.«[46] Zwar berichtete derselbe Autor, dass ein Kapitän das Schiff recht bald auf die Klippen des Binger Lochs gesetzt hatte und 120 Passagiere abenteuerlich ausgeschifft werden mussten,[47] und dass einer der ersten Reisenden, der Dichter Friedrich von Matthison, recht angetan von der Fahrt berichtete. Doch solche Ungereimtheiten im eigenen Text regen nicht zu differenzierterer Beobachtung an. Der Wille zum Verdikt ist stärker: »Das Bild selbst wurde zum Substitut der Reise. […] Das Reisen degenerierte zunehmend zum Klischee«, behaupteten Gertrude Cepl-Kaufmann und Antje Johanning in einem Sachbuch zum Rhein schlankweg,[48] und Benedikt Bock hat in seiner Dissertation zum Tourismus am Rhein diese kulturkritischen Klischees brav übernommen.[49] Gestanzte Blicke, Souvenirs, Kitsch, Schlager aus der Konserve und die Loreley als Inbegriff des Abstiegs von Heinrich Heine bis hin zur vollständigen Trivialisierung – das ist der Inbegriff des Tourismus an diesem Strom.[50] Dabei entstammten praktisch alle Touristen bis ins frühe 20. Jahrhundert hinein den bürgerlichen Schichten. Erst dann konnten Arbeiter auf wenigstens kurze Urlaubsreisen gehen, und erst seit den 1970er Jahren kann man wirklich von einem *Massen*tourismus sprechen.[51] Die Tourismuskritik diente unverkennbar dazu, soziale Differenzen innerhalb des Bürgertums zu stabilisieren. Sie schied einen authentischen Rhein und dessen kennerhafte, bildungsbürgerliche Anhänger von einem unwahrhaftigen Strom des Kommerzes und seines spießbürgerlichen Gefolges.

Aber sie geriet mit zwei anderen Agenden in Konflikt: der zivilisatorischen Heilung und dem inneren *nation building*. Einerseits sollten möglichst viele von der Zivilisation angekränkte Menschen in »ursprünglichen« Räumen zu sich selbst finden und gegen die Zumutungen der Moderne geimpft werden – Landschaft als »Sanatorium der Nation, als nationaler Heilsort«, wie es der Skandinavist Ralph Tuchtenhagen sehr schön bezeichnet hat.[52] Außerdem trug der Tourismus zum inneren *nation bulding* bei. Denn die Angehörigen einer Nation mussten diese im doppelten Wortsinn überhaupt erst erfahren, um den Horizont der Heimatregion durch Reisen zu transzendieren. Bis weit ins 20. Jahrhundert waren vielen Menschen weite Teile des eigenen Landes unbekannt. Unter Slogans wie »Know your country« oder »Känn ditt land« erhielt Tourismus eine patriotische Note. Raum und Kultur der eigenen Nation waren physisch zu erleben und dadurch regelrecht zu inkorporieren, um aus den engeren Heimaten mit spezifischen Dialekten, Brauchtümern usw. eine einheitliche Nation zu formen.[53] Deshalb wurden Ende des 19. Jahrhunderts in Skandinavien, Großbritannien oder Deutschland regionale sowie nationale Wander- und Verkehrsvereine gegründet. Sie verwoben die Regionen einer Nation mit einem Netz aus Wanderwegen, Herbergen, Aussichtstürmern und vor allem Wegweisern, die teils, wie das rote T in Norwegen, in die landesweite Ikonografie eingingen.[54] Es war die Aufgabe von Touristen, durch die visuelle und haptische Erfahrung von Burgruinen und anderen Landmarken eine Landschaft zu nationalisieren, um die Nation mental zu arrondieren.[55] Das Problem war andererseits aber, dass sowohl der »Kuraufenthalt« als auch die patriotischen Erkundungen eigentlich eine große Zahl an Reisenden erforderten. Doch für Tourismuskritiker drohten schon die wenigen bürgerlichen Reisenden im 19. Jahrhundert genau das zu zerstören, was die Menschen »heilen« sollte, nämlich die Landschaft. Urlaubende Kleinbürger und Arbeiter machten die Sache seit dem frühen 20. Jahrhundert nur schlimmer. Die positive Verbindung von Landschaft und Reisen wurde durch das Problem der Zerstörung und der sozialen Nivellierung unterlaufen. Das ist das grundlegende Paradox des Zusammenhanges von Reisen, Nation und Landschaft.

Imaginary Landscapes

Ich habe in einem früheren Aufsatz den Begriff der *imaginary landscape* genutzt,[56] der in der Forschung eher sporadisch zu finden ist. Er soll helfen, die zeitgenössische *Wahrnehmung* von Landschaften als *Imaginationen* zu begreifen, d.h. nicht als abbildhafte, sondern als konstruierende Beobachtung, die sich zu einem *image* konsolidiert, einem *gestalthaften* Bild, das ein *Abbild* vorgaukelt. Durch die *Modellierung* der Landschaft kann es dann endgültig materielle *Realität* gewinnen. Aus einem phantasierten Mittelalter wurde am Mittelrhein eine be- und erfahrbare, »deutsche« Nationallandschaft, materialisiert in restaurierten Burgen, die mit allen Mitteln gegen die besitzergreifenden Franzosen zu verteidigen war. Das *image* naturalisiert soziale oder politische Ordnungsvorstellungen, die konkrete (politische) Effekte zeitigen. *Imaginary landscapes* evozieren Visionen, erlauben ethisch-moralische Wertungen und stiften bzw. repräsentieren kollektive Identitäten.[57]

Ein *image* wird durch den Betrachter als Bild im Kopf konstruiert; mit diesem Bild wiederum sieht man die Realität anders als zuvor: »Jemand, der die Bilder van Goghs im Kopf hat [...], wird die Landschaften der Provence anders sehen als jemand, dem dieses Vorbild fehlt. Er wird Qualitäten der Landschaft erblicken, die sich ihm nur dadurch erschließen, daß er sie als Bild (›wie gemalt‹) sieht. In diesem Sinne sind auch objektive Wahrnehmungen mit Bildern besetzt und durchsetzt«.[58] Wir bewegen uns deshalb in einem zirkulären Bild-Raum, ohne dass wir sagen können, in welchem Verhältnis die *images* zur Landschaft stehen. Interessant ist ohnehin, welche *Wirkung* ein Bild-Raum erzielt, und warum. Es macht deshalb keinen Sinn, Imaginationen zerstören zu wollen, um angeblich »authentische« Bilder freizulegen, wie Gregor Thum das als Aufgabe des Historikers postulierte.[59] Man begreift die Macht von Bildern, Projektionen und Imaginationen nicht, wenn man sie primär als »wahr« gutheißt oder als »falsch« entlarven will. Für noch kürzer gegriffen halte ich Götz Großklaus' normative Vorgabe, »emanzipative, utopische Natur-Gegenwelt-*Entwürfe*« gegen »regressive, eskapistische Natur-Gegenwelt-*Imaginationen*« zu setzen[60] und gleich eine Verfallsgeschichte der Landschaftswahrnehmung herbeizuphantasieren: ehemals utopische Projektionen seien heute durch »touristische Simulationen« abgelöst.[61] Das ist die seit langem gängige Entfremdungsrhetorik. Entfremdet und außengesteuert sind immer die anderen. Doch was begreifen wir, wenn wir nachweisen, dass der Rhein in Wahrheit gar nicht »romantisch«, sondern bloß ein Gewässer ist? Von den im Bild situierten politischen Utopien und Wirkungen: nichts.

Ich bin lange Zeit davon ausgegangen, dass nicht jede Landschaft das Potenzial einer *imaginary landscape* hatte. Für den Niederrhein, die lippischen Wälder, die nordhessischen Berge oder die Uckermark konnte ich mir keine mythisch waltenden Kräfte vorstellen. Dann bin ich allerdings auf Roland Siekmanns Buch über die »eigenartige Senne« gestoßen, jene karge Gegend voller Sand, Heide und Kiefern am Südhang des Teutoburger Waldes. Wie viele andere Regionen war sie zunächst als wüstes, trübes, berüchtigtes Unland, von Randgruppen bewohnt, wahrgenommen worden – bis sie im 19. Jahrhundert zu einer rätselhaften Ursprungslandschaft, deren »braune Heidewogen« an das Meer erinnerten, stilisiert wurde, behaust von zähen, arbeitsamen und pittoresken Bewohnern. Wer hier siedelte, würde die Zukunft gewinnen. Selbst die Senne sah sich also unversehens als ideale Gegenwelt zu den Dystopien der Moderne, die sich für ihre Kritiker in Verstädterung und Naturzerstörung manifestierten, erweckt.[62] Ob einer Landschaft inhärente, mythische Kraft zugeschrieben wurde, für welchen Zeitraum und mit welcher Reichweite, ist deshalb jeweils konkret zu untersuchen. Auf jeden Fall verdankte sich das historisch kontingenten Prozessen. Das Sauerland war im 20. Jahrhundert von eher regionaler Bedeutung, der romantische Mittelrhein diente ein gutes Jahrhundert lang als nationale Projektionsfolie, während der amerikanische »Westen« zu einer globalen Chiffre geworden ist. Und wie es aussieht, hat für die meisten dieser Landschaften nach dem Zweiten Weltkrieg das Stündlein geschlagen. Pluralistische Konsumgesellschaften haben offensichtlich keinen Bedarf mehr an Urzuständen und imaginierten Sanatorien jenseits der modernen Welt.

Was folgt?

Ich werde nicht die Sozial- oder Kulturgeschichte *von* Landschaften oder *in* Landschaften schildern, auch nicht, wie eine Landschaft seit der Eiszeit entstanden ist und sich verändert hat. Geologie und Geografie werden kaum eine Rolle spielen, viel dagegen Bilder, die von solchen Landschaften entstanden und durch sie evoziert wurden.[63] Also: *Wie wurden (und werden) in der Moderne anhand von Landschaften Moderne, nationale Identität und gesellschaftliche Ordnung verhandelt, und welche Rolle spielt(e) der Tourismus dabei?* Drei Landschaften sollen das exemplifizieren: der Mittelrhein, die schwedische Provinz Dalarna und England.

Die Beschwörung des Rheins als »romantisch« zieht sich bis heute hindurch. Doch jenseits dieser Zuschreibung finden wir Überschichtungen unterschiedlicher Imaginationen. Was immer Literaten, Publizisten, Künstler, Reisende, Wissenschaftler, Politiker und Touristen seit dem späten 18. Jahrhundert auf diese Landschaft projizierten, was immer sie von ihr ablasen, wie immer sie sich in ihr spiegelten, sie hatten Deutschland in ganz unterschiedlichen Gestalten im Blick.

Dalarna dagegen wurde als »Quintessenz Schwedens« imaginiert – »Sweden in a nutshell« ist die poetischere englische Metapher –, weil es sich um die Zusammenfassung sämtlicher schwedischer Landschaften gehandelt, weil es den »Urkanton« der schwedischen Demokratie gebildet habe: freie Bauern als Sinnbild der Unabhängigkeit, Dörfer als Gegengewicht zur industriellen Zivilisation (ohne diese auszuschließen) – eine Geschichtslandschaft, in der Gustaf Vasa I. die Nation gegen die Dänen begründet hatte.

England wiederum hat nach wie vor die Form eines *Kippbildes*. Der industrialisierte Norden hatte dem Wohlstand der Nation ein Fundament gegeben, der Süden war (und ist) die »Landscape of Englishness«. Die englische *countryside* wird bis heute dafür gepriesen, *moderat* zu sein, und darin soll sich der gelassene und gemäßigte Charakter des bürgerlichen Engländers abzeichnen. Der proletarische Norden dagegen galt seit Langem als Menetekel der Moderne, und wer England imaginiert(e), kippt(e) zwischen diesen beiden Polen.

Als Quellen ziehe ich vor allem Reiseberichte und Reiseführer, Landschaftsbücher und Prospekte sowie Gemälde, Stahlstiche und Fotografien heran, denn in diesen Medien wurden alle drei Landschaften verhandelt. Es handelt sich, wenn man so will, um eine Ideen- und Bildgeschichte der zweiten Reihe, um Autoren und Künstler, die durchaus bekannt waren und sind, aber zumeist nicht zu den richtig großen Namen der Geistes- und Kunstgeschichte zählen. Die Texte und Bilder sind eher für den Gebrauch bestimmt gewesen, nicht für die Ewigkeit intellektueller Diskussionen. Filme, Fernsehserien, Illustrierte, Romane, Gedichte, Musik und Souvenirs habe ich nicht oder nur fallweise berücksichtigt. Romane beispielsweise spielten für Dalarna keine größere Rolle, anders als im Falle des Rheins und besonders Englands. Allerdings bedarf die Analyse literarischer Texte anderer Methoden, als die von Gebrauchstexten, da Landschaften in ihnen oft nur vermittelt auftreten bzw. Landschaftselemente dazu dienen, die Befindlichkeiten von *Protagonisten* metaphorisch zu vermitteln. Für die Imagination von Landschaften in der Musik habe ich kaum Literatur gefunden, genauer gesagt: wie Instrumentalmusik Landschaft in Töne umsetzt, etwa Claude Debussys »La mer« oder Bedřich Smetanas »Die Moldau«. Für vertonte Texte sieht das anders aus, ebenso für die Frage, inwieweit Komponisten durch lokale Musiktraditionen, etwa die Volksmusik in Dalarna, in ihrer Arbeit beeinflusst wurden. Filme wiederum, hat sich im Verlaufe meiner Recherchen herausgestellt, sind ein überraschend unergiebiges Medium, wenn es um Landschafts*imaginationen* geht. Die meisten Dokumentar-, Urlaubs- und Spielfilme zeigen Landschaft, ohne sie – wie viele Landschaftsbücher – zum Akteur zu machen. Eine Fernsehserie wie »Downton Abbey« spielt in einer Landschaft, die aber nicht weiter überhöht wird, so wie das deutsche Bergarbeiter-Epos »Rote Erde« erkennbar irgendwo im Ruhgebiet situiert ist. Landschaft fungiert in vielen Medien als wiedererkennbare Kulisse, nicht aber als Entität eigenen Rechts.

Ich werde mich deshalb auf diejenigen Quellen beschränkt, für die Landschaft mehr ist als nur ein Raum, nämlich eine aktive Heldin im Durcheinander der Moderne. Es gab und gibt ganz andere Weisen, Landschaften wahrzunehmen und zu deuten, etwa die der Ingenieure, der Landschaftsschützer, der Naturliebhaber oder der Geologen. Ich werde diese Perspektiven, die teils konkurrieren, teils parallel existieren, andeuten, aber nicht ausbuchstabieren. Ich werde nicht die Geschichte der vieldimensionalen Landschaftswahrnehmung schreiben, sondern die Quellen primär auf den oben erwähnten Zusammenhang von Landschaft, Moderne und Nation befragen. Der Schwerpunkt wird dabei auf dem deutschen und dem schwedischen Beispiel liegen; England bildet eine Kontrastfolie. Methodisch fällt dieser Abschnitt etwas aus dem Rahmen, denn am Rhein und in Dalarna haben wir es mit geografisch lokalisierbaren Landschaften zu tun, während die englische *countryside* zwischen einer überräumlichen Metapher für die *englishness* und konkreten Räumen changiert. Ich werde die drei Landschaften ohnehin nicht im Sinne eines strengen historischen Vergleiches anhand einheitlicher Kriterien behandeln. Vielmehr möchte ich drei Facetten des Umgangs mit und der Imagination von Landschaften aufzeigen. Gemeinsam ist ihnen, dass in allen drei Fällen Landschaftsimaginationen erfolgreich dazu dienten, Ordnung zu denken. *Wie* sie das taten, unterschied sich aber zwischen Deutschland, Schweden und England erheblich.

* * *

Es dürfte deutlich geworden sein, dass ich den Begriff der Moderne in doppelter Hinsicht verwende, nämlich einmal als historische Kategorie, als Epochenbezeichnung der Zeit ab etwa 1800, in der das stattfand, was heute gemeinhin als »Modernisierung« bezeichnet wird – Technisierung, Urbanisierung, sozialer Wandel usw. –, zum anderen als Negativbild der Zeitgenossen, die die Umbrüche der Moderne erfahren haben und sie mit Hilfe von Begriffen wie »Moderne« negativ qualifizierten.

* * *

Alle Übersetzungen aus den skandinavischen Sprachen stammen von mir. – Die uneinheitliche Rechtschreibung im Schwedischen habe ich nicht korrigiert.

Anmerkungen

1. Ritter 1963.
2. O'Connell 1983.
3. Eichberg 1983; Fechner 1986; Noll/Stobbe/Scholl (Hg.) 2012; Seifert/Fischer 2012; Whyte 2002.
4. Hard 1970: 82.
5. Ebd.: 73.
6. Ebd.: 74.
7. Ebd.: 135, 139 (Hervorh. im Orig.). Die grafische Veranschaulichung ebd.: 136-139.
8. Küster 2009; Mölders 2013; s.a. Wozniakowski 1987.
9. Kaufmann 2005: 45f.; s.a. Trepl 2012.
10. So z.B. Küster 1999; Lambert 1971; Mathieu 2016; Weithmann 2000.
11. Ender 2017: 11; Muir 2000; Pugh (Hg.) 1990; Urbanc 2008.
12. Ratzel 1906/1896: 132.
13. Wiepking-Jürgensmann 1942: 311-318.
14. Liulevicius 2009: 3.
15. Chu/Kauffman/Meng 2013; Gebhard/Geisler/Schröter 2010; Kauffman 2015; Kopp 2012; Linck 2015; Schaarschmidt 2009: 255-260; Ther 2002; Wippermann 2007; Zimmerer 2004. Allgemein: Jureit 2012.
16. Görres 1940; Knapp 1942; Mäding 1943; Seifert 1941; Thalheim 1936; s.a. Bernhard 2016; Hartenstein 1998; Zechner 2006.
17. Paffen (Hg.) 1973.
18. Binder/Konrad/Stadinger (Hg.) 2011; Cosgrove/Daniels (Hg.) 1988; Hauck 2014; Kaufmann 2005; Krebs/Seifert (Hg.) 2012; Kühne 2013a; Leibenath u.a. (Hg.) 2013. Für die Raumsoziologie: Bachmann-Medick ³2009: 284-328; Dünne/Günzel (Hg.) ⁷2012; Löw 2001; Ott 2003; Rau 2013; Schroer 2006.
19. Simmel 2001/1913: 477.
20. Lehmann 1973/1950: 54.
21. Riehl 1859/1850: 74.
22. Ebd.: 72.
23. Im Anschluss an Luhmann 1988; Foerster/Glasersfeld 1999.
24. Lewin 2012/1917.
25. Ipsen 2002.
26. Etzemüller 2019.
27. Kaufmann 2005: 154.
28. Belina 2013; Cosgrove 1984, 2004; Kühne 2013b; Löfgren 1989; Mitchell (Hg.) ²2002.
29. Kaltmeier 2012: 43-68.
30. Adams/Robbins (Hg.) 2001; Scharff 2003.
31. Kaltmeier 2012: 57-64.
32. Bassin 2002; Bernhard 2016; Bohn/Shadurski (Hg.) 2011; Bresgott 2009; Caprotti 2007; Caprotti/Kaika 2008; Damsholt 1999; Ely 2002; Frandsen 1996, 2002; Fülberth/Meier/Ferreti (Hg.) 2007; Glendening 1997; Grift 2013, 2015, 2016; Günther 1998; Häyrynen 2002, 2004, 2008; Hausmann 2009; Hermand 1983; Howe 2000; Jones/Olwig (Hg.) 2008; Kallis 2014; Keller 2016; Lerner 2010; Mitchell 1998; Nochlin 1983; Olwig 1984; Poulter 2004; Reichler 2005; Schaff 2012; Skoneczny 1983; Sörlin 1988; Stremlow 1998; Todorova 2002; Wiedemann 2012.
33. Fjågesund 2007: 390.
34. Fjågesund 2007; Slagstad 2018: 197-199.
35. Köck 1994.
36. Sauermann (Hg.) 1990: 52.
37. Zit. n. Köck 1994: 15.
38. Falk 1990, 1994, 1996; Frese 2002; Köck 1994.
39. Tuchtenhagen 2007: 134-139.
40. Mulvihill 1995: 306f.
41. Schultze-Naumburg 1924; Solnit 2000. Dazu bereitet Dirk Thomaschke eine Studie vor, die 2023 erscheinen soll.
42. Schopenhauer 1831: Erster Theil, 120.
43. Ebd.: 66.
44. Weihrauch 1989: 478-487.
45. Rellstab 1836: Bd. 2, 142.
46. Grosser 1992: 32, 34, 36.
47. Lachenwitz 1836: 16, berichtet dagegen, dass der besonnene Kapitän das leckgeschlagene Schiff sicher ans Ufer gesteuert habe.
48. Cepl-Kaufmann/Johanning 2003: 100, 119.
49. Bock 2010: 238-241, 253.
50. Z.B. Gelfert 2000; Ruf 1992. Als gelungene Satiren: Doyle 1854; o.A. ²1852.
51. Barton 2005; Furlough 1998; Hachtmann 2007; Kopper 2009; Löfgren 1999; Semmens 2005.
52. Tuchtenhagen 2007: 133.
53. Löfgren 2001; Sehlin 1998.
54. Slagstad 2018: 129.

55.   Hartwich 2012; Judson 2006, 2014; Pelc 2014;
       Vari 2014.

56.   Etzemüller 2012.

57.   Kaufmann 2002: 19; s.a. Guldin 2014.

58.   Wiesing 2008: 153f.

59.   Thum 2006.

60.   Großklaus 1999: 22 (Hervorh. von mir).

61.   Großklaus 1993.

62.   Siekmann 2004.

63.   In eine ähnliche Richtung gehen z.B. Rada
       2005; Scharr 2010; Soovăli 2004; Vickers
       1994.

1. Schichtungen: Der Mittelrhein

Geografisch betrachtet erstreckt sich der Rhein von der Schweiz bis in die Nordsee. Sein Beginn ist nicht genau festgelegt, er entspringt mehreren Quellen im schweizerischen Graubünden und endet ebenso diffus in einem Delta. Im 20. Jahrhundert hat sich die Unterteilung in den Alpenrhein (bis zum Bodensee), den Hochrhein (bis Basel), den Oberrhein (bis etwa Bingen), den Mittelrhein (bis Bonn/Köln) und den Niederrhein etabliert. Wie alle europäischen Flüsse wird der Oberrhein auf Karten als durchgehendes Band imaginiert, als Entität zwischen zwei klar definierten, begradigten, befestigten Uferlinien, die er, im 19. Jahrhundert streng reguliert, mittlerweile auch bildet. Lange jedoch zerfaserte er mehrfach ins Unbestimmte, etwa im badisch-elsässischen Grenzgebiet, im Rheingau und am Niederrhein. Dort durchzog er mit zahlreichen Seitenarmen die Landschaft, verschob regelmäßig das Flussbett und damit sogar die Staatsgrenze zu Frankreich, die auf die Flussmitte festgelegt war. Der Abschnitt zwischen Bingen und Bonn, der »romantische Rhein«, dagegen mäanderte nie derart wild, weil er ein enges Schiefergebirge zu durchschneiden hatte. Er windet sich durch steile Felsen, an der Loreley und unterhalb zahlreicher Burgen vorbei. Mittlerweile sind seine Uferpartien und das Flussbett drastisch verändert worden. Im 19. und 20. Jahrhundert wurden Bahn- und Straßenkörper weit in den Fluss hineingebaut, die ehedem unregelmäßige Uferlinie bildet nun über weite Strecken eine scharf geschnittene Kante, und die Strömung wird durch Leitwerke reguliert, die bei Niedrigwasser zu Tage treten. Am Felsenriff des »Binger Lochs« scheiterten ungezählte Schiffe, bis es in den 1970er Jahren weitgehend weggesprengt worden war. Nun ist auch dieser Abschnitt voll ausgebauter Teil einer industrialisierten Hochleistungs-Wasserstraße, die von Basel bis Rotterdam von großen Schubverbänden passiert wird – wenn nicht die Folgen der Klimakrise durch extreme Pegelschwankungen dessen ökonomische Verwertbarkeit unterbinden.

Menschen siedelten seit langem am Rhein. Die Römer nutzten ihn als Verkehrsweg und Grenze gegen die Barbaren. Im Mittelalter war er bereits eine »Schlagader« des zentraleuropäischen Handels. In Basel, Karlsruhe, Mainz, Speyer, Köln oder Rotterdam entstanden religiöse Zentren, Herrschaftssitze, Universitäten und Handelsorte, und längs des Flusses zog sich eine Kette mittelalterlicher Burgen, frühneuzeitlicher Festungen, bedeutender Klöster, weltlicher und geistlicher Residenzen sowie zahlreicher Zollstationen, die die politische Zersplitterung der Region manifestierten. Als »Förderband der Humanisten«[1] stimulierte er den innereuropäischen Kulturaustausch. In zahlreichen Kriegen der Neuzeit diente er als Aufmarschgebiet oder Nachschubweg. Bis ins 20. Jahrhundert hinein waren weite Teile der Rheinlande zwischen Deutschland und Frankreich umstritten. Auf fast seiner gesamten Länge war der Fluss wechselweise ein Ort des Zwistes und der europäischen Kooperation, er begünstigte schwere politische Krisen und komplizierte Kompromisse.

Für die adeligen Absolventen der »Grand Tour« diente der Fluss, wie erwähnt, lange Zeit nur als schnellster Weg nach Italien, bis ihn zu Beginn des 19. Jahrhunderts Schriftsteller der Romantik und englische Touristen als eigenständiges Reiseziel entdeckten und popularisierten. 1813 war der große Krieg gegen Frankreich beendet und man konnte wieder frei auf dem Kontinent reisen. 1816 kam das das erste Dampfschiff bis Köln, 1817 mühte sich eines den Strom hinauf bis Koblenz, etwa zehn Jahre darauf begann der Liniendienst. Die Schiffe beförderten 1827 18.000, 1853 schon über eine Million Passagiere jährlich; 40.000 nutzten zur selben Zeit die Kutsche. 1859 war die linksrheinische, 1870 die rechtsrheinische Eisenbahnlinie fertiggestellt. Bald war der Rhein zur beliebtesten Reisegegend Deutschlands geworden.[2] Das klingt beeindruckend, aber wie sahen die Reisezeiten aus? Nehmen wir an, ein gutbetuchter Engländer aus London wollte 1836 seinen Urlaub in Koblenz verbringen, um von dort die Burgen und die Loreley zu erwandern. Von London fuhr jeden Sonntag die »Batavia« nach Rotterdam, die als besonders schönes Schiff angepriesen wurde, Ankunft montags. Von Rotterdam täglich ein Schiff nach Köln, die Abfahrtszeiten wurden vor Ort bekannt gegeben. Von Köln nach Koblenz gab es täglich zwei Schiffe zu festen Zeiten, nämlich um 7 Uhr morgens und um 18 Uhr (zurück um 7 und 12 Uhr). Für die Weiterfahrt nach Mainz hätte man übernachten müssen, es gab nur eine tägliche Verbindung um 6.30 Uhr. 1825 benötigte ein Dampfer 74,5 Stunden von Köln nach Straßburg (27 Stunden für die Rückfahrt). Das entspricht einer durchschnittlichen Reisegeschwindigkeit von 5 Stundenkilometern, deshalb dürfte die Fahrt von Köln nach Koblenz etwa 17 Stunden gedauert haben (gute 6 Stunden zurück). 1835 soll die Fahrtzeit von Straßburg nach London, also stromabwärts, vier Tage gedauert haben, von Koblenz aus also vermutlich drei Tage. Für die gesamte Strecke bezahlte man im Salon 58, im »Matrosen-Raum« immer noch 20 Gulden.[3] Sowohl von den Preisen als auch der Reisedauer her war das nicht gerade massentourismusfreundlich.

Der Rhein als »assoziative Landschaft«

Die meisten Überblickswerke zum Rhein folgen dem Narrativ einer Flussfahrt,[4] gerne auch kombiniert mit einer Biografie: Vom Ursprung zur Mündung, von der Geburt bis zum Greisenalter.[5] Ich wähle stattdessen vier *images*, die sich im Laufe der Zeit auf den Fluss gelegt haben. Das erste ist das der Nationalökonomen im ausgehenden 18. Jahrhundert, denen wenig an Romantik, viel dafür an einer Semiotik der wohlgeordneten Herrschaft gelegen hatte. Das zweite habe ich bereits angesprochen, das des »romantischen Rheins« nach 1800. Das dritte dürfte ebenfalls bekannt sein, der nationale Rhein als Streitobjekt zwischen Frankreich und Deutschland seit 1840. Bild Nummer vier changiert in der Nachkriegszeit zwischen dem re-romantisierten, kommerziell verwertbaren Rhein der Tourismusbranche, dem Rhein als Alltags- und Wirtschaftsraum sowie dem der Denkmalpfleger und Landschaftsplaner, die ein UNESCO-Welterbe gegen zu zweckgerichtete Eingriffe bewahren und zugleich ökonomisch entwickeln müssen. Drei Themen ziehen sich wie rote Fäden durch dieses Kapitel: die romantisierende Überhöhung, die Praxis des Bauens und die Verhandlung von Identitäten. Der Rhein wurde (und wird) in Bildern gesehen, die Bilder wurden (und werden) in Architektur umgesetzt, mit ihrer Hilfe wurden (und werden) gesellschaftspolitische Fragen thematisiert. Dadurch ist ein Raum entstanden, der nicht abgeschlossen ist, sondern Diskussionen provoziert, wie bauliche Eingriffe das Landschaftsbild verändern, inwieweit dieses von der vermeintlich ursprünglichen romantischen Landschaft entrückt worden ist, aber auch, welche der überlieferten Zeitschichten es eigentlich verdienen, bewahrt zu werden. Der Musikwissenschaftler Volker Kalisch hat es so formuliert: »Wer an die Ufer des Rheins tritt, der begegnet ja nicht einem Fluss, sondern der schaut auf eine ungleichmäßig fließende Akkumulation gleichermaßen geschichtsträchtiger wie -mächtiger, sich gegenseitig durchdringender und wechselseitig verwirrender Bilder, Phantasien und Projektionen.«[6]

Diese Bilder ruhen auf einer Aura, die ihresgleichen sucht: »Schon in der Antike wird der Rhein neben dem Feuer speienden Ätna und dem grenzenlosen Ozean als Musterfall des Erhabenen genannt«.[7] Schicht um Schicht haben sich seitdem Assoziationen auf- und nebeneinander gelagert, etwa die beeindruckende geologische Leistung, dass der Fluss in jahrtausendelanger Arbeit ein Gebirge durchsägte. Oder die Wildheit des unregulierten Wassers. Die schroffen Berge, auf denen sich die zersplitterte politische Macht in einer Dichte an Burgen wie sonst nirgendwo manifestierte, die später, verfallen, romantische, patriotische Gedanken weckten und dann, restauriert, mit den Mitteln des Theaters ein einheitliches deutsches Mittelalter inszenierten. Weiter der Weinbau an steilen Hängen, für Maschinen bis heute weitgehend unzugänglich, der das Gesicht der Landschaft prägte und den Rheinwein als Qualitätstropfen zum internationalen Markenzeichen – und zum Symbol massentouristischer Seligkeit – machte. Die harte Arbeit der Schiffer und die gewaltigen Flöße, die einst durch die engen Kurven und Schleifen und das Binger Loch Richtung Niederlande steuerten. Das Wechselspiel von Literatur, Musik, Krieg, Denkmälern und Tourismus zwischen 1795 und 1945. Englische Reisende, die den Mittelrhein als neues, wildes Schottland entdeckten, und die rasch zum Inbegriff des borniertn (aber zahlungskräftigen) Touristen wurden. Bleigruben und Steinbrüche, die, für einige Autoren und Autorinnen durchaus positiv, das Bild der Romantik konturierten. Die religiös-weltliche Herrschaftslandschaft mit Schlössern, Klöstern, Kirchen und Bildung, die von den Preußen im 19. Jahrhundert systematisch zu einer preußisch-deutschen Geschichtslandschaft gestaltet wurde. Im Rhein der Hort der Nibelungen. In wehrummauerten Städtchen mit gotischen Kirchen ein reichhaltiger Schatz an Sagen, die bis ins Mittelalter zurückgriffen und bereits im 19. Jahrhundert dekonstruiert wurden. Der hundertjährige politische Kampf um den Rhein als Frankreichs Grenze oder »Deutschlands Strom«. Eisenbahnen, Bundesstraßen und die Verbuschung aufgelassener Weinberge als Zeichen einer gleichgültigen Modernisierung. Schließlich schwere Umweltkatastrophen, die auch den Mittelrhein berührten und den ignoranten Umgang mit Natur und Romantik symbolisierten.

In diesem Raum ist eine Atmosphäre entstanden, die man an Flüssen wie Weser, Werra und Fulda nicht findet. All diese Assoziationen verschmolzen und verdichteten sich im Begriff des »romantischen Rheins«, der bei vielen Menschen weltweit sofort ein Bild vor das innere Auge zaubert. Als die Aufnahme in die UNESCO-Welterbeliste vorbereitet wurde, begann ein Gemeinschaftswerk von Denkmalpflegeämtern, Wissenschaftlern und Politikern, diesen Assoziationsraum zu durchleuchten. Ergebnis war das voluminöse Werk über »Das Rheintal von Bingen und Rüdesheim bis Koblenz. Eine europäische Kulturlandschaft«.[8] Es bildet gewissermaßen den analytischen Schlusspunkt all der Imaginationen und den Beginn ihrer reflektierten Fortführung als Welterbelandschaft. Heraus kam das paradoxe Unterfangen, historische Vielschichtigkeit auf *eine* Zeitebene, die Gegenwart, zu projizieren, um eine UNESCO-Landschaft zu gestalten, die, wie in einem riesigen Freilichtmuseum, unterschiedliche Zeitschichten gegeneinander abwägt und in einzelnen Objekten oder Landschaftspartien heraushebt und nebeneinandersetzt, gegen die Anforderungen einer Nutzlandschaft verteidigt *und* sie mit ihr versöhnt.

Interessanterweise findet man diejenigen Projektionen und Imaginationen, die eine Landschaft ausmachen, fast ausschließlich in gedruckten Quellen, nämlich in Reiseberichten, Reiseführern, wissenschaftlichen Werken, auf Stahlstichen, in der Literatur und Lyrik oder Werbebroschüren, außerdem auf Fotografien und Gemälden und in der Architektur (die teilweise nur in Texten und auf Abbildungen überliefert ist). Reisebücher, oft illustriert mit Stahlstichen, waren dabei eines der wichtigsten und populärsten Medien, das Andere und das Eigene im Spiegel einer Landschaft zu betrachten.[9] Ungedruckte Quellen in den Landes- und Lokalarchiven sind dagegen überraschend frei von Imaginationen. Selbst wenn es um die Gestaltung einer Landschaft ging, handelte es sich vor allem um technische Fragen, die geklärt wurden. Man findet bloß das eine oder andere Schmankerl, beispielsweise den Vorschlag eines Wiesbadener Gartenbauers. Der hatte sich 1939 um die Anlage des Rheinufers in Koblenz beworben und darauf hingewiesen, »dass die Gestaltung dieser Anlage aus dem grossen Landschaftsraum der Rheinlandschaft erfolgen muss«, bevor er 1941 dann das Feld zwischen Schloss und Fluss in ganz großem Stile gestalten wollte.[10] Was immer seine Rede vom Landschaftsraum gemeint haben mochte: Der Gedanke, dass sich aus der Kraft des Rheines die Formung des Ufers wie von selbst ableite, schien dem Mann ein so überzeugendes Argument gewesen zu sein, dass er die Umsetzung gar nicht erst erläuterte. Es dauerte allerdings seine Zeit, bevor das so selbstverständlich geschehen konnte, und die Geschichte beginnt recht unromantisch, mit Semiotikern *avant la lettre*.

Image I: Semiotik statt Romantik

Die erste Imaginationsschicht. In Zedlers Großem Universal-Lexicon Aller Wissenschafften und Künste erschien 1742 im 31. Band der Artikel »Rhein, Rhin, Rhein-Strom«. Von romantischen Projektionen lesen wir hier nichts. Es geht um Fischfang, Brücken und andere ökonomische Aspekte sowie um die Rheinfälle bei Schaffhausen oder das Binger Loch, das ein gewaltiges Bellen erzeuge, aber gar nicht so gefährlich zu passieren sei, »indem das Wasser den rechten Weg von selbst zeiget.«[11] (Der Historiker und Kunstsammler August von Wackerbarth bestätigte das 1794: falls die Schiffer wegekundig und nüchtern seien, »welches leztre aber selten der Fall ist.«[12]) Das Wasser des Rheins sei weicher als das anderer Flüsse, so dass es nicht so schwere Lasten tragen könne, außerdem wird auf seine ehemalige Funktion als Gottesgericht hingewiesen: »Denn dieser Strom soll vorzeiten mit einer solchen wunderbaren Natur und Eigenschafft begabt gewesen seyn, daß er der Celten oder alten Deutschen junge Kinder, wenn sie dieselben nach der Geburt, zur Untersuchung ihrer ehrlichen Zeugung hinein geworffen, mit einem sonderbaren sanfften Lauff ohnverletzt an das Ufer wieder angetrieben; diejenigen aber, welche in unreiner und befleckter Ehe erzeuget worden, mit ungestümen Wellen und reissenden Wirbeln, als ein zorniger Richter und Rächer der Unreinigkeit, unter sich gezogen und ersäufft habe, welches wir an seinen Ort wollen gestellet seyn lassen.«[13] Das Lexikon erwähnte weder die Landschaft noch die Burgruinen.[14] Der Rhein wurde nüchtern als einer der wichtigsten Ströme Europas und »das andere Haupt-Wasser in Deutschland« nächst der Donau vorgestellt. Tatsächlich sollte später für keinen Fluss die Produktion an Panoramen, Reisebüchern, Gemälden und Leporellos annähernd den Umfang wie beim Rhein erreichen. Eine Bibliographie aus dem Jahre 1857 führt die Werke zum Rhein auf knapp 18 Seiten auf, für die Donau, benötigt sie keine fünf, für die Elbe weniger als zwei Seiten.[15]

Rund 50 Jahre nach dem Eintrag im Zedler tauchte eine Reihe von Autoren auf, die sich vordergründig als Romantiker lesen lassen, obwohl sie etwas ganz anderes am Fluss interessierte. 1789 beispielsweise unternahm der Koblenzer Theologe und Lehrer Joseph Gregor Lang eine Fahrt auf dem Rhein, und seine Beschreibung evozierte eine Art bukolischer Landschaft: Eine faszinierende Natur, durch Obstgärten und Weinberge prächtig kultivierte Abschnitte, Menschen, die, arm, aber bedürfnislos im Einklang mit der Natur lebten und ein durch aufgeklärte Fürsten wohlbestelltes Gemeinwesen, das er paradigmatisch in Neuwied fand. Dort hätten religiöse Toleranz, Ideen der Aufklärung und Manufakturen den Wohlstand gehoben und die Kleinstadt zum Nukleus einer idealen Staatsmaschinerie gemacht. An anderen Stellen verzeichnete er Steinbrüche, Kalkbrennereien, Viehzucht und Weinbau und verband sie umstandslos mit idyllischen Landschaftsbeschreibungen. Eine Brunnenszene mit sechs Landmädchen, die ihre Krüge füllten, mit Jungen schäkerten, diese mutwillig mit Wasser bespritzten und dem Betrachter freudige Augenblicke schenkten: »Ich saß da wie ein König, dachte mich in die Zeiten der arkadischen Unschuld und schlurfte mit größter Empfindung meinen schäumenden Nektar« (ein Gemisch aus dem vitriolhaltigen Heilwasser der Quelle, Wein und Zucker).[16] Lang fühlte das Glück der Bewohner seeliger Gefilde, wo Wonne und Freude das Leben mit göttlichem Glanz erfüllten. »Hier schwindelt mein Geist, mein Fuß wankt, und mein Auge wird trübe im Tempel deiner [Gottes] herrlichen Natur! Wohin ich blicke, ist alles Kette, Ordnung, Harmonie, und deiner Herrlichkeiten, deiner Größe blendender Lichtstrahl!«[17] Und beim Anblick einer Burgruine versetzte er sich mit wohligem Schauern in alte Ritterszeiten zurück, wo die Männer mutig und voller Heldengeschichten, die Kinder keine kränkelnden Wollüstlinge und die Frauen liebend und reinlich, treu und keusch, nicht geschminkt und voller Romangefühle gewesen seien.

Erinnert das nicht an diese kitschigen Ölbilder aus dem 19. Jahrhundert, auf denen man rührselige, biedermeierliche Wirtshausszenen vor dem Sonnenuntergang über dem Rhein erblickt, die sich später so gut für billige Kunstdrucke eigneten? Langs »Gemälde« hatte nichts damit zu tun, denn die verkitschende Romantisierung setzte erst mehrere Jahrzehnte später ein. Vielmehr beschwor er ein zeitloses, bukolisches Ideal als Sinnbild für einen *ökonomisch-gesellschaftspolitischen* Zukunftsraum. Neuwied und die Brunnenszene verbanden göttliche Ordnung und fortschrittsorientierten Absolutismus, als Legitimation eines gottgewollten aufgeklärten Absolutismus. Die süßliche Szene hatte also einen zutiefst politischen Gehalt. Und dieses Motiv finden wir ebenfalls in August Joseph Ludwig von Wackerbarths »Rheinreise« (1794), in Jan van Geuns Reisetagebuch von 1789, Johann Nikolaus Beckers profranzösischer und dezidiert antiklerikaler Rheinreise, publiziert 1799,[18] oder in den »Briefen eines Reisenden Franzosen« aus dem Jahre 1783, verfasst von Cosimo Alessandro Collini, der nach einer Fahrt auf der schönen Donau an den (für ihn) unendlich schöneren Rhein gekommen war. Im 67. Brief pries er, wie Wackerbarth, Geun und Becker, wortreich die malerische Landschaft, doch mindestens genauso erfreute ihn die intensive Kultivierung des Tales: »Der ganze Strich Landes von hier bis nach Maynz hinauf ist einer der reichsten und bevölkertesten von Deutschland. [...] Weder Moräste noch Heiden unterbrechen den Anbau, der sich mit gleichem Fleiß weit von den Ufern des Flusses weit über das benachbarte Land ausdehnt.«[19] Collini schrieb diesen Erfolg den geistlichen Fürsten zu, die ihre Untertanen nicht mit Frondiensten und Abgaben überhäuften, als Leibeigene hielten oder als Soldaten verkauften. So sei durch vorausschauendes Wirtschaften die Kultivierung »auf einen Grad von Vollkommenheit gekommen, den er sonst nirgends in Deutschland hat. Die Natur thut von selbst, was man durch Verordnungen und Gesetze erzwingen will, sobald man ihr nur die Steine des Anstosses aus dem Weg räumt.«[20] Und mehrere Autoren setzten zwei Städte paradigmatisch gegeneinander. Neuwied lag rechts des Rheins, war von einem aufgeklärten Fürsten gegründet worden, nahm Glaubensflüchtlinge auf und prosperierte ökonomisch. Andernach, linksrheinisch, duckte sich verwinkelt hinter mittelalterliche Mauern, war in Kriegen mehrfach zerstört worden und durch die Zunftverfassung sowie hohe Zölle wirtschaftlich ruiniert. Die moderne Planstadt Neuwied fungierte als Chiffre für Fortschritt, das (für Maler) pittoreske Andernach als Chiffre für ökonomischen und gesellschaftspolitischen Stillstand.[21]

So sollte man die Hymnen auf die Landschaft lesen, als Gleichnisse auf die Wirtschaftspolitik, weniger als Romantisierung. Der italienische Schriftsteller und Gelehrte Abbate de Bertòla publizierte 1787 eine »Malerische Rheinreise« (deutsch 1796), in der er mit farbigen Worten einer idyllischen Landschaft huldigte: »Die Harmonie und das Zusammenschmelzen der reichen und wechselnden Farben erfreut sein Auge, nicht minder der Einklang zwischen Berg und Tal, Höhe und Tiefe, Nähe und Ferne, und das Zusammenrücken der Einzelgegenstände, das die Zusammenfassung in einem Bilde gestattet. [...] Bald kontrastiert die malerische Burgruine auf ragender Höhe mit dem lichten Dorf in der Tiefe; bald ist es nur der Rauch, der im Talbecken mit der natürlichen Farbe der Landschaft spielt.«[22] Allerdings erfreute die Landschaft Bertòla vor allem dann, wenn sie wie von Gartenbauern gestaltet war. Die Natur formte sich für ihn wie von selbst in eine blühende Kulturlandschaft, wenn nur ein Gärtner sachte nachhülfe. In der Kulturlandschaft manifestierte sich eine von Fürsten gestaltete, vernünftige Gesellschaftsordnung, die eine überzeitliche, harmonische Ordnung Gottes aktualisierte. In all diesen Texten erscheint Landschaft als Signifikant, der Ordnung bezeichnet.

Am prägnantesten führt uns das der Forschungsreisende Johann Georg Forster vor Augen, der kurz nach der Französischen Revolution seine »Ansichten vom Niederrhein« veröffentlichte. Gerne wird heute sein Spott über den deutschen Nationalismus zitiert: »Auf der Fahrt durch den Rheingau hab ich, verzeih es mir der Nationalstolz meiner Landsleute! eine Reise nach Borneo gelesen«. Nun, das war Ende März 1790, »der Zauber einer schönen Beleuchtung« sei entfallen, also hatte es vielleicht einfach nahegelegen zu lesen.[23] Die Landschaft selbst gefiel ihm nur bedingt: »Der Weinbau gibt wegen der krüppelhaften Figur der Reben einer jeden Landschaft etwas Kleinliches; die dürren Stöcke, die jetzt vom Laub entblößt und immer steif in Reih und Glied geordnet sind, bilden eine stachlichte Oberfläche, deren nüchterne Regelmäßigkeit dem Auge nicht wohltut.«[24] Die Ufer waren nackt, die Berge nicht wirklich imposant, sondern einförmig und ermüdend. Und: »Das Gemäuer verfallener Ritterfesten ist eine prachtvolle Verzierung dieser Szene; allein es liegt im Geschmack ihrer Bauart eine gewisse Ähnlichkeit mit den verwitterten Felsspitzen, wobei man den so unentbehrlichen Kontrast der Formen sehr vermißt. Nicht auf dem breiten Rücken eines mit heiligen Eichen oder Buchen umschatteten Berges, am jähen Sturz, der über eine tiefe voll wallender Saaten und friedlicher Dörfer den Blick bis in die blaue Ferne des hüglichten Horizonts hinweggleiten läßt – nein, im engen Felstal, von höheren Bergrücken umschlossen und, wie ein Schwalbennest, zwischen ein paar schroffen Spitzen klebend, ängstlich, hängt hier so mancher zertrümmerte, verlassene Wohnsitz der adeligen Räuber, die einst der Schrecken des Schiffenden waren.«[25]

Nun war es nicht so, dass Forster mit Anklängen an eine bukolische Landschaft geizte – wallende Saaten, friedliche Dörfer, umschattete Berge und weite Blicke tauchen, wie wir an diesem Zitat sehen, auch bei ihm auf. Er zeigte sich durchaus für die malerische Landschaft empfänglich, indem er, wie Bertòla, zur sprachlichen Visualisierung seiner Beobachtungen auf Motive der Malerei zurückgriff. Etwas anderes war ihm jedoch wichtiger, nämlich eine Art politischer Semiotik. Wie in einer Nummernrevue schlug er in jedem Ort ein neues Thema an. In der Festung Ehrenbreitstein bei Koblenz stellten sich ihm handgreiflich die anti-zivilisatorischen Wirkungen von Todesstrafe und Gefängnis dar, in Andernach, Bacharach und Kaub die körperliche und seelische Deformation der Menschen durch Weinbau und Müßiggang. Das finstere, mit Aberglauben verseuchte Köln war von zerlumpten Bettlerscharen und Klerikern bevölkert, in Aachen hemmte eine verzopfte Herrschaftsstruktur den Fortschritt. Dagegen schätzte er an Frankfurt, Neuwied und Düsseldorf die reinlichen, fleißigen, wohlhabenden Orte. Das ganze Rheinland las er als eine fortlaufende Kette von Zeichen, die für jeden Flecken entweder »den zerrütteten, schlecht eingerichteten, kranken« Staat, der »eine große Menge Müßiggänger nährt«, indizierten,[26] oder eine gute Verwaltung. Und dieses Interesse prägte auch seinen Blick auf die Landschaft, die ihm zwar »malerisch« und »erhaben« sein konnte, die er aber erst in dem Moment als »schön« bezeichnete, in dem sie auf prosperierende Weise kultiviert war. Entsprechend braust und tobt in seinem Text kein romantisch ungezähmter Rhein, sondern der Fluss zieht majestätisch-ruhig durch eine etwas zerklüftete Landschaft, die je nach Tageslicht und Perspektive wie ein Vexierbild ihren Charakter ändert, und die, im Idealfall, von geschäftigen Menschen bewohnt ist. – Ähnlich sah es Ferdinand Ochsenheimer, als er knapp zwei Jahre darauf, im Januar 1792 von Mainz rheinaufwärts fuhr.[27]

Das letzte Beispiel, ein sehr spätes seiner Art. 1820 verließ Johann Andreas Demians »Neuestes Handbuch für Reisende auf dem Rhein« die Druckerei. Das war kein Reiseführer im herkömmlichen Sinne, sondern eine Bestandsaufnahme der Siedlungen, ihrer Einwohner und des jeweiligen Gewerbes. Bei allen Orten nannte er die Einwohnerzahl, die Zahl der Katholiken, Juden und Protestanten sowie oft die Berufe der Einwohner und andere statistische Angaben: »Köln hat 16 Thore, 6970 Wohnhäuser, und 9973 Feuerstellen.«[28] Den ganzen Rhein entlang wird das Gewerbe aufgelistet: Wein- und Ackerbau, Steinbrüche, Braunkohlegruben, Baumwollspinnereien, Metall-, Leder-, Tabakspfeifen-, Strumpfwaren- und andere Manufakturen, in Städten wie Bonn Buchhandlungen und Druckereien; dazu finden wir Import- und Exporttabellen. Knapp zwei Seiten werden dem Correctionshaus im Kloster Eberbach sowie der Irrenanstalt und ihren Finanzen gewidmet. Das Correctionshaus gleiche »einer großen Manufaktur, in welcher es niemand erlaubt ist, müßig zu seyn.«[29] In Koblenz, Mainz und Köln Beschreibung der Sehenswürdigkeiten und bedeutender (Altertums-) Sammlungen. Eingestreut sind Hinweise auf Gasthöfe und historische Exkurse. Die Landschaft spielt kaum eine Rolle. Nüchtern ist mal von der Rheinkrümmung, einem Felsen im Fluss oder den zurücktretenden Bergen die Rede. Nur einmal wird es gefühlvoller: »Die Gegend von Bingen hat etwas schauerlich-romantisches; der Rhein strömt in starker Strömung gegen die düstern Felsenmassen des linken Ufers an und wendet sich dann plötzlich gegen Norden, wo er hinter den Felsenbergen zu verschwinden scheint.«[30] Mit der Biegung sind auch diese Gefühle erledigt. Burgen fallen praktisch gar nicht in den Blick, die Ruinen interessieren ihn nicht; höchstens der Ausblick, den man von den Kuppen genießen kann.

Wie Forster fuhr Demian den Rhein als eine in Landschaft geronnene Statistik ab. Gewerbe und die fleißige Betriebsamkeit der Menschen – Signale schlechthin für eine Gute Wirtschaft – sind ihm deutlich wichtiger als die Schönheit der Landschaft: »3) *Friesdorf*, ein freundliches, am Fuße weinbekränzter Hügel liegendes Dorf von 601 Einwohnern, wohin ein sehr anmuthiger Weg zwischen Wein- und Obstgärten führt. Merkwürdig ist hier das große Braunkohlenlager, das sich durch die Kreise Bonn, Köln, Lechenich und Bergheim, und über den Rhein bis Siegburg und Königswinter erstreckt. Es liegt meist in horizontalen Schichten zu Tage, und hat eine Tiefe von einigen Decimetern bis 80 und 100 Metern. Da diese Braunkohlen alaunhaltig sind, so hat man hier, zu Friesdorf, und am rechten Rheinufer zu Pützchen, Alaunsiedereyen angelegt. Die hiesige, welche Herrn *Quink* gehört, hat 6 Kessel in Betrieb.«[31] Und es geht zum nächsten Ort.

Diese ökonomistische Perspektive wurzelte in einem Diskurs, der sich merkantilistischen Praktiken und aufklärerischen Ideen verdankte. Demian war allerdings etwas spät dran. Denn 1820 schaute die Welt am Rhein ganz anders aus. Das französische Revolutionsheer hatte Ende des 18. Jahrhunderts die Rheinlande erobert und verwüstet. Anschließend arrondierte die Besatzungsmacht die zersplitterten Herrschaften, beseitigte handelshemmende Zollgrenzen, führte eine neue Verwaltung sowie den *Code civil* ein und verbesserte die Infrastruktur, allesamt Errungenschaften, die die Besetzten zu schätzen wussten (und die 1813 nicht rückgängig gemacht wurden). Die Zahl der Reiseschriftsteller stieg seit 1795 deutlich an. Die Region schien wie ein Laboratorium der Zukunft, Neuwied plötzlich als veröder Ort, von dem keine beispielgebende Kraft mehr ausging. Die Hoffnung auf gleich eine ganz neue politische und soziale Ordnung wurde in harmonisierende Rheinbilder verpackt. Noch kühner waren Matthias Claudius, Friedrich Hölderlin und wenige andere Autoren, die den Fluss als Symbol republikanischer Freiheit imaginierten. Der dänische Schriftsteller Jens Immanuel Baggesen verwies darauf, dass der Rhein in den freien Alpen entspringe und forderte in einer Adaption von Claudius' Rheinweinlied auf: »Empfang uns Rhein, laß fröhlich uns genießen, / Ruf alle uns herbei! / Ein jeder Fluß soll ungebunden fließen. / Wie du so frei!«[32] *Diese* Imagination des Rheins wirkte allerdings nicht traditionsbildend.

Erfolgreicher waren »eskapistische« Darstellungen der Landschaft als idyllischem, Geborgenheit spendendem Paradies jenseits des Krieges und der Revolutionswirren.[33] Nikolaus Vogt beschwor 1804 eine hell erleuchtete Festreise auf dem Rhein, die er mit dem Glanz des Hoflebens an den früheren, aufgeklärten Fürstensitzen verschmolz. Er war froh, dass die französische Herrschaft immerhin deren Reformwerk fortsetzte; das indizierte ihm besonders der aufwendige Bau der »Kunststraße« entlang des Flusses.[34] Und bei Heinrich Simon van Alpen hatte sich die Landschaft mit der französischen Besetzung definitiv zum Schlechteren gewandelt. Das vorrevolutionäre Koblenz habe »[f]ürstliche Anlagen, Palläste, Alleen; geschmackvolle Dörfer; freundliche Thäler, lachende Gefilde, köstliche Weinberge« ausgezeichnet, und die Festung Ehrenbreitstein stieg »aus den Fluten des Stromes bis in die Wolken empor.« Diese selbe Festung sah er nach der Revolution plötzlich als eine graue Felsmasse, die sich auf »fürchterlichsten Berge[n]« erhob, in der Tiefe lag das Tal als Schutthaufen mit verbrannten Dörfern, zerstörten Lusthäusern und umgehackten Obstbäumen.[35]

Wie immer die Vorromantiker den Rhein nun imaginierten, ob sie in einem revolutionären Frankreich oder einem aufgeklärten Absolutismus die Zukunft erblickten: Der Fluss wurde primär als Möglichkeitsraum einer wünschenswerten Gesellschafts- und Wirtschaftsordnung vorgestellt, während das Malerische der Landschaft eine ambivalente Rolle spielte. Einige Autoren überhöhten die Landschaft kaum oder gar nicht, andere spiegelten ihre politischen Präferenzen in einer harmonischen, lieblichen Natur.[36] Heinz Stephan verleitete dieser Befund 1924 zu der Behauptung, dass diese Texte den Rhein nicht angemessen hätten wahrnehmen können. In den Reisebüchern des Mittelalters, schrieb er, habe die Landschaft des Rheintals gar keine Rolle gespielt, im »Rheinischen Antiquarius« von 1739 sei sie beschrieben worden, aber unbeholfen und unlebendig. Im späten 18. Jahrhundert hätten sich zwar die Gefühle geklärt und vertieft, Verse, auf andere Orte gemünzt, wurden auf den Rhein übertragen, das jedoch war »ein Beweis, daß die Eigenart der Rheinlandschaft eben noch nicht voll erkannt ist.« Der Rhein sei zwar ästhetisch entdeckt, aber – von noch zu rationalistisch denkenden Autoren – in ortlosen Versatzstücken collagiert worden. Erst »Goethes klassischer Realismus brachte in die Reisebeschreibung das objektive Element. Von Goethe lernte die Romantik das Hingegebensein an die Landschaft, das Mitleben und Mitleiden mit der Natur.«[37] Nun erst hatte sich – angeblich – der Blick vervollkommnet: in der Romantik. Wer den Rhein romantisch sah, so Stephan, habe dessen *Wesen* endlich begriffen.

Image II: Romantischer Rhein

Kurz nach 1800 entstand jene Perspektive, die bis heute die Vorstellung vom Mittelrhein weltweit dominiert, nämlich das Bild des *romantischen* Flusses. Es ist genug über die Romantik am Rhein geschrieben worden, vor allem über die Literaten. Deshalb als Hintergrund nur die knappen Hinweise, dass die Romantik in Literatur, Kunst und Musik auf das späte 18. Jahrhundert zurückgeht, eine Reaktion auf die Idealisierung antiker Formen darstellte und sich der eigenen Kultur und Geschichte zuwandte beziehungsweise, das betrifft unser Thema, Landschaften der näheren Umgebung. Diese Romantisierung schlug am Rhein allerdings erst durch, als Clemens von Brentano und Achim von Arnim 1802 eine berühmte Rheinreise unternahmen und 1806 die Liedersammlung des »Knaben Wunderhorn« herausgaben, das zu einer Art deutschem Nationalepos aufstieg. In diesen und den folgenden Jahren kamen Johanna Schopenhauer, Joseph von Eichendorff, Heinrich Heine, Johanna Kinkel und zahlreiche andere Künstler, um den Fluss zu besingen. Sie machten »die Rheinlandschaft zur Seelenlandschaft der Romantik«, indem sie »Elemente der Landschaft, Felsen, der glitzernde Rheinstrom, dunkle Ruinen, das Licht der Abendsonne oder die Dämmerung, [...] Berge und Ebenen verschwimmen« ließen, die »sich zum Ganzen einer *Stimmung* zusammenschlossen.«[38]

Die Standardelemente dieser Romantik sind seit Mitte des 19. Jahrhunderts: die eindrucksvolle Fluss- und Berglandschaft, die teilweise restaurierten Burgruinen, die Loreley, Sagen und Lieder, Weinhänge und Weinhäuser, und die kleinen Städtlein im engen Tal. Und nach kurzer Zeit war dieses Bild zum Klischee geronnen (Abb. 2). Eduard Dullers Einleitung zu Hendschels »Topographischem Rhein-Panorama« von 1845 ist eine verbale Hochglanzbroschüre, die jede Lesergruppe mit patriotischen oder romantischen Stereotypen bediente. Rechtsgelehrte besuchen die »uraltdeutschen« Rechtsinstitutionen, Krieger die »stärksten Festungen«, Altertumsforscher fesseln die Spuren der Römerzeit, Lehrern und Lernenden »winkt [...] der blühende Musensitz zu Bonn«, das Bürgertum goutiert die zivilisatorischen Leistungen des rheinischen Städtewesens, Kunstfreunde kommen auf ihre Kosten, ebenso Naturliebhaber und diejenigen, die sich »eines heiteren, gesunden, tüchtigen Volkslebens« erfreuen.[39] Eine dezidiert industriefeindliche »Rheinfahrt« von 1875 führte durch eine Landschaft der Superlative: fröhliche Menschen, glorreiche Geschichte, edelster Wein, herrliche Panoramen, lauschige Gärten, und alle jubilieren bei der Arbeit. Anders als Duller hob dieser Text allerdings, kurz nach Gründung des Kaiserreichs, darauf ab, dass der Rhein der Strom der Germanen und Urquell der Nordischen Kultur sei, auf dessen Grund »der letzte Hort des deutschen Bewußtseins« verwahrt sei »durch die Jahrhunderte der Noth, bis eine bessere Zeit ihn heben sollte.«[40]

Doch egal wie verkitscht, ich möchte der Spur folgen, die die Beispiele im vorherigen Abschnitt gelegt haben: dass nämlich Reisende in der Landschaft etwas sahen, das sie auf die eigene (politische) Existenz bezogen. In der Romantik hatte sich nicht der Blick vervollkommnet, wie Heinz Stephan behauptete, sondern das Bezugssystem verschoben, vom Arkadien einer aufgeklärten Fürstenherrschaft hin zum Vaterland. Das

Die Lureley.

Abb. 2: »Wohin das Auge sich wendet, überall neue, Reize und neues Entzücken!« Zitat und Bild aus den »Glanzpunkte[n] des Rheines in Wort und Bild« (1881) – ein Beispiel für die schablonenhafte Romantisierung des Rheins (Brown 1881: nach 30).

möchte ich an einigen Reiseberichten und Reiseführern zeigen, die, von einem breiten Publikum gelesen, am effektivsten dazu beitrugen, die Idee des romantischen Rheins zu popularisieren. Reiseberichte unterscheiden sich von Reiseführern, indem sie eine Fahrt – die durchmessene Landschaft, die Einwohner, Tierwelt, Kultur und dergleichen mehr – beschreiben, um denjenigen, die die Reise selbst nicht unternehmen konnten, Zeugnis abzulegen von der Welt. Sie sind kein Abbild der Reise, sondern ein literarisches Genre mit eigenen Strategien der Beglaubigung.[41] Der Skandinavist Thomas Mohnike begreift sie deshalb als in Reiseform inszenierte Antwortfindung auf Fragen, die die eigene Identität betreffen. Die Reisen dienten der Abgrenzung vom und der Annäherung an »das Andere«.[42] Das war, wie wir gesehen haben, schon vor der Romantik der Fall gewesen, als Reiseberichte sich oft mit der Produktivität des Rheinlandes auseinandersetzten und im Medium der bereisten Landschaft aufgeklärte Fürstenherrschaft und moderne Ökonomik zu legitimieren suchten. Quantitativ gab es freilich einen enormen Sprung. In der ersten Hälfte des 18. Jahrhunderts waren 24 Rheinbeschreibungen veröffentlicht worden, in der zweiten Hälfte 56, allein zwischen 1841 und 1850 dann 97, der Höhepunkt war zwischen 1941 und 1950 mit 104 Publikationen erreicht; insgesamt erschienen bis in die Nachkriegszeit mehr als 600 Texte über den Rhein.[43]

Ich beginne mit Heinrich von Kleist, der in einem Brief an Karoline von Schlieben vom 18. Juli 1801 den Rhein zwischen Mainz und Koblenz als »schönste[n] Landstrich von Deutschland« beschwor, »an welchem unser großer Gärtner sichtbar con amore gearbeitet hat [...]. Das ist eine Gegend wie ein Dichtertraum, und die üppigste Phantasie kann nichts schöneres erdenken, als dieses Thal, das sich bald öffnet, bald schließt, bald blüht, bald öde ist, bald lacht, bald schreckt.«[44] Pfeilschnell strömt der Fluss bei Mainz, breit und majestätisch bei Bingen heran; Rebenhügel bremsen »seinen stürmischen Lauf, sanft, aber mit festem Sinn, wie eine Gattinn den stürmischen Willen ihres Mannes, und zeigt ihm in stiller Standhaftigkeit den Weg, der ihn ins Meer führen wird«, während er doch »wie ein Held zum Siege« den Hunsrück durchbricht, der »sich ihm in den Weg wirft«. Die »Felsen weichen ihm aus und blicken mit Bewunderung u[nd] Erstaunen auf ihn hinab«.[45] Bei Bieberich und Mainz hatte von Kleist einen »Lustgarten der Natur« erblühen sehen, wie er Adolphine von Werdeck am 28. Juli mitteilte, »eine concave Wölbung, wie von der Hand der Gottheit eingedrückt.« Der Raum war zum Amphitheater eines göttlichen Schauspiels geworden, denn der Krieg hatte die Gegend verlassen, »der Friede spielte sein allegorisches Stück«. Die Berge dienten als Logen, »Wesen aller Art blickten als Zuschauer voll Freude herab, u[nd] sangen und sprachen Beifall – Oben in der Himmelsloge stand Gott.« Der Strom und die Luft umtönten Kleist wie eine Sinfonie, wie Kirchenmusik, und als er sich auf den Boden des Nachen legte, vergaß er die Erde und sah nichts als den Himmel.[46] Wir erkennen das alte Bild Arkadiens, als göttlichem Gegenstück zu den mordbrennenden Franzosen. Andererseits trat der Rhein hier – wie in Zedlers Universal-Lexicon – als Akteur auf, nicht als Richter unehelicher Kinder, sondern als Verkörperung des männlichen Prinzips und, oben nur angedeutet, als Personifizierung des Vaterlandes.

Friedrich Schlegel politisierte den Fluss 1805 deutlicher. Er hatte seine Rheinfahrt im freundlichen Bonn mit seinen reichen Fluren begonnen, war Richtung Koblenz gefahren und dann nach Bingen; die schroffere und wildere Landschaft dort fand er am schönsten. Im Tal beobachtete er überall Geschäftigkeit, auf den Bergen kühn platzierte Überreste alter Burgen. Nicht zufällig griff er auf die Malerei zurück, wenn ihm die Gegend als »ein in sich geschlossenes Gemälde und überlegtes Kunstwerk eines bildenden

Geistes zu sein« schien, nicht aber als kontingent entstandene Landschaft.[47] Der bewirt-
schaftete Raum an der imaginierten Bildunterkante und die Ruinen am oberen Bildrand korrespondierten einander. Unten der Wohlstand, oben die Freiheit. Man dürfe die
Ruinen nicht bloß »mit einer oberflächlichen ästhetischen Rührung, als den unentbehrlichen romantischen Hintergrund für allerlei beliebige moderne Gefühle«, oder bloß als
Raubschlösser sehen, weil man dann ihre Entartung mit der Sache selbst verwechsele.[48]
Für die Zeit vor der Zersplitterung in sich permanent befehdende Herrschaften zeugten
die Burgen von etwas ganz anderem, nämlich der »Neigung der Deutschen, auf Bergen
zu wohnen, an Bergen vorzüglich sich anzusiedeln«,[49] worin sich der Nationalcharakter
ausdrücke. »Eine erhabene und edle Neigung! Schon ein Blick von der Höhe, ein Atem-
zug auf freien Bergen, versetzt uns wie in eine andere leichtere Welt, [...] wo wir [...] neu-
en Lebensmut einsaugen im Anblick des herrlichen Erdbodens vor uns.«[50]

Die Bauart der Burgen möge plump gewesen sein, so Schlegel, doch habe der ihnen
innewohnende Sinn großen Einfluss auf die gotische Baukunst gehabt. So schrieb er
die Burgen in die europäische Kunstgeschichte ein – und verortete sie zugleich »in
der Einöde der wilden Natur, deren Gefühl genau mit jener wunderbaren Bauart
zusammenhängt.«[51] Natur, Geschichte und deutscher Charakter verschmolzen; der
Rhein erinnert an das, was die Deutschen einst waren und sein könnten, er ist »das
nur zu treue Bild unseres Vaterlandes, unsrer Geschichte und unsers Charakters.«[52]
Das Elend begann, als »die Menschen herabgezogen sind zueinander und sich alles um
die Landstraßen versammelt hat, gierig nach fremden Sitten wie nach fremdem Gel-
de«. Doch am Rhein könne man wieder lernen, »dieses herrliche Land auf die edelste
und angemessenste Art zu bewohnen und zu beherrschen«,[53] wenn statt der politischen Zersplitterung eine »Kette von Burgen, Städten und Dörfern längs dem herrlichen Strome wiederum ein Ganzes und gleichsam eine größere Stadt bildeten, als
würdigen Mittelpunkt eines glücklichen Weltteils.«[54] Für Schlegel hätte am Rhein ein
rekonstruiertes Mittelalter die deutsche Kleinstaaterei überwinden sollen.

Johanna Schopenhauer wiederum verglich 1828 den Strom mit der Maas und lud
ihn historisch auf. »Das eigentliche Rheinthal ist dem ernsten Nachdenken über große,
wechselvolle, längst entschwundene Zeiten geweiht, es erscheint wie ein Tempel der
Vergangenheit [...]. Sobald man den üppig blühenden Rheingau bei Bingen aus dem
Gesicht verliert, fühlt man [...] von Schauern der Vergangenheit sich umweht; und dieses Gefühl verläßt uns nicht, bis der Dom von Köln, gleichsam ihr Grabstein, in ernster Trauer uns entgegentritt« (der Dom war damals noch nicht vollendet gewesen).[55]
Schopenhauer sah eine monotone, verfallene Kulturlandschaft, in der die Städte wie
Ruinen aussehen, während selbst die Felsen meist nackt und kahl, in düsteres Grau
gehüllt waren; nur die Burgen konnten Aufmerksamkeit erregen. Der Rhein zeugte
ihr von verblichener Größe, ganz »anders ist es an der weit unbedeutenderen Maas«.
Sie verkörperte die tätige Gegenwart: »In einem verhältnismäßig sehr kleinen Raum
liegen Dörfer, größere Ortschaften, einzelne Häuser, Schlösser, große Fabrikgebäude,
Kirchen, ehemalige Abteien, Eisenhämmer und Mühlen so dicht zusammengedrängt,
daß auf dem ganzen Wege von Lüttich bis Dinant nicht leicht ein Punkt aufzufinden
wäre, von welchem aus man nicht ganz in der Nähe menschliche Behausungen erblickte und nicht zugleich dabei fühlte, daß es Denen, die sie bewohnen, darin ›wohl bereitet ist‹. Alle stehen gut erhalten, im behaglichsten Wohlstande da«.[56] Selbst Künstler
und Stahlstecher kämen auf ihre Kosten, gebe es an der Maas doch genug Flecken, die
nicht bereits unzählige Male reproduziert worden seien. Die Maas verkörperte für

Schopenhauer, was der Rhein hätte sein sollen, eine geschäftige Gegend mit arkadischen Zügen, nicht ein Museum seiner selbst.[57]

Schließlich der sächsische Maler Carl Gustav Carus dreieinhalb Jahrzehnte darauf. In einem zweibändigen Tagebuch hatte er enthusiastisch von seiner dreitägigen Rheinreise berichtet, auf der ihm alles grandios, anmutig, reizend vorkam und köstliche Ausblicke bot. Carus verglich dieses Erlebnis mit Italiens großartiger Natur, dessen bedeutenden Monumenten und weltgeschichtlicher Bedeutung. Italien konnte trotzdem nicht mithalten. Erst am Rhein habe er sein Vaterland gefunden. Er besuchte eine der restaurierten preußischen Burgen und fand sie lächerlich, als ihm der Führer »einen dorthängenden [sic] modern alterthümlichen Knappenrock« zeigte und selbstgefällig versicherte: »»wenn der Prinz da sind, gehen wir alle im Mittelalter!«« [58] Der Drill auf Ehrenbreitstein war ihm befremdlich: »[E]s war der schneidendste Widerspruch gegen das freie romantische Leben, welches zwei Tage hindurch mich beglückt hatte!« [59] Die herrliche *Landschaft* verkörperte ihm ein freies Leben in Deutschland, das durch ein verkitschtes Burgenidyll und preußischen Drill bloß konterkariert wurde.

Romantische Rheinbeschreibungen in der ersten Hälfte des 19. Jahrhunderts konnten also politisch mehr oder weniger latent aufgeladen sein, indem sie die Kulturnation in Form ihrer großartigen Vergangenheit thematisierten, dabei Landschaft und Gewerbe, wie die Vorromantiker, zusammendenkend. Ich erinnere an Gerhard Hards Befund, dass eine Landschaft nicht zu viel »Industrie« (für unseren Zeitraum: »Gewerbe«) zeigen dürfe, um als »Landschaft« zu gelten. Vor 1800 und selbst bei den Romantikern nach 1800 akzentuierte das Gewerbe aber geradezu den romantischen Blick. Johanna Schopenhauer beschrieb Fabriken, Eisenhämmer, Kohlengruben und »Marmorbrüche, welche die ewigen Berge umgestalten« und »die wunderbare romantische Schönheit der Gegend erhöhen.« [60] Auch Johann Wilhelm Spitz hatte behauptet, dass Steinbrüche »nicht wenig zur Erhöhung des pittoresken Charakters der Gegend« beitrügen. [61] Das sind allerdings für lange Zeit die letzten Texte, die uns eine selbstverständliche Eintracht von Romantik und Industrie vor Augen führen. 1832 beispielsweise befand Nikolaus Lenau die Rheingegenden für »wirklich allerliebst. Stille, bescheidene Schönheit ist ihr Charakter, wie der einer schönen deutschen Seele«. Aber ihn störte, »daß die Menschen gar so schrecklich fleißig sind und jedes Flecklein Erde bändigen«, und dass sie das Wild, selbst die Wasservögel vertrieben hätten. [62] Was den arkadischen Rhein ausgezeichnet hatte, nämlich der vernünftig kultivierende Mensch, *widersprach* nun dem romantischen Bild. Regsamer Fleiß und Idylle standen bei vielen Autoren plötzlich in einem Spannungsverhältnis.

Je stärker die Mobilität zunahm, desto mehr stimulierten diese Berichte weitere Reisende, und man kann beobachten, wie erste praktische Informationen die Texte anreicherten, also Hinweise zu Gasthöfen, Entfernungen, Sehenswürdigkeiten oder betrügerischen Kellnern. Das Genre des Reiseführers entstand. [63] Wir haben es zunächst weiterhin mit nüchternen Fließtexten in nichtlexikalischer Form zu tun, die Landschaft und Sehenswürdigkeiten beschrieben, darunter ganz selbstverständlich Fabriken und Gewerbe. Durchsetzt sind sie von illustrierenden Stahlstichen, bald auch Karten, und mit immer mehr hilfreichen Fakten zu den Routen. 1828 erschien Johann August Kleins »Rheinreise von Mainz bis Köln«, der Vorläufer des berühmten »Baedeker«. Er war bereits für »Schnellreisende« gedacht, [64] noch aber eine Sammlung aus Sehenswürdigkeiten, Romantik, Lob der menschlichen Kultur sowie widersprüchlichen politischen Huldigungen, die, wie im 18. Jahrhundert, Landschaft und Herrschaft verschmolzen: »So lebet dann wohl, freundliche Bewohner des Rheingaues, umblüht von eurer herrlichen, einzigen Natur, in der Mitte eurer duftenden Weinberge, Obstgärten und Getreidefelder, lebet wohl unter dem milden Scepter eures hochsinnigen Fürstenhauses! lange [sic] noch fessele in goldenen Friedenstagen der stolz emporsteigende Johannisberg den entzückten Blick des Wanderers! lange [sic] noch rufe er ihm das Andenken an Oestreichs Erlauchtes Kaiserhaus zurück«.[65] Später im Text verteidigte Klein die rheinländische Kollaboration unter französischer Besatzung, dann zollte er dem »stolzen Reichswappen Preußens, Symbol einer milden väterlichen Regierung!«, Ehre.[66]

Klein hatte die Sprache bereits über weite Strecken ökonomisiert. Mit einzelnen Sätzen schnitt er, wie im Film, knapp von der Landschaftsbeschreibung auf eine zugehörige Sage bzw. ein historisches Ereignis und zurück auf die Landschaft – wobei er sogar geschwätzig war im Vergleich zu Johann Georg Ficks »Neuem Handbuch für Reisende« aus dem Jahre 1809: »Der Rhein macht hier [bei Boppard] eine starke Krümmung, hinter welcher *Braubach* am rechten Ufer liegt, mit der noch bewohnten *Marxburg* [sic]. Die Stadt hat Kupfer- und Silbererze und mineralische Wasser. Bei *Rhense* ist der Platz, wo der nun ganz ruinierte Königsstuhl stand. Man logiert bei Küchelchen.«[67] Karl Baedeker übernahm mit dem Verlag auch Kleins »Rheinreise«, überarbeitete sie und gab ihr eine Form, die zum Inbegriff aller Reiseführer wurde. Struktur und Textform veränderten sich signifikant. In der Folge waren Reiseführer nun lexikalisch nach Ortschaften geordnet, die Gliederung und wichtige Stichworte wurde im Fettdruck hervorgehoben, eine Reihe hilfreicher Informationen über die Qualität der Gasthöfe, Reisezeiten und -kosten sowie Fahrpläne wurden systematisiert präsentiert, Sehenswürdigkeiten beschrieben und auf Karten verzeichnet, schöne Landschaftsabschnitte und Aussichtspunkte notiert, historisches Grundlagenwissen eingestreut, aber auch Warnungen vor den Betrügereien der Kellner, Führer, Wirte und Fährleute, die bevorzugt Wein panschten oder sich mit den Wechselkursen der zahlreichen Währungen zu ihren Gunsten »verrechneten«. Die Reiseführer übersetzen das zuvor in Malerei und Literatur evozierte Bild des romantischen, sagenumwobenen und geschichtsträchtigen Flusses in handliche Reiseanweisungen. Wenn man diesen kommerziellen Publikationen jedoch vorwirft, daß sie die vormalige »Idealisierung des Rheins zum Stereotyp werden ließen«,[68] greift man zu kurz. Das Verhältnis zwischen Landschaft und Imagination war vielschichtiger.

Gleichzeitig können wir für einige Jahre eine deutliche Entpolitisierung und Ent-emotionalisierung der Rheinbeschreibungen beobachten. In Baedekers Reiseführer aus dem Jahre 1835 wechseln im Narrativ kultivierte, beschauliche Abschnitte noch abrupt mit der wilden Landschaft, die sehr befahrene, verbreitete Straße in Oberwesel sowie Weinberge und Obstbäume mit furchtbaren Felsmassen, schwindelnden Höhen, einem wilden Berggeklüfte und ungeheurem Felsengeschiebe. Enges Tal, sparsames Licht, tiefe Einsamkeit, Gewitterwolken ließen eine melancholische Stimmung aufkommen; manchmal wurden die großen Flöße an den Klippen zerrissen. Politisch ging es wesentlich nüchterner zu. Die Trümmer der Burgen zeugten dem Baedeker zwar von großen Zeiten, doch die Helden waren für ihn Helden um ihrer selbst willen, nicht als Symbolfiguren eines deutschen Vaterlandes. Dass im Dreißigjährigen Krieg die Schweden Burg Schönberg (Schomberg) zerstörten, die Franzosen Stahleck, wird vermerkt, aber nicht kommentiert.[69] Diese politische Indifferenz unterschied den ersten Baedeker von der Klein'schen »Rheinreise«, die ja nur sieben Jahre zuvor erschienen war. Der Baedeker von 1849 ist dann emotional karg und politisch noch viel sparsamer.[70] In anderen Reiseführern wurde selbst die romantische Stimmung des Tals eher in Formeln gedrechselt: »Wohin das Auge sich wendet, überall neue, Reize und neues Entzücken!«.[71] Für Edwin Müller war eine »prächtige Aussicht« noch das schwärmerischste Attribut, bei der Loreley wies er mehrfach auf die Eisenbahntunnel hin, beim Binger Loch ging es ihm es vor allem um die Sprengungen, beim Wispertal erwähnte er den allmorgendlichen kalten Wind gegen den Rhein nicht einmal mehr – das war früher *das* Naturereignis schlechthin gewesen.[72]

Aufs Ganze gesehen verschwanden einige Jahre nach der Klein'schen Rheinreise nicht nur die Politik, sondern oft sogar die formelhaften romantischen Schwelgereien aus Reiseführern. Ersteres überrascht kaum. Der Krieg mit Frankreich war vorbei, Aufgabe von Reiseführern ist es nicht, alte Schlachten zu schlagen. Die *Indifferenz* gegenüber der Romantik ist verblüffender. In »Voigtländer's Rheinbuch« von 1865 erfährt man gerade noch von den Befreiungskriegen; es wird mehr über den Wein als die Geschichte am Rhein erzählt, die Landschaft selbst dient nicht als Projektionsfläche. Den Reisenden werden weder patriotische noch romantische Gefühle nahegelegt. Ähnlich spärlich ausgefallen sind Klebes »Reise auf dem Rhein« (1806), Ficks »Neues Handbuch für Reisende« (1809), Dahls »Historisch-Statistisches Panorama des Rheinstroms« (1835), Müllers »Rheinreise« (1852), aber auch »The Continental Tourist« (1838).[73] Geibs »Malerische Wanderungen am Rhein« beschworen 1838 immerhin den schaurigen Schlund des Rheines bei Rüdesheim und der Loreley.[74] In Delkeskamps »Neuem Panorama des Rheins« (1837) gab es einen Schnelldurchgang durch die Geschichte, den man kaum noch als Zeitraffer bezeichnen mag, so rasant nähern wir uns der Gegenwart: »Die das Panorama umfassende Landstrecke enthält das Paradies von Deutschland, überall klassischen Boden. Hier wurde der erste heiße Kampf für deutsche Freiheit gekämpft, hier gingen die Römer über den Rhein, hier stand die Wiege Karls des Großen, hier glänzten seine Thaten. Von hier aus ging die Erfindung der Buchdruckerkunst, und mit ihr die Umgestaltung der wissenschaftlichen Cultur. Hier drängt sich die reiche Geschichte des Mittelalters, und die der neueren Zeit, im schnellsten Wechsel vorüber.«[75] In anderen Texten wurde selbst eine der beliebtesten Rheinsagen, dass nämlich der grausame Bischof Hatto im Mäuseturm den Nagern zum Opfer gefallen sei, dekonstruiert. Der Turm sei zwei Jahrhunderte nach Hattos Tod erbaut worden und habe seinen Namen vermutlich von seiner Funktion als Mautsturm erhalten.[76] »Toujours la prose!«, kann man zwei lakonische Franzosen zitieren.[77]

Diese Beispiele zeigen, dass es schwierig ist, eindeutige ideengeschichtliche Muster zu identifizieren. Trotzdem behaupte ich, dass sich viele Rheinbeschreibungen der vorrevolutionären Zeit durch eine existenzielle Koppelung von Landschaft und Politik auszeichneten, indem Arkadien und aufgeklärt-absolutistische Ökonomik einander bedingten. In den zwanzig Jahren der französischen Herrschaft spiegelte die Landschaft eher ersehnte (republikanische) oder nostalgische (absolutistische) politische Entwürfe, zugleich aber konnten Landschaft und Politik als *Vaterland* und *deutscher Rhein* verschmelzen – mit dem Nationalismus des späten 19. Jahrhunderts hatte das noch nichts zu tun. Seit den 1830er Jahren verselbständigten sich die romantisierenden Elogen (sofern sie nicht verschwanden), während die Politik in den Hintergrund trat. Etwas wirr tauchte sie noch bei Klein auf, im Baedeker zeichnete sie sich durch betonte Nüchternheit aus (1835), dann einfach durch Auslassung (1849). Für einige Jahrzehnte war der Rhein weder sonderlich romantisch noch politisch, erst später wurde er wieder gefühlsbetonter beschworen, als Theaterkulisse für nationalistische

Schauspiele. Insgesamt hat der Fluss seine Aura erkennbar verändert. Heinrich von Kleist hatte Wilhelmine von Zenge im Juli 1801 einen grässlichen Sturm auf dem Rhein beschrieben, der das große Postschiff ergriffen und so heftig geschleudert habe, dass die ganze Reisegesellschaft sich in Schrecken an die Balken klammerte – als habe es sich um eine Fahrt auf schwerer See gehandelt.[78] Diese Episode stand in der Tradition erhabener Landschaftsbeschreibungen, die die Machtlosigkeit des Menschen angesichts der Natur betonten. Tatsächlich jedoch waren die Rheinfahrer angesichts von Fluten und Felsen bald nicht mehr auf sich geworfen, sondern sie konnten sie dank Kutsche, Schiff oder Bahn als Anschauungsobjekt goutieren.

Natürlich gab es Beobachter, die sich von der Romantik des Rheins gar nicht affizieren ließen. Victor Scheffel wollte die Mittelalterromantik des Rheins bedichten, aber sein Reisefreund Wilhelm Heinrich Riehl mahnte, der faktenorientierte Archivar Habel aus Schierstein würde »den ganzen romantischen Aufbau deines geplanten Gedichtes schonungslos umreißen«. Vielleicht solle er besser »den kritischen Archivar Habel selbst besingen, der die Burgen rettet und die Burgenpoesie vernichtet«.[79] Der Botaniker Philipp Wirtgen fühlte sich 1839 durch die romantisierenden Beschreibungen regelrecht belästigt: »Die damals schon ziemlich zahlreichen Schilderungen und Beschreibungen des Rheinthales hatte ich fleissig durchlesen, und war mit allen Prachtansichten im Voraus gut bekannt. Mein Herz pochte vor Freude bei dem Antritt der Reise. Aber die pittoresken, grotesken und wildromantischen Parthieen, die schwarzen, himmelanstrebenden Felsen, die brausenden Wogen, die geharnischten, von den verfallenen Zinnen winkenden Ritter, und hundert andere hochaufgeschmückte Floskeln jener Schilderungen hatten meine Einbildungskraft so entzündet, dass sie mir die Reise verdarben. Statt das Ganze zu geniessen, lief ich an den weniger prachtvollgeschilderten Stellen vorüber, um nur schnell an die schönsten zu kommen. Und wenn ich nun da stand, so wollte in mir keines der hohen Gefühle rege werden, welche in jenen Büchern so schön dargestellt waren. Ich konnte es nicht begreifen [...] und blieb kalt.«[80] Nun bewarb Wirtgen mit diesen Worten seinen Reiseführer an die Ahr, also eine konkurrierende Landschaft. Doch auch die schwedische Schriftstellerin und Frauenrechtlerin Fredrika Bremer hatte 1848 geschrieben: »Der Rhein ließ mich kalt. Ich hatte zu viel darüber gehört und gelesen und mir vorgestellt.«[81] Die Finnin Edla Winberg war 1882 beim Anblick der Loreley enttäuscht. Heines ergreifendes Lied kenne man auch im Norden, doch der Felsen war weniger imponierend als gedacht. Das Gedicht samt der weltberühmten Melodie verloren ihren Nimbus. »Die Vorstellung von der Jungfrau, die oben auf dem Felsen ihr goldenes Haar kämmt, und vom Schiffer, der in seinem Nachen überwältigt ihrem wunderschönen Gesang lauscht, war zu tief in der Phantasie verankert, als dass dieses Bild mit dem kahlen, leeren Berg, der Loreley genannt wird, versöhnt werden könnte.«[82] Der Schriftsteller Karl Leberecht Immermann lästerte: »Die Natur macht noch wenig Eindruck auf mich; ich habe das schwärmerische Versenken in das todte Zeug satt. Die Rheinlandschaft steht weit über Gebühr im Preise. Dieses coulissenartige Geschiebe von Schiefer, ohne Wald, nur mit den starren Weinpfählen gespickt, hat etwas gar Monotones.«[83]

Ebenfalls distanzierter gaben sich einige schwedische Reisende, die sich von der mythischen Kraft des Rheins kaum beeindrucken ließen. Sie haben ihre Reiseberichte seltener publiziert, doch handschriftlich habe ich sie in der Königlichen Bibliothek in Stockholm eingesehen. Die archivierte Auswahl ist sicherlich nicht repräsentativ, vermittelt aber zumindest einen Eindruck. Mathias Edenberg und Carl Stuart vermerkten z.B. 1658 bzw. 1705 die Städte, durch die sie fuhren, bei den größeren zusätzlich ein paar Details, mehr nicht. Das passt in die Zeit.[84] Im 19. Jahrhundert eilten andere Reisende regelrecht den Fluss entlang. Mal bewunderten sie im Vorbeigehen die Schönheit der Landschaft, mal sahen sie sie als überschätzt an, mal sind sie innerhalb weniger Zeilen ruck-zuck an ihrem Ziel angekommen, ohne dazwischen irgendetwas Notierenswertes wahrgenommen zu haben.[85] Diejenigen, die sich mehr Zeit nahmen, fanden größere Worte des Lobs,[86] beispielsweise die schwedische Touristenzeitschrift, die 1926 den Rhein als »Deutschlands Herz« anpries.[87] Fredrika Bremer dagegen war gar nicht angetan: »Die Burgen, d.h. die Ruinen, verlieren sich in den Bergen, erscheinen klein in ihnen, und die Berge, genauer gesagt: Höhenzüge, sind ohne Schönheit, ohne pittoreske Formen, ewig dasselbe. Hast du eine Aussicht genossen, kennst du alle [...], das eine Ufer wie das andere, dazwischen der Rhein, breit, voll trüben, grauen Wassers, [...] majestätisch, aber monoton, – [sic] das ist alles schön, aber zu einförmig, zu eingeengt« – kein Vergleich mit dem diamantklaren Dalälv in Dalarna, so Bremer.[88] Immerhin fand sie am Rhein »den glücklichen Menschen«, so schloss sie ihren Text auf Deutsch: »*Gesegnet sey der Rhein, gesegnet sey der Rhein!*«[89] Edla Winberg nutzte ihre Fahrt entlang des Stroms wie eine Wäscheleine, an der sie Sagen aufhängte und im Vorbeistreifen ihren Lesern präsentierte: »Wir lassen das Auge dem Lauf des Flusses folgen. [...] Dort grüßt uns die kleine Stadt *Bingen*. [...] Mit dieser Stadt befasst sich eine Legende [...]«.[90] Die Landschaft ist allenfalls hübsch, und in den Sagen tragen edle Menschen den Sieg über Schurken davon. Von romantischer Ekstase lassen diese Berichte nichts erahnen.

Auch in englischen Reisebüchern wird die erbauliche Landschaft beschrieben, ohne dass sie zu größerer romantisierender Exaltiertheit Anlass böte. Nicht einmal die Loreley verursachte Herzklopfen.[91] Und genau diese Engländer haben in Schottland und am Lake District die sublime, die pittoreske Landschaft gefeiert und auf die Existenz des Menschen bezogen! – Nicht viel anders sah es in französischen Reisebüchern aus. Denen hätte immerhin die Frage angestanden, ob der Rhein nun ein Grenz- oder ein deutscher Fluss sei.[92] Fehlanzeige.

Es gibt also im 19. Jahrhundert erstaunlich viele Reiseberichte und -führer, die eine entpolitisierte Romantik wie im Abklingbecken boten. Sicher gilt, was Alexandre Dumas 1841 geschrieben hat: »Tatsächlich hat der Rhein seit der Erfindung des Dampfschiffes viel von seiner geheimnisvollen Ausstrahlung verloren. Diese Exemplare von gezähmten Ungeheuern bewegen sich wie antike Drachen, Feuer und Rauch speiend, vorwärts. [...] Mit ihrem heißen Atem und dem Schlagen ihrer eisernen Flossen haben sie allmählich die Karpfen, Lachse, Nymphen, Nixen und Geister verjagt.«[93] Vor allem aber dürfte für deutsche Autoren der erwähnte Aura-Wechsel dafür verantwortlich gewesen sein. Arkadien (Gesellschaftsordnung) und Vaterland (Kulturnation) waren räumlich ja nicht eindeutig verortet gewesen. Es waren eher zwei idealisierte Zustände, die Dichter und Reiseschriftsteller am Rhein gefunden hatten, weil sie durch den Rhein verkörpert wurden. Arkadien war seit den 1830er Jahren kein Thema mehr. Die Nation kam 1840 kurzfristig mit Wucht auf die Tagesordnung, nun aber als territoriales und proto-nationalstaatliches Problem: War der Rhein Ostgrenze Frankreichs oder deutsches Gebiet? Das aber war eine geografische Frage. Die Reflexion der menschlichen Existenz durch das Erleben einer sublimen Landschaft war dabei auf der Strecke geblieben, selbst das romantisierende, ästhetisierende Gefühl – zumindest in den sprachlichen Narrativen.[94] Es war in ein anderes Medium ausgewichen, nämlich die Stahlstiche, die diese Bücher immer reichhaltiger illustrierten.

Bilder vom Rhein/Rhein als Bild

Bislang habe ich Texte präsentiert, die die Rheinlandschaft sprachgewaltig evozierten. Der Rhein gehört freilich zu denjenigen Landschaften, die bevorzugt in zahllosen Gemälden verewigt wurden, auch in Stahlstichen und später in Fotografien. Es entstand seit dem 19. Jahrhundert ein regelrechter »Bilderstrom« – so der doppeldeutige Titel eines Ausstellungskataloges[95] –, der sich aus drei Quellen speiste: der langen Tradition, durch Landschaftsbilder Gesellschaft und Identität zu verhandeln, dem steigenden Bildbedarf durch Reisende und Touristen sowie neuen technischen Möglichkeiten, Bilder einfacher und billiger herzustellen und zu drucken. Im 19. Jahrhundert ersetzten dabei die Stiche die Gemälde als bevorzugtes Medium der Visualisierung, im 20. Jahrhundert tat dasselbe die Fotografie mit den Stichen. Keines dieser Bildmedien, nicht einmal die Fotografie, bildete den Rhein einfach ab. Alle publizierten Bilder sind *Gestaltungen*.

Ich hatte zu Beginn dieses Kapitels Petrarca erwähnt. Der war auf den Berg gestiegen, um sich der überwältigenden Landschaft, und damit Gott, zu unterwerfen. Solche Landschaften wurden später »sublim« genannt. Sie lösten nicht den modernen Reflex der Naturbeherrschung aus, sondern den der Reflexion über das verletzliche Menschsein. Angesichts der erhabenen Landschaft erschauerte der Betrachter und wurde sich der Endlichkeit des irdischen Daseins bewusst. Ende des 18. Jahrhunderts verband der englische Maler William Gilpin die gegensätzlichen Kategorien des »Schönen« – sanfte Formen als Inbegriff des Lieblichen – und des »Sublimen« – dramatische Formen als Inbegriff des Grandiosen – im Begriff des »Pittoresken«. Pittoresk war eine ungebändigte Natur, die gleichwohl durch den kultivierten Blick gezähmt war.[96] Er veröffentlichte eine Reihe von Beschreibungen britischer Landschaften, die Anleitungen waren, eine Landschaft *als pittoresk* sehen zu lernen.[97] Eine pittoreske Landschaft wurde vom Menschen nicht unterworfen, sondern *zum Bild gemacht*. Nicht in der Landschaft an sich sollte der Mensch zu sich finden, sondern im Bild der Landschaft, einem Gemälde, das er selbst herstellte: durch das Erwandern der Landschaft entlang ausgewählter Stationen, von denen aus sich pittoreske Perspektiven eröffneten, und durch technische Hilfsmittel wie Claude- bzw. Gray-Gläser. Das waren Spiegel, in denen sich die Landschaft in der Größe einer Postkarte gerahmt abzeichnete, wobei der Vordergrund vergrößert und die Kontraste und Details reduziert wurden. Farbfilter ermöglichten es, das Bild in Sonnen- oder Mondschein oder in das Licht unterschiedlicher Jahreszeiten zu tauchen. Die Komposition des Raums wurde auf einen Blick erfassbar. Dahinter stand die Idee, »of viewing nature in its raw form (but through cultivated eyes) on an open spot.«[98] Die Aussichtspunkte konnten, wie die Claife Station im Lake District, aufwendige, burgartige Gebäude sein, sogar mit Speisesaal und Weinkeller. In der Claife Station waren auf der Aussichtsplattform verschiedenfarbige Gläser angebracht, durch die man den Raum betrachten konnte. Und umgekehrt: Von der Fähre auf dem Lake Windermere aus gesehen war die Station selbst Teil einer pittoresken Landschaftsansicht.[99]

Gilpins Kompositionsprinzipien findet man in zahlreichen Gemälden und Landschaftsbeschreibungen. Eine pittoreske Landschaft sollte vielschichtig, rau, unregelmäßig und abwechslungsreich sein. Berge sollten den Hintergrund ausmachen, im Vordergrund durften sie höchstens angeschnitten sein. Weder die zerklüfteten Formen der Alpen noch runde, kontinuierliche Silhouetten gefielen Gilpin (Abb. 3). Für ihn warf die Natur Berge auf oft konfuse Weise zusammen, ohne dass sich ein Bild ergäbe: eine bloße »scene of mountains«. Die »mountain scene« dagegen sei etwas, »in which nature itself

Abb. 3: William Gilpins Typenskizze idealer und weniger idealer Bergformen. Besonders die Alpen und runde Linien ohne Unterbrechung missfielen ihm (Gilpin 1786: Bd. 1, nach 82).

hath made these beautiful combinations – where one part relates to another, and the effect of a whole is produced.«[100] Auch die Uferlinien von Gewässern konnten einen Landschaftseindruck zerstören. Im Idealfall handelte es sich um eine elegante, aber nicht ganz regelmäßige Linie, die mit der Kontur der Berge harmonierte. Kleinere Gewässer durften über Kaskaden in die Tiefe fallen, größere Gewässer bedurften unbedingt des freien Falls, sonst könnten beispielsweise die Niagarafälle »not be that vast, that uniform, and simple object, which is most capable of expressing the idea of greatness.«[101]

Gilpin setzte den Hintergrund vom Vordergrund ab. Beide repräsentierten für ihn oppositionelle Prinzipien, nämlich Weichheit und Kraft bzw. Flächigkeit und Variation: »In a *distance* the ruling character is *tenderness*; which on a *fore-ground*, gives way to what the painter calls *force*, and *richness*. *Force* arises from a violent opposition of colour, light, and shade: *richness* consists in a variety of parts, and glowing tints. In some degree, *richness* is found in a distance; but never, united with *force* [...]. The effect of this harmony is *breadth*, or *repose*. It's opposite is *flutter*, and *confusion*. It appears therefore, that the management of fore-grounds is a matter of great nicety. In them a very contradiction must be reconciled: *breadth* and *repose*, which consist in *uniting the parts*; must be made to agree with *force* and *richness*, which consist in violently *breaking them*.«[102] Zugleich aber repräsentieren der See im Vordergrund die Schönheit, die Berge im Hintergrund den Schrecken, und beide zusammen eine Einheit: »*Beauty lying in the lap of Horrour!* [sic] [...] [T]he former *lying in the lap* of the latter, expresses in a strong manner the mode of their combination.«[103]

So wurde Landschaft visuell kontrolliert und der Blick geschult.[104] Es war ein konservatives, restriktives Wahrnehmen,[105] das im Grunde bis heute nachwirkt. Gilpin kannte aus England bereits das Fortschritts- und Machbarkeitsdenken der industriellen Moderne, das den Raum unterwarf und umgestaltete. Er wusste um die Theorien des Sublimen. Eine pittoreske Landschaft widersetzte sich in sublimer Manier der Unterwerfung durch den Menschen, hob aber in ästhetisierender Manier dessen Unterwerfung unter die Natur auf. Zwei existenzielle Fragen wurden umgangen, indem man sie als Gemälde fasste. Der Betrachter schuf für sich ein Gemälde und blendete wie der Maler aus, was die ideale Komposition störte. »Pittoresk« war nur, was bildtauglich war und nur im Bild wirklich erkannt werden konnte. *Das* hob den Menschen auf ein höheres Niveau. Er konnte Landschaft respektvoll genießen, seine bürgerlichen Geschmackskriterien anlegen, war aber nicht zu religiöser Demut verpflichtet. Deshalb konnten umgekehrt nicht alle Räume *als Landschaften* goutiert werden, wenn sie sich nämlich nicht den Regeln zu fügen schienen. Sie waren dann bloße Räume, Ödnis, »Gegenden« in Gerhard Hards Diktion. Über den ästhetischen Blick wurden sie aus dem Kanon ausgeschlossen. Die Kohle- und Stahlregionen Englands oder das Ruhrgebiet wiesen lange Zeit und für viele keinen ästhetischen Bildaufbau auf. Sie wurden zwar sprachlich und visuell als Bilder gefasst, aber zumeist wie Darstellungen der Vorhölle. Und das war keine Petitesse, denn mit der Landschaft wurden spezifische Lebens- und Wirtschaftsweisen abgewertet.

Nach wie vor gilt als »schön« – ich erinnere an das lange Zitat von Gerhard Hard in der Einleitung – eine Landschaft, die irgendwie unversehrt (nicht vom Menschen unterworfen), aber bequem befahrbar (nicht den Menschen unterwerfend) erscheint, als Bild, das entweder störungsfrei *ist*, oder zumindest ein entstörendes Betrachten erlaubt, indem Autos, moderne Architektur oder Flurbereinigungen geflissentlich übersehen werden können (Abb. 4). Noch vor dieser Folie wird das heutige UNESCO-Welterbe Mittelrheintal inszeniert und erfolgreich touristisch vermarktet. Dieses Bild

▲ Auch das ›Wirtshaus an der Lahn‹ hat der große Goethe bekannt gemacht

▲ Vom Königsstuhl oberhalb Rhens' ...   ▼ ... sieht man hinab auf Ort und Rheintal

Abb. 4: Dieses Marketingbild einer Tourismuslandschaft
enthält alle Insignien der Rheinromantik und führt zugleich
exemplarisch vor Augen, wie ein Bild weitgehend störungsfrei
gemacht werden kann, indem die Elemente der Moderne an
den Rand rücken (HB-Bildatlas 2002: 67).

ist in einem visuellen Kanon über die letzten 200 Jahre hinweg festgeschrieben worden, und das möchte ich nun, mit Hilfe einer Reihe höchst instruktiver Bildbände,[106] skizzieren. Ich werde nicht die Künstler und ihre Werke in ihrer jeweiligen kunsthistorischen Besonderheit würdigen, sondern diskurstheoretisch vorgehen, also Differenzen zwischen Werken, Künstlern, Schulen, nationalen Stilen, Intentionen und Verwendungszwecken verschleifen zugunsten der Frage, wie ein Bild vom Rhein über mehrere Jahrzehnte hinweg formatiert wurde, so dass die Betrachter den Fluss auf eine spezifische Weise zu sehen bekamen und Alternativen ausgeblendet wurden.

Wenzel Hollar und Matthäus Merian d. Ä. gehörten zu den ersten, die die Rheinlandschaft im frühen 17. Jahrhundert auf Zeichnungen und Stichen sehr präzise wiedergaben. Um 1650 folgte Herman Saftleven mit seinen Gemälden. Er erhob den »Rheinstrom« zu einem idealtypischen Motiv und »war der erste bildende Künstler, dem es tatsächlich gelang, die traumhafte Überwältigung durch die reale Natur, deren auch körperlich irritierendes Erleben [...] atmosphärisch bildhaft wiederzugeben.«[107] Topografisch genau waren diese Bilder – wie andere »ideale Rheinlandschaften« – nicht. Wir sehen Berge, einen Fluss, auf dem zahlreiche Handelsschiffe und Nachen schwimmen, nichtverfallene Burgen, pittoresk reparaturbedürftige Hütten, im Vordergrund zahlreiche Menschen, die geschäftig über die Leinwand wandern. Die Bilder

Abb. 5: Christian Georg Schütz d. Ä., »Ideale Rheinlandschaft bei Sonnenaufgang« (Öl auf Kupfer, 1766). Den Rhein selbst wird man auf diesem Bild kaum erkennen, aber die ikonischen Versatzstücke, die mit dem Fluss verbunden werden: Stadt, Burg, Kirche, Brücke, und eine emsige, aber entspannte Geschäftigkeit (mit freundlicher Genehmigung des Museums Georg Schäfer, Schweinfurt, Inv.-Nr. MGS 2808).

werden öfters als »Rheinphantasien« ausgewiesen, und in der Tat erkennt man weder den Fluss, die Burgen noch die Städte, die manchmal viel zu dicht die Hügel besiedeln, konkret wieder. Der Blick wird oft in eine diesige Tiefe geführt, wo der Fluss in einer Biegung verschwindet, der Vordergrund bestätigt all diejenigen Rheinautoren, die den betriebsamen Rhein als Zeichen einer wohlgestalteten Wirtschafts- und Sozialordnung gelesen haben. Dementsprechend sieht man keine Armut, sondern regelrechte Wimmelbilder wohlgekleideter Menschen, die Waren umschlagen, die Zeit für die Rast, Plaudereien oder ein Bad im Fluss haben oder (deutlich weniger gut erkennbar) einen Acker bestellen. Die Gemälde zeigen eine in sich ruhende Welt, in der die arkadische Landschaft mit dem realen Rhein, eine überzeitliche Natur und Architektur mit einem ebensolchen menschlichen Fleiß sowie Statik mit Dynamik verschmelzen (Abb. 5). Die pittoresken oder dramatisierenden Motive: mittelalterliche Gebäude, steile Felsen, mäanderndes Wasser, Burgen und Genreszenen, ließen sich mühelos zu »Komposit-Landschaften«[108] zusammensetzen; sie machten als »Rheinlandschaften« den Erfolg Saftlevens und späterer Künstler wie Jan Griffier d. Ä., Johann Christian Vollerdts oder der Malerfamilie Schütz aus.

In der Romantik wurden die Rheinlandschaften dagegen tatsächlich am konkreten Fluss verortet. Die Gemälde zeigen Raumausschnitte, die auffindbar sind. Wir sehen immer noch pastorale Idyllen, also heitere, helle Landschaften, in denen die Menschen mit Handelsbooten die Bilder bevölkern. Die Geschäftigkeit ist stärker als zuvor bloß angedeutet, so dass schweißtreibende Arbeit den harmonischen Eindruck nicht zerstört. Die meisten Menschen sind in ruhenden oder schreitenden Bewegungen zu sehen, ganz im Sinne William Gilpins, der 1786 dekretiert hatte: »In a moral view, the industrious mechanic is a more pleasing object, than the loitering peasant. But in a picturesque light, it is otherwise. The arts of industry are rejected [...]. Thus the lazy

Abb. 6: Christian Eduard Boettcher, »Überfahrt an der Loreley« (Öl auf Leinwand, 1880).
Eine gemächliche Ruderpartie vor der romantischen Loreley, aber gerahmt von den Insignien
der Moderne: Ufermauern, Straße und Bahn – die auf Boettchers Oberwesel-Darstellung von
1888 fehlt! (Mit freundlicher Genehmigung der Sammlung RheinRomantik, Smlg.-Nr. 151).

Abb. 7: Jacques François Carabains »Bau der Eisenbahn in Bacharach« (Öl auf Leinwand,
1865) ist eines der wenigen Gemälde, das die technische Moderne zeigt, in diesem Fall den
Eisenbahnbau vor dem »mittelalterlichen« Städtchen Bacharach. Diese Darstellung des
Rheins ist für das 19. und 20. Jahrhundert weitgehend untypisch. Die stählerne Trasse trennt
die Stadt vom unregelmäßigen Flussufer mit einer Schärfe, wie keine der Uferpromenaden
auf den übrigen Bildern. Trotzdem auch hier eine Atmosphäre der Ruhe (Eitelbach 1983, 59).

St. Clemens Kirche und Burg Reichenstein.

Verlag von Julius Riedner in Wiesbaden.

Abb. 8: So prominent sieht man die doppelgleisige Bahnlinie auf Stichen des 19. Jahrhunderts
selten. Im Hintergrund dampft ein Zug auf der rechten Rheinstrecke, in der Mitte zieht
ein Schiff schwarzen Rauch hinter sich her. Erneut sieht man Flaneure, die den Rhein als
Kulturlandschaft betrachten (Horn ³1881/1867: nach 190).

cowherd resting on his pole; or the peasant lolling on a rock, may be allowed in the grandest scenes; while the laborious mechanic, with his implements of labour, would be repulsed.«[109]

Überraschen mag, dass die technische Moderne auf vielen dieser Bilder nicht verborgen wurde: Dampfschiffe, die den Fluss hinaufziehen wie auf Anton Ditzlers Gemälde »Rolandseck, Nonnenwerth und das Siebengebirge«, das er in zwei Fassungen 1829 bzw. 1840 fertigstellte, oder auf Eduard Wilhelm Poses Bleistiftzeichnung »Die Loreley, von Burg Katz aus gesehen« (1839).[110] Christian Eduard Boettcher schuf 1888 das verdichtete »Idealbild einer rheinischen Stadt mit allen wichtigen Versatzstücken – Burg, Stadtmauer, Kirche, Fachwerk, Weinbau und etwas Genreleben […], aber dennoch topografisch erkennbar« als Uferpromenade von Oberwesel.[111] Zwar fehlt die Eisenbahn, die damals bereits das Ufer entlang fuhr, doch auf dem Wasser ahnt man immerhin ein kleines Dampfschiff. Auf seiner »Überfahrt an der Loreley« (1880) ist die Gegenwart in der »Präsenz des Zeitlosen«[112] forcierter angedeutet: befestigte Straßen an beiden Ufern und ein halbverdeckter Eisenbahntunnel (Abb. 6). Später gibt es kaum ein Gemälde, auf denen nicht Dampfschiffe und die Eisenbahn zu sehen sind, praktisch nie das Bild dominierend, aber eben auch nicht ausgeblendet. Es ist die Moderne des technischen Fortschritts, der im Hintergrund einfach da ist, sich aber nicht prominent nach vorne drängt (Abb. 7, 8). Vergleicht man die Bilder mit Texten, sieht man, dass hier allerdings dampfgetriebene Spinnereien, Vitriol- und Schwefelsäurefabriken, Steinbrüche, Braunkohle-, Alaun- und Kupferbergwerke oder Eisenfabriken deutlicher Revue passieren, sie wechseln mit dem Anblick wilder Schluchten und frischer Matten und vielbesuchter Wallfahrtsorte.[113] Auch die von den Franzosen gebaute »Kunststraße«, die das Rheinufer bereits im frühen 19. Jahrhundert über Kilometer hinweg einmauerte, schien nicht zu stören: »[O]ft läuft eine Mauer stundenweit am Rheine hin, und sichert das Land, und wehrt den Strom ab«, hieß es 1806.[114] Sulpiz Boissérée wollte 1824 »den Leuten, die wie verblendet dastehen«, die Reize des Dampfschiffes nahebringen.[115] Regelmäßig tauchte die neue Zeit unvermutet auf. Wilhelm Heinrich Riehl beispielsweise schilderte in der erwähnten Rheinfahrt mit dem Dichter Victor Scheffel, die vor Harmonie und Heiterkeit strotzte, leicht ironisch, wie sich die Verhältnisse änderten. Auf der Burg Reichenberg saß nunmehr ein Pförtner, der Eintritt kassierte und das neuartige Besucherbuch führte. Und bei einer Rheinquerung trafen sie auf eine Moderne, die sie fast ums Leben brachte. Scheffel erzählte die Geschichte der Meerfahrt des Pfalzgrafen Ottheinrich, und als er zu der Stelle kam, »wo Enderles Geist in Hemdärmeln [sic] am Maste seines Schiffes stehend, dem entgegenfahrenden Pfalzgrafen zuruft: ›weichet, Herr Pfalzgraf, weichet, der dick' Enderlein von Retsch kommt!‹«, kreuzten »zwei Dampfer, der eine zu Berg, der andere zu Thal fahrend, unsre Bahn«; fast kenterte der Nachen.[116]

Auf den meisten Stichen und Gemälden sehen wir trotz modernistischer Einschläge eine seit Wenzel unveränderte, große Friedfertigkeit. Von der schaurigen Erhabenheit, die manche Reiseberichte beschwören, findet sich auf den Gemälden wenig, am ehesten noch auf Rheinlandschaften, die in Mondlicht getaucht sind wie Georg Schneiders »Ruine Ehrenfels im Mondschein« (um 1790) oder Henry Brights »Mondnacht am Rhein« (um 1850), und natürlich auf William Turners Bildern, »flirrende[n] Visionen aus Licht, Luft und Farbe«, die beispielsweise die Loreley in die Via Mala verwandeln.[117] »Die Engländer«, hieß es 1833, »begnügen sich selten – wie es unsere deutsche Sitte ist […] – das Bild einer Gegend einfach treu wiederzugeben, wie sie es vor sich gesehen: sie [sic] verlangen ein pikantes Spiel von Licht und Schatten, dunkle Wolkenmassen [...] oder sonnige Fernen [...]. Und freilich müssen wir anerkennen, daß sie auf diese Weise der Landschaft zuweilen einen eigenthümlichen phantastischen Reiz zu geben wissen.«[118]

Das Motiv der Friedfertigkeit scheint auch die Malerei des 20. Jahrhunderts geprägt zu haben. Der Rhein auf Jürgen Schmitz' Gemälde »Blick vom Drachenfels auf Honnef und das abendliche Rheintal« (1999) (Abb. 9), auf Carlo Menses »Blick von Rheinbreitbach auf das Siebengebirge« (um 1950) oder Franz M. Jansens Federzeichnung »Der Rhein bei Hammerstein« (um 1930) zieht wie eh und je ruhig seine Bahn, bei Schmitz zwischen erleuchteten Bundesstraßen,[119] auf Menses »Blick auf das Siebengebirge« (um 1936) dagegen durch ein »fast bukolisch-pastoral wirkende[s] Landschaftsbild, in dem alle Zeugnisse einer industriellen Kultur oder eines modernen Lebens ausgeblendet scheinen.«[120] Bloß einen Schlepperverband sieht man. Nur wenige Künstler, monierte Otto Brües 1927, hätten »die Einheit von Natur und verwegen hingepflanztem Menschenwerk«, der Industrie, zu erfassen versucht.[121] Dazu gehörte Franz M. Jansens Zyklus »Der eiserne Rhein«, zehn Kaltnadelradierungen,

Abb. 9: Im späten 20. Jahrhundert war der Rhein nicht mehr bevorzugtes Motiv von Malern. Hier sehen wir eine klassische Panoramaaufnahme auf den Strom, vom Drachenfels aus, heute ein beliebtes touristisches Fotomotiv. Jürgen Schmitz' Gemälde »Blick vom Drachenfels auf Honnef und das abendliche Rheintal« (Öl auf Leinwand, 1999) zeigt einerseits nicht den romantischen Rhein, sondern die Landschaft einer hochmodernen Konsum- und Mobilitätsgesellschaft. Andererseits evoziert dieses Bild eine geradezu idyllische Stille. Die Abendstimmung und die leuchtenden Autos nehmen die Idee der vom Mondlicht beschienenen Landschaft aus der Romantik wieder auf (mit freundlicher Genehmigung der Sammlung RheinRomantik, Smlg.-Nr. 020).

die, passenderweise, 1913 bei einem Aufenthalt im Turm der Ruhrorter Rheinbrücke entstanden.[122] Auf Hans Trimborns »Gasthaus Trimborn – Rheinterasse« (1917) sehen wir durch ein Fenster auf die qualmenden Schornsteine eines Dampfers und eines Zementwerkes, Leo Breuer malte eine menschenleere, monochrome Nahansicht der »Oberkasseler Zementfabrik« (1927), Cornelius Wagner stellte auf »Wintertag am Rhein« (1921) einen Schlepper in den Mittelpunkt seines Landschaftsgemäldes. Jupp Dors komponierte einen Ausschnitt des »Duisburger Hafen[s]« (o.J.).[123] Jürgen Wilhelm und Frank Günter Zehnder haben in diesem Zusammenhang von »Industrie-Pathos« gesprochen.[124] Die Bilder hätten die Industriewelt atmosphärisch überhöht, ohne sich kritisch mit der Arbeitswelt bzw. dem Kapitalismus auseinanderzusetzen. Allein Jansens Radierungen »sprechen vom arbeitsintensiven und produktiven Leben am Rhein. [...] Die Fabrikwelt lebt gewissermaßen himmelwärts mit grandioser Silhouette, während die wenigen sichtbaren Arbeiter bodennah wirken.«[125]

Neben der Malerei prägten Stahlstiche und Lithografien das *image* des Rheins, weil sie im Laufe des 19. Jahrhunderts immer billiger herzustellen waren. Zuvor wurden Abbildungen in Büchern als Kupferstiche reproduziert. Die Platten hielten nicht allzu viele Druckvorgänge durch; Lithographien und Stahlstiche erlaubten nuancenreichere Zeichnungen und höhere Auflagen. Seitdem gab es kaum ein Reisebuch zum Rhein, das nicht mit zahlreichen Abbildungen und Karten ausgestattet wurde. Es erschienen auch reine Bildbände zum Strom, oft mit colorierten Illustrationen.[126] Der Verleger Georg Gustav Lange beispielsweise ließ zwischen 1832 und 1866 die deutschen Landschaften auf rund 1000 Stichen in 16 Alben verewigen; das zum Rhein umfasste 102 Tafeln. Die Stahlstiche in diesen Alben und Büchern romantisieren den Rhein deutlich stärker als viele der teils völlig nüchternen Texte, die sie illustrieren. Sie zeigen, wie die Gemälde, eine entrückte, zeitlose Ideallandschaft, manchmal deutlich nach den Kompositionsprinzipien arkadischer Idyllen aufgebaut. Auch hier wird eine Kulturlandschaft gezeigt mit den Städtlein am Ufer, manchmal recht phantasievollen Burgen, den Holländerflößen und den bebuschten Hängen, in der symbolisch gearbeitet, aber genauso oft geruht oder der Fluss betrachtet wird. Die Stadtmauern sind pittoresk gekappt. In einigen Alben tummeln sich auf fast allen Tafeln Dampfschiffe, in anderen ist die technische Moderne vollständig ausgeblendet. Die Illustratoren hatten ja die Wahl, denn natürlich mussten sie nicht an jeder Flussbiegung einen Dampfer und auf jedem Bahngleis auch einen Zug auftauchen lassen – wie es Charles Mercereau auf seinen Panoramen ostentativ getan hat. Für Bingerbrück wählte er sogar den Blick über den Keilbahnhof hinweg. Doch in allen Alben und Büchern wird eine Landschaft der gelassenen Geschäftigkeit evoziert. Nur einmal sehen wir eine Diligence in voller Karriere, gejagt von einem Hund.[127] Neben den Genrefiguren Bauer, Fischer, Schiffer und Händler sieht man gutbürgerliche Ehepaare, die am Ufer flanieren. Was die Stahlstecher als glatte Fläche auf der Platte belassen haben, besorgte in einem fotografischen Album aus dem Jahre 1899 die lange Belichtungszeit: Selten sind die Wasser des Rheins aufgewühlt. Die Wolken zeichnen sich oft durch bewegtes Spiel aus, fast wie vor einem Gewitter, was aber mit der Ruhe der Flussanrainer kontrastiert. Die Bilder zeigen die heitere, sommerliche Leichtigkeit bürgerlicher Beobachter. Vom Tempelchen im Niederwald aus liegt ihnen der Strom in seiner ganzen Weite zu Füßen. Es gibt nirgendwo eine Nahaufnahme der Arbeit; sie ist Staffage (Abb. 10, 11).[128] Der Panoramablick lässt die Widersprüche und Konflikte der Welt im Diffusen verschwinden.[129]

Abb. 10: Ein Reiter, Angler und Fischer, und auf dem Schiff vermutlich die Heizer – Arbeit ist in Rheinalben wie diesem aus dem Jahre 1855 nur angedeutet. Ein beschauliches Oberwesel wenige Jahre vor dem Bau der Eisenbahn (Becker 1855: o.S.).

Dramatische Stimmungen habe ich in den Alben und Büchern selten gefunden. Hin und wieder bricht die Sonne in breiten Strahlen durch die Wolken, manchmal Gewitterblitze, die über den Himmel zucken und Pferde schrecken oder Wanderer zu beschwörenden Gesten verleiten.[130] Der Schlund der Loreley ist auf einigen Stichen recht düster ausgefallen, aber schaurig wirken die meisten Stiche nicht. Auch andere Landschaften sind in derselben Manier abgebildet worden, etwa der Schweizer Rhein oder das dünn besiedelte Finnland, das in Zacharias Topelius' zeichnerischer Aufnahme – erschienen zwischen 1845 und 1852 – wie eine bürgerliche Gartenlandschaft erscheint.[131] Ich möchte diese Darstellungen deshalb – abgesehen davon, dass sie zahlende Kunden nicht irritieren sollten – als Aneignungsversuche deuten. Sie zeigten keine ortlose Ideallandschaft, keine Landschaft, wie sie »wirklich« war, keine sublime Landschaft, die den Menschen in didaktischer Absicht auf sich zurückwarf, sondern sie präsentierten im Gewande des Pittoresken das Ideal eines bürgerlichen Raumes, in dem Ästhetik, Natur, Fleiß und Kontemplation ineinandergriffen. Wie in der Vorromantik symbolisierte ein harmonisches Landschaftsbild eine harmonische Ordnung. Gilpin hatte die Blaupause formuliert, dass Landschaften wie Bilder zu betrachten seien; Gemälde und Stahlstiche sollten, in den Worten Irene Haberlands, wie Bücher gelesen werden.[132] Sie berichteten bis weit ins 19. Jahrhundert hinein nicht von einer nationalen, sondern von einer einvernehmlichen bürgerlichen Flusslandschaft. Anstößige Szenen gibt es nicht, keine Wirtshausprügeleien, keine Betrunkenen, wie auf

Der Tempel auf dem Niederwald   Le Temple sur le Niederwald

Abb. 11: *Blick vom Niederwald auf einen Rhein 1830, an dem man weder Arbeit, Zwietracht, Not oder soziale Differenzen sieht. Die Totale erlaubt die Ausblendung aller die romantische Idee störenden Elemente (Jügel 1830, o. S.).*

den Gemälden Pieter Brueghels d. Ä. oder sozialkritischer Maler um 1900. Wir sehen keine sozialen Konflikte, sondern das Landvolk, selten Soldaten, manchmal Bürger, die mit oder ohne Fernglas den Raum kontrollieren, offenbar ohne Kontakt zu den Einwohnern. Vielleicht sind sie diejenigen Touristen, für die die Rheinalben und Führer publiziert wurden – und sie spiegeln sich nun in einem idealen Bild, das sie selbst bereisen (Abb. 12)? Menschen, technische Artefakte, Natur, Burgruinen und fleißiges Treiben sind kompositorisch vereint. Der expressive Himmel und die wenigen Blitze beherrschen bloß die verwitterten Burgen auf den Höhen – erhabene Natur und stolze Vergangenheit. Die geschäftige Niederung, die Gegenwart, ist davon nicht affektiert.[133] Sieht man deshalb so wenige Weinberge auf den Bildern, weil sie die Landschaft *zu* kultiviert zeigten und zu *harte* Arbeit indizierten?

Es wäre ein Irrtum zu glauben, dass man Landschaftsgemälde nur gemalt, gestochen oder fotografiert findet. Nicht wenige Autoren und Autorinnen haben in ihren *Narrativen* Landschaftsbilder gezeichnet oder sie durch Metaphern evoziert. Man sollte deshalb Texte auch als Bilder lesen. Karl Julius Weber beispielsweise sprach von der »Gemälde-Gallerie des Rheins«,[134] für Schlegel schien »diese Gegend mehr ein in sich geschlossenes Gemälde und überlegtes Kunstwerk eines bildenden Geistes zu sein, als einer Hervorbringung des Zufalls zu gleichen.«[135] Abbate de Bertòla zeigt uns, wie der Rhein verbal in die Perspektivität eines Gemäldes transformiert werden konnte: »Die Flecken und Dörfer verändern ihre Ansicht unaufhörlich. Sie scheinen von der Hand

Abb. 12: Caspar Scheuren, »Stolzenfels am Rhein« (Aquarell auf Bleistift, um 1855). Stolzenfels ist von den Preußen neugebaut worden; fünf Ausflügler betrachten den Rhein, auf dem man rechts unten ein Dampfschiff erkennt. Es handelt sich um eine mit Hilfe des »Mittelalters« nationalisierte Landschaft, die in der Moderne situiert und für den touristischen Blick aufbereitet ist (mit freundlicher Genehmigung des Auktionshauses Lempertz, Köln).

der Kunst an den Ufern vertheilt zu seyn, um die Anmuth und Mannichfaltigkeit der Gegend zu erhöhen.« Und: »Wir genossen hier einen interessanten Anblick. Die Stadt Oberwesel im Hintergrunde, durch ein Castell auf der Anhöhe verschönert; die benachbarten Felsen; mehrere Dörfer umher; das Fort mitten im Rheine; Caub mit seiner Festung; einige in der Ferne dämmernde Dörfer; angebaute und öde, rauhe und sanfte Strecken; alles dies bot sich unsern Blicken auf einmal dar. Glücklicher Weise war dieses ganze Gemählde in einen Raum eingeschlossen, den auf der einen Seite das reinste Azur des Himmels, auf der andern eine Reihe kleiner Wölkchen begränzte, die an die Gipfel der Berge streiften, und mit mannichfaltigen Farben prangten.«[136] Georg Forster wählte die Perspektive oft von oben, rahmende Elemente begrenzten den Blick und stifteten Einheit; Licht- und Schattenstimmungen gliederten das Bild und brachten Spannung hinein.[137] Ein Fischer, ein Knabe, Ziegen und ein sorgloses Mädchen: »Welch eine Gruppe für die Radiernadel eines Geßners oder den Pinsel eines Schü[t]z!«,[138] exklamierte Ferdinand Ochsenheimer, und Karl-Heinz Bodensiek erkannte 1963 die visuelle Qualität des Rheins eher in der Radierung, weil sie die Strenge der Landschaft und die Schärfe der Linien, das Gemeißelte und Graphische einfange. Auch er zeigte sich angetan vom schnellen Wechsel großartiger Eindrücke, die kein Theaterdekorateur oder Filmarchitekt hervorzaubern könne.[139]

Manche Autoren benutzten explizit die Metapher des Gemäldes oder der Theaterkulisse, andere beschrieben die Landschaft so, dass ihre Texte diese Bilder evozierten, wieder andere verwendeten bloß Formeln und Versatzstücke. Dabei stellte die Beschreibung als Gemälde zumindest für einige Autoren kein bloßes Stilmittel dar. Sie musste vielmehr einen Zweck erfüllen: »Gar viele sehen das Land nur als Landschafts-Gemälde und von weitem, der Landbauer sieht es zu nahe, und nur seine Erdscholle, der unabhängige Gebildete allein genießt das Land recht«, behauptete Karl Julius Weber 1828.[140] Und Désiré Nisard formulierte das Credo, dass es nicht bloß eine Frage des Talents sei, die wunderbare Landschaft getreulich zu beschreiben, sondern eine moralische Pflicht, denn es war Zeugnis abzulegen von einem gesegneten Landstrich.[141] Das hatte Wolfgang Müller von Königswinter 1867 getan, als er die Gegend Dank des neuen *bürgerlichen* Wohlstandes prosperieren sah, anders als »unter der Herrschaft des Krummstabs« oder der »kleiner Dynasten«.[142] Genau 60 Jahre darauf vereinte die Rheinlandschaft für Heinrich Kerp widersprüchliche Züge: eine südliche Sonne, die »das sonnig-heitere Lebensbild der rheinischen Lande« schuf,[143] der majestätische Strom, Burgen, Dörflein, Rebengärten und – die norwegischen Fjorde. Tags »Leben und Bewegung, schnell wechselnd in Form, Licht und Farbe«, wenn es dunkelt, verschwinden die Einzelheiten »und in einfachen Formen erscheinen jetzt die Talwände: das Große fängt an zu wirken. [...] Sie wachsen ins Riesenhafte, Unmeßbare. [...] Alle Farben sind dunkel getönt wie im Fjord, in dessen Tiefen das Licht nicht zu dringen vermag. Plötzlich bricht der Mond durch die dunklen Wolken. Wie Silber fließt es durch die Wellen, und magisch beleuchtet sein Schein alle Dinge ringsum.«[144] Auch Kerp deutete dieses Bild als Beleg für etwas Größeres jenseits der eigentlichen Landschaft. Es machte nämlich den Rhein zum »*Sinnbild einer auf Großes, auf Heroisches gerichteten Kraft*. Und also ward er [...] das *Sinnbild deutscher Freiheit und deutscher Einigkeit*, deutscher Kraft und Stärke, ward der Rhein *der Deutschen heiliger Strom* [...,] *Hauptschlagader deutschen Lebens.*«[145]

Arkadischer, revolutionärer, romantischer und nun der nationale Rhein – ganz am Ende aber hatten sich die Bilder zu einer Anthologie visueller Zitate angesammelt,[146] die seitdem für alles zu gebrauchen ist. 2008 plante der Zweckverband Welterbe Oberes Mittelrheintal das »Leuchtturm-Projekt: R(h)ein-Blicke«: Längs der B 9 und der B 42 sollten Bilderrahmen installiert werden, die den Durchblick auf bestimmte Ausschnitte der Kulturlandschaft inszenierten. Es sollten straßennahe »Verweil-Oasen« entstehen, die den »linearen Verkehrsfluss« unterbrachen, »entschleunigende« Pausen erlaubten und exemplarisch ausgewählte Landschaftselemente »möglichst optimal erlebbar« machten: eine Obst- und Gartenlandschaft, eine groß-, eine kleinflächige Weinberglandschaft, Wald, Heide, Felsen, Burgen, Bergwerke, Inseln, Auen, Felssicherungsmaßnahmen und Stadtlandschaften.[147] Ein Kommerz-Rhein aus der effizienzgesteuerten automobilgesellschaftlichen Retorte, die selbst Pausen noch wie die letzten Schlachtabfälle verwertet, würden Kulturkritiker sagen. Ein Konzeptkunst-Rhein, wäre die positive Deutung, der reflexiv dem Umstand Rechnung trägt, dass die Rheinlandschaft der (Sprach-)Maler, Lithographen und Stahlstecher in der Bewegung entsteht, im ständigen Standortwechsel des Beobachters.[148]

Simulierte Blicke

Das wird besonders an den Reiseführern deutlich, deren Narrativ die Fahrt von Punkt zu Punkt ist; manchmal ist der Blick regelrecht an die Schiffsbewegung gebunden: »Weiterhin der riesige Steinwürfel der *Brömserburg* [...] und unterhalb des Ortes die *Stationsgebäude* der nass.[auischen] Staatsbahn. [...] Das Schiff wendet l.[inks, nach Bingen] hi-

nüber. Oben, neben der Rochuscapelle, [...] das Etablissement von *Hartmann*«.[149] Oder
sie folgen dem Prinzip des Albums: »So zeigt diese *paradiesische* Gegend, gleich einer
Sammlung *idyllischer Schweizergemälde*, auf jedem Blatte, das man umschlägt, eine neue
Naturschönheit mit veränderten Umrissen, anderer Ausmalung und verschiedenem Co-
lorite.«[150] Das evoziert die Vorstellung einer eher gemächlichen Reise, auf der man Zeit
hat, sich in abwechslungsreiche Tableaus zu vertiefen. Viele Reiseführer kultivierten
dagegen in der Textstruktur die späteren filmischen Techniken: Kamerafahrt, Schnitt,
Zeitraffer, Totale, Nahaufnahme, Zoom.[151] Einmal treibt das Dampfschiff den Blicken-
den zur Eile, dann ziehen Dörfer und Orte im Panorama vorbei.[152] »Die Räder sprühen
und wühlen die Wasser auf, das Dampfboot rauscht weiter in kühnem Flug. [...] Lorch
hinter uns lassend, dampfen wir an *Lorchhausen* vorüber, über welchem Dorfe die Trümmer des alten Schlosses Sareck liegen. Gegenüber erblicken wir *Rheindiebach*, und darüber die Ehrfurcht heischenden Ruinen der Burg *Fürstenberg*.«[153] Ein jüngerer Reiseführer
war typografisch ganz als Panorama gestaltet: links und rechts knapp die Sehenswürdigkeiten zu beiden Ufern, in der Mitte ein Trennstrich, der den Rhein symbolisiert.[154]

Ein anderes Mal ist der Fluss in kurze Einstellungen zerlegt, die durch Schnitte verbunden sind: »Von Bacharach aus berühren wir nun auf der Eisenbahnfahrt mehrere interessante Punkte, die wir vom Waggon aus aber fast gar nicht zu Gesicht bekommen,
zunächst Ruine *Heimburg*, dann Schloß *Sooneck*, die *Falkenburg* und den *Rheinstein*. (Siehe
die Dampfschifftour.) Am jenseitigen Ufer *Aßmannshausen*, der *Niederwald*, der *Ehrenfels*.
Im Rhein der *Mäusethurm*. Wir erreichen Station *Bingerbrück* (diesseits Bingen am Naheu-
fer) in 20-30 Min.«[155] Im Zeitraffer sieht die Fahrt so aus: »Der nächste interessante Punkt
ist *Caub*, mit der Ruine *Gutenfels* und *Pfalz*, eins der malerischsten Bilder am Rhein (Seite
138). Haben wir den Pfalzgrafenstein passirt, folgt rechts Ruine *Stahlberg*, dann nach der
Krümmung des Flusses *Bacharach* mit der *Wernerskapelle* (Seite 135), gegenüber *Lorchhausen*. Links haben wir auf der weiteren Fahrt zunächst *Lorch* (Seite 139), rechts bei dem Dorfe *Rheindiebach* die Ruinen der Burg *Fürstenberg*.« Nun wird der Text wieder ausführlicher,
es folgt eine historische Nahaufnahme der Veste.[156] Ein anderer Reiseführer hetzte mit
seinem Narrativ der Geschwindigkeit des Bootes hinterher;[157] Edwin Müller sprang von
einer Sache zur nächsten, so wie sich die Landschaft dem Blick des Reisenden aus einem
eilenden Zug dargestellt haben musste. Er verweilte nicht, sondern »kam vorbei«.[158]

Bereits die zeitgenössische Kritik hatte den Reiseführern vorgeworfen, das hasten-
de und vermasste Reisen zu befördern. Selbst die Reiseführer warnten allerdings davor,
mit zu großer Eile zu reisen. Die Eindrücke verwischten, es bleibe ein Gewirr ober-
flächlicher Erinnerungen vom Treiben in Gasthöfen und von einigen Sehenswürdigkeiten, kein harmonisch gestaltetes Gesamtbild. Die sog. »Vergnügungszüge« lehrten,
wie man *nicht* reisen solle.[159] Aloys Schreiber hatte 1812 den Fußmarsch empfohlen, weil
man auf dem Schiff zu rasch an der Landschaft vorbeihusche; Hans Hoitz verkündete
1912, dass man auf den Höhen wandern müsse, um den Rhein erleben zu können.[160]
Aber: Die Führer zerlegten den Rhein in Häppchen, selektierten Szenen, standardisierten Perspektiven, schufen Prospekte und durch ihre nüchterne Sprache Distanz zu
den vielfältigen Sinneseindrücken. Sie re-konfigurierten den Blick, strukturierten ihn,
machten ihn effizienter und *entschleunigten* dadurch die Wahrnehmung.[161] Sie stellten
die sich – durch die Errungenschaften der Verkehrstechnik – auflösenden Konturen
wieder her und verwandelten Geschwindigkeit in Ruhe. Der Fluss nahm eine durch
moderne Medien vermittelte Gestalt an. Deren Wahrnehmung verdankte sich nun
nicht mehr dem entspannten Auge des Wanderers der (Vor-)Romantik, sondern einem

»Gefühl des Schwebens« auf dem Schiff und in der Bahn.[162] Geschwindigkeit (Zeit) und Distanz (Raum) strukturieren das Bild. Das »Auge sieht die Dinge nicht in ihrer harten Nähe, sondern in einem Abstand, der immer ein Ganzes, eine Einheit, eine Vollkommenheit erblicken läßt [...], wo der Wanderer sich, darum nicht unglücklicher, an Einzelheiten verspielt und verliert.«[163] Zugleich löst die schnelle Gegenbewegung von Schiffen, Flößen oder Zügen das Ganze traumhaft auf: »Man ist überall und nirgends, erblickt alles noch in den Teilen und doch in den Umrissen«.[164]

Es gab noch ein spezifisches Medium, den Rhein für Touristen zu visualisieren: Rheinpanoramen. Das sind Leporellos, die, zwischen Text und Grafik angesiedelt, zumeist ein Luftbild des Stromverlaufs bieten und den Vogelblick simulieren, oder die, seltener, wie heute eine Kamera entlang der Ufer fahren, also den Blick der Reisenden simulieren. Die Luftbilder bildeten die Krümmungen des Flusses und oft reliefartig die Berglandschaft ab (einige wenige reduzierten die Grafik abstrakt auf den Fluss samt des ihn umspannenden Wegenetzes[165]). Die »Kamerafahrten« verwandelten die Ufer dagegen in zwei lang gezogene Geraden. Bei den Aufsichten waren an den Rändern zunächst Textpassagen, später zusätzlich Veduten angebracht, die Sehenswürdigkeiten benannten oder abbildeten, so dass die Touristen einen anschaulichen Gesamteindruck des Flusses bekamen. Das erste Rheinpanorama erschien 1818; die weitaus meisten wurden in aufwendigen Stichen für die Strecke zwischen Köln und Mainz angefertigt. Ab den 1860er Jahren wurden sie zu zweidimensionalen Rheinlaufkarten vereinfacht.[166]

In der Staatsbibliothek zu Berlin befindet sich eine reichhaltige Sammlung solcher Panoramen. Auf den frühen erscheint der Rhein vergleichsweise unberührt von Menschenhand. Es gibt wenig Schiffe, aber am Ufer einige Alleen, die auf die Kultivierung der Landschaft schließen lassen (Abb. 13).[167] Auf F.C. Vogel's »Panorama des Rheins« (1833)

Abb. 13: Der Rhein auf einem sehr frühen Panorama aus dem Jahre 1826. Die Ufer sind mit kleinen Ortschaften und Alleen deutlich kultiviert, auf dem Fluss ist aber wenig Schiffsverkehr zu sehen. Oben Neuwied mit einer »Fliegenden Brücke«, rechts oben Schloß Monrepos, rechts unten die Ruine Sayn, dahinter im Tal das Sayner Hüttenwerk (Delkeskamp 1826 [Ausschnitt]).

Abb. 14: Dieses Panorama von 1833 simuliert die Fahrt mit einem Schiff längs der beiden Ufer des Rheins und führt eine dezidiert unterdramatisierte Landschaft vor Augen. Auf diesem Ausschnitt kämpft sich eines der neuartigen Dampfschiffe den Fluss hinauf, eine Kanone auf Neu-Rheinstein schießt offenbar einen Salut, den man sowenig hört wie das Schiff. Überall sind Spuren menschlicher Bebauung zu sehen (Vogel 1833 [Ausschnitt]).

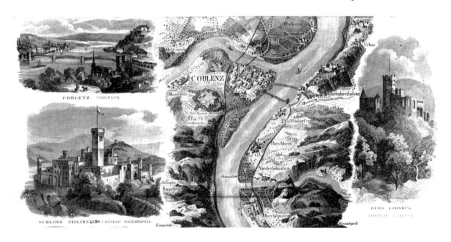

Abb. 15: Dieses Panorama stammt aus dem Jahr 1869 und zeigt eine bereits voll modernisierte Landschaft, in diesem Ausschnitt die Gegend um Koblenz, mit Stahlbrücken und Dampfschiffen (Herchenheim 1869 [Ausschnitt]).

fährt der Betrachter auf Uferhöhe eine kultivierte, harmonische Landschaft entlang. Höhenzüge voller Weinfelder, wenige Segelboote, einzelne Dampfschiffe und auch Flöße, manchmal eine Ortschaft oder Ziegelfabrik ziehen am Betrachter vorbei, aber keine wilden Felsen – eine unterdramatisierte Landschaft (Abb. 14). Die Loreley wird immerhin expressiv durch die Sonne angestrahlt und um das Binger Loch kräuseln sich Wellen.[168] Ab Mitte des Jahrhunderts änderte sich das. Auf »Payne's Panorama of the Rhine« (ca. 1850) tummeln sich auf Augenhöhe des Betrachters derart viele (Dampf-)Schiffe, dass man kaum noch das Ufer erkennt.[169] Die Lithographen und Stahlstecher verzeichneten den fortschreitenden Bau der Eisenbahnen oder nahmen projektierte Eisenbahnbrücken vorweg. Außerdem häuften sich technische Elemente, die ein heutiger nostalgischer Blick gerne ausblendet (Abb. 15). Eine Vedute zeigt 1864 Boppard mit Dampfzug, Flaneuren und arbeitender Bevölkerung. Der Loreleyfelsen wird mehrfach mit Tunnelmündung und Dampfschiff gezeigt – eine einkopierte Loreley wie auf heutigen Postkarten fehlt jedoch. Vor der Ruine Rheinfels fährt ein Dampfzug. Das Siebengebirge türmt sich hinter dem Bahnhof Rolandseck auf. Ein Dampfer schleppt mehrere Segelschiffe, an den Ufern mäandern die Bahnlinien. Fabriken tauchen auf und pusten Qualm in die Luft. Auf einigen Leporellos häufen sich Burg, Bahn, Floß, Dampfer, Segelschiff und Fabrik auffallend, auf anderen sieht man an jeder Flussbiegung ein Dampfschiff. Und die Veduten zeigen nicht nur Burgen, Kirchen und Denkmäler, sondern immer wieder Eisenbahnbrücken, sei es bei Bonn, wo 1904 die Rheinuferansicht der Auflage von 1883 durch die neue Rheinbrücke ersetzt wurde, sei es in Mainz, wo Fischer, Dampfer und Segelschiff die jüngst errichtete Rheinquerung kreuzen. Im 20. Jahrhundert erhielten Dampfschlepper und Salondampfer auf den Veduten denselben Status wie Burgen und Kirchen, und selbst die Zerstörungen des Zweiten Weltkrieges zeichneten sich in einem späten Panorama ab.[170] Eines von 1968 nutzte alte Platten. Dort ist die 1930 fertiggestellte Autobahn zwischen Köln und Bonn als »projektiert« verzeichnet, die Dampfer sind durch Retusche stromlinienförmiger gemacht, die Schiffsbrücke bei Koblenz ist mit »Jetzt Fähre« bezeichnet, die Eisenbahnbrücke zwischen Urmitz und Neuwied gilt nach wie vor als »zerstört«, ebenso wie die längst abgetragenen Brücken bei Remagen und Rüdesheim.[171]

Die Panoramen bildeten ein Scharnier zwischen dem romantischen und dem modernen Rhein. Sie führten den Touristen das *image* des romantischen Rheins vor Augen, das, was dem Strom zugeschrieben wurde: pittoreske Burgen, andere Sehenswürdigkeiten, die Landschaft, also die Versatzstücke eines zeitlosen Landschaftsideals. Sie brachten in noch übersichtlichere Form, was die Reiseführer ohnehin schon systematisiert hatten. Zugleich waren sie aber die Medien des modernen Reisens, und seit der Jahrhundertmitte bildeten sie ab, was die Touristen auf und an dem Fluss zu sehen bekamen: Dampfschiffe, Züge und Fabriken, also den technischen Fortschritt, der auch vor Deutschlands romantischem Strom nicht Halt machte. Die Reisenden sahen aus der Vogelperspektive die zahlreichen Dampfer und Züge, die sie selbst nutzten, und auf einer Vedute wurde ihnen 1905 sogar in Nahansicht ein Köln-Düsseldorfer Salonschiff vorgeführt, auf dem sie Touristen erkennen konnten – sozusagen sich selbst.[172] Auch auf den Panoramen wurde die Moderne nicht versteckt, sie wurde nicht prominent herausgehoben, sie war ebenfalls einfach da, als Teil des »romantischen Rheins«.

Soundscape

Der Rhein ist vornehmlich ein Fluss der Bilder. Wenn man genau hinschaut und liest, findet man auch die Spuren einer *soundscape*: das Brausen des Wassers (das Bilder selten visualisieren), Glockengeläut, das Echo an der Loreley, das Stampfen eines Dampfers. Es sind Signale, »die den besonderen visuellen Reiz des Fernen, der romantischen Metapher des Unendlichen durch Laute und Geräusche in der Ferne unterstützen.«[173] Doch im Grunde bleibt der Strom erstaunlich still: »Wenn das Schiff in den Abend fährt [...]. Die hell erleuchteten Züge der Eisenbahn gleiten an beiden Ufern hin und her und die Scheinwerfer der Autos tasten [...] über das Wasser.«[174] Kein auditives Adjektiv für das Schiff und die Autos, und gerade einmal die neueste Generation der Nahverkehrszüge heute *gleitet* wirklich über die Schienen. Tatsächlich muss das Tal schon im späteren 19. Jahrhundert gedröhnt haben, wenn schwere Güterzüge hindurchdonnerten und Schlepperverbände sich flussaufwärts kämpften. Weder in den Texten noch auf den Bildern werden uns der profane Klang der Arbeit, die Flüche der Flößer, die Schläge der Räder auf Schienenstößen vermittelt. Bei Heinrich Kerp »pocht« die Schiffsmaschine, Wellen plätschern, und »geräuschvoller« setzt sich ein Schiff wieder in Fahrt.[175] Das enge Tal des Rheins lärmt nicht, es ist wie auf dem erwähnten Gemälde »Abendlicher Blick vom Drachenfels auf Nonnenwerth und den leuchtenden Rhein« von Jürgen Schmitz: Wir stehen auf dem Berg, blicken durch das blaue Licht der Dämmerung hernieder auf die Lichterbänder der Bundesstraße und hören nichts (Abb. 9).

Nur der Schriftsteller und Journalist Alfons Paquet hat den Rhein 1923 als Lautgemälde geschrieben: »Die Musik der Läutewerke und das langverhallende Rollen der Güterzüge füllt das Rohr des Tales, sie brandet zu den zerstörten Burgen auf [...]. Die Schlepperdampfer [...] mit der ausgebildeten Sprache ihrer Dampfpfeifen, ihrer Läuteglocken und ihrer Flaggensignale, das sind die eigentlichen Fuhrwerke des Wasserweges. Eine Kirmes [...] mit den Tonwirbeln der Karusselle und der Dampfpfeifen, des Blechorchesters in der Allee, dem ungeduldigen Klingeln der Fähren, den vorüberbrausenden Zügen, dem Warnungsschrei der Autos, dem Gejohl der zwanzigjährigen Menschen, das ist ein Jazz, der in der ganzen Welt nur am Mittelrhein möglich ist, man erlebe dazu die strotzende und bunte Hitze des Julinachmittages und die tief

THE RHINE.

BROWN'S FIRST IMPRESSION OF THE RHINE.
From an ORIGINAL SKETCH *in the possession of his family.*

Abb. 16: In der Europareise der Herren Brown, Jones und Robinson wird der »romantische Rhein« karikiert, hier die Ruinenseligkeit. Der Rhein ist auf seinen mühelos wiederer-kennbaren, ikonischen Gehalt reduziert: Burgruinen auf Berggipfeln am Strom mit Dampfschiffen (Doyle 1854: 11).

beruhigende, träumerische Kühle des Abends, das siebenfältige Echo des Waldhorns aus den Tälern.«[176] Paquet hat einen dezidiert modernen Rhein gefeiert. Seine »Tonspur« machte deutlich, wie der Fluss sonst nicht beschrieben wurde. »Stille ist, ähnlich wie die Langsamkeit, Voraussetzung von Wahrnehmung und Erkenntnis«,[177] denn die Ruhe war Teil des Bildes. Dabei war freilich keine Grabesstille gefragt. Die Geräusche der Natur oder ferne Glocken sollten sich als *wohlklingende* Töne einem harmonischen Gesamteindruck der Landschaft einschmiegen. Diese dezente, liebliche Geräuschkulisse war ein Protest gegen den betäubenden Lärm der modernen Großstädte; sie unterstrich den Charakter des Rheins als Refugium.[178]

Es wurden also nicht einfach Bilder *vom* Rhein produziert. Es entstand vielmehr ein *Bild* vom Rhein, das sich auf Gemälden, Stahlstichen, Zeichnungen, in Texten und bis hinein in narrative Klanglandschaften verfestigte. In diesen Medien nahm es eine spezifische *Gestalt* an, die, auf wenige Zeichen reduziert, zur Marke mit weltweitem Wiedererkennungswert geworden ist (Abb. 16). Diese Gestalt diente, wie wir gesehen haben, dazu, unterschiedliche Ordnungsvorstellungen und, wie wir sehen werden, nationale Projektionen zu beglaubigen, die sich regelrecht in der Landschaft zu verkörpern schienen und dadurch Evidenz gewannen (oder zumindest gewinnen sollten). Die Gestalt bestand aus Ansichten, die in Alben und besonders Reiseführern räumlich angeordnet wurden. Zum Tableau gehörte die Dynamik, aber in harmonischer Komposition, moderater Bewegung und maßvollen Klängen. Das narrativ-visuell-lautliche *image* des Rheins diente in immer neuer Form als Gegenwartsdiagnose und utopische Zielsetzung. In dieser Aufladung überlebte es allerdings nur mit Mühe bis in die Nachkriegszeit, nur noch als Abklatsch in der kulturkritischen Verherrlichung einer romantisierten Frühmoderne. Für die meisten Reisenden dagegen hatte der Fluss spätestens nach 1945 jeglichen existenziellen Bezug verloren. Für sie war das Tal eine Destination, deren Bilder sie mithilfe von Reiseführern effizient abarbeiteten. Und damit hörte der Rhein sachte auf, ein »Bilderstrom« zu sein, obwohl heute vermutlich mehr Bilder denn je von ihm produziert werden. Es sind Touristenbilder; die bildende Kunst kann den Fluss kaum noch nutzen, um gesellschaftliche Zustände zu verhandeln.

Geschichtslandschaft (Raum als Bild)

Ich hatte umrissen, dass es wesentlich für den Begriff der *imaginary landscape* ist, dass Bilder *materialisiert* werden. Am Rhein geschah das am sinnfälligsten durch den Bau von Burgen, Kirchen und Denkmälern im 19. Jahrhundert. Auch Tunnelmündungen der Bahn wurden wie Burgtore gestaltet. Das Wort »Bau« ist keine fehlerhafte Formulierung, denn für einige der Burgruinen trifft der Begriff der »Restaurierung« kaum noch zu. Die Ruinen standen, wie gesehen, für romantische Stimmungen und eine große deutsche Vergangenheit. Im Zuge der Burgenromantik wurden sie restauriert, einige markante jedoch wurden vom preußischen Königshaus weitgehend neu errichtet, um den nach den napoleonischen Kriegen gewonnenen Herrschaftsanspruch über die Rheinlande zu manifestieren. In die Kette der Burgen eingefügt waren neugotische Kirchen, pittoreske Fachwerkhäuser, Nationaldenkmäler und im Norden als krönender Abschluss der Kölner Dom. Diese Bauwerke konstituierten eine Geschichtslandschaft, die Natur, Romantik und Herrschaft, Nation und Geschichte verschmolz. Der Raum wurde zu einer geschichtsphilosophischen Metapher von Deutschlands ehemaliger und erneuter Größe überhöht.

Auf 60 Kilometern Tallänge gibt es gleich 40 Burgen, 25 auf den Höhen, die restlichen in den Ortschaften oder im Wald versteckt. Seit 1824 wurden 14 Burgen wiederaufgebaut.[179] 1815 hatte Kronprinz Friedrich Wilhelm begeistert das Rheintal bereist und es in seinen Reisenotizen »zum Kristallisationspunkt deutscher Kultur und zum Gegenbild moderner Zivilisation« überhöht.[180] In der Folge versuchten viele Prinzen Burgruinen zu erwerben. Prinz Friedrich Ludwig kaufte 1823 die Ruine Vautsberg und ließ sie als Burg Rheinstein wiederaufbauen. Friedrich Wilhelm bekam von der Stadt Koblenz die Ruine Stolzenfels geschenkt. Stahleck, Sooneck, Rheinfels und die Schönburg gingen ebenfalls an Mitglieder des Königshauses. Der Drachenfels bei Königswinter wiederum war nach den napoleonischen Kriegen für englische Touristen ein Wallfahrtsort der Rheinromantik gewesen, bevor die Ruine beinahe dem Bau des Kölner Domes zum Opfer gefallen wäre. Der Berg sollte als Steinbruch dienen. Prinz Friedrich von Preußen sah hierin einen gefährlichen Präzedenzfall, dass andere Besitzer nämlich ihre Ruinen ebenfalls als Steinbrüche verhökern könnten, ein Ausverkauf von Landschaft und Strom. Schließlich griff der preußische König ein und überführte den Drachenfels 1836 in Staatseigentum.[181] Drei Jahrzehnte darauf begann der »Verschönerungsverein für das Siebengebirge« Fahr- und Fußwege, Bänke, Aussichtspunkte und Quelleinfassungen anzulegen und Wegweiser zu errichten. Auch Amtsleute und Industrielle bewahrten Burgen vor dem Abriss, etwa der von Wilhelm Heinrich Riehl erwähnte Wiesbadener Staatsarchivar Friedrich Habel oder der Schwerindustrielle Hugo Stinnes.

Sooneck wurde von vier preußischen Prinzen zu einem spartanischen Jagdschloss umgestaltet; die Spuren der Verwitterung blieben bewusst erhalten, aber die Haustechnik war auf der Höhe der Zeit. Stolzenfels ist dagegen weitgehend neu und wesentlich repräsentativer als Sooneck errichtet worden. Alle Burgen waren in einem historisierenden Stil gehalten, mit dünnen Türmchen, verspielten Zinnen, Aussichtsfenstern und Terrassen, lieblichen Gärten, neogotischen Sälen und Kapellen sowie teils spiralförmigen Zufahrtswegen. Der Maler Carl Gustav Carus vermerkte für Burg Rheinstein die schmalen Zugbrücken, spitzigen Fallgatter, die Frei- und um den Turm sich windenden Treppen. Ein Adler wohnte im Käfig auf dem Turm, manche kleinen Geschütze waren aufgestellt, ebenso Harnische, alte Waffen, Humpen usw.; am Ende

Abb. 17, 18: Zwei von Caspar Scheurens Stolzenfels-Aquarellen: Die Annäherung an die Burg (um 1841) und der Rittersaal (nach 1845), mit imaginierten Rittern (Scheuren 2008/1842-47, Blatt 20, 48).

zeigte ihm der Führer, wie erwähnt, den altertümlichen Knappenrock mit dem Hinweis, dass man bei Anwesenheit des Prinzen Mittelalter spiele.[182] In Berlin fand man das überhaupt nicht lächerlich. Karl Friedrich Schinkel entwarf 1827 das Bühnenbild zur Oper »Agnes von Hohenstaufen«, als deren Höhepunkt sich der Welfe Heinrich der Löwe und der Staufer Kaiser Heinrich VI. auf Burg Stahleck aussöhnten; Schinkel setzte die Rheinlandschaft als »Utopie nationaler Einheit« wirkungsvoll in Szene. In der Öffentlichkeit wurden illuminierte Bildwände und Pleoramen – die eine Rheinfahrt mechanisch simulierten – gezeigt, so dass um 1830 die rheinische Burgenromantik im kulturellen Leben des bürgerlich-adeligen Berlin präsent war.[183]

Das preußische Königshaus machte seine Burgen einem Teil der Öffentlichkeit zugänglich, um ein positives Bild der neuen Herrschaft zu evozieren. Ausweislich von Gästebüchern besuchten benachbarte Adelsfamilien, Künstler, Literaten, Bankiers und Kaufleute die Burgen. Prinzessin Wilhelmine Luise von Preußen ließ für Rheinstein ein Ansichtenalbum publizieren, das zwei annähernd bürgerliche Innenräume zeigt.[184] Caspar Scheuren hatte den Auftrag bekommen, Stolzenfels auf Aquarellen festzuhalten. Er inszenierte in seinem »Stolzenfels-Album« ein »romantisches Gesamtkunstwerk [...] mit Burgfräulein, Pagen und Rittern, [...] eine romantische mittelalterliche Phantasiewelt«[185] voll südlichen Flairs. Wir sehen in diesen Alben zuerst die Burg in verschiedenen Ansichten von Außen, betreten sie mit vielen Wendungen (Abb. 17) und werden nun durch die Räumlichkeiten und die Gartenanlagen geführt; mehrfach können wir den herrschaftlichen Blick auf die Rheinlande nachvollziehen. Manche der Räume erinnern in ihrer Klarheit an den Funktionalismus der 1920er Jahre, in anderen wird durch Staffagefiguren und Accessoires geradezu beiläufig ein gelassenes Mittelalter inszeniert (Abb. 18). Wenn wir uns auf den letzten Blättern ins Umland begeben, tritt die Burg wieder in den Hintergrund, bis sie fast in den Bergen verschwindet.

1844 gab es bereits einen gedruckten Führer durch Stolzenfels, 1850 den nächsten;[186] der Eintritt war »jedem anständig Gekleideten gestattet. [...] Der Kastellan macht die Fremden auf die einzelnen Sehenswürdigkeiten aufmerksam. Beim Besuche der Gemächer werden Filzschuhe angezogen, damit die Fußböden nicht leiden.«[187] In den Räumlichkeiten wurde durch Wandbilder und Accessoires ein imaginiertes Mittelalter geschickt mit dem christlichen Glauben und der preußischen Herrschaft verknüpft. Friedrich Wilhelm IV., seit 1840 König, stellte sich in die Tradition ritterlicher Tugenden und Könige und versprach derart, ein guter Herrscher zu sein. Das Einweihungsfest fand am 14. September 1842 statt, im Anschluss an das Kölner Dombaufest. Die Meister und Gesellen der verschiedenen Handwerksberufe standen in mittelalterlicher Kleidung Spalier, auf Ehrenbreitstein, Lahneck und der Marksburg wurde ein spektakuläres Lichtspiel über den Rhein hinweg inszeniert. In einem langen Huldigungsgedicht stand Stolzenfels für die Verbindung von Rheinland und Königshaus gegen den »Erbfeind«. »[D]er Lenker der Geschichte [...] giebt den Rhein dem deutschen Volk zurück.«[188] Stolzenfels sei zu alter Herrlichkeit emporgehoben, aber nun ist es mehr als eine Fürstenburg, denn der *König* als Träger »des unvergänglichen Ruhmes eines aus dem Dunkel der Vorzeit hervorragenden Herrscher-Geschlechts« hat »diese Burg aus formlosen Trümmern erhoben, und sie [...] zum Schmuck der Gegend, zur Perle des smaragdnen Stroms, zum *Stolz* der Rheinlande gemacht,« lesen wir im Führer von 1844.[189] Die Burg war wie ein Spiegel, in dem sich Preußen in mittelalterlichem Gewande sah. Ihre Restaurierung reduzierte die französische Besetzung zur Episode einer endlich wieder heroischen deutschen Geschichte.

Auch die übrigen Burgen waren der Königsfamilie mehr als bloß Rückzugsorte vom Berliner Hofleben. Sie alle dienten als hochaufragende, steinerne Symbole, die die preußische Herrschaft legitimierten. Alle Burgen lagen auf der linken Rheinseite, um den Landstrich ideell gegen Frankreich zu festigen (und weil das rechtsrheinische Herzogtum Nassau nicht zu Preußen gehörte).[190] Durch sie eigneten sich die Hohenzollern ein deutsches Mittelalter an, in dessen Tradition sie sich einschrieben. Und die Burgen setzten architektonische Landmarken. Der restaurierte Mäuseturm diente als Signalstation für die Schifffahrt und als südliche Grenzmarke der Rheinprovinz. Stolzenfels markierte im Norden den Übergang vom engen Mittelrheintal zur Koblenzer Talweite. Diese metaphorische und visuelle Architekturpolitik wurde von den Preußen etwa zur selben Zeit in Babelsberg erprobt, und sie funktionierte am Rhein, weil der Fluss und dessen Burgen in den Jahrzehnten zuvor literarisch und künstlerisch bereits hinreichend populär gemacht worden sind. Die Burgen »ersetzten in der Phase der europäischen Nationalstaatenbildung gleichsam als symbolisches Band die fehlende deutsche Hauptstadt. Der mit Abstammungsmythen seit der Romantik überfrachtete Mittelrhein wurde zu einem geeigneten Ort, an dessen Ufern pathetische und nationale Gefühle einen Widerhall finden konnten.«[191] Der Rhein wurde nicht mehr allein in Texten und auf Bildern als ideale Landschaft imaginiert, die mal auf diese, mal auf jenes Ordnungsmodell verwies, sondern als nationaler Raum gebaut. Und es waren nicht solitäre Herrschersitze, die errichtet wurden, sondern es entstand von Düsseldorf bis Mainz eine Residenzlandschaft, die von dynastischer Kontinuität und der Verbundenheit von Volk und Monarch kündete[192] – gegen die Französische Revolution und den aufkommenden Konstitutionalismus. In einzelnen der Bauwerke verwiesen Symbole und Gemälde auf jeweils andere der Zeichenträger entlang des Flusses und konstituierten einen architektonisch-landschaftlichen Zusammenhang. Höfische Prachtentfaltung, rauschende Volksfeste und militärische Demonstrationen gingen bei den Einweihungsfeiern der diversen Schlösser und Burgen Hand in Hand; alles gemeinsam bildete ein »»monarchische[s] Gesamtkunstwerk«, mit dem Friedrich Wilhelm seine Herrschaftsideologie in einem breiten gesellschaftlichen Kontext zu verankern suchte.«[193]

Eine stählerne Brücke gehörte bald auch dazu, die Eisenbahnbrücke, die seit 1859 die Achse des Domes über den Rhein verlängerte. Sie zitierte die Weichselbrücke bei Dirschau und die Nogatbrücke bei Marienburg, zwei technologische Sensationen, die »Wahrzeichen einer patriotisch aufgeladenen Fortschrittsbegeisterung« waren.[194] Die Weichselbrücke war Symbol einer kolonialen Landnahme im Osten. Die Tore der Rheinbrücke symbolisierten eine Ehrenpforte, die »auf den zeremoniellen Einzug des Herrschers in die Stadt, auf den feierlichen Introitus, der der Huldigung durch die Untertanen vorangeht«, verwies.[195] Dieser Schuss ging beinahe nach hinten los, denn katholischen Kritikern galten gusseiserne Konstruktionen – die aus Sicherheitsgründen auch für den Dom vorgeschlagen worden waren – »als Exponent[en] einer neuen Zeit, die mit ihren ökonomischen Gesetzen das katholische Wertesystem zu zerstören drohte. [...] Aus dieser Perspektive wirkten die neuen Ingenieurbauten wie Monumente einer wesensfremden Macht, als preußische Herrschaftsarchitektur im katholischen Rheinland.«[196]

Wegen dieser konfessionellen Spannungen kam besonders dem Kirchenbau eine wichtige Rolle zu. Die zahlreichen neogotischen Kirchen und Kapellen längs des Flusses verklärten, wie die Burgen, das Mittelalterbild der Romantik und gingen in das *image* des romantischen Rheins ein: Die Herz-Jesu-Kirche in Koblenz, die Christuskirche in Boppard, das St. Hildegardiskloster bei Rüdesheim, die Wernerkapelle bei

Bacharach oder der Kölner Dom. Sie dienten dazu, Differenzen zwischen Rheinländern und Preußen, Bürgertum und Monarchie sowie Katholiken und Protestanten zu entschärfen. Die Apollinariskirche bei Remagen etwa thronte den Schiffern weithin sichtbar auf dem Berg und legte Zeugnis ab von der religiösen Grundhaltung der preußischen Herrscher. Die Rochuskapelle gegenüber dem Niederwalddenkmal bei Rüdesheim dagegen unterstrich den Anspruch der Katholiken auf Mitwirkung in Staat und Gesellschaft. Der Wiederaufbau der Trierer Basilika, die Restaurierung des Aachener und die Vollendung des Kölner Doms wiederum fungierten als Schnittstelle zwischen Bürgertum und Monarchie. Bei einer Huldigungszeremonie im Jahre 1817 waren die Kölner dem König nämlich außerordentlich selbstbewusst gegenübergetreten, mit einem großen Feuerwerk und einem fast 20 Meter hohen Plakat der Colonia.[197] In den folgenden Jahren trug das rheinische Bürgertum eigene Vorstellungen an das Königshaus heran, so dass Staat und Bürgertum gemeinsam mehrere Großprojekte in Angriff nahmen. Der König sah sich in der Rolle des Patrons, der künstlerische Fragen, individuelle Interessen und konfessionelle Spannungen ausbalancierte und in ein höheres Ganzes integrierte. Anders als beim Burgenbau setzte er eher Akzente, statt die preußische Herrschaft demonstrativ herauszukehren.[198]

Dann kam das Jahr 1840. Die Franzosen erlitten eine schwere diplomatische Niederlage im Orient. Als Kompensation ließ die französische Öffentlichkeit die Säbel rasseln und forderte eine Wiedereroberung der linksrheinischen Gebiete. Deutsche Publizisten schlugen geharnischt zurück, doch zum Glück beließ man es bei chauvinistischen Liedern. Für die Baupolitik am Rhein markierte das eine Zäsur, weil jetzt verschiedene Kräfte mit Denkmalprojekten an König Friedrich Wilhelm IV. herantraten. Zuvor hatte sich der Monarch auf die vorrevolutionäre Herrschaftsordnung des Heiligen Römischen Reichs Deutscher Nation – bzw. eines fiktiven Mittelalters – berufen. Die neuen Bauten zielten auf eine *national* begründete Einheit von Volk und Monarch. So wurde im Oktober 1843 der rekonstruierte Königsstuhl bei Rhens Friedrich Wilhelm IV. als Huldigungsgeschenk übergeben. Es war das erste bürgerliche Denkmalprojekt zu Ehren des Königs und sollte eine Dankesgabe für die rekonstruierten Burgen und Kirchen sein. Der König trug als Patron seinen Teil zur Finanzierung bei und vertiefte die symbolische Verbindung von Volk und Monarch. An diesem selben Königsstuhl demonstrierten im Mai 1848 Koblenzer Bürger, und der Oberbürgermeister soll eine Rede mit den Worten geschlossen haben, dass der Stuhl fortan »Volksstuhl« heißen werde. »Mit der öffentlich proklamierten Rücknahme des Geschenkes wurde das zuvor geknüpfte symbolische Band zwischen Volk und Monarchie auf brüskierende Weise zerrissen und die gesellschaftliche Grundlage der königlichen Herrschaftslegitimation negiert.«[199] Die integrative Architekturpolitik funktionierte nicht mehr, gerade die exponierten, weithin bekannten Bauten konnten durch die revolutionäre Bewegung politisch mühelos umgedeutet werden. Folgerichtig ließ der König ab vom Bauen am Rhein.[200]

In der zweiten Hälfte des 19. Jahrhunderts wurden einige markante Denkmäler errichtet, die nun den neuen deutschen Nationalstaat überhöhten. Das wichtigste war das monumentale Niederwalddenkmal bei Rüdesheim, das 1883 eingeweiht wurde. Eine bewaffnete Germania blickt Richtung Elsass-Lothringen (nicht nach Frankreich) und erhebt die Kaiserkrone (nicht ihr Schwert), als ambivalente Synthese aus Krieg und Frieden. Die Einweihung wurde von einem gescheiterten Bombenattentat begleitet, das Denkmal selbst später als ästhetische Fehlplanung kritisiert.[201] Am »Deutschen Eck« in Koblenz ritt ein kolossaler Kaiser Wilhelm II. seit 1897 Richtung Osten.

Ebenfalls in Koblenz wurde ein Denkmal für Kaiserin Augusta errichtet, in Kaub 1894 eines, das die Rheinüberquerung der Schlesischen Armee unter General Blücher zur Jahreswende 1813/14 feierte. Hinzu kamen kleinere Stelen für rheinische Persönlichkeiten; in Oberwesel und Braubach Denkmäler, die an die Kriege von 1866 bzw. 1870/71 erinnerten, ebenfalls von Bürgern gestiftet. Man erkennt »*das Konzept einer nationalen Monumentallandschaft [...], in dem jede Ruine, jedes Monument und jeder Bergrücken symbolische Bedeutung gewinnt.*«[202] Doch das währte nicht lange. Ein gigantisches Bismarck-Nationaldenkmal scheiterte nach der Jahrhundertwende in der Planung, ebenso ein Reichsehrenmal für die Gefallenen des Ersten Weltkrieges. Der Rhein scheint sein Potenzial bereits eingebüßt zu haben, obwohl der Kunsthistoriker Richard Klapheck es 1926 noch einmal beschwor: »Hier, an den Stätten ehemaliger Reichsherrlichkeit, umgeben von der Fülle der Dome, Burgen und uralter Orte, die sich im Strome widerspiegeln[,] und die in diesem Reichtum kein anderes Land des Reiches aufweisen kann [...] – hier war und ist das Herz des Reiches, verklärt durch Sage und Geschichte, durch Kunst und Schönheit der Natur, durch Arbeit, Selbstvertrauen und Glaube.«[203] *Hier* müsse das Ehrenmal zustehen kommen. Doch selbst im »Dritten Reich« wurde nur noch eine »Thingstätte« auf der Loreley verwirklicht.

Das preußische Königshaus suchte architektonisch seine Herrschaft zu legitimieren, das zusammengestückelte Territorium zu einen und das Band zwischen dem Monarchen und »seinem« Volk zu festigen. Der Burgenbau stellte also keine Gegenwartsflucht dar, sondern eine gezielte Strategie, die Stellung in der modernen Gesellschaft zu halten.[204] Aus diesem Grund ließen auch Adelige Schlösser und Burgruinen restaurieren, um im Schutze dieser monarchischen Gesellschaftsordnung ihre aristokratischen Privilegien zu verteidigen. Auch sie gewährten bürgerlichen Besuchern Einlass, um Werbung für ihren Lebensstil zu machen.[205] Bankiers und Industrielle, die im 19. Jahrhundert immer mächtiger und reicher wurden, kauften Burgen oder errichteten »historistische Phantasiebauten«, welche, wie die Kunsthistorikerin Ursula Rathke 1980 abschätzig schrieb, »die mehr oder weniger verschwommenen Geschichtsvorstellungen ihrer Bauherren spiegeln und bald in den Stilkarneval gründerzeitlicher Villen und Reihenhausarchitektur absinken.«[206] Der markanteste dieser Bauten war sicherlich die Drachenburg bei Königswinter, unterhalb der Burgruine Drachenfels. Sie war 1885 fertiggestellt, und mit ihr zeigte der Börsenspekulant Stephan von Sarter seinen Aufstieg. 1881 war er geadelt worden. In der Drachenburg demonstrierte er durch Applikationen am Gebäude, Kaiserstatuen und Wandgemälde seine patriotische Gesinnung. Statuen von Mosel, Lahn, Ahr, Main und Neckar ordneten diese Flüsse ihrem »Vater Rhein« zu, Wandbilder und Friese vereinten Kölner Patrizier und mittelalterliche Kaiser in überbordend eingerichteten Sälen, Hallen und Zimmern; ein Landschaftspark fügte das Haus in den Raumausschnitt Drachenfels/Siebengebirge/Rhein ein: oberhalb Königswinters, unterhalb des Drachenfels gelegen, Zwischenstation an der Zahnradbahn zur Ruine, aber ebenbürtig. Das Schloss blickt ins Tal und ist von dort wie von der Ruine herab auf halber Höhe demonstrativ sichtbar.[207]

Nicht zuletzt schufen Adelige und Bürgerliche auf ihrem Besitz elaborierte Parklandschaften. Die Städte gestalteten schon im frühen 19. Jahrhundert Uferanlagen, in denen sich die Einwohner ergehen konnten. Um mehrere Burgen, Denkmäler und Villen sind Garten- und Parkanlagen angelegt worden, mit verschlungenen Wegen, künstlichen Bächen und Wasserfällen, Aussichtspunkten sowie malerischen Toren und Brücken. Graf Karl Maximilian von Ostein ließ bereits Mitte der 1770er Jahre den bis heute

Abb. 19: *Blick aus der Rotunde im Ostein'schen Park durch die Sichtschneise über den Rhein hinweg auf Burg Rheinstein. In dieser Perspektive liegt der Fluss verborgen zwischen Fenster und Burg. Die gewölbte Fenstereinfassung fungiert als Rahmen eines Bildes, das so gar nicht die gewohnte Rheinlandschaft zeigt (Foto: Thomas Etzemüller).*

berühmten Ostein'schen Park oberhalb von Assmannshausen und Rüdesheim anlegen. Zuerst waren es ein Bauernhaus, ein Kohlenmeiler und eine Eremitage, alle aus Holz, realisierte pastorale Idyllen, wie wir ihnen in den Texten von Gregor Lang oder den gemalten Ideallandschaften begegnet sind. Ab 1787 kamen eine künstliche Ruine, ein Rittersaal, ein Tempel und eine Zauberhöhle hinzu. Vom Tempel konnte man auf die arkadische Landschaft des Rheingaus schauen (Abb. 11), vom Rossel aus auf das Binger Loch, am Ende der Zauberhöhle gab eine Rotunde durch drei Fenster unterschiedliche Sichtschneisen frei u.a. auf Burg Rheinstein (Abb. 19). Die Dramaturgie von Ruinen, Lichtungen, baumüberwölbten Wegen, Höhlen, Spiegeln (in der Rotunde) und Ausblicken verkörperte das Prinzip diverser Parks und Gärten am Rhein: Sie waren als materialisierte Gemälde inszeniert. Von jedem ihrer Aussichtspunkte konnte man ein neues Panorama erblicken, jeder der Punkte ging in eines der anderen Panoramen ein.[208] Nicht Malpinsel und Stahlstichel, sondern Blicke stellten den Rhein als Bild her.

Mit ihren architektonischen und Landschaftsphantasien platzierte sich die bürgerliche Elite selbstbewusst neben dem Adel – und sie suchte ihrerseits den Schutz der monarchischen Ordnung, dieser freundlichen Imagination eines Mittelalters, in dem gute Herrschaft und treue Gefolgschaft vermeintlich jede Bedrohung durch soziale Unruhen angeblich eliminiert hatten.[209] Deshalb trug diese Elite zusammen mit Architekten, Adeligen und Künstlern engagiert dazu bei, am Rhein einen sozio-politischen Raum zu gestalten, der, in der Moderne situiert, unübersehbar eine a-moderne Sozialordnung vorführte. Im Grunde entwarfen sie, analog zu diesen Bildern, eine Geschichtslandschaft, die die Gegenwart kommentierte. Im Laufe des Jahrhunderts historisierten, nationalisierten, modellierten und monumentalisierten sie den Raum auf vielschichtige Weise. So wurde die früher evozierte Stimmungslandschaft, die durchaus nicht unpolitisch gewesen war, »zunehmend zur politisch aufgeladenen Erinnerungslandschaft umgestaltet. Mit Denkmälern versehen wird die Landschaft des Rheins zu einer markierten, semiotisch beladenen Landschaft, die mit politischen Inhalten gefüllt werden kann.«[210] Bild, Bau und Text inspirierten sich gegenseitig. Wie in einem Spiegellabyrinth traten die Burgen, Kirchen und Denkmäler in Öl auf Gemälden, in Blei gesetzt in Reiseführern und steinern am Rhein vor die Augen der Schwärmer, die sich irgendwann in einem Bild von historischer Tiefe und räumlicher Weite verloren – dem *image* einer romantischen, preußisch-deutschen, dann nationalen, heute universalen Landschaft.

Image III: Nation und Moderne

In proto-nationalistischen Zeiten war der Rhein lange Zeit ein vaterländischer Fluss, der Fluss der *Einheit* Deutschlands, aber ebenso ein monarchischer Fluss, der Fluss der legitimen *Herrschaft* Preußens. 1840, seit der Rheinkrise, wurde er zum ersten Mal zu einem *nationalen* Fluss, zum »deutschen« Strom gegen französische Ansprüche. Dieser chauvinistische Nationalismus auf deutscher und französischer Seite ist uns geläufig. In seinem Zeichen lautete die Frage nun: Ist der Rhein »Deutschlands Strom« oder »Frankreichs Grenze« – oder ein europäischer Fluss?

Über diese nationalistische Phase ist bereits viel geschrieben worden,[211] und die damaligen Kampflieder sind legendär: Max Schneckenburgers »Die Wacht am Rhein« (»Es braust ein Ruf wie Donnerhall, / Wie Schwertgeklirr und Wogenprall: / Zum Rhein, zum Rhein, zum deutschen Rhein!«) oder Nikolaus Beckers »Der deut-

sche Rhein« (»Sie sollen ihn nicht haben, / Den freien deutschen Rhein«), ebenso Ernst
Moritz Arndts Verdikt aus dem Jahre 1813: »Der Rhein, Teutschlands Strom, aber nicht
Teutschlands Gränze«. Schneckenburgers Verse wurden erst im Kaiserreich wirklich
rezipiert,[212] und Arndts Büchlein 1893 neugedruckt, sprachlich modernisiert. Arndt
hatte ganz im Sinne der damals aufkommenden Anthropogeographie als einzig natürliche Grenze die Sprachgrenze ausgemacht. Flüsse dagegen *verbänden* zwei Ufer, sie
könnten nur künstlich zur Grenze gemacht werden. Die »Geschichte, in diesen Dingen
die gültigste Lehrerin und Richterin, kennt keine Ströme als Naturgrenzen der Welt-
theile und Länder«[213] (dabei hatte Zedlers Universal-Lexicon den Rhein ganz selbstverständlich als »die äusserste Gräntze des Deutschen Reichs und gleichsam dessen
Schutz und lebendige Vormauer« bezeichnet[214]). Für Karl Simrock war der Rhein »uns
ein heiliger Strom und seine Ufer sind die wahre Heimat der Deutschen, der ehrwür-
dige Heerd aller deutschen Cultur.«[215] Dass der Fluss auf keinen Fall Grenze sein könne,
beweise »die einfache Wahrnehmung, dass seine beiden Ufer von deutschredenden
Völkern bewohnt werden.«[216] Gedichte wie Karl Simrocks »Warnung vor dem Rhein«
oder E.S. Schiers »Der Rhein« entwarfen einen explizit deutschen Raum, dem nichts
in der Welt gleiche: »Den Wanderstab nahm ich zur Hand / Und weit und breit zog
ich durch's Land; / Sah manchen Strom, zog über's Meer, / Doch einen *Rhein* fand ich
nicht mehr.«[217] Teile der politischen Publizistik und Dichtung deuteten den Rhein
als Teil einer kulturellen und proto-völkischen Geografie, in der die Nation wurzelte.
Im Weinlied und ähnlichem Schrifttum dagegen wurde er zunehmend verkitscht; er
verkam zur »epigonalromantischen«[218] Fassade für Patrioten und Touristen. Margi-
nal verblieben, wie zu Jahrhundertbeginn, diejenigen Dichter, die den Rhein gesell-
schaftskritisch wendeten bzw. als völkerverbindenden Freiheitsstrom stilisierten.[219]
    Trotz aller Konflikte war die Situation lange Zeit stabil. Seit der Annexion von El-
sass und Lothringen stand für Deutschland fest, dass der Rhein von Basel bis zur nie-
derländischen Grenze endgültig Teil der Nation war, Frankreich träumte von einer
Wiedereroberung sämtlicher linksrheinischer Territorien. Wir können die Geschichte
deshalb im Zeitraffer bis zum Ende des Ersten Weltkrieges durchlaufen lassen, denn
da kamen die Dinge in Bewegung. Frankreich hatte Elsass-Lothringen zurückerobert,
die Besetzung des Rheinlandes verhieß die Drohung einer ebenfalls dauerhaften Anne-
xion. Frankreich versuchte den Rhein als Grenze festzuschreiben. Deutschland würde
auf absehbare Zeit nicht machtstaatlich antworten können, das war klar. Die Gebiets-
ansprüche des »Erbfeindes« mussten also anders abgewehrt werden, die Grenze durfte
nicht durch die Politik bestimmt werden, sondern musste sich aus der Natur heraus er-
geben – aus der rheinischen *Landschaft*. So wie der Rhein die preußische Herrschaft le-
gitimiert hatte, so musste er nun die rechts- und linksrheinischen Gebiete verketten und
an Deutschland binden. Das war die Mission, die ihm zugeschrieben wurde. Der Rhein
sollte Klammer sein. Er wurde als weit über sein Tal hinausgreifender Raum stilisiert.
    In den zeitgenössischen Texten erkennt man drei Linien. Die einen argumentier-
ten politikhistorisch, um zu beweisen, dass der Rhein zu Deutschland gehört, die
nächsten bemühten Volk und Biologie, die dritten hissten die Flagge der Wissenschaft.
Im ersten Fall spielt der Rhein selbst keine große Rolle. Es wurde die Politikgeschich-
te im Rheinland erzählt, die große Politik entschied das rheinische Schicksal.[220] Im
Grunde aber war dieses Genre obsolet geworden, weil das deutsche Territorium nicht
mehr durch die klassische Politik der Kabinettstische zu verteidigen war. Also boten
sich völkische und biologistische Denkfiguren eher an, statt der »staatsrechtliche[n]

Wirklichkeit, [...] die innere, die stämmische, die bluthafte, die seelische Geschichte, die, tiefer und weiser, den Ausfall des Urteils bestimmen sollte.«[221] In diesem Sinne verwies der Historiker Max Braubach auf den Schiedsspruch des »Volkes«: »Die französische Zeit ist Episode geblieben. Was man an ihr in erster Linie rühmen kann, das ist etwas, woran den Franzosen selbst an sich ein Verdienst kaum zukommt: die Vernichtung der vielen Splitterstaaten. Aus ihr ging das Rheinland als einheitliches Gebilde hervor. Daß daneben die Fremdherrschaft dem rheinischen Volke gewisse politische Werte gebracht hat, soll nicht verkannt werden. Doch an dem deutschen Grundcharakter der Bewohner hat sie nichts zu ändern vermocht und konnte sie auch nichts ändern. ›An Sprache, Stil und Art [...] sind sie wunderbarerweise ungeachtet der zwanzigjährigen französischen Herrschaft durchaus deutsch geblieben.‹«[222] Arbeiter und Unternehmer hätten sich die Hand gereicht, sogar der Sozialdemokratie wurde bescheinigt, die Einheit des Reiches zu verteidigen.

Andere bemühten das Bild des Körpers: Der Rhein als »Lebensader«, »als Pulsader dieses Reichs«, als »Flusswirbelsäule« mit dem lebensspendenden »Rückenmark«, als »Herzkammer des Reiches«, das Rheinland als »Organismus«, dessen »Glieder teils amputiert, teils abgeschnürt« waren, und dessen »Hauptader, dem Strome, das Blut abzuzapfen« versucht werde.[223] An diesem »Schmerzensstrom« habe sich die tragische Zersplitterung Deutschlands zuerst manifestiert: Der Oberrhein ging an die Schweiz, der Niederrhein an Holland.[224] Dem Fluss eigne, wie dem Mississippi, eine verbindende Kraft: Er »durchfährt den Leib des Landes magnetisch wie ein sammelndes Gefühl«;[225] die Einheit zeige sich auch in den beiden Rheinufern, die jeweils ein Spiegelbild des gegenüberliegenden Ufers seien. »Der Rhein ist der durch *die Natur am gleichmässigsten konstruierte Fluss Europas – ein einigendes Band* [...] weit über seine Ufer hinaus!«[226] Der Rhein ist ein Flusssystem, das als »Familiengruppe von Landschaften« klammernd wirkt, schrieb Josef Ponten, und zugleich ein übernationaler Strom, Sinnbild für die Sendung der Deutschen, den Nationalismus zu überwinden und aus »Kako-ropa« ein wirkliches »Eu-ropa« zu machen, das Amerika und Asien Paroli bieten könne.[227] »Durch eine einzige starke Wasserader erhält das ganze Land, räumlich und geistig, seine Ausrichtung, seinen Sinn, seine Sitten und sein Geschick [...]. Strom und Land, Geschichte und Schicksal sind ein dramatisches Heldengedicht«.[228] Der Fluss ist der »geistige Jordan der Deutschen, durch den sie hindurch müssen«, er ist »das Abbild des Deutschen selber in seinem odysseischen Charakter, in seiner vielgestaltigen Kraft, in seiner Verbundenheit mit der Welt; hier ist die abendländische Schicksalswiege schlechthin. [...] Dem ganzen Europa war er Schicksal und wird es sein«[229] – der deutscheste aller Ströme, Deutschlands und des Deutschtums ewiger und heiliger Strom.[230]

Und so wurden die Metaphern immer großartiger aufgetürmt, mit der einen oder anderen Antiklimax: Die Rheinlandschaft sei »ganz und gar unheroisch«. Sie verhalte sich abwehrend gegen Denkmäler, besonders das am Niederwald, denn »nicht das Bildwerk, sondern das Gedicht ist ihr wesensechter künstlerischer Niederschlag.«[231] Das waren Ausnahmen. Von der Weimarer Republik bis ins »Dritte Reich« erschienen – flankiert durch Filme sowie aufwendige Jahrtausend- und Befreiungsfeiern[232] – Festschriften für den Fluss, in denen die Heroen der deutschen Kultur defilierten und von der Einzigartigkeit eines *deutschen* Stromes kündeten.[233] Das allerdings war zu beweisen, denn französische Autoren evozierten bereits im 19. Jahrhundert, wenig überraschend, ein anderes Bild. Eugène Darsy behauptete, dass mit der Besetzung des Rheinlandes nach dem Krieg das alte gallische Territorium wiedergewonnen sei, und Maurice Barrès schrieb im Vorwort von Darsys Buch, dass die Rheinländer, als alte Kelten, die nur die Sprache gewechselt, nie aber ihre Wurzeln vergessen hätten, damit einverstanden seien.[234] Joseph Aulneau: Die rein artifizielle germanische sei von der gallo-romanischen Kultur absorbiert worden, die Natur habe den Rhein als Grenze zwischen zwei unterschiedliche Zivilisationen gelegt, die Rheinländer hätten das linke Ufer den Franzosen freiwillig dargebracht.[235] Èdouard Driault: Der Rhein gehöre aus geologischen, geografischen, historischen und ökonomischen Gründen zu Frankreich, eine Grenze, so mächtig wie die Alpen und die Pyrenäen. Preußen hätte die Rheinländer in die Kriege gegen Frankreich überhaupt erst zwingen müssen.[236] Französische Eroberungen und »natürliche« Grenze bedingten einander. Noch heute spreche man in Koblenz vom deutschen bzw. französischen Ufer, hatte es im »Guide des bords du Rhin« bereits 1855 geheißen.[237] Victor Hugo schrieb von der »Vorsehung«, die den Rhein zur Grenze gemacht, und von der »Geographie«, die das linke Rheinufer mit »diesem unbiegsamen Willen [...], dem alle Congresse der Welt nicht lange entgegentreten können«, an Frankreich gegeben habe.[238] Philippe Sagnac: Goethe und Beethoven hätten am Rhein überhaupt keine Inspiration gefunden; die kulturellen Leistungen Deutschlands stammten aus Franken, Sachsen und Schwaben.[239] Das Rheinland orientiere sich nach Frankreich.[240] Schaffenslust, Fleiß und Freude an der Arbeit unterschieden die Rheinländer von den Preußen, nun müsse Frankreich die rheinische Bevölkerung erneut vor dem »Berliner Deutschtum« schützen.[241]

Andere, wie Edmont Texier, waren kosmopolitischer. Er erklärte den Rhein zum Boulevard der Welt und Baden, dank der Eisenbahn, zum Vorort Paris' (ein früher Beleg für die Idee des Fernpendelns).[242] Lucien Febvre entwarf den Rhein als eine Art Sonderraum, in dem sich Kulturen und Völker vermischten und volatile Gleichgewichte hielten oder verloren. Die Grenzfunktion des Rheins sei in einem historischen Prozess entstanden und vergangen und selbst unter Napoleon als solche gar nicht respektiert worden. Der Fluss war für Febvre die Landschaft gutmütiger Rheinländer, »stolz auf ihren wundervollen Strom: eine der mächtigsten Verkehrsadern der Welt«.[243] 1815 seien sie unter das eiserne Diktat der »grobschlächtigen Männer aus dem Nordosten« geraten, der »Untertanen von Kurfürsten und menschenschindenden Königen, die schon derart zugerichtet und der militärischen Disziplin unterworfen waren, daß sie sie nicht mehr als Joch empfanden, sondern stolz auf sie waren.«[244] Erst Frankreich habe den Strom und das Land aus seiner Knechtschaft befreit und ihn zu einem freien und wirklich europäischen Strom gemacht.

Aber selbst wenn französische Autoren im 19. Jahrhundert den Rhein als Quelle einer okzidentalen Zivilisation, die die römisch-romanische und germanische Welt verband, stilisierten, oder als gemeinsamen europäischen Erfahrungsraum seit der Antike und als Zukunftsprojekt Europas akzeptierten,[245] so blieb er in ihren Texten doch latent ein Ort der Bewährung der *französischen* Zivilisation, nicht der preußischen Kultur. Die Franzosen waren bei weitem nicht so uneigennützig, wie Febvre es suggerierte. Der Rhein wurde von beiden Seiten als Indikator für nationale Stärke oder Schwäche gelesen. Und so versuchten französische Publizisten und Wissenschaftler, eine lückenlose Beweiskette zu schmieden, dass der Rhein Frankreichs natürliche Grenze sei. Historische Tiefe und ästhetische Motive (die Rheinlinie runde die geografische Form des Hexagons Frankreichs harmonisch ab) gingen Hand in Hand. Werner Kern hatte 1973 vier Autorengruppen ausgemacht: Republikaner, die den Rheinanspruch aus der Französischen Revolution ableiteten, Royalisten, die Napoleon und der Revolution vorwarfen, die Rheinlande militärisch verspielt zu haben, rechtsgerichtete Patrioten, die auf die Wiedergeburt eines starken Frankreichs hofften, und Katholiken, die auf die Einheit mit einem katholischen Rheinland setzten. Alle vier schrieben gegen ein den Rhein angeblich unzulässig inkorporierendes, wesensfremdes und preußisch dominiertes Deutschland an. Interessanterweise forderten sie selten Annexionen, sie gingen vielmehr optimistisch davon aus, dass ein Plebiszit unter der rheinischen Bevölkerung selbstverständlich zu Frankreichs Gunsten ausfallen werde.[246]

Deutsche Publizisten liefen Sturm dagegen. Friedrich Wolters und Walter Elze gaben ein Buch mit Zitaten heraus, die jeden Flecken längs des Rheines priesen, die Schandtaten der Franzosen in allen Jahrhunderten anprangerten und die deutschen »Verräter« benannten – u.a. Georg Forster. Ernst Bertram polemisierte gegen Maurice Barrès, Bernhard Josef Kreuzberg rechnete mit Victor Hugo ab und Gottfried Pfeifer mit Lucien Febvre.[247] Der Grundfehler Febvres sei es, »daß er sich die eine *große und entscheidende Tatsache, die der Zugehörigkeit der Rheinlande zum deutschen Volks- und Kulturboden,* nicht eingestehen will.«[248] Hugo habe vom Rhein keinerlei Ahnung gehabt, sein bewundertes Universalwissen sei reine Zettelkastengelehrsamkeit gewesen. Die Landschaftsbeschreibungen seien eines Goethe und Klopstocks würdig, doch sein Werk gehöre einer abgeschlossenen Epoche an. Unangenehmer war seine potenzielle Wirkung: »Mit einem Frankreich, das Hugosche und Barrèssche Rheinpolitik verfolgt, war, ist und wäre auch in Zukunft eine Verständigung unmöglich.«[249] Hugo war kein toter alter Romancier, sondern, in den Augen Kreuzbergs, ein weiterhin einflussreicher Verfechter der dezidiert deutschfeindlichen Rheinpolitik.

Die Crux war, dass diese publizistischen Angriffe aus persönlichen Verunglimpfungen und überladenen Metaphern wenig Erfolg versprachen. Die Behauptung, der Rhein sei natürlich französisch, zu kontern, der Rhein sei selbstverständlich deutsch, stellte kein substanzielles Gegenargument dar. Dadurch sahen sich immer nur diejenigen bestätigt, für die das ohnehin jeweils die Wahrheit darstellte. Machtpolitisch war das eher irrelevant. Da schien eine dritte Strategie besser zu ziehen, nämlich die Positionen mit wissenschaftlich geschmiedeten Argumenten zu untermauern. Vorbilder dafür gab es im 19. Jahrhundert, beispielsweise Friedrich Ratzels »Heimatkunde« von 1898, in der eine uralte Familienverwandtschaft zwischen links- und rechtsrheinischen Mittelgebirgen ausgemacht wurde, die sich in ähnlichen Gipfelhöhen und einer ähnlichen Struktur der Vulkanlandschaft manifestiere.[250] Noch wichtiger war die Idee des »Volks-« und »Kulturbodens«, die schon vor dem »Dritten Reich« entwickelt worden war. Beim »Volksboden« stimmen Raum und Volk überein, der »Kulturboden« erstreckt sich weit auf fremdes Territorium. Wo Deutsche jemals einen Raum kultiviert hatten, sei deutscher Kulturboden zu verzeichnen, also eigentlich deutscher Lebensraum (den umgekehrten Fall haben deutsche Wissenschaftler nie verifiziert). Vor 1933 ließen sich überwiegend polnisch besiedelte Gebiete Preußens derart als »deutsch« ausweisen, nach 1939 wurde so die brutale Eroberungspolitik im Osten begründet. Im Westen half der vermeintliche Konnex von Volk, Raum und Kultur, die linksrheinischen Gebiete als Volksboden zu sichern; zusätzlich sollte französisches und belgisches Territorium gleich noch als urdeutscher Kulturboden eingesackt werden.

1928 gaben einige Geowissenschaftler unter der Leitung von Karl Haushofer das vielleicht ambitionierteste Werk heraus, um Geologie, Geografie, Biologie und Kultur in den nationalen Kampf einzuspannen: »Der Rhein. Sein Lebensraum/Sein Schicksal«. Die Bände zwei und drei sind offenbar nie erschienen; der erste Band umfasst drei Teilbände, die aus mehreren »Büchern« und Teilen bestehen. Die Sprache gab sich zwar strikt naturwissenschaftlich, der Inhalt mutet aber streckenweise geradezu romanhaft an. Man müsse, eröffnete Haushofer den Band, einigende »Lebensgesetze« des uneinigen deutschen Volkes erkennen, und diese Suche müsse mit der tiefsten bekannten Unterlage, dem Bau des Erdraums und seinen Bodenschätzen beginnen. Dann steige man zur Bodendecke auf, zum Klima, das diese Decke gestalte, das Pflanzenkleid erneuere, die Wasserführung und wirtschaft beeinflusse, um fortzuschreiten zum künstlichen Überbau von Siedlung, Kultur, staatlicher und gesellschaftlicher Ordnung, die aus dem menschlichen Willen resultierten. Geopolitik determiniere die menschliche Kultivierung nicht, sondern sei deren notwendige Voraussetzung. Auf

Abb. 20: Der Rhein als hydrografisches System, das links- und rechtsrheinische Gebiete bis in die Schweiz hinein verklammert. Interessanterweise wurden mit Hilfe dieser Funktion nur die mittleren linksrheinischen Gebiete für Deutschland reklamiert, nicht aber das Territorium der Schweiz (Löffler 1928-1931: 75).

diese Weise wollten Haushofer und seine Mitstreiter das Recht des deutschen Volkes auf einen seiner wichtigsten Lebensräume wissenschaftlich beweisen. Dem faustischen Grüblervolk der Deutschen sei Lebensraum nicht selbstverständlich, es müsse *sich selbst* den Anspruch *nachweisen*, um auch den politischen Kampf aufzunehmen. Deshalb müsse die Wissenschaft volkstümliche und zugleich fundierte Studien »in den Blutkreislauf des öffentlichen Lebens übertragen« und den Baugrund sichern, auf dem »sich die Gegenwerke erheben, die wir dem Riesenapparat unserer Gegner – den Angreifern in diesem Lebensraum – *entgegenstellen können*«, jener Flut an ausländischen Schriften und Reden, die das deutsche Volk verunsichern würden.[251]

Anschließend wurden alle Register gezogen. Zuerst die Germanen. Deren Strom- und Grenzauffassung habe – anders als die mittelländisch-romanische – im Wasserlauf keine natürliche Grenze vorgesehen, sondern die Lebensader einer natürlichen Einheitslandschaft; Grenzen hätten für sie in unbewohnten Waldzonen oder auf den Rücken von wasserscheidenden Gebirgszügen gelegen. Dann die Hydrologie. Die Rhein-Maas-Wasserscheide mache ein Viertel des europäischen Raumes aus, allein das zeige die Bedeutung des Rheinlandes für den Zusammenhalt Deutschlands. Kein anderer Fluss in Europa habe die Qualität einer physischen Klammer, da er von den Alpen bis ans Meer reiche und vier Landschaften durchquere. Er bilde (trotz geologischer Störungen) ein verästeltes hydrographisches System, das die Landflächen durch die tieferen, leitenden geographischen Linien längs der Flüsse vereine – eine kraftvolle »Bindung und Verkettung, die von den Flüssen, ihren Tälern, den tiefen Senken und den flachen Durchgängen zwischen den Hochzonen ausgeht. Diese inneren Klammern, die sich bald linien-, bald zonen- und flächenhaft über das Rheingebiet legen, sind die eigentlichen Zonen und Flächen des gehobenen Lebens. Sie schließen in hohem Grade die einzelnen Raumkammern zu einer Einheit zusammen, die innerer Gliederung nicht entbehrt und damit gewissermaßen zu einer Einheit in der Mannigfaltigkeit wird. Sie weisen aber auch vielfältig die Wege über die Wasserscheiden hinüber zu dem Umland, lassen dabei am Sinne der Wasserscheidengrenzung überhaupt zweifeln, weil sie das Rheingebiet hier bald inniger, dort bald lockerer in die Umwelt einfügen« (Abb. 20).[252]

Die Geologie. Mit der Donau ließen die Autoren den Rhein geradezu einen Kampf der Giganten ausfechten, bei dem geologische Krusten als Gehilfen zur Seite standen: »So tobt auf dem gesamten Grenzgebiet ein ununterbrochener und unerbittlicher Kampf zwischen Rhein und Donau, in dem das erosionskräftigere rheinische System, auch noch teilweise unterstützt durch rezente Krustenbewegungen, auf Kosten des Donaugebietes sichtliche Fortschritte macht, bis es ihm gelungen sein wird, den ganzen durch die obere Donau gebildeten einspringenden Winkel seinem Einzugsgebiet einzugliedern.«[253] Die Maas dagegen sei keine Konkurrentin. Alt und schwach bilde sie zwar eine ungeheure Festung, die mit harten Steilhängen Frankreich nach Osten abschirme, sie sei aber selbstgenügsam und nicht fähig zu eigener Staatenbildung. Ihr fehlte ein wichtiges Hilfsmittel, nämlich »eine Zentrallandschaft von der Art des Rheingrabens«.[254] Die Seine nahm ihr immer mehr Quellgebiete ab und besiegte sie schließlich. »Maas- und Scheldelandschaft stellen keine Übergänge und Vermittler dar zwischen dem Rheingebiet und dem Westen Europas; sie sind ganz auf diesen hingewandt und von Natur dem rheinischen Lande fremd und feindselig gegenübergestellt« (Abb. 21).[255]

Von dieser Sorte gab es weitere Publikation. Theodor Frings beispielsweise hatte Dialektgrenzen untersucht. Die unterschiedliche Aussprache ganz simpler Worte zeichne den »Grundriß der rheinischen Sprachlandschaft«,[256] der bei Frings allerdings wie ein

Abb. 21: Europäische Zentrallandschaften und ihre gegeneinander wirkenden Gravitations-
richtungen. Im Text werden diese angeblichen geologischen Bewegungen in Akteurs-
qualitäten umgedeutet und zu einem Kampf der Landschaftsgiganten nationalisiert
(Leyden 1928-1931: 122).

Frontbericht klingt. Man liest von »Einbruch«, »Abwehr« und »Südnordgewalten«, oder
von der »Eifelbarriere«, die »durch ein vibrierendes Sprachbündel charakterisiert ist«,[257]
und den Abwehrkampf gegen den romanischen Sprachbereich führt: »Hunsrück- und
Eifelbarriere und die niederrheinische Barriere nördlich der Erft treten in den Säumen
der Territorialkomplexe klar hervor; linkes und rechtes Rheinufer sind rund um diese
Komplexe als sprachliche Einheiten miteinander verbunden.« Frings gab durchaus zu,
»daß das sprachliche Landschaftsleben zu wuchtig und zu mannigfaltig ist, als daß
alle Fälle sich einheitlich ausformten. Integrierung und Differenzierung spielen ständig durcheinander.«[258] Das hatte freilich keine Konsequenzen. Weitere Studien ergänzten, dass das Siedlungsbild sehr heterogen sei, dennoch große Übereinstimmungen in
Grund- und Aufriss aufweise; dass kunsthistorisch keine rheinländische Einheit festzustellen sei, sie aus einem gemeinsamen Schicksal aber doch erwachse; dass das Klima
von der Quelle bis zur Mündung höchst unterschiedlich war, jedoch einen einheitlichen

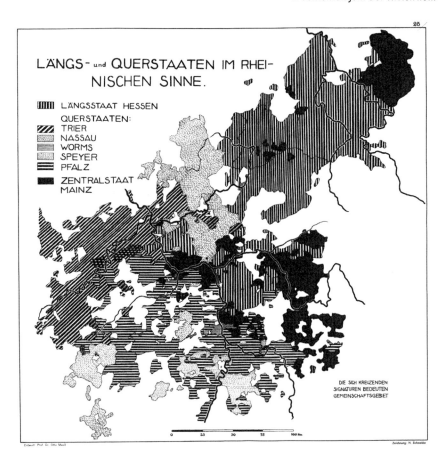

Abb. 22: »Längs- und Querstaaten im rheinischen Sinne«. Zu dieser Karte heißt es: »Selbst in der Zeit der dynastischen Aufsplitterung des Deutschen Reiches wohnt dem rhein-mainischen Lebensraum als einem Lockgebiet starke sammelnde Kraft inne.« Dies war eine von 30 Karten im »Rhein-Mainischen Atlas für Wirtschaft, Verwaltung und Unterricht«. Die Kartierung von Waldgebieten, der Landwirtschaft, von Klimaprovinzen, der Verbreitung der Postscheckkunden (!), der Bevölkerungsdichte, von Siedlungsgebieten, Wirtschaftsräumen, Eisenbahnen, Autobuslinien, Dialekten, raumpolitischen Richtungstendenzen, der Reichweite des Rundfunks usw. sollte einen einheitlichen Lebensraum beweisen (Behrmann/ Maull [Hg.] 1929: Karte 25).

Charakter wahrte; dass das Rheinland zwar ein Komplex mehrerer Landschaftsblöcke war, die der Strom jedoch zu einer Einheit zusammenfasste.[259] Man muss diese Texte nicht allzu genau lesen, um festzustellen, *wie* heterogen das Rheinland tatsächlich gewesen ist. Die Wissenschaftler haben das nicht verschwiegen. Aber über die zahllosen Ausnahmen und Ungereimtheiten ihres Materials haben sie eine narrativ polierte Fläche verlegt, indem sie behaupteten, die Einheit als reale Tiefenschicht unterhalb der Differenzen gefunden zu haben. Die Differenzen wiegen geringer als die »scharfe Grenzlinie«[260] gegen Frankreich. Wieder und wieder zeigten sie, wie sich Geographie, Natur, Kultur und Politik angeblich quer über den Rhein legten und seinen Charakter als Grenze widerlegten, den die Franzosen behaupteten (Abb. 20-22).[261]

Die Sprache dieser Studien ist farbig und fremd, deshalb die ausführlichen Zitate. Sie strotzt vor Metaphern und einer eigenartigen Personalisierung der Geologie, mit dem Rhein als energischem Akteur: »Wieder war es der zornige Rhein, der dem Menschen seine Einheit zeigte und ihn zur Einheit zwang. Der Rhein *will* gebändigt sein. Er *will* König der Ströme, der König Europas bleiben und als solcher der – erste Diener *an* Europa. [...] Er *ist*, er *will*, er *muss* das Zentrum Europas bleiben. Nur dann ist er wahrhaft gross. Nur dann z[e]igt sich seine ganze Kraft zur Synthese, die nur eine Einheit wie er schaffen kann. Indem er aber wieder seine Grösse erreicht, erreicht sie auch Deutschland. Das ohne ihn nicht zu denken ist. Seine Einheit schafft zugleich Deutschlands Einheit. Seine Grösse formt zugleich Deutschlands Grösse. Er, der den Menschen, der Europa *dienen* will, schafft zugleich Deutschland als ersten Diener an Europa.«[262] Das schrieb ein Dichter. Die Wissenschaftler gaben sich zurückhaltender. Doch letztlich blieb auch bei ihnen, wie bei ihren französischen Kollegen und den Publizisten, die gesamte Beweisführung ein dunkles Raunen, das Homogenität mehr beschwor und suggerierte als belegte: »Der Rhein [vom Ober- bis zum Niederrhein!] schafft eine Wirtschafts- und Lebensgemeinschaft grössten Ausmaßes und grösster Auswirkung. [...] Das Rheingebiet ist eine Einheit auch durch zahllose Blutsbande und vor allem im Geistigen, ob alle seine Anwohner das wahrhaben wollen oder nicht. [...] Gewaltige Kraftströme gehen vom Rhein aus und wirken dorthin zurück. [...] Denn über der reinen Erdnatur steht noch die geheimnisvolle Kraft einer von germanischen und deutschen Menschen geschaffenen Kulturlandschaft, die uns gefangen hält, uns erfüllt und immer wieder zu neuer Tat aufruft.«[263] Der Geograf Friedrich Metz, soeben zitiert, sah darin gar kein Geraune, denn seine Schüler durften diesen Aufsatz aus dem Jahre 1940 in einer Festgabe für ihn erneut drucken – 1961.

Diese Texte sind Musterbeispiele für eine politisierte Wissenschaft, die sich selbst als *a*politisch, aber nicht als *un*politisch begriff: »*Wir lehnen ausdrücklich ab, mit unserem* [Rhein-Mainischen] *Atlas Politik machen zu wollen. Wir hoffen aber, auch dem Politiker auf unserem Wissensgebiet Vorarbeit geleistet zu haben*«,[264] schrieben Walter Behrmann und Otto Maull paradigmatisch, und Karl Haushofer formulierte nicht minder fundamental: »Gibt es einen wissenschaftlichen, von der politischen Geographie aus erreichbaren Weg zu der Kunst kulturpolitisch richtigen Handelns am Rhein? Er müßte [...] *helfen* [...], das Naturrecht der Rheinlandschaft besser zu erkennen als bisher, das erkannte Recht dann politisch zu gewinnen und dann [...] naturbestimmte[s] Eigenleben auch als politische Lebensform« zu verwirklichen.[265] Die Natur musste kundig entziffert werden, dann konnte man das von vornherein *unbezweifelbare Ergebnis* wissenschaftlich festschreiben, um alternative (französische) Deutungen als *bloße Behauptung* zu entkräften. In diesem Geiste hatte der Historiker Hermann Aubin 1920 in Bonn das »Institut für geschichtliche Landeskunde der Rheinlande« gegründet, das unter anderem den »Geschichtlichen Hand-Atlas der Rheinprovinz« herausgab, und das fortan im Kontext der »Westforschung« der deutschen Politik diente.[266]

In der Zwischenzeit ist der Rhein also erneut zur politischen Kampfzone geworden. In dieser Situation musste der Begriff der Romantik neu gefasst werden. Alfons Paquet erklärte 1926 der kitschigen und verlogenen Rheinromantik den Krieg.[267] Die Romantiker, hatte der Publizist Otto Brües kurz zuvor postuliert, hätten das Bild des Rheins auf liebenswerte Weise verfälscht, indem sie Felsen und Ruinen trutziger und die Abendstimmungen feierlicher gemacht, Legenden eingeflochten und ein heroisches Gefühl in die Landschaft hineingelegt hätten. Später sei der Fluss Opfer der Kitschpostkarten, der beschwipsten Touristen und rückwärtsgewandter Maler geworden, die die Industrialisierung im Rheintal nicht bemerkt hätten. »Als der romantische Rhein längst verschwunden war und nur an wenigen Orten die alte, letzte Schönheit behauptete, sah man immer noch die Burgen im Abendglanz gemalt und die Bowlentrinker. Heute fordert der Strom etwas Anderes. Die Dichtung hat es schon begriffen, nicht die Malerei. Nur wenige formen dort an jenem Rheinbild, das unsere Augen heute sehen, geschult an den besten Leistungen früherer Rheinmaler. Daß da eine Landschaft ist, der der Strom ewig neue Frische gibt. Daß auch diese Landschaft mit dem Moloch Maschine und seinen Folgen ringt, die wir ertragen und überwinden müssen!«[268]

In dieser historischen Situation der Zwischenkriegszeit erhielt die Moderne also einen besonders prominenten Auftritt. Wir hatten gesehen, dass in vielen Rheinbüchern, auf zahlreichen Abbildungen und Rheinpanoramen die technische Moderne schon lange präsent gewesen ist. Doch erst in Büchern wie Otto Brües' »Rhein in Vergangenheit und Gegenwart« von 1925 schob sie sich mit Wucht ins Bild.[269] Dabei stand Brües ihr ambivalent gegenüber. Er zeigte pittoreske Fachwerkhäuser und die Rheinlandschaft, aber auch einen im Binger Loch gestrandeten Schleppkahn oder ein Dampfschiff vor der Stahlbrücke von Remagen. Keinen Gefallen fand er an marktschreierischer Gasthaus-Reklame, an »den harten, häßlichen Spuren des modernen Verkehrs«,[270] den vermauerten Weinbergen, hässlichen Wohnhäusern und Orten sowie an ins Tal gezwängten Fabriken. Nur abendliche Nebelstimmung mache dieses Bild noch erträglich, schrieb er. Wirklich bemerkenswert ist jedoch, dass der Niederrhein und das Ruhrgebiet seine Beachtung fanden. Für das Ruhrgebiet mochte er von einer Landschaft nicht mehr sprechen, »dort hat der Mensch die Natur zu einer einzigen schnurrenden, fauchenden, stampfenden Maschine umgestaltet«.[271] Am Niederrhein kämpfe die Natur immerhin noch mit der Industrialisierung, die sich mit der Erschließung der Kohleflöze über den Rhein geschoben habe, wie in Moers: »Ehemals eine freundliche, kleine Stadt, von Wall und Graben umgeben, in einem stillen Dornröschenschlaf, mit Lehrerseminar und einer kleinen Bildungswelt für sich: heute wehrlos hineingerissen in das von unten [der Kohle] her bestimmte Schicksal, mit Kinos, Gassenlärm und allen unerfreulichen Erscheinungen der Zeit. Denn vor den Toren erheben sich die Fördertürme der Zechen.«[272] Wupper, Ruhr und Lippe seien durch Industrie und Abwässer vollkommen entstellt. »Der Polyp Maschine, der Baal, der Moloch, entstellte die Züge der Natur; als trüge sie Pestbeulen und Blattern, so sieht sie sich an. Fruchtbar und furchtbar in einem, so zeigt sich diese eine riesige Stadt [das Ruhrgebiet] an den drei Flüssen.«[273]

Lärm, Maschinen, Himmel: nachts von den Hochöfen erleuchtet, reißender, schaffender Strom von Menschen und Maschinen; gehetzte Menschen, grelle Kinos, kitschige Fassaden, ungezählte Schlote, schäumender Stahl aus Bessemer-Birnen, noch die letzten grünen Flecken werden zum Wäschebleichen oder für Kinderspiele genutzt; schlecht gebaute Städte, Hinterhof neben Hinterhof, kümmerlich aufgeputzte Fassaden, lieblos ausgerichtete Straßen, monoton viereckige Häuserblöcke, zusammengepferchte Wohnungen, ein Ineinander von Wohn- und Werkstadt – das räche sich, so Brües, der ästhetische werde zum sozialen Fehler. Diese Philippika klingt nach verbreiteter Industriekritik, doch gerade in dieser Welt fand Brües eine *neue Romantik*, »die sicher nicht bleich und süßlich, eher bitter und herbstherb ist. Dann taucht einem wohl der wahnwitzige Gedanke auf, der herrliche Wald, der einmal das ganze Vaterland bedeckte, sei von neuem aufgeforstet, aber nicht aus durchsäftetem Holz, sondern aus schwingendem Stahl. Was damals markige Stämme gewesen, seien nun die schlanken Pfeiler und Türme, was damals rauschende Baumkronen gewesen, seien nun surrende und durcheinanderschwingende Zahn- und Schwungräder, was damals Blüten und Früchte gewesen seien, seien nun die blaßblauen, schaukelnden Bogenlampen, was damals sich zu wölbigen Gebilden verwachsen habe, sei nun zu eisenrispigen Hallen geworden, und die Unendlichkeit des Waldes, aus dem Orgeln der Kronen, dem Spiel der Lichter gezeugt, sei einer eisernen Unendlichkeit gewichen.«[274]

Rhein, Ruhr, Industrie und Natur verschmolzen bei Brües in einem Vexierbild, das beständig seine Gestalt veränderte. Die neue Romantik kleisterte nicht zu, sondern war bis zur Schmerzgrenze »ehrlich«. Und ihre Landschaft musste repariert werden. Aber warum *hatte* sich das Ruhrgebiet plötzlich in die Rheinbücher geschlichen? Warum überhaupt die Industrie, die sich selbst nach dem Weltkrieg nur ansatzweise an den Mittelrhein vorgeschoben hatte? Weil das die »tatsächliche Wirklichkeit« gewesen ist, die endlich auch den zeitgenössischen Beobachtern aufgegangen sei, wie ein heutiger Autor, einer simplen Abbildtheorie folgend, meinte?[275] Nein, denn tatsächlich wurde die Industrie in den politischen Kampf eingespannt, und das Ruhrgebiet sollte den geopolitischen Raum wie ein Maueranker, der auseinanderfallende Kirchen zusammenhält, verklammern. In der Frühen Neuzeit, schrieb z.B. Paul Wentzcke 1927 in seinen »Geopolitischen Betrachtungen der deutschen Schicksalsgemeinschaft«, hätten dynastische Beziehungen die rheinischen Fürsten mit den großen Landesherrschaften im Osten verbunden. Heute übernähmen Banken, Schwerindustrie, Kartelle, Interessenverbände sowie Arbeiter und Angestellte aus dem Osten diese Aufgabe. Statistiken der rheinischen Wirtschaftskraft dienten Wentzcke dazu, die Verschmelzung mit dem Reich zu belegen.[276] Und in einer Denkschrift hieß es: »Die rheinischen Grossindustrien, gestützt auf Kohle, Eisen, Kali, Wasserkraft und Menschenreichtum überwölben längst die beiden Ufer des Stromes mit dem Niederschlag einer amerikanischen Bauweise, die Fabriken, Mietskasernen und Lagerschuppen hinsetzt, die romantischen, gotischen und barocken Reste rücksichtslos verwischt und sich in einigen jüngeren Städten wie Hamborn und Ludwigshafen zu wahrhaft anarchischen Gestaltungen steigert.«[277] Otto Quelle stellte in seiner »Industriegeographie der Rheinlande« fest, dass der rechts- und linksrheinische Industrie- und Wirtschaftsraum zu einer polygenen Zone verschmolzen sei, durch das mittenhindurch das Rheintal wie eine große Fabrikstraße führe. Auf diese Weise ließ sich eine innere Verwandtschaft zwischen romantischem Rhein und nüchternem Kapitalismus behaupten.[278]

Eine Reihe von Schriftstellern öffnete ihre Werke bereitwillig der Industrie.[279] Wilhelm Poethen erklärte, dass die gegenwärtige nichts »mehr von der verstaubten Romantik der im 19. Jahrhundert immer mehr verflachenden Rheinpoesie« habe. Romantik des Mittelrheins und Industrie des Niederrheins bildeten nun das Doppelgesicht der rheinischen Landschaft.[280] Otto Brües brachte es 1924 im Sonett »Mittelrheinische Fabrik zur Nacht« als Zwiespalt auf den Punkt: »Acht Pfannen trotzen dunkelrot im Feuer, / Gelagert breit auf dem zementen Barren. / Vor Pfeifen ists und Zischen, Rauschen, Knarren / In einer Meile Umkreis nicht geheuer. // Der Wandrer, lichtgespeist, zieht wohl mit scheuer / Miene vorbei. Will ihn ein Trugwerk narren? / Das Glutgerüst dünkt ihn ein Teufelssparren, / Der Rebenrhein war seinem Herzen teuer.«[281] Drei Jahre später konstatierte er trocken: »Das Maschinenzeitalter brach in die Dichtung ein, und sie muß sehen, wie sie damit fertig wird«.[282] Das Problem erfuhren auch Hunderte von Rheinnixen, die Josef Winckler in seiner Rhapsodie »Der

Rheinbagger« zusammen mit Rhenus und Siegfried aus dem Nibelungenlied auf die industrielle Moderne prallen ließ. Die Nixen beklagten ausführlich den sittlichen Verfall der Gesellschaft, die Zerbröselung der Dome durch Abgase, die Erkenntniswut, Genussbesessenheit und Allmachtsphantasien moderner Menschen, und sie begannen den Widerstand gegen die Schändung des Stromes, indem sie einen Rheinbagger angriffen. Als endlich Vater Rhein auftrat, erhofften sie sich von ihm die Vernichtung der Städte. Doch er hatte – mit dröhnender Stimme – nur mitzuteilen, dass eine neue Zeit angebrochen sei. Siegfried stieg aus seinem Grabe, denn der Lärm schien ihm das Nahen der Götterdämmerung anzuzeigen. »Und so kam er über den Strom traumgroß, / Geisterhaft wie Spinnweb, er und sein Roß, / Und sah: Häuser – Häuser – Häuser – ein rauchend Meer – – / Millionen Menschen schritten einher, / Aus Schloten, Walzwerken, eisernen Tür'n / Strömten die Flammen, tönte das Klirr'n: / [...] Und dennoch war / Friede weit und wunderbar – – / [...] Alle Sterne erblaßten im Widerschein / Der Hochofenfeuerbrände am Niederrhein!«[283] Vater Rhein beruhigte die Nixen und erklärte den Rhein zur »Krone der Werk-Gemeinschaft« eines neuen Europa.[284]

Ein Text aus dem Jahre 1940 lässt geradezu an die berühmten Montagefilme Walter Ruttmans, Sergei Eisensteins oder Dsiga Wertows denken. Alfons Paquet verwendete eine Passage aus dem Jahre 1923 (aus der ich bereits die lautmalerischen Abschnitte zitiert habe), um zwischen malerischer Landschaft, dem Leben der Schiffer und Fischer sowie einer brausenden industriellen Moderne hin und her zu schneiden. Für ihn war es gerade der Autoverkehr, der Rhein und Reich verklammerte, weil er Brücken über den Fluss erforderte. Zugleich schlug Paquet eine Brücke in die Geschichte, indem er die Zeitschichten überblendete. An seinem Rhein verschmolzen für die Bahnreisenden industrielle Welt, Geschichte und Natur; wie bei Schlegel glitt der Blick nach oben zu den Burgen und in die Geschichte hinein: »Den Rhein entlang blinken die vielgebrauchten Gleise chamäleonhaft das Grün der Wälder, die immer ins Grau zurückkehrende Irisfarbe des Himmels wider. Die Züge, die bei Nacht in der schwarzen Bergkluft wie glimmende Pfeile schweben, zeigen dieselbe Richtung, in der am Tage die tief eingetauchten Kähne, die Schlepper mit ihren zurückgeneigten Rauchrohren fahren und ihre Welle ans Ufer werfen. Die Reisenden im Abteil schauen das dreifache Ineinandergleiten von Rheinlandschaft und vorüberjagenden Gegenzügen. Die Musik der Läutewerke, das lang verhallende Rollen der Güterzüge füllt das Rohr des Tales, sie brandet zu den zerstörten Burgen auf, deren schwarze Zinken unterm bräunlichen Pfauenauge des Mondes Schatten werfen. Auf den Bergnasen, auf den Buckeln, in den Nischen der Berge stehen diese Ruinen, die einmal Festungen waren und von den Brandschatzungen der Schiffe und Kaufmannswagen lebten. Auf der Schutthalde des Clemensgrundes [...] steht noch aus den Tagen des Kaisers Rudolf von Habsburg die Clemenskapelle. Dort ist der Ort, wo der Kaiser, der im Reiche wieder Ordnung machte, die auf ihren Burgen ergriffenen Raubritter hinrichten ließ.«[285]

Mittelalter und »Drittes Reich« glitten ineinander, denn offenbar verstand Paquet das Rheinland als Laboratorium für die Eroberungspolitik der Nationalsozialisten: »[E]s wird [...] zum Hintergrund, zur Vorschule einer kontinentalen Seemacht, die, um emporzusteigen, in ihren Leistungen wie in ihren Ideen die Kräfte überflügelt, die bisher von den Inseln her die Welt beherrschten.«[286] Die Photographien von Paul Wolff und Alfred Tritschler in Paquets Buch zeigen die Vielfalt der Moderne im Rheinland. Sie beginnen mit dem Dom zu Speyer (Blick durch romanische Bögen auf den Rhein), den Schlossanlagen in Bruchsal, Schwetzingen und Mannheim, um rasch

Die drei Schornsteine von Braubach schauen über den Höhenkamm des Parkert hinweg. Im großen Bogen des Stromes reguliert eine lang-gezogene Buhne das Fahrwasser.

Abb. 23: Mit derart nüchternen und wertfreien Zeilen untertitelte Alfons Paquet in seinem Rheinbuch von 1940 Bilder von Starkstromleitungen, der Blei- und Silberhütte in Braubach oder eben hier einem regulierten Abschnitt des Flusses mit den Schornsteinen der Bleihütte (linke obere Bildecke), ohne zwischen vormoderner Romantik und moderner Hässlichkeit zu diskriminieren (Paquet 1940: o.S.).

beim Mannheimer Hafen und den Lagerhallen der Ludwigshafener Anilinfabriken zu landen. Dann folgt ein Kaleidoskop aus Landschaft, Ruinen, Kirchen, Verkehr, Touris-ten, Basaltbrüchen, kraftvollen Dampfschleppern, rheinquerenden Stromleitungen, rauchenden Schloten, kühnen Brücken, Weinbergen, Keltereien usw. – ein durchaus positives Bild der Gegenwart (Abb. 23).

Der deutlich erweiterten Rheinlandschaft wurden größere Aufgaben zugeschrie-ben. Paquet evozierte das Bild eines gigantischen Kreuzes aus dem »eisengrauen Rheinstrom« und der Kohle,[287] das Deutschland zusammenhalte. Bei Duisburg schnei-de die Kette der uralten rheinischen Städte das schwarze Band der Ruhrorte, ein verti-kaler Balken aus Eisen und Wasser, ein horizontaler aus schwarzem Gold. Dieses Kreuz symbolisierte ihm aber auch den Kampf zwischen dem Ideal der Natur und der fak-tischen Industrialisierung, der für die Zeitgenossen das moderne Leben so zwiespäl-tig mache. Otto Brües dekretierte, dass das Rheinland die durch Südsucht, gallischen Witz, Amerikanisierung und Russifizierung gefährdete deutsche Art heilen müsse. Es biete in Deutschland selbst den blauen Süden; Grazie, Leichtlebigkeit und fromme Ge-sinnung bildeten den Wall gegen Amerika; natürliche Schlichtheit schütze vor dem rus-

Die Rheinbrücke bei Remagen / Phot. Herm. Groß, Bonn

Abb. 24: Die Romantik bestand 1925 bei Otto Brües aus stählernen Brücken und Dampfschiffen. Nur so werde der Rhein »ehrlich« dargestellt und nicht, in gewiss liebevoller Absicht, verfälscht. Und nur so könne man sich den Erfordernissen des Kampfes um den Rhein in der politisch fragilen Nachkriegszeit stellen (Brües 1925b: 31).

sischen Einfluss. »Die romantische Gefahr jedoch«, die Leichtlebigkeit der Rheinländer, »sie ist in wunderbaren Brückenbauten aus Stahl und Stahles Sinn, in der gewaltigen wirtschaftlichen Kraftanspannung an Rhein und Ruhr überwunden.«[288] Der Rhein war ein vielfaches Kraftfeld, in dem sich trennende und verbindende Züge kreuzten und schnitten. Stahlbrücken hielten die bedrohliche Gefühlswelt seiner Bewohner in Schach, deren Frömmigkeit wiederum hegte die Folgen der industriekapitalistischen Moderne ein. Der Fluss war ein zentrales Organ der Nation, denn wenn die Vernunft Deutschlands im Norden wohne, so »sein Wille im Osten, seine gesunde Blutskraft im Süden; sein Herz schlägt am Rhein.«[289] Landschaft und Städte verband der Fluss zu einer nach allen Seiten offenen Einheit, »zu einer neuen Großform der Genossenschaft«.[290] Moderne Brücken schnürten die Ufer zusammen und wurden zum Pendant der geschichtsträchtigen Burgen stilisiert; gemeinsam verklammerten sie in Geschichte und Gegenwart den Rhein mit dem Reich (Abb. 24). In all diesen Texten erscheint der Rhein als zutiefst kraftvoll, aber als ambivalent changierend zwischen »eiserner Wirklichkeit« und »romantischer Welt«,[291] als zugleich düster wie grün, Raum und Achse in einem und, in Fortführung früherer Allegorien, als *deutscher* nationaler *Akteur*.

Nach dem Zweiten Weltkrieg war der Rhein rasch entpolitisiert. Die »kämpfende Wissenschaft« der ehemaligen Westforschung rüstete ab und stellte mühelos auf Friedensproduktion um. Nach dem bitteren Ende des Ersten Weltkrieges, so hieß es Mitte der 1970er Jahre, sei es legitimes wissenschaftliches Anliegen gewesen, die unlösliche Verbindung der Rheinlande mit dem Deutschen Reich und Volk zu beweisen und zur

Abwehr der äußeren Bedrohung (also französischer Ansprüche) beizutragen. Innere Differenzen und Zusammenhänge, die nationale Grenzen übergriffen, seien dabei unterbelichtet geblieben. »Heute gehört die nationale Gefährdung der Rheinlande glücklicherweise der Vergangenheit an.«[292] Man konnte also, bei geänderter politischer Großwetterlage, die Perspektive vom »Abwehrkampf« auf eine differenzierte europäische Geschichte verschieben – mit demselben Personal! Bereits 1950 hatten die Herausgeber des »Geschichtlichen Handatlas der deutschen Länder am Rhein«, unter ihnen Franz Steinbach, die allzu deutliche Abgrenzung der Rheinlande gen Westen eliminiert.[293] Eine anthropologische Studie zeigte 1965 für vier Orte im Rheingau, dass der Rhein geografisch als Heirats- und Wandergrenze durchaus trennend wirkte. Mehr noch: Es lasse sich sagen, »daß in ihren anthropologischen Merkmalen die Bevölkerungen der beiden Rheinseiten gesichert verschieden sind.«[294] In der Sprache der damaligen Anthropologie hieß das, dass es sich um unterschiedliche »Rassenschläge« handelte; das stellte die Behauptung einer klammernden Wirkung des Rheins in Frage.

In den Fremdenverkehrsprospekten derselben Zeit wurde der Rhein nunmehr umstandslos als völkerverbindender Strom verkauft, der angeblich alle Anrainerstaaten politisch, kulturell, wirtschaftlich und humanistisch zusammenband. Seit 2000 Jahren sei er die große Lebensader des europäischen Volkes, wie englischen, schwedischen und französischen Touristen in ihren jeweiligen Landessprachen berichtet wurde.[295] In keinem Prospekt der Nachkriegszeit (die im Landeshaupt- bzw. im Stadtarchiv Koblenz archiviert sind) spielte der Rhein als nationale Projektionsfläche noch eine Rolle. Die Broschüren boten vielmehr einen gepflegten bürgerlichen Bilderrahmen, in dem ein Rhein der Erholung und des Genusses aufschien – aber ohne die Weintrinkerzüge der Bahn. »Der Rhein ist, wie unsere Zeit, nüchterner geworden«, hieß es 1962 in einem der Bildbände zum Fluss. Doch wer »den stolzen, alten, romantischen Rhein sucht«,[296] finde ihn nach wie vor, lesen wir weiter, wobei uns auf den ansprechenden Fotografien des Bandes neben qualmenden Dampfern und Zügen nun auch die Flurbereinigung präsentiert wird. Und dem Textabschnitt zum romantischen Rhein gegenüber ist ein Bild der hypermodernen Mehrzweckhalle in Wiesbaden platziert. Arkadien dagegen ist am stillen Niederrhein nahe der Niederlande wiedererstanden; ihm wird in dem Band mit einer malerischen Panoramafotografie gehuldigt.[297]

Die Anwohner: Staffagefiguren

Wer bewohnte den Rhein eigentlich, die pittoresken Städtchen, Schiffe und Burgen? Gab es Konflikte zwischen Reisenden, Touristen und Einheimischen? Aus den Texten erfährt man darüber nicht viel. Wir sehen die Bewohner des Rheins, wie oben beschrieben, auf den Bildern als bloße Staffagefiguren, oder sie begegnen uns als betrügerische Kellner und Wirte. »Hans Theuerlich« streckte seinen sauren Wein mit ordentlich Rheinwasser, übersah dabei aber die mitgeschöpften Fische.[298] Heinz Steinmeyer schrieb 1927 in seiner Dissertation über Staffage in der frühen Romantik, dass Menschen das Landschaftsbild nicht dominieren dürften, aber doch nötig seien, um eben den Eindruck einer Landschaft zu steigern.[299] Er unterschied in einem anderen Text die naturalistische Staffage, die Stimmungsstaffage und die novellistische Staffage: Jäger und Fischer, sinnende Hirten bzw. verirrte Wanderer und Spukgestalten.[300] Zu mehr dienten die Rheinanwohner nicht. Natürlich könnte man genauer nachspüren, wer am Rhein tatsächlich wohnte. Das wäre allerdings ein ganz anderer Forschungsansatz, und man höbe wie mit der Lupe hervor, was Autoren und Künstler seinerzeit bewusst beiseitegelassen haben. Ganz offensichtlich gehörte zu den Projektionen auf den Rhein das Volk nicht dazu. Maler und Publizisten hielten es nicht für nötig, die Einwohner zu Akteuren zu machen. »Vater Rhein« genügte ihnen als solcher.

Image IV: Welterbe-Erlebnislandschaft

Gerechterweise muss man sagen, dass die im Prolog aufgeführten Kulturpessimisten gerade in den Wirtschaftswunderjahren der jungen Bundesrepublik tatsächlich erhebliche Verwüstungen zu beobachten hatten. Die Rheinuferstraßen bis dahin waren mit Kopfsteinen gepflastert. Mittlerweile sind daraus beiderseitig zwei breite Bundesstraßen geworden, die viele Ortschaften vom Ufer abschneiden; teilweise sind sie noch vor die Bahn gelegt und in den Rhein hineinbetoniert worden. Längst dominieren der Massentourismus und Tagesausflügler. Als eine Folge beklagte der Zweckverband Welterbe Oberes Mittelrheintal 2007 einen »eklantante[n] Rückgang des Niveaus der Serviceleistungen« aufgrund von »Modernisierungsversäumnisse[n]« sowie einen »weiteren Niveau- und Qualitätsverlust« dank der überaus profitablen Wochenend-, Club- und Tagestouristen. Die Antwort seitdem lautet: das Rheintal im internationalen Wettbewerb zu inszenieren sowie »die Rückkehr zum Premiumsegment«.[301]

Der Rhein wird zur Marke gemacht, zum Objekt der Designer und Event-Manager. 1930 war nicht ganz widerspruchsfrei formuliert worden: »Die größte Gefahr für das alte Bild des Rheins ist der Fremdenverkehr selbst. [...] Die Losung muß heute heißen: Billige Rheinreisen, billiger Erholungsaufenthalt am Rhein. [...] Jeder Deutsche muß seinen Rhein kennen.«[302] Das ist gelungen. Heute werden die Rheinführer und Prospekte durch Designbüros konzipiert und geben polierte Versatzstücke zu lesen: »Was sollte nach Wunschvorstellung eines ambitionierten Rheinromantikers eng beieinander liegen? Natürlich zwei Dinge: ein komfortables Feriendomizil und eine authentische Burg des Mittelalters. Das Schloss-Hotel [Rheinfels] übertrifft noch dieses Idealbild. Hier besteht ein direktes Miteinander eines behaglichen 4-Sterne Ambientes mit den Kulissen der mächtigen Burg Rheinfels. Alles für den Urlaub im Tal der Loreley ist bestens präpariert. Eine regionale Küche, frisch und fein. Spitzenweine aus Europas größtem bewirteten Weinkeller, kombiniert mit den Darbietungen von Minnesängern, Gauklern und Fanfarenbläsern. Die Krönung mittelalterlicher Zauberei: Das Übernachten im traumhaften Himmelbett!«[303] Die Broschüre einer »kulinarische[n] Entdeckungsreise« erweist sich als Werbeblatt mit ein paar Informationen zu Goethe am Rhein und den Touristenströmen, um dann unmerklich in Restaurantempfehlungen überzugehen, alles garniert mit trendigen Rezepten, Bildern im Stile Turners und Hammershøis, nur gefälliger, und drei Vorworten einschlägiger Lobbyisten aus Gastronomie, Tourismus und Weinhandel.[304]

Was für ein synthetischer Rhein, brillant auf maximale Kaufkraftabschöpfung hin komponiert.[305] Dann erscheinen die Burgen noch »[t]rutzig, sauber, wie aus dem Ei gepellt«, und die Vergangenheit wird aufgehübscht, indem man einen mittelterlichen Mordfall in Bacharach erwähnt, aber den daraus folgenden Pogrom an Juden verschweigt.[306] Literarische Reiseführer stehen dem in nichts nach. Sie klauben unter dem Suchbegriff »Rhein« aus der Literaturgeschichte Häppchen aus Sagen, Briefen, Gedichten und Trinkliedern zusammen, die ein liebliches Bild bieten, maßvoll mit

Erich Kästner oder Robert Gernhardt gewürzt, den Nationalismus verharmlosend
und niemanden vor den Kopf stoßend.[307] Dabei zugleich die touristische Verflachung
der Rheinromantik seit dem 19. Jahrhundert zu beklagen, stellt keinen Widerspruch
dar.[308] Von Projektionen irgendwelcher Art ist hier nichts mehr zu spüren; der Strom
ist den mehr oder weniger fähigen Marketing- und Entertainment-Handwerkern ausge-
liefert. – Nur manchmal stößt man auf freundliche Ironie: Die Loreley sei ein bloßer
Felsen und diene ansonsten als »dumme Ausrede für unfähige Schiffer«; und kleine
wie große Herren, auch Bischöfe, hätten sich gedrängelt, »in dieser ›1a-Lage‹ des europäischen Wegenetzes einen Sitz zu bekommen. Raubrittertum ohne die Mühen einer
Anreise – gleich von der Burg aus [–,] entwickelte sich zum einträglichen Geschäft
im Rheinland«, heißt es in einem Prospekt.[309] Eine andere Broschüre spricht von der
»Willkürherrschaft der Raubritter am Rhein«; keine der Burgen sei als romantische
Residenz errichtet worden.[310]

Diese Entwicklung war möglich, weil sich der Rhein mit der deutsch-französischen
Aussöhnung nach 1945 als geopolitischer Akteur zur Ruhe hatte setzen können. Im Kalten Krieg stand der Feind im Osten. Als die Wiederaufbau- in die Konsumgesellschaft
überging, nahm der Rhein in Empfang, was an sich Besucherlawinen heranwälzte. Kulturkritische Bürgerliche stieß er damit vor den Kopf; für Künstler war er nurmehr ein
Fluss unter anderen. Seine Bedeutungsschichten ließen sich zwar in Kunstwerken zitieren, auch seine allegorische Kraft.[311] Die Rolle des existenziell herausfordernden Stroms
gab er bloß noch einmal in einigen Umweltskandalen seit den späten 1980er Jahren. Als
massenhaft Fische im *Rhein* verendeten, als man besser nicht mehr im *Rhein* baden sollte,
da versah er Industriekritiker und Umweltschützer ein letztes Mal mit den alten, wirk-
mächtigen Bildern des romantischen Stromes, den man, im Unterschied zu Flüssen wie
der Elbe oder der Emscher, nicht ungestraft zerstören durfte. Jetzt spielte er eine Rolle
als prominenter Patient, öffentlichkeitswirksam schwer erkrankt an der Umweltver-
schmutzung: »Vater Rhein war todkrank, konnte sich kaum mehr auf den Beinen halten,
er stand kurz vor dem Umkippen. Inzwischen konnte er die Intensivstation verlassen,
liegt aber noch immer im Krankenbett. Bemerkenswert erholt haben sich die Abwehr-
kräfte des großen europäischen Stromes. [...] Die Chancen für seine Genesung sind gut,
die Risiken eines Rückfalls aber nicht zu übersehen«, türmte 1992 der Teilnehmer einer
Fachdiskussion zur Ökologie des Rheins die Metaphern aufeinander.[312] Aus dem ehedem
nationalen Rhein war das Symbol für die ökonomische Hybris der Überflussgesellschaft
geworden.[313] Heute dagegen ist er ein überregionales Symbol für extreme Wetterlagen.
Bis ins 20. Jahrhundert hinein konnte er spektakulär zufrieren, er führt regelmäßig
schweres Hochwasser und kann mittlerweile des Sommers ebenso spektakulär aus-
trocknen. Er ist damit Indikator einer globalen Umweltzerstörung geworden, die weit
über das, was eine Chemiefirma dem Fluss antun kann, hinausgeht.

Die differenzierteren Stimmen, oben zitiert, verweisen uns auf Akteure, die sich
Mühe geben – und geben müssen –, das *image* des Rheins zu gestalten. Denn als im
Dezember 2000 die Landesregierungen von Hessen und Rheinland-Pfalz den Antrag
stellten, das Mittelrheintal in die UNESCO-Welterbeliste aufzunehmen, war dieses
image plötzlich erneut eine politische Angelegenheit geworden. Seine Außerordent-
lichkeit im Antragsdokument festzustellen, war das eine: »Bei keinem von beiden [den
Konkurrenten Loiretal und Wachau] aber haben erdgeschichtliche Prozesse, Hebun-
gen und Senkungen und die Arbeit des Flusses zu einer Landschaft von so starkem
Relief, solcher Vielfalt an Naturräumen und solchem Erlebnisreichtum geführt. Keine

liegt so im Zentrum des Kontinents wie der Rhein, verbindet über so weite Strecken hinweg die Länder Europas miteinander. Was die Zahl der Burgen und Schlösser betrifft, so wird das Rheintal zweifellos vom Tal der Loire übertroffen, doch verteilen sich dort die Baudenkmäler auf eine drei Mal so lange Strecke. [...] Der Weinbau nimmt in der Wachau größere Flächen ein als am Rhein, es fehlt aber, was ihn am Rhein auszeichnet, nämlich die Steillagen. Außerdem ist das Obere Mittelrheintal die älteste heute noch erhaltene Kulturlandschaft mit Steil- und Steilstlagenweinbau in Europa. Schließlich gehen weder an der Loire noch in der Wachau die Hervorbringungen der Natur und die Werke von Menschenhand eine so innige, unauflösliche Verbindung miteinander ein wie am Rhein. Dies wiederum hat zu einem Schatz an Sagen, Liedern und Bildern geführt, die den Rhein konkurrenzlos in Europa dastehen lässt.«[314]

Das andere war, dass dieses Bild als Kulisse eine große Heterogenität vor Ort verstellte. Die Beteiligten – Anwohner, Behörden, Wirtschaft – waren nämlich gezwungen, sehr unterschiedliche Perspektiven und Interessen auszutarieren und in bewahrend-dynamischen Entwicklungsplänen festzuschreiben. Das Rheintal musste als historische Kulturlandschaft und gegenwärtiger Wirtschaftsraum gestaltet werden. Welche Zeitschichten aber charakterisieren einen romantischen, deutschen, europäischen, ja globalen Rhein? Er soll »authentisch« sein, ohne die Authentifizierungsstrategien zu verschleiern. Er soll Touristen anziehen, ohne Museum zu werden. Er soll der Wohlstandsgesellschaft dienen, während neue Brücken, Wasserrutschen und »Resorts« den Welterbestatus bedrohen. Und wenn der Rhein zur »Marke« wird, ist das dann nicht bloß noch eine Romantik aus der Retorte? Es ist wie das Rennen zwischen Hasen und Igel. Die Gäste reisen an die schönen Stellen des Rheins, die werden kommerzialisiert, »dann finden es die Gäste dort ›nicht mehr so schön‹«.[315] Was die Romantiker vor 200 Jahren sahen, ist passé. Doch irgendetwas in der Art dieses Bildes müssen die Anwohner pflegen, um ihren Lebensunterhalt zu sichern, während es die derart angelockten Touristen zu zerstören drohen.

1938 bereits listete die Reichsstelle für Raumordnung alle Gefahren auf, die dem Landschaftsbild am Mittelrhein drohten. Die Orte wüchsen allmählich zu einer eintönigen Stadtkette am Fluss zusammen, während die Bebauung zugleich die Hügel hinaufkroch. Idyllische Uferwege würden allerorten zu schnurgeraden und tellerebenen Promenaden umgestaltet, auf der einen Seite mit Hilfe schwerer Stützmauern in den Rhein gesetzt, auf der anderen durch Bahn und Reichsstraße begleitet. Der stetig wachsende Strom an Besuchern verlange neue Hotels, Erholungsheime, Rheinterrassen, Parkplätze, Großgaragen, Großtankstellen und Badeanstalten. Ziehe man noch die Wasserverschmutzung in Betracht, sei klar, dass den Gast nur eines an der Abreise hindere: »Das liebliche Bild der Berge am mächtigen Strom, das eigentliche Landschaftsbild mit Nähe und Weite, Tal, Hang und Höhe.«[316] So wurde es auch 30 und 60 und 80 Jahre später formuliert, und schon in der Weimarer Republik hatte sich die Naturdenkmalpflege gegen die Entstellung des Rheintals durch Steinbrüche, Kahlschläge, Betonmauern, Telefonleitungen, Schutthalden, Verladestellen, Reklametafeln, Ölverschmutzung und eine unansehnliche Wiederaufforstung brachliegender Weinberge gewehrt. Es handele sich »um die zur Zeit wichtigste und dringendste Frage des gesamten preussischen Natur- und Landschaftsschutzes«. Es stünden »wissenschaftliche und nationale Werte auf dem Spiele«, schrieb der Direktor der Staatlichen Stelle für Naturdenkmalpflege in Preußen 1929.[317] Die Erhaltung des Rheintales, sprang ihm Provinzialkonservator Franz Graf Wolff Metternich bei, sei im Interesse des gesamten deutschen Volkes.[318]

Der Oberpräsident der Rheinprovinz führte 1939 eine Rheinbesichtigung des Abschnittes Boppard-Andernach durch, um kleinteiligste Änderungen zu verfügen: »Die schönen malerischen Baumgruppen [...] vermisst man unterhalb Unkels. Es sind deshalb Anpflanzungen [...] erwünscht. [...] Die Ortsaufschrift ›Rheinbreitbach‹ b. Unkel ist [...] zu aufdringlich und muss verschwinden oder ganz erheblich verkleinert werden. [...] Am Hotel ›Europäischer Hof‹ genügt eine einzige Aufschrift.«[319] Der Bericht lief über den Regierungspräsidenten und die Landräte zu den Bürgermeistern, die Maßnahmen verfügten oder sich wehrten, in Linz beispielsweise mit dem Hinweis, dass die Basaltverladestellen weniger ins Auge fielen als moniert, und der größte Teil der Bevölkerung von der Steinindustrie lebe, die durch den Export nach Holland Devisen einbringe.[320] Dann kamen der Krieg und das Kriegsende, und nach der ungewollten Pause führten die Behörden ihre Arbeit auf der Basis des Reichsnaturschutzgesetzes von 1935 und der Begutachtungen im »Dritten Reich« einfach fort. Nunmehr allerdings wurden die Planungen den Einwänden zahlreicher Interessenverbände zugänglich gemacht, die von ihrem neuen Recht auch fleißig Gebrauch machten.[321] Die Rheintal-Schutzverordnung von 1953 schrieb den Zwiespalt fest. Es sei, verhieß sie in der Präambel, Pflicht der entsprechenden Stellen, »dieses Kleinod der deutschen Heimat in seiner Schönheit zu erhalten und die ihm in der Vergangenheit zugefügten Schäden zu beseitigen.« Wenn aber gesamtwirtschaftliche Belange betroffen seien, dekretierte dann die Verordnung selbst, dürften Ausnahmegenehmigungen nicht versagt werden.[322]

Die Reichsstelle für Raumordnung hatte als Idealzustand den Rhein als großen Erholungspark vor Augen gehabt, ein Arkadien, in dem südliches Klima, reiche Vegetation, Heilquellen und menschliche Gestaltung »sich zu möglichst vollendeter Gesamtwirkung zusammenfinden.«[323] Die Anrainer hatten seit jeher eigene Interessen. 1857 blieb beim Eisenbahnbau die Stadtmauer in Oberwesel nur deshalb erhalten, weil sich die Bauverwaltung in Berlin gegen den Bürgermeister durchsetzte. Die Züge fahren nun allerdings direkt zwischen Fluss und Mauer entlang. Der Rundturm in Rheindiebach wurde 1969 für den Bau der Bundesstraße halbiert, man ahnt allenfalls noch, was hier einmal stand.[324] Solche Kompromisse zwischen *image* und Nutzung werden seit langem geschlossen; trotzdem, hieß es zur Eröffnung einer »Rheintal-Konferenz« im Jahre 1997, habe eine unverwechselbare Landschaft mit einmaligem identitätsstiftendem Charakter, eine Kulturlandschaft von Weltrang überdauert.[325] Noch – denn der Konflikt musste reguliert werden. Deshalb machten sich seit den späten 1990er Jahren eine Reihe von Protagonisten der Landschafts- und Denkmalpflege daran, den Rhein durch ein Prisma von Kriterien in seine Bestandteile zu zerlegen, um eine differenzierte Bewertung der Landschaft vornehmen zu können und sie dann aktiv zu bewahren oder von Anrainern, Investoren und Bauämtern gestalten zu lassen. Sie wollten Maßstäbe und Zielvorstellungen gewinnen, die jedoch ständig hinterfragt, korrigiert und entwickelt werden sollten.[326]

Dieser Rhein tritt uns vor allem in Karten und Tabellen vor Augen; es ist das Bild eines wie auf einem kubistischen Gemälde analytisch zerstückelten Flusses. Die Einen dachten von der Materie her und definierten Elemente der Natur (z.B. Felsen), durch Menschen überformte Natur (z.B. Ufer, Wälder, Bäche) und Elemente der Kulturlandschaft (Hafenmauern, Weinberge, Verkehrswege, Burgen usw.).[327] Ein anderes Modell hob stärker auf die Wahrnehmung von Einzelelementen und Gesamteindruck durch Beobachter der Landschaft ab. Die *visuelle Naturnähe* wurde als groß (verwachsene Steinbrüche), mittel (verwilderte künstliche Böschungen) oder gering (verbaute

Ufer) gewertet. Störelemente könnten, wenn Proportionen und Farbgefüge stimmten, durchaus positive *Kontraste* bilden. Die Landschaft sollte *vielfältig* sein. Da »Schönheit« keine operationalisierbare Kategorie darstelle, wurde *Harmonie* als »stark subjektiv orientiertes Kriterium aufgenommen, das den intuitiven Eindruck auf den Betrachter beschreibt.«[328] Lärm oder Geruchsemissionen wurde ebenfalls berücksichtigt.

So wurde die Landschaft in Elemente zerlegt und in Bewertungsergebnissen aggregiert. »Sichtraum 5« beispielsweise (Burg Nollig) »ist durch die Einsehbarkeit der Hochflächen sowie vielfältige interessante Blickbeziehungen gekennzeichnet, was zu einer hohen Einstufung von Vielfalt und Harmonie führt. Störend wirkt sich der Steinbruch Trechtingshausen aus.«[329] Der Steinbruch, so die Empfehlung, solle weg; kleine Schieferbrüche freilich sollten als landschaftstypisch offengehalten werden. Pappeln haben am Ufer nichts zu suchen, sie sollten Auenwäldern (wie sie wohl die Natur gesetzt hätte) weichen. Schmale, an das Relief angepasste Verkehrswege ohne Talquerungen sind positiv, brachgefallene Weinhänge sind negativ zu werten. Letzteres ist interessant, weil neben den massiven Eingriffen durch Menschen hier auch die Natur als Gefährdung des Landschaftsbildes begriffen wurde. Sie nämlich lasse alle wirtschaftlich ungenutzten Flächen verbuschen, was die Artenvielfalt reduziere, die historischen Bewirtschaftungsformen der Landschaft unsichtbar mache und »somit die Identität und Authentizität der Kulturlandschaft in Frage« stelle. Die Burgen verschwinden plötzlich im Grün, »ein Zustand, der aus kulturhistorischen und landschaftsästhetischen Gründen unbedingt vermieden werden muss.«[330] Früher habe der Funkenschlag von Lokomotiven hilfreiche »Brandereignisse« ausgelöst.[331] Mit anderen Worten: Obwohl der Wald in vorhistorischen Zeiten vermutlich die Ursprungsbepflanzung bildete[332] und die wiederbewaldeten Hügel auf Abbildungen durchaus idyllisch aussehen (während einige, selbst kleinparzellierte Weinberge doch wie Kahlschläge wirken),[333] darf die Natur ebenso wenig wie das reine Verwertungsinteresse das Regime übernehmen. *Früher* mögen die Berge bewaldet gewesen sein, spätestens mit dem Burgen- und Weinbau ist das unpassend geworden. *Jetzt* haben wir es nicht mehr mit irgendeinem Flusstal zu tun, sondern mit einer einzigartigen Kulturlandschaft, einem kleinteiligen, vielfältigen Mosaik unterschiedlicher Elemente, das aus dem Zusammenspiel von Natur und Menschenwerk resultierte. Letzteres präge sogar das Farbspiel im Laufe der Jahreszeiten: Im Sommer das Grün der Weinreben und Obstbäume, im Winter lasse (ließ) der Schnee das Profil der Weinbergterrassen hervortreten.[334] Das muss nun gegen die Natur verteidigt werden.

Die Experten gestehen in der Regel ein, wie sehr es bei diesen Beurteilungen um Wertungen geht. Wir haben gesehen, dass alle Elemente des Landschaftsbildes im Laufe der Zeit so oder so beurteilt wurden, etwa Steinbrüche, die stählernen Rheinquerungen der Bahn oder die Burgen. Ein Regierungsvizepräsident brachte das Problem ironisch auf den Punkt: »Würden wir heute einem *Schinkel* gestatten, die Ruine Stolzenfels in ein Schlößchen umzubauen?«[335] Interessant ist auch die Beurteilung der Eisenbahntrasse durch den Park zweier Schlösser in Brühl (bei Bonn), die zum Welterbe ernannt werden sollten. Der Internationale Rat für Denkmalpflege ICOMOS verlangte die Verlegung der Bahn, damals immerhin noch die Hauptstrecke von Köln in den Süden, bis bekannt wurde, dass der berühmte Gartenarchitekt Peter Joseph Lenné sie 1840 als Attraktion bezeichnet hatte; fortan war die Störung Bestandteil des Denkmals.[336] Dagegen besaßen für die Autor:innen des bereits erwähnten opulenten Werkes »Das Rheintal von Bingen und Rüdesheim bis Koblenz« Großbauwerke der 1960er

Jahre keinerlei historische Substanz, etwa das gesprengte Silo der Loreleymühle und die Königsbacher Brauerei in Stolzenfels – dafür aber die älteren drei Schornsteine der Braubacher Bleihütte, die jahrzehntelang neben der Marksburg Gift in die Luft geblasen hatten.

Faszinierend finde ich, mit welcher Akribie und welchem Ernst das Rheintal visuell zergliedert und vermessen wurde, um die Werturteile *begründen* zu können, ob man dieser Begründung nun folgt oder nicht. Außerdem standen und stehen die Protagonisten der Landschaftsgestaltung vor der Frage, welche der Zeitschichten aus der Geschichte des Rheins sie bewahren wollen. Sie haben sich offensichtlich für ein *image* entschieden, das sich durch Kleinteiligkeit, Maß und Abwechslungsreichtum auszeichnet – sicherlich auch, weil man am Mittelrhein für keinen Zeitpunkt Großindustrie wie im Ruhrgebiet und Großgüter wie in Ostelbien nachweisen kann. An den Ufern siedelten das Kleingewerbe und mittelständische Unternehmen in eher engen Örtchen. Aber es ist auffällig, dass alle Elemente, die groß und flächig sind, selbst Wälder, in die Rubrik »negativ« fallen, weil sie monoton und strukturlos seien. Der Verdacht liegt deshalb nahe, dass möglicherweise *auch* ein kulturkritischer Zug der Moderne reproduziert wird, nämlich der angebliche Gegensatz zwischen einer kleinteiligen, überschaubaren, bodenständigen, integrierenden Lebenswelt und der Maßlosigkeit der Moderne, die keinen Sinn für Proportionen hat, weil es allein auf den Zweck ankommt. Dieser kulturkritischen Perspektive mag man zustimmen, wenn man als Fußgänger die breiten Bundesstraßen zum Rhein hinüber queren muss. Einem Anhänger moderner Architektur dagegen wird die Königsbacher Brauerei alles andere als maßlos erscheinen. Und könnte man die riesigen Holländerflöße der Frühen Neuzeit mit Hunderten Mann Besatzung nicht als Vorläufer der großen Schubverbände heute deuten?

Diese Kritik der Moderne scheint, etwas widersprüchlich, durch das moderne Machbarkeitsdenken imprägniert zu sein. Man akzeptiert, dass Natur und Kultur einen Raum über Jahrhunderte hinweg verändern, will dann aber eine historische Phase sowohl der Natur wie dem Fortschritt entreißen, ohne sie wirklich konservieren zu können, weil niemand in einem Museum leben will. Man kann es positiv auch umgekehrt formulieren: Mit großer Genauigkeit wird ein quasi-romantischer Rhein als Bild komponiert, das durchwirkt ist von der industriellen Moderne. Diese soll durch Denkmalpfleger nicht beseitigt, sondern so weit zurückgedrängt werden, dass sie nicht wie Säurefraß das alte *image* des romantischen Rheins zersetzt.[337] Der Rhein der Gegenwart soll keine romantische Fassade und trügerische Harmonie vorgaukeln. Ideal wäre es, »die Bruchlinien der Realität, ihre Fragmentierung, Unvereinbarkeiten und Widersprüche als solche zu erkennen und unter Umständen sogar als Zeichen des Authentischen zu würdigen.« Gerade der Steinbruch bei Trechtingshausen könne »eine andere Geschichte der Arbeit im Mittelrheintal wachrufen als der [...] stets im Vordergrund stehende und seit jeher ins romantische Bild integrierte Weinbau.«[338] Denn allenfalls der Rhein der Reisenden sei romantisch gewesen, der »Alltag der Winzer, Treidler und Schieferbergleute hatte damit kaum etwas gemein.«[339] Aber wollen Touristen wirklich den Rhein der harten Arbeit und des grauen Alltags sehen, denen sie ja gerade zu entfliehen suchen? »Kulturlandschaft ist die Landschaft, in die man zu spät kommt, deren Reiz darin besteht, dass man darin gerade noch lesen kann, wie es einmal war. Und wie es einmal war, das ist für uns so, wie es ›eigentlich‹ sein müßte«, stichelte der Soziologe Lucius Burckhardt 1994,[340] und das erinnert an den Befund Gerhard Hards, dass ein Steinbruch für viele eben nicht zum Repertoire einer »Landschaft« gehört.

Nach der Erhebung zum Welterbe legte der Zweckverband Welterbe Oberes Mittelrheintal eine Reihe von Masterplänen auf, um den Rhein als Kulturlandschaft zu gestalten und die verschiedenen Interessen und Erwartungen auszutarieren. Das begann mit dem Corporate Design und detaillierten Anweisungen für Hinweisschilder, Schrifttypen und Logos. Die zentralen Farben sind das »Welterbegrün« und das »Welterbegelb«, die wahlweise als Schrift oder Hintergrund verwendet werden können. »Die Farbe Grün steht für das satte Immergrün des Rheintals«, Gelb »steht für die bewegte Geschichte und unterstreicht die Seriosität der Welterberegion.«[341] Zentrales Symbol ist der stilisierte Fluss, der durch grüne Flächen – die Berge – als Negativform konturiert wird. Die Rheinkilometrierung 526 bis 593 strukturiert die Abfolge der Informationstafeln und die Platzierung von »Welterbe-Stelen« an den Rheinufern. Briefpapier, Visitenkarten, Broschüren, Anzeigen, PowerPoint-Präsentationen, Flaggen: Alles sollte einheitlichen Vorgaben folgen, aber individuell gestaltbar sein. Es gibt einen »Leitfaden Baukultur« und einen »Leitfaden Farbkultur«, um die Renovierung von Häusern in das Landschaftsbild einzupassen. Mit zahlreichen Beispielen, Entgegensetzungen und Abbildungen soll Bauherren und Hausbesitzern verdeutlicht werden, was tendenziell unpassend ist und welche Möglichkeiten der Gestaltung angemessen sind.

Erneut die Schwierigkeiten des Wertens. Die rote Kirche von Oberwesel sticht in der Landschaft deutlich hervor, ein orangefarbenes Haus in einem Siedlungsgebiet auf der Anhöhe dagegen wird als überakzentuiert und störend empfunden.[342] So wie die konservative Heimatschutzbewegung in den 1920er Jahren es getan hatte, werden »modische Materialien« kritisiert, sogar ein »[f]alsches Demokratieverständnis«, das »oft zu peinlichen Alleinstellungsgesten« führe.[343] Grelle Farben und schreiende Werbetafeln störten das Gesamtbild; andere Verdikte lauten auf »billig«, »dissonant«, »willkürlich«, »bemüht« oder auf »fragwürdige Rustikalität«.[344] Das Problem ist nicht, dass man die normativen Geschmacksurteile dieser Ratgeber anfechten könnte. Sie beanspruchen nämlich gar nicht, abschließend zwischen »richtiger« und »falscher« Gestaltung entscheiden zu können – wenn auch ihre Sprache recht entschieden ist –, sondern sie versuchen, ein Problembewusstsein zu schaffen. Das muss notwendig vage bleiben. Die Baufibel der Städte Lorch und Rüdesheim will die Gestaltung des Raums auf eine historische Realität bezogen wissen, ohne dass deutlich wird, worin die Vorschläge gründen und welche Kompromisse geschlossen werden dürfen.[345] Genau das lässt sich abstrakt nicht abwägen.

Man könnte jedoch zwei Dinge monieren, nämlich erstens, dass eine unangemessene Bemalung und Beschilderung kritisiert wird, aber nicht die im Rheinland oft so schäbige Gebrauchsarchitektur, die bemalt und beschildert wird. Sie steht, lässt sich nicht ändern und wird offenbar deshalb ignoriert, obwohl sie ein vollkommen beliebiges Landschaftsbild repräsentiert, das nichts mit einem unverwechselbaren Rheintal zu tun hat. Die Disparität zwischen dem romantischen Bild und der vernakulären Architektur wird nicht thematisiert (Abb. 25).

Zum zweiten wird moderne Architektur nicht pauschal abgelehnt, sofern sie nur Formsprache und Farbgebung ihrer Nachbarschaft aufnehme. Es wird »Ehrlichkeit« angemahnt, d.h. sie soll sich in das Gesamtbild einfügen, ohne verfälschend zu historisieren. Was aber heißt »ehrlich«? Der »Welterbekiosk« zeichnet sich durch das dezente und asketische Design zeitgenössischer Architektur aus und soll die bunt überladenen Andenkenbuden ersetzen[346] – die aber eigentlich viel »ehrlicher« den bisherigen massentouristischen Rhein repräsentieren. Man merkt nach der Lektüre dieser Konzept-

Abb. 25: Bacharach, im Vordergrund die Überführung der Bahnlinie, die vor das Stadttor geklebt worden ist. Von den Stahlträgern hängen Stalaktiten. Für den »Leitfaden Strassenraumgestaltung« handelt es sich um einen »einladend gestaltete[n] Stadteingang«, obwohl die Abbildung deutlich zu sehen gibt, welche Kompromisse eingegangen werden mussten (Initiative Baukultur für das Welterbe Oberes Mittelrheintal [Hg.] o.J.: 86).

schriften und Ratgeber, dass der Welterberhein der Fluss des »Premiumsegments« sein soll, dessen Corporate Design in Düsseldorf von der Agentur Hesse gestylt wird, und der romantisch renovierte Altbauten mit dem Habitat postmoderner Hedonisten vereinigt. Die Allerweltsbehausungen der meisten Einwohner stehen dazwischen und fallen durch das Raster. Campingplätze und Schrebergärten gehören neben Silos, Lagerhallen, Sendemasten, Überführungen oder Verladeanlagen zu den »Defizite[n] mit Handlungsbedarf« (»landschaftsbildschonende Auflagen«, »Sichtschutz gewährendes Grün«),[347] wohingegen Steinbrüche, Tunnel und Bergwerke zum gewünschten »Patchwork-Charakter« der Landschaft beitragen. *Die* kennt man eben von Stahlstichen und aus der Literatur der Romantik.

Der Rhein, der in der Welterbe-Planung entstand, ist eine Landschaft der Besitzstandswahrung und der Vermarktungsoptimierung. Ein Beispiel soll das deutlich machen, der Streit um eine neue Rheinbrücke zwischen St. Goar und St. Goarshausen. Die Reichsstelle für Raumordnung hatte bereits 1938 gegen diese Idee opponiert, wohl wissend, dass »solche Projekte, die einzelnen interessierten Kreisen Vorteile bringen, in gewissen Zeitabständen wieder aufzutauchen pflegen«.[348] Doch eine noch so gut gestaltete Brücke werde immer die Ästhetik der Landschaft zerstören, die Verstädterung befördern und die »Strompoesie« – die Rheinquerung per Fähre – beseitigen.[349] Der Zweckverband Welterbe dagegen forderte 2012 einen ungehinderten Austausch von Waren und Dienstleistungen im wirtschaftsschwachen Tal. Nur eine unbeschränkte Rheinquerung könne die Zukunft des Welterbetales sichern und neue Chancen eröffnen.[350] Fähren seien ein historisch bedeutsames Kulturgut, würden jedoch »als große Einschränkung der Lebensqualität und als Hemmfaktor für die wirtschaftliche Entwicklung [...] empfunden.«[351] (Tourismusstrategen sahen es anders: »Die Möglichkeit, die Rheinseiten [per Fähre] problemlos wechseln zu können, erhöht die Attraktivität des Tales für Wanderer.«[352])

Die Brücke ist bis heute ein Streitpunkt zwischen der lokalen Wirtschaft, der UNESCO und der internationalen Denkmalschutzbehörde ICOMOS. Von Seiten der Wirtschaft wurde nicht belegt, warum die Brücke eine derart rettende Kraft entwickeln sollte. Die Vertreterin der IHK Koblenz führte immerhin den möglichen Wegfall kostspieliger Doppelstrukturen bei Behörden, Krankenhäusern und Schwimmbädern an – ohne zu sagen, warum man dafür eine feste Querung *rund um die Uhr* benötige.[353] ICOMOS dagegen leitete aus den Schlüsselbegriffen »nature and beauty« der Romantik ab, »that any alterations such as the erection of a modern bridge in the core of the World Heritage site would ruin the outstanding universal values which are inseparably connected with the Romantic perception of this landscape. A technical structure amidst the paradigm of a Romantic landscape would stand in total opposition to the Romantic view of nature – as expressed in William Kent's Dictum of the 18th century: ›Nature Abhors the Straight Line‹.«[354] Die UNESCO sah es weniger streng. Denke man über eine Brücke nach, sei ein internationaler Designwettbewerb hilfreich. ICOMOS antwortete darauf nur, dass die entscheidende Frage der Authentizität des Tales gewiss nicht durch einen Designwettbewerb gelöst würde.[355] Sie untersagte eine Wasserrutsche auf der Loreley, überdimensionierte Hotelanlagen oder die Seilbahn zur Festung Ehrenbreitstein, das allerdings mit eigentümlichen Argumenten: »It must be questioned if immediate access without any effort is in accordance with the ideology of a military defence building and its experience today«.[356] Doch auf der rückwärtigen Seite fahren Linienbusse an die Festung heran, und es gibt seit Langem einen Schrägaufzug vom Ort aus nach oben. Die Seilbahn darf nun noch ein paar Jahre fahren.

Mit den lokalen Akteuren, der UNESCO und ICOMOS prallten im Streit um die Rheinquerung drei Perspektiven aufeinander, die in unterschiedlichen Interessen, aber auch einer unterschiedlichen Auslegung des Textes gründeten. ICOMOS bezog sich auf Passagen, die das romantische Landschaftsbild des 19. Jahrhunderts hervorhoben (im »Statement of Significance« und der »Brief Description«), während Politik und UNESCO denjenigen Antragskriterien folgten, die den Rhein als europäischen Verkehrsregion, als ökonomischen Raum und als stetig sich entwickelnde Kulturlandschaft betonten (in den »Operational Guidelines«). Idealtypisches Landschaftsbild oder vernakulärer Raum, der Rhein der Landschaftspflege oder der Rhein derjenigen, die den Raum im Alltag nutzen müssen und den Fluss als Hindernis wahrnehmen, als natürliche Grenze, die es zu überwinden gilt. Anders gesagt: Kann man den Rhein als sich entwickelnde Kulturlandschaft begreifen, dann aber die Entwicklung stillstellen, um ein spezifisches (romantisches) Landschaftsbild zu bewahren? Und umgekehrt: Darf man dieses Bild als wesentlichen Motor der wirtschaftlichen Entwicklung (Tourismus) vermarkten, aber kurzerhand gefährden, wenn es um kürzere Autofahrzeiten geht?[357] Hier stoßen nicht nur konträre Diskurse und Interessen in einem konkreten Fall aufeinander. Vielmehr, so der Architekt und Stadtplaner Michael Kloos, sei der Welterbestatus für Regionen attraktiv, die sich in sozio-ökonomischen Umbruchsituationen befänden. Das sei »eine wesentliche Ursache dafür, dass Konflikte um die visuelle Integrität häufig bereits kurz nach deren Einschreibung in die Welterbeliste entstehen«,[358] weil in dieser Situation ästhetische Bewahrungs- und ökonomischer Anpassungsdruck aufeinanderprallten.

Es dürfte deshalb kein Zufall sein, dass der Rhein der Wirtschaftsexperten der Rhein der Synergieeffekte ist. Natur- und Artenschutz wollen sie mit wirtschaftlichen Aspekten kombinieren. Die Entwicklung des Gesundheits- und Wellnessbereichs im Mittelrheintal könnte Tourismus, Gesundheitswirtschaft und die Nutzung geothermischer Energie koppeln. »Synergie« scheint die Zauberformel zu sein, um ein gewichtiges Problem zu lösen. Im Antrag wurde das obere Mittelrheintal als Musterbeispiel einer jahrhundertealten Kulturlandschaft präsentiert, deren Profil durch menschliche Bewirtschaftung umgestaltet worden sei. Das Tal zeichne aus, dass dieser historische Prozess weniger als in anderen Landschaften durch die wirtschaftliche Dynamik der Nachkriegszeit überformt sei. Doch »[u]nter dem Druck des unaufhaltsamen Wandels ist diese Bodennutzung und die Erhaltung der damit verbundenen seltenen Lebensräume und Lebensgemeinschaften gefährdet.«[359] Die langsamere Entwicklung als in anderen Regionen ist ein touristischer Standortvorteil, bedeutet aber Abwanderung. Entwicklung soll den Raum für Einwohner attraktiver machen, bedroht aber das Alleinstellungsmerkmal. Das, was die unterschiedlichen Protagonisten jeweils als Vorzüge wahrnehmen, soll synergetisch potenziert werden, um einen kulturell-ökonomisch attraktiven Fluss für Besucher *und* Anrainer herzustellen. Auch in diesem Sinne eignet dem Rhein also ein höchst hybrides *image*, nun eines, das eine mit Ernst rekonstruierte Zeitschicht der Romantik mit einer differenzierten denkmalpflegerischen Zielsetzung, einer Konzentration auf das Premiumsegment *und* einer breitenwirksamen Kommerzialisierungsstrategie sowie einer traditionellen Standortpolitik verschmelzen soll — eine echt postmoderne *bricolage*, die die Akteure da herzustellen versuchen.

Der Schnapstrinkerrhein

Ein letztes Bild, weniger bekannt, der nüchterne, unsentimentale Fluss. Es ist beispielsweise der Rhein der Wasserbauer, die nur ein Ziel kennen: Den Strom schiffbarer zu machen und die Hochwasserfolgen zu reduzieren. Sie identifizieren hydrografische Probleme und entwerfen technische Lösungen. Ihr Rhein besteht aus der Fahrrinne, der Uferkante und der Strömung; wechseln sie die Perspektive, sehen sie ihn von oben eingebettet in ein verästeltes hydrografisches System. Und sie geben ihn zu sehen vor allem auf thematischen Karten, in Tabellen und auf Infografiken, die den Fluss in quantifizierbare, operationalisierbare Daten verwandeln. Dieser Rhein ist eine Management-Aufgabe, die wirtschaftlich, verkehrs- und katastrophentechnisch optimiert werden muss. Das Wasser will organisiert sein, damit es überall entlang des Stromes in seinem Bett verbleibt, den Schiffen genug Auftrieb gibt und durch seine Gleichmäßigkeit der Energieerzeugung dienen kann.[360] Die Ingenieure verwandelten den Urstrom selbstbewusst in einen Schifffahrts- und Industriefluss,[361] begannen aber, wenn nötig, auch einen »Generalangriff gegen die Verschmutzung«.[362] Sie standen im ständigen Kampf gegen die Natur. Ausgebaute Gewässer, schrieb die Wasser- und Schiffahrtsdirektion Mainz 1967, als handelte es sich um die Verbuschung von Weinbergen, hätten die Neigung, in den Zustand der Verwilderung zurückzufallen, wenn sie nicht dauernd und planmäßig gepflegt würden.[363] Ihre Rheingeschichte ist die beharrlicher technischer Verbesserungen.

In einem Buch deutscher und internationaler Hydrografen aus dem Jahre 1996 finden wir drei Karten. Die erste zeigt den Oberrhein als verzweigtes Geäder im Jahre

1828, auf der zweiten erkennt man 1872 deutlich den Hauptstrom zwischen verödenden Seitenarmen, schließlich ist der Fluss 1963 wie eine Schlagader deutlich präpariert und von jedem Beiwerk weitgehend befreit.[364] Ein Bild reproduziert ein Gemälde des Rheins bei Basel, der sich gemächlich durch die Landschaft verzweigt; eine seitengroße Abbildung zeigt den schnurgerade kanalisierten Rheineintritt in den Bodensee. Über das Gemälde erfährt man nichts (es ist Peter Birmanns »Aussicht vom Isteiner Klotzen auf den Rhein« [um 1819]), es dient als reine Negativfolie für spätere wasserbautechnische Fortschritte. Das ist eine vollständige Leidenschaftslosigkeit, was Ästhetik und Natur betrifft. Wir finden sie schon im 19. Jahrhundert, wenn wir von Hydrografen einen rein technischen Rhein präsentiert bekommen: Entfernungen, Wassertiefen, Frachtdauer bei unterschiedlichen Wasserständen, der Vergleich mit anderen Flüssen und dem Landweg, die Sprengung des Binger Lochs, dazu Niederschlagsmengen und die wasserbindende Kraft des Waldes.[365] Dieses *image* entwickelte, außer für Techniker, keinerlei mobilisierende Kraft. Es wird ansonsten, soweit als möglich, ausgeblendet.

Bei Heinrich Böll habe ich die schöne Unterscheidung zwischen dem »Weintrinkerrhein« und dem »Schnapstrinkerrhein« gefunden. Er hatte das Vorwort zu Chargesheimers Bildband »Menschen am Rhein« (1960) geschrieben. Der »Weintrinkerrhein« endet südlich von Bonn, der »Schnapstrinkerrhein« beginnt nördlich von Köln, fließt gelassen, schwermütig und immer ernster auf die Mündung zu und erstirbt in den Nebeln der Nordsee. Zwischen den beiden liegt »eine Art Quarantäne«.[366] Der nördliche Teil, so Böll, weise zwei Ufer auf, die sich nie recht ausgesöhnt hätten: das östliche mit einer gespenstischen Kulisse großer Industriebetriebe und das westliche, das »mehr noch einem Hirtenufer gleicht: Kühe, Weidenbäume, Schilf und die Spuren römischer Winterlager«.[367] Den Rhein der Weintrinker lehnte Böll nicht ab, doch seiner war »der Winterrhein, der Rhein der Krähen, die auf Eisschollen nordwestwärts ziehen, den Niederlanden zu; ein Breughel-Rhein, dessen Farben Graugrün sind, Schwarz und Weiß, viel Grau, und die bräunlichen Fassaden der Häuser, die sich erst wieder auftakeln, wenn der Sommer naht; der stille Rhein«,[368] an dem »[n]ichts braust, nichts dräut, nichts säuselt, bezaubert, betört«, fuhr die Schriftstellerin Ulla Hahn später fort: »Ruhig dehnt sich der Rhein in seinem Bett, beruhigt die Augen, das Herz, die Gedanken. [...] Ein Rhein für kleine Leute, einer der maßhält, behäbig dahinfließt, mit sich selbst zufrieden, keinen beeindrucken will, kleinbürgerlich, mit naher Verwandtschaft zu schwerer Arbeit. Kein Rhein für Lieder und Schunkelfahrten [...]. Ein bescheidener Strom? Ja, bescheiden und zum Bescheiden verlockend; ein Ort für Frauen in Kitteln und Schürzen und für Männer im Blaumann, die hier, wo sie der vertraute Geruch nach Maschinenöl und Lauge wieder einholt, ihren steifen Sonntagsstaat spazierentragen.«[369] Wer das für Romantisierung hält, hat natürlich recht. Es ist eine, die die »kleinen Leute« gegen bürgerliche Romantiker und weinselige Touristen ausspielt und die Melancholie einer Landschaft überhöht. Beides sind erprobte Topoi – für den offiziellen Rheintourismus haben sie nicht greifen können. Dessen *image* hatte nur eine kurze Zeit und für wenige Autoren etwas mit der Industrie zu tun gehabt, mit den Kleinbürgern nie, die, wenn sie sich als weinselige Touristen doch zu stark in den Vordergrund drängten, gleich wieder ausgeblendet oder kulturkritisch zum Schweigen gebracht wurden. Böll und Hahn sind so gesehen einflusslos geblieben.

Dabei hatte eine jüngere Kunstform seit der Zwischenkriegszeit eben diesen unprätentiösen Niederrhein und den romantischen Rhein ganz unaufgeregt gefeiert, nämlich die Fotografie. Sie war ein neues Medium, ein Medium der maschinentechnischen Moderne. Im 19. Jahrhundert galt sie nicht als Kunst und sogar Techniken wie Lithographie, Stahlstich oder Zeichnung unterlegen, weil der Blick des Künstlers – anders als die fotografische Maschine – zwischen wichtigen und unwichtigen Details diskriminieren könne. Deshalb waren fotografische Aufnahmen zunächst für Ansichtsalben vom Rhein gedacht gewesen.[370] Doch dann verlor der Rhein als Motiv der bildenden Kunst an Prominenz, besonders nach dem Zweiten Weltkrieg. Die technische Entwicklung in der Fotografie erweiterte deren künstlerische Ausdrucksformen dagegen beträchtlich.

Der unprätentiöse Rhein war der Fluss der »Neuen Sachlichkeit«. Deren Vertreter setzten sich auf eine poetisch-kritische Art mit ihm auseinander. Albert Renger-Patzsch, Hannes Maria Flach, die erwähnten Wolff und Tritschler oder Gerhard Kerff zeigten in ihren Bildern Fluß, Landschaft und Lastkräne, Autos, Brückengeländer und Touristen, Geröllberge, Tiere und industrielle Befüllungsanlagen als gleichberechtigte Elemente. Für Chargesheimer und Heinz Held standen die Arbeit der Menschen, das Leben auf den Rheinschiffen oder die Freizeit der Rheinanwohner bzw. Touristen im Mittelpunkt. Manche Bilder wie Renger-Patzschs »Kühe am Rhein, Duisburg« (1930) pointieren geradezu »den Gegensatz zwischen der unaufhaltsamen Expansion der Industrie und der ›Restidylle‹ der grasenden Tiere; der Rhein trennt und verbindet die beiden unterschiedlichen Landschaftsmotive.«[371] Die Landschaftsbilder Renger-Patzschs oder Kerffs zeigen weniger eine erhabene Rheinromantik, sondern den ruhigen, etwas melancholischen Rhein der zahlreichen Sonntagsspaziergänger, die Laubbäume, Wasser und kahle Binsensträucher betrachteten. Es ist, wenn man so will, der Rhein des Alltags, der Angler, Weinbauern, Pendler, einer unspektakulären Natur, bebauter Ufer, nebeliger oder verrauchter Himmel, der fotografierenden, weintrinkenden, Grammo-

Abb. 26: Der Rhein des Alltags: »Kaub, 1974« (Foto: Barbara Klemm; mit freundlicher Genehmigung der Fotografin).

phon hörenden Rheinschifffahrtstouristen, der die Fotografen bis heute beschäftigt. Die Bilder überhöhen den Rhein auf ihre Weise und sind stets voller Empathie für den alltäglichen Fluss (Abb. 26). Nur August Sander beschwor während des »Dritten Reichs« mit weitschweifenden Panoramaaufnahmen noch einmal das romantische Bild.[372]

Was bleibt vom Rhein?

Das *image* des Rheins bestand, wie wir gesehen haben, nicht allein aus zwei Schichten, einer hellen, romantischen, positiven und einer düsteren, gegenwärtigen, negativen. Die Zeitgenossen konnten ganz unterschiedliche Dinge am Rhein sehen und ältere Bilder re-interpretieren und in aktuellere Bilder einbauen. Die Motive schichteten sich auf und um. Seit dem späten 18. Jahrhundert stand der romantische in einem Spannungsverhältnis zum modernen Rhein. Die technischen Innovationen machten den romantischen Rhein immer weiteren Bevölkerungskreise bekannt. Die illustrierenden Stahlstiche, Panoramen und Fotografien zeigten als Artefakte der technischen Moderne ganz selbstverständlich die in der Rheinlandschaft situierten Artefakte der technischen Moderne, also Dampfschiffe, Eisenbahnen, Fabriken etc. Zugleich wurden diese Moderne und die Touristen als Bedrohung empfunden. Auf dieses paradoxe Verhältnis gab es im 20. Jahrhundert drei Antworten. Die nationalistische bzw. völkische Antwort der Zwischenkriegszeit integrierte Hochspannungsleitungen, Touristen, Autoverkehr, Geologie, Dialekte, Landschaft und Industrie in ein gewaltiges Panorama der Rhein-Ruhr-Landschaft, die sich mit wuchtiger Kraft weit nach Westen hinein über den Rhein legte und ihn für die deutsche Nation reklamierte. Eine kulturpessimistische Antwort thematisiert seit der Nachkriegszeit die kontinuierliche Zerstörung der Rheinlandschaft durch Modernisierung, Kommerz und Tourismus. Sie erhebt die Stahlstiche des 19. Jahrhunderts zur *Norm* für einen angeblich ursprünglichen Raum, den frühere Reisende noch bewusst hätten genießen können. Eine jüngere Antwort von Denkmalpflegern versucht seit der Jahrtausendwende ein objektivierbares Bündel an Kriterien zu entwerfen, mit deren Hilfe eine differenzierte Bewertung der Landschaft vorgenommen werden soll, um sie dann aktiv zu bewahren oder gestalten zu lassen. Das vielfach geformte Flusstal des 19. Jahrhunderts ist eine Folie, die mit der Kulisse, die die industrielle Moderne errichtet hat, konkurriert. Diese soll nicht beseitigt, sondern so platziert werden, dass sie den »romantischen Rhein« nicht vollends verdeckt. Aber abgesehen davon, dass die visuelle Idee des »romantischen Rheins« nach wie vor die Referenzgröße bildet, gibt es keinen Konsens, welche Variante des Bildes man – und wer wäre »man«? – bevorzugen sollte. Das Mittelrheintal wurde (und wird) bewusst gestaltet und stets selektiv wahrgenommen, als je unterschiedliche Kette von Zeichen, die die Geographie jeweils unterschiedlich sehen lassen. Jedenfalls: irgendwie »romantisch«.

Und seine Rolle als *Deutschlands* Strom? Die steht, wie es Philippe Meyer 2011 formulierte, als sei das eine Selbstverständlichkeit, vor einem neuen Abschnitt der Geschichte. Der Rhein werde seine Anrainerstaaten zu einer wirklichen Union, zu einem föderalen Europa einen.[373] Im Handlungsleitfaden »Tourismusstrategie Romantischer Rhein« aus demselben Jahr heißt es ebenso selbstverständlich: »Der Rhein ist seit Jahrhunderten europäischer Verbindungsweg der Völker und Kulturen. Diesem ›Völkerverbindenden‹ fühlen wir uns im Tourismus verpflichtet.«[374] Als hätte es nie etwas anderes gegeben. In der Tat hat man lange nicht mehr um den Rhein streiten gehört.

Rheinbegehung, August 2020

Im August 2020 bin ich zu einer Begehung von Teilen des Rheinhöhenweges und des Rheinburgenwegs aufgebrochen. Es war nicht mein erster Besuch des Rheintals, aber im Zusammenhang mit diesem Buch ein besonders aufschlussreicher. Gleich zu Beginn wurde mir einmal mehr deutlich, wie frappierend wichtig die Wahrnehmung vor Ort ist. Lektüre und Bilder bilden keinen dreidimensionalen Raum. Die erste kurze Etappe von Remagen bis zum Rolandsbogen war an der Talseite nämlich durch ein permanentes Grundrauschen des Straßenverkehrs überlagert. Auf dem Petersberg, bei Neuwied und im Wiedtal ebenfalls eine einzige Dauerbeschallung durch die Autos. Durch in den Berg gedrängte Orte wie Braubach, Lahnstein oder Oberdollendorf quälen sich Schlangen von Autos, sich an Beengungen der Straßen stauend. Die für ihren Lärm von Bürgerinitiativen kritisierten Güterzüge hört man auf den Höhen kaum. Interessanterweise sind die Bundesstraßen im engeren, »romantischen« Tal weniger befahren, es gibt also vergleichsweise stille Momente oder, wenn doch vereinzelte Wagen mit Abstand, aber kontinuierlich aufeinander folgen, ein wesentlich weicher klingendes Grundrauschen. Die Güterzüge sind deshalb leiser, weil sie mehrere der Orte langsam passieren; vielleicht sind viele von ihnen auch mit neuem Wagenmaterial ausgerüstet. Die Nahverkehrszüge fahren mittlerweile fast lautlos.

Schon als ich 2018 mehrere Archive am Rhein besucht hatte, war ich überrascht gewesen, *wie* verstaubt Assmannshausen, St. Goar, Königswinter oder Braubach waren, als würde man eine Kneipe betreten, in der die Gardinen seit den 1970er Jahren vergil-

Abb. 27: Das Hartsteinwerk bei Trechtingshausen neben Burg Sooneck (links unten). Seit Mitte des 17. Jahrhunderts wird hier Grauwacke abgebaut. Sie dient unter anderem dem Küstenschutz in den Niederlanden. In »Vogel's Panorama des Rheins« aus dem Jahre 1833 ist keine Spur eines Steinbruchs sichtbar, als wäre eine Wunde in der Landschaftshaut verheilt. Auf der gegenüberliegenden Seite flurbereinigte Weinberge mit schnurgeraden, geteerten Wirtschaftswegen (Foto: Thomas Etzemüller).

Abb. 28: Der Mäuseturm vor Bingerbrück. Im Fluss ein Leitwerk, das den ungezähmten Teil des Rheins regelrecht musealisiert (Foto: Thomas Etzemüller).

ben. Diesmal, als ich in einer Art Linie das Tal entlang zog, fiel mir das erneut auf. Der Bahnhof Rolandseck mag repräsentativ sein. Das Empfangsgebäude, Teil des Arp-Museums, ist aufwendig renoviert worden, und man kann über die großzügige Freitreppe Gleis 1 erreichen. Die offiziellen Aufgänge zu den beiden Bahnsteigen aber sind völlig heruntergekommen. So sieht es auf vielen Bahnhöfen längs der Strecke aus. Sie sind geschlossen, vernagelt, schmutzig, obwohl sie ursprünglich durchweg ansehnliche Bauten gewesen sind. Niemand investiert mehr in sie. Auch die Orte sind an vielen Stellen frei von Gestaltungsprinzipien verbaut. Das erklärt wohl, warum die erwähnten Leitfäden zur Baukultur auf den Großteil des gebauten Raumes gar nicht erst eingehen. Ganze Straßenzüge können nicht einmal ansatzweise ein Gefühl von »Romantik« evozieren.

Zwischenzeitlich hatte ich mich gefragt, warum ich den letzten Kurzurlaub am Rhein in so guter Erinnerung hatte. Aber als auf der Rückfahrt mein Blick in Bacharach aus dem Zug auf ein Stück hübscher Stadtmauer fiel, wurde mir klar, dass man den Rhein wohl als großes Ganzes, als Ensemble (aus dem Zug, aus der Luft), *oder* aber bewusst selektiv sehen, ihn sich durch eine gezielte Reisestrategie aus Mosaiksteinen zu einem Komposit des »romantischen Rheins« zusammensetzen muss: hier ein Stück Stadtmauer, dort ein hübsches Haus, eine Burgruine, ein Detail, eine Blickachse usw. Das Dazwischen: ignorieren. Genau das hatte ich bei einem früheren Urlaub unbewusst gemacht, und dem trägt auch die Vermarktungsstrategie des Mittelrheinzweckverbandes Rechnung, beispielsweise mit den erwähnten »Bilderrahmen« an den Bundesstraßen. Betrachtet man dagegen diese Landschaft als Ganzes detailliert, etwa indem man einem langen Wanderweg folgt, kann man den Eindruck gar nicht vermeiden, dass eine weitgehende Gleichgültigkeit gegenüber dem bebauten Raum vorherrscht. Empfinden die Rheinanwohner gar keinen Stolz auf ihre »romantische« Landschaft? Was jedenfalls das Welterbe repräsentieren soll, kann weite Teile des bewohnten Rheintals einfach nicht affizieren.

Anmerkungen

1. Kunst- und Ausstellungshalle der Bundesrepublik Deutschland/Plessen (Hg.) 2016: 128.

2. Bock 2010: 187-244; s.a. Nowack 2006.

3. Lachenwitz 1836: 13, 29, 32-35.

4. Z.B. Balmes 2021; Cioc 2002; Kremer 2010; Meyer 2011; Tümmers 1994.

5. Z.B. Paquet 1926: 4; Unge ²1831/1829: 163f.; Vogt/Schreiber 1806: Erstes Heft, 3f.; Weber 1826-1828: Bd. 4, 580f.

6. Kalisch 2009: 59.

7. Zimmermann 2001a: 464.

8. Landesamt für Denkmalpflege Rheinland-Pfalz (Hg.) 2001.

9. Chard 1999; Fjågesund/Symes 2003; Mohnike 2007.

10. Walter Hirsch an die Stadt Koblenz, 1.2.1939, 2.3.1941 (Stadtarchiv Koblenz, Bestand 623, Nr. 7304).

11. Zedler 1742: Sp. 1106.

12. Wackerbarth 1794: 203; s.a. Janscha/Ziegler 1798: Tafel VIII.

13. Zedler 1742: Sp. 1109.

14. Ähnlich Fokke 1796: 27-42.

15. Engelmann (Hg.) 1857: 457-461, 476-478, 810-829.

16. Lang 1975/1789-1790: 160.

17. Ebd.: 166.

18. Becker 1799; Kölbel/Terken (Hg.) 2007; Wackerbarth 1794.

19. Collini 1783: 505.

20. Ebd.: 507.

21. Z.B. Dupuis o.J./ca. 1789: 23-25; Kölbel/Terken (Hg.) 2007: 187.

22. Kreuzberg 1949: 196.

23. Forster 1989/1791-1794: 31.

24. Ebd.: 31f.

25. Ebd.: 35f. Ähnlich Becker 1799: 125-127; Fourmois/Hymans o.J./1854: 3; Hugo 1842: Bd. 21, 200-202; s.a. Goldstein 2015: 151-168.

26. Forster 1989/1791-1794: 77.

27. Ochsenheimer 1795: 179-299.

28. Demian 1820: 257.

29. Ebd.: 151.

30. Ebd.: 164.

31. Ebd.: 246f. (kursiv im Orig.).

32. Zit. n. Weihrauch 1989: 75.

33. Ebd.: 70-91 (Zitat: 83).

34. Vogt 1804: 22-32; Vogt/Schreiber 1806: Zweites Heft, 32-34.

35. Alpen 1802: 122-125.

36. Weihrauch 1989: 135f., 462-467.

37. Stephan 1924: 92f.

38. Dischner 1972: 99 (kursiv im Orig.).

39. Hendschel 1845: 1-28. Ähnlich Nover o.J./1900.

40. Stieler/Wachenhusen/Hackländer 1978/1875: 10.

41. Hinrichsen 1991; Meier 1999.

42. Mohnike 2007: 32-34; s.a. Koshar 1998.

43. Weihrauch 1989: 27, 32f.

44. Barth u.a. 1997: Bd. 4, 239.

45. Ebd.

46. Ebd.: 251.

47. Schlegel 1959/1805: 187.

48. Ebd.: 186f. (Zitat: 186).

49. Ebd.: 187.

50. Ebd.

51. Ebd.: 191.

52. Schlegel 1980/1803: Bd. 2, 223.

53. Ebd.: 217.

54. Ebd.: 223.

55. Schopenhauer 1831: Zweiter Theil, 90.

56. Ebd.: 91f.

57. Jean Baptiste Breton hatte es 1802 so formuliert: Vulkane seien Ruinen der Natur, Burgen Ruinen der Zeit; die einen zeugten von der geologischen, die anderen von der menschlichen Geschichte (Breton 1802: 161).

58. Carus 1836: 40.

59. Ebd.: 59.

60. Schopenhauer 1831: Zweiter Theil, 93.

61. Spitz (Hg.) 1838: 128.

62. Castle (Hg.) 1911: 173.

63. Hinrichsen 1991; Pretzel 1995.

64. Klein 1828: IV.

65. Ebd.: 54f.

66. Ebd.: 222.

67. Fick 1809: 215 (Hervorh. im Orig.).

68. Cepl-Kaufmann/Johanning 2003: 100.

69. Baedeker o.J./ca. 1835.

70. Baedeker 1849.

71. Brown 1881: 13; s.a. Zschokke u.a. o.J./ca. 1850.
72. Müller 1852, ²1868.
73. Dahl 1835; Fick 1809; Heyl/Berlepsch 1867; Klebe ²1806; Müller 1852; o.A. o.J./1838; Voigtländer 1965; Waldeck 1849/1842.
74. Geib 1838: Bd. 3, 34, 58.
75. Delkeskamp 1837: 5.
76. Brown 1881: 9f.; Hocker 1860: 383; Murray 1845: 288f.; o.A. 1842: 21f.; Weber 1826-1828: Bd. 4, 668f.
77. Fourmois/Hymans o.J./1854: 24.
78. Barth u.a. 1997: Bd. 4, 247.
79. Riehl 1891: 221.
80. Wirtgen o.J./1839: IIIf.
81. Bremer 1848: 6.
82. Winberg 1882: 53f.
83. Immermann o.J./1883: 14.
84. Mathias Edenbergs anteckningar under dess 1658 började resor (Kungliga biblioteket, Stockholm, Handskriftsenheten [im Folgenden: KB, Signatur], E.S. B-V, 1-3); Carl Stuart: Anno 1704 [tatsächlich: 1705] d 1 Februarÿ reste iag i från Stockholm till Tÿskland och Holland och under vägen deße efter föllande orter och städer passerat (KB, M 271).
85. [Per Ulrik Kernell]: Dagbok under En Resa uti Frankrike[,] Italien och Tyskland. År 1823 (KB, L 48:18); Adolf Fredrick Lindblad: [Ohne Titel], 1825 (KB, L 48:8); Lagberg, Johan Olof: Anteckningar under en resa till Tyskland, 1841 (KB, L 71:12); Johan Hoffman: Resedagbok, 1850 (KB, M 248a); Helgo Zetterval: Resedagbok, 1862 (KB, L 25:2b); Mary de Ron: Reseanteckningar, 1875, 1876 (KB, L 9:IV:46b); Maria Scholander-Hedlund: Resa till Tyskland (och Schweiz), 1880 (KB, ls 11:12b).
86. Gustaf Nyblaeus: På Kontinenten för Fyrtio År Sedan. Reseminnen, I. 1850, II. 1852 (KB, M 256); Ludvig Josephson: »Ideal och Verklighet«. Hvad jag upplefvad från barndomen och under Min Fyratioåriga [sic] Teaterverksamhet jemte anteckningar om mina resor i Sverige och främmande länder, 15 Bde., o.D., Bd. Ib und X (KB, lj 7:1 und lj 7:10); Johan Gustaf Paykull: Rhen, Milano och Paris, 1852 (KB, Acc. 1996/99); Lindblad 1867.
87. Dill 1926.
88. Bremer 1848: 5.
89. Ebd.: 60 (kursiv im Orig.).
90. Winberg 1882: 35 (kursiv im Orig.).
91. Batty 1826; Carr 1807; Fearnside 1832; Gardnor 1788; Mayhew 1860; Murray 1845; o.A. o.J./1838; Radcliffe 1975/1795; Rutland 1822.
92. Arnoud/Bichebois/Deroy 1826; Breton 1802; Fourmois/Hymans o.J./1854; Gerard 1845; o.A. 1855.
93. Dumas 1999/1841: 14f.
94. Vgl. Kiewitz 2003: 37-123.
95. Schaden (Hg.) 2016.
96. Fechner 1986; Heffernan 2015: 614f.; Schneider ²2009; Whyte 2002.
97. Whyte 2002: 99.
98. Rutherford 2013: 218.
99. Ebd.: 202.
100. Gilpin 1786: Bd. 1, 160.
101. Ebd.: 110.
102. Ebd.: 103f. (kursiv im Orig.).
103. Ebd.: 183 (kursiv im Orig.).
104. Andrews 1989.
105. Whyte 2002: 102.
106. Gassen/Holeczek (Hg.) 1992a, 1992b; Keune ²2007; Keune (Hg.) 2011; Wilhelm/Zehnder 2002.
107. Forster 2013: 194. Zahlr. Abb. in Forster (Hg.) 2013: 207-222, 274-289.
108. Wilhelm/Zehnder 2002: 54.
109. Gilpin 1786: 44.
110. Abgebildet in Keune ²2007: 71; Keune (Hg.) 2011: 59f., 163.
111. Keune (Hg.) 2011: 165; Abb.: 166f.
112. Ebd.: 157.
113. Z.B. Albert 1857; Bleuler 1996/1845; Geib 1838; Hildenbrand o.J./1905; Hocker 1860; Horn ³1881/1867; Spitz (Hg.) 1838; Texier o.J./1858; s.a. Haberland 2009.
114. Vogt/Schreiber 1806: Zweites Heft, 33; s.a. Wünsch o.J./ca. 1830.
115. Boisserée 1862: Bd. 1, 452.
116. Riehl 1891: 234.
117. Keune (Hg.) 2011: 155, 183; Euskirchen 2001: 398.
118. Franz Kugler, zit.n. Euskirchen 2001: 399 (Auslassungen im Orig.).
119. Keune ²2007: 65, 95, 123.
120. Keune (Hg.) 2011: 45; Abb.: 46f.
121. Brües 1927: 12.
122. Verein August Macke Haus e.V. 1994.

123. Wilhelm/Zehnder 2002: 144-147, 152f., 196, 200f.

124. Ebd.: 153.

125. Ebd.: 198.

126. Dazu Schmitt 1996.

127. Billmark 1837: o.S. (Tafel »St. Goar«).

128. Becker 1855; Billmark 1837; Eisen o.J./1847; Janscha/Ziegler 1798; Jügel 1830; Knight 1846; Lange 1847; Lasinsky 1829, o.J./ca. 1835; Lasinsky/Bodmer 1834; Mercereau o.J./ca. 1860; o.A. 1842; o.A. o.J./1850a; o.A. 1860; o.A. o.J./ca. 1899; Schütz 1822; Stanfield 1838; Villeneuve o.J./ca. 1850; Wünsch o.J./ca. 1830.

129. Weihrauch 1989: 412.

130. Billmark 1837: o.S. (Tafel »Drachenfels«); Eisen 1847: o.S. (Tafel »Schloß Rheinstein«); Lange 1847: nach 88, nach 100.

131. Topelius 2011/1845-1852.

132. Haberland 2013: 170.

133. Anders deutet Irene Haberland eine Szene in Joseph von Eichendorffs Roman »Ahnung und Gegenwart«. Graf Leontin sieht in einer Szene, wie Menschen im Tal Schutz vor einem Gewitter suchen. »Warum wird unten auf den Flächen alles Eins und unkenntlich wie ein Meer«, während »das zertrümmerte Alte in einsamer Höhe steht, wo das Einzelne gilt und sich, schroff und scharf im Sonnenlicht abgezeichnet, hervorhebt, während das Ganze in farblosen Massen Gestaltos [sic] liegt, wie ein ungeheurer grauer Vorhang«. Die Gegenwart, so Haberland, war für Eichendorff und Zeitgenossen konturenlos, während sich die Vergangenheit in den Ruinen deutlich abzeichnete (Haberland 2011: 26f.).

134. Weber 1826-1828: Bd. 4, 600.

135. Schlegel 1959/1805: 186.

136. Bertòla 2004/1796: 69, 80.

137. Peitsch 1978: 440-480.

138. Ochsenheimer 1795: 205.

139. Bodensiek (Hg.) o.J./1963: 14, 18.

140. Weber 1826-1828: Bd. 4, 601.

141. Nisard o.J./1835: 164.

142. Müller von Königswinter 1867: 10f.

143. Kerp 1927: 9.

144. Ebd.: 40.

145. Ebd.: 9 (Hervorh. im Orig.).

146. Burton 2012: 191.

147. Zweckverband Welterbe Oberes Mittelrheintal 2008: 52-69.

148. Gruenter 1994: 155f.

149. Heyl/Berlepsch 1867: 230 (Hervorh. im Orig.).

150. Klein 1828: 33 (Hervorh. im Orig.).

151. Vgl. auch Brandon 1979: 176; Jost 2005.

152. Fourmois/Hymans o.J./1854: 11.

153. O.A. 1842: 24f. (Hervorh. im Orig.).

154. O.A. 1892.

155. Müller ²1868: 137 (Hervorh. im Orig.).

156. Ebd.: 143f. (Hervorh. im Orig.).

157. Nisard o.J./1835: 148f.

158. Müller 1852, ²1868: pass.

159. Voigtländer 1865: 20.

160. Hoitz ³1912-1913; Schreiber 1812: 56.

161. Weihrauch 1989: 461, 478-487.

162. Brües 1925b: 28.

163. Ebd.: 31.

164. Ebd.

165. Z.B. Friedrichsen 1842; Krätzer o.J./ca. 1844; Ravenstein 1845.

166. Holzhäuer o.J./2002; Sattler 1993; Schwarz 1993.

167. Delkeskamp 1826; o.A. o.J./ca. 1830; Rosenkranz 1830; Ursinus 1842; auch noch Heyl 1874.

168. Vogel 1833.

169. Payne o.J./ca. 1850.

170. Z.B. Foltz 1870, 1880; Herchenhein o.J./1869, o.J./1886; o.A. o.J./1850a; o.A. o.J./1850b; o.A. 1867; o.A. 1871; o.A. 1885; o.A. 1894; o.A. o.J./ca. 1910b; o.A. 1950; o.A. 2009; Schütz o.J./ca. 1907; Winter o.J./ca. 1925.

171. O.A. 1968.

172. Winter o.J./ca. 1905; in Farbe: Winter o.J./ca. 1925.

173. Gruenter 1994: 157.

174. Bodensiek (Hg.) o.J./1963: 14.

175. Kerp 1927: 41.

176. Paquet 1923: 104.

177. Weihrauch 1989: 423.

178. Ebd.: 423-425, 429f.

179. Glatz 2001: 696. Zur Burgenrekonstruktion: Rathke 1979; Schüler-Beigang 2001: 269-279; Schmidt 1992; Taylor 1998; Werquet 2010.

180. Werquet 2010: 45.

181. Schmoll 2004: 133.

182. Carus 1836: 38-40.

183. Werquet 2010: 60-62.

184. Haberland 2011: 37-39.

185. Haberland 2003: 9.

186. Dohme 1850; Malten 1844.

187. Hocker 1860: 341f.

188. Malten 1844: 3 (die Schreibweise verdankt sich reimtechnischen Gründen).

189. Ebd.: 35f. (Hervorh. im Orig.).

190. Caspary 1984: 78f.; Haberland 2011: 34f.;

191. Pfotenhauer/Lixenfeld 2006: 12.

192. Werquet 2010: 137f.

193. Ebd.: 163.

194. Ebd.: 401.

195. Ebd.: 408.

196. Ebd.: 409.

197. Ebd.: 48.

198. Cepl-Kaufmann/Johanning 2003: 179-193; Kühl 2002; Werquet 2010: 163f.; Wolff 1980.

199. Werquet 2010: 180.

200. Ebd.: 153-158, 179f.

201. Alings 1996: 167-176; Bickel 1992.

202. Alings 2002: 91 (kursiv im Orig.).

203. Zit. n. Euskirchen 2001: 426.

204. Crettaz-Stürzel 2005: 42-47, 57.

205. Taylor 1998: 170-188.

206. Rathke 1980: 357.

207. Bermbach 2010; Nordrhein-Westfalen-Stiftung (Hg.) 2010; o.A. o.J./ca. 1910a; Schäfer 2010.

208. Bittkau 2013; Bunzel 2014; Melville 2014; Werquet 2002.

209. Taylor 1998: 189-215.

210. Cepl-Kaufmann/Johanning 2003: 131.

211. Z.B. Jeismann 1992; Kiewitz 2003: 124-212; Vogel 2016.

212. Kiewitz 2003: 197.

213. Arndt 1893/1813: 13.

214. Zedler 1742: Sp. 1106.

215. Simrock 1975/1840: 9.

216. Ebd.: 12.

217. Schier 1838: 1 (Hervorh. im Orig.); Simrock 1840.

218. Kiewitz 2003: 207.

219. Ebd.: 200-202, 213-226.

220. Grimm 1931, 1937; Hansen 1922; Stegemann 1924; Wentzcke 1925; Wolters 1927.

221. Brües 1925a: V.

222. Braubach 1925: 325 (am Ende zitiert wird Justus [?] Perthes).

223. Die Zitate in Ponten 1925: 8, 11; Raumer 1936: 6; Stengel 1926: 44.

224. Paquet 1923: 8f.

225. Ebd.: 165.

226. Schulte 1923: 8 (Hervorh. im Orig.).

227. Ponten 1925: 13, 17f.

228. Rave 1938: 16.

229. Ponten 1932: 164, 166; s.a. Paquet 1920.

230. Henßen/Wrede 1935: Bd. 1, 1.

231. Ruppel 1930: 59.

232. Braun 2016; Cepl-Kaufmann (Hg.) 2009.

233. Ester (Hg.) 1916; o.A. 1938; Ponten/Winckler (Hg.) 1925; Wentzcke/Lux (Hg.) 1925.

234. Darsy 1919: VII, 3, 209.

235. Aulneau 1921: 2f.

236. Driault 1916: Bd. 2, 1-13.

237. Z.B. Breton 1802: Bd. 2, 78f.; o.A. 1855: 98.

238. Hugo 1842: Bd. 21, 203f.

239. Sagnac 1917: 6.

240. Funck-Brentano 1934.

241. Barrès o.J./ca. 1920: 4, 30.

242. Texier o.J./1858: If.

243. Febvre 1994/1935: 184

244. Ebd.: 173.

245. Hausmann 2005.

246. Kern 1973; s.a. Oellers 2005; Pabst 2003; Wein 1992.

247. Bertram 1922; Kreuzberg 1937; Pfeifer 1936; Wolters/Elze (Hg.) 1923.

248. Pfeifer 1936: 100 (Hervorh. im Orig.).

249. Kreuzberg 1937: 272.

250. Ratzel 1898: 56.

251. Haushofer 1928-1931: 7 (Hervorh. im Orig.).

252. Maull 1928-1931: 74.

253. Löffler 1928-1931: 88f.

254. Maull 1928-1931: 121.

255. Leyden 1928-1931: 126.

256. Frings 1926: 127.

257. Ebd.: 154.

258. Ebd.: 182f.

259. Schmitthenner 1928-1931: 289.

260. Steinbach 1925: 122.

261. Aubin 1925, 1926; Behrmann/Maull (Hg.) 1929; Hoff 1925; Kautzsch u.a. 1925; Plümer 1940; Steinbach 1925.

262. Hans Schwann: Programmentwurf für eine Rheinbefahrung [des Bundes rheinischer Dichter], o.D., Ms., Bl. 3 (Hervorh. im Orig.) (Universitätsbibliothek Frankfurt a.M., Nachlass Alfons Paquet III, Kiste 5.5. [ohne Signatur]).

263. Metz 1961/1940: 135f.

264. Behrmann/Maull (Hg.) 1929: 5 (Hervorh. im Orig.).

265. Haushofer 1928-1931: 1 (Hervorh. im Orig.).

266. Dietz u.a. (Hg.) 2003; Müller 2009; s.a. Blotevogel 2005; Parau 2008.

267. Paquet 1926: 6.

268. Brües 1925b: 78.

269. Brües (Hg.) 1925.

270. Brües 1925b: 34.

271. Ebd.: 52.

272. Ebd.: 57f.

273. Ebd.: 60.

274. Ebd.: 62; s.a. Spies 1925: 198.

275. Scotti 1992: 115.

276. Wentzcke 1927: 327.

277. Vereinigung für die gemeinsamen Aufgaben der Länder am Rhein. Eine Denkschrift, 1927, Ms., Bl. 2 (Universitätsbibliothek Frankfurt a.M., Nachlass Alfons Paquet I, B, Nr. 5).

278. Kuske 1925; Quelle 1926.

279. Cepl-Kaufmann/Johanning 2003: 305-312.

280. Poethen 1925: 439f.

281. Brües o.J./1924: 37.

282. Brües 1927: 14.

283. Winckler 1925: 301f.; s.a. Delseit 2005.

284. Winckler 1925: 305.

285. Paquet 1940: 34.

286. Ebd.: 14.

287. Ebd.: 47.

288. Brües 1925a: VI.

289. Ebd.: VIII.

290. Paquet 1929-1930: 395.

291. Poethen 1925: 440.

292. Petri/Droege (Hg.) 1976-1979: Bd. 2, V.

293. Meisen/Steinbach/Weisgerber (Hg.) 1950. Ein erstaunlich unpolitischer Rhein schon bei Brües o.J./1938.

294. Wolf 1956: 10.

295. Rhineland. Culture and Romance, o.O., o.D. (um 1950); Arbeitsgemeinschaft der Rheinischen Verkehrsverbände (Hg.): Tyskland.

Rhenbygden. En bildkarta bzw. Allemagne. Pays du rhin. Carte illustré, o.O., o.D. (Landeshauptarchiv Koblenz, 714/2424 und 2425).

296. O.A. ²1962: o.S.

297. Ebd.: Abb. 32, 64-65.

298. Görres 1922.

299. Steinmeyer 1927: 13, 30.

300. Albrod 1984: 65.

301. Zweckverband Welterbe Oberes Mittelrheintal 2007a: 11f.

302. Stuart 1930: 68.

303. Saure 2003: 81.

304. Kissel/Triep 2001.

305. Z.B. HB-Bildatlas 2002; Hohenadl/Kustos 2007; Kroener 2002; o.A. 2010.

306. Loris 2005: 88f.

307. Z.B. Cepl-Kaufmann/Lange (Hg.) 2006; Schneider (Hg.) 1983.

308. Knorr-Anders/Ohrenschall 1995.

309. Knoll 2001: 4, 7.

310. Forum Mittelrheintal (Hg.) 2004: 21.

311. Gassen/Holeczek 1992b.

312. Melkonian (Hg.) 1992: 26.

313. Lekan 2008.

314. Kulturlandschaft Mittelrheintal von Bingen/Rüdesheim bis Koblenz (Oberes Mittelrheintal). Antrag zur Aufnahme in die Welterbeliste der UNESCO, 19.12.2000, S. 24 (URL: https://www.edoweb-rlp.de/resource/edoweb:3666885/data [13.7.2020]).

315. Pfotenhauer/Lixenfeld 2006: 8.

316. Reichsstelle für Raumordnung 1938: 326.

317. Walther Schoenichen an das Ministerium für Wissenschaft, Kunst und Volksbildung, 16.10.1929, Abschrift, Bl. 4 (Archiv des Landschaftsverbandes Rheinland, 11171).

318. Franz Graf Wolff-Metternich, Stellungnahme, 27.3.1930 (Archiv des Landschaftsverbandes Rheinland, 11171).

319. Regierungspräsident, Abschrift einer Niederschrift über eine von dem Oberpräsidenten veranstaltete Rheinbesichtigung der Stromstrecke Boppard-Andernach, 3.8.1939 (Stadtarchiv Linz, 4, Nr. 4).

320. Der Bürgermeister der Stadt Linz an den Landrat in Neuwied, 9.10.1939 (Stadtarchiv Linz, 4, Nr. 4).

321. Menke 1953.

322. Bezirksregierung Koblenz, Rheintalschutzverordnung, 18.5.1953 (Stadtarchiv Linz, 4, Nr. 4).

323. Reichsstelle für Raumordnung 1938: 327.

324. Wenzel 2001: 437, 442.

325. Heinen 1999: 9.

326. Herold/Rund 2001: 641.

327. Kern 2001: 626.

328. Herold/Rund 2001: 644.

329. Ebd.: 650.

330. Merz 2001: 955.

331. Zweckverband Welterbe Oberes Mittelrheintal 2008: 45.

332. Kern 2001: 627, 631f.

333. Landesamt für Denkmalpflege Rheinland-Pfalz (Hg.) 2001: 716f., 727; Ministerium für Kultur, Jugend, Familie und Frauen des Landes Rheinland-Pfalz (Hg.) 1998: 14.

334. Kern 2001: 638f.

335. Zit. n. Rönneper 1998: 14 (kursiv im Orig.).

336. Burggraaff/Kleefeld 1999: 72.

337. Vgl. Burggraaff/Graafen 1999; Kleefeld 2007; Landesamt für Denkmalpflege Rheinland-Pfalz (Hg.) 2001; Ministerium für Kultur, Jugend, Familie und Frauen des Landes Rheinland-Pfalz (Hg.) 1998; Pfotenhauer/Lixenfeld 2006; Rheinischer Verein für Denkmalpflege und Landschaftsschutz o.J./1997; Rheinischer Verein für Denkmalpflege und Landschaftsschutz (Hg.) 1999; Zimmermann 2001b.

338. Zimmermann 2001b: 682.

339. Rönneper 1998: 15.

340. Zit. n. Zimmermann 2001b: 684.

341. Zweckverband Welterbe Oberes Mittelrheintal 2007b: 2.

342. Initiative Baukultur für das Welterbe Oberes Mittelrheintal 2011: 13.

343. Ebd.: 15.

344. Initiative Baukultur für das Welterbe Oberes Mittelrheintal ²2013.

345. Stadt Lorch am Rhein/Stadt Rüdesheim am Rhein 2005.

346. Initiative Baukultur für das Welterbe Oberes Mittelrheintal ²2013: 78f.

347. Zweckverband Welterbe Oberes Mittelrheintal 2008: 18, 48.

348. Reichsstelle für Raumordnung 1938: 325.

349. Ebd.

350. Zweckverband Welterbe Oberes Mittelrheintal 2012: 17.

351. Ministerium für Wirtschaft, Klimaschutz, Energie und Landesplanung Rheinland-Pfalz 2013: 161.

352. Romantischer Rhein Tourismus GmbH 2011: 11.

353. Heinrichs 2013.

354. Report on the Advisory Mission to the Upper Middle Rhine Valley (Germany), 11.2.2008, S. 10 (URL: https://whc.unesco.org/document/101157 [13.7.2020]).

355. Ebd.: 12.

356. International Council on Monuments and Sites ICOMOS Advisory Mission Report. Report on an ICOMOS Advisory Mission to Upper Middle Rhine Valley, Germany, 28.1.2013, S. 20 (URL: https://whc.unesco.org/document/122564 [13.7.2020]).

357. Kloos 2014: 79-114, 406-439.

358. Ebd.: 439.

359. Kulturlandschaft Mittelrheintal von Bingen/Rüdesheim bis Koblenz (Oberes Mittelrheintal). Antrag zur Aufnahme in die Welterbeliste der UNESCO, 19.12.2000, S. 28 (URL: https://www.edoweb-rlp.de/resource/edoweb:3666885/data [13.7.2020]).

360. Spies 1924; Wyck 1825; s.a. Bernhardt 2016.

361. Wasser- und Schiffahrtsdirektion Duisburg (Hg.) 1951.

362. Wasser- und Schiffahrtsdirektion Mainz 1967: 23.

363. Ebd.: 10.

364. Deutsches Nationalkomitee […] 1996: 28, 31f.

365. Z.B. Bergh 1834; Centralbureau für Meteorologie und Hydrographie im Großherzogthum Baden 1889; Ockhart 1816.

366. Böll 1960: 6.

367. Ebd.

368. Ebd.

369. Hahn 2009: 567.

370. Löber/Gorschlüter 1989.

371. Auer 1992: 26.

372. Gassen/Holeczek 1992d; Sander 2014.

373. Meyer 2011: 419.

374. Romantischer Rhein Tourismus GmbH 2011: 9.

2. Dalarna als »Quintessenz Schwedens«

Nehmen wir an, wir wären 1905, als das europäische Fernverkehrsnetz der Eisenbahnen gut ausgebaut war, am Rhein gewesen und wollten nun nach Dalarna, ins Zentrum, nach Mora, wo das berühmte Dala-Pferd (*Dalahäst*) geschnitzt wird. Was gibt uns das Kursbuch für eine Auskunft? Dass es von Coblenz aus eine lange Reise gewesen wäre. Die Fahrt hätte um 20.36 Uhr mit dem Zug nach Cöln begonnen, von dort hätten wir kurz vor Mitternacht den Schlafwagen 1. oder 2. Klasse nach Berlin Potsdamer Bahnhof genommen. Ankunft um 8.48 Uhr; wir würden eine knappe Stunde Zeit haben zu frühstücken und einen Wagen zum nahegelegenen Stettiner Bahnhof zu nehmen, von wo der Zug nach Saßnitz abgegangen wäre, dort das Dampfschiff nach Trelleborg. Malmö hätten wir um 20.59 Uhr erreicht. Nach einer knappen halben Stunde führe der Nachtzug nach Stockholm, dort hätten wir umgehend Anschluss nach Mora mit Umstieg in Gävle. Um 20.09 Uhr wären wir angekommen, also fast 48 Stunden nach Abfahrt in Koblenz. Gekostet hätte die Reise inklusive zweier Schlafwagenfahrten etwa 165 Reichsmark 1. Klasse oder 134 RM in der 2. Klasse. Solch eine Reisedauer war üblich in Europa, auch wenn es nun deutlich schneller voran ging als die im ersten Kapitel rekonstruierte Reise von London nach Koblenz im Jahre 1836. Die weitaus meisten Menschen konnten sich das nach wie vor nicht leisten, weder zeitlich noch finanziell (zum Vergleich: von Köln nach Bonn kostete es 2,64 RM in der 1. Klasse und 66 Pfennige 4. Klasse). Der Kreis des internationalen Tourismus war aus diesem Grund damals immer noch sehr klein.

Unterwegs hätten wir viel Zeit gehabt, uns über das Ziel kundig zu machen. Dalarna (»Die Täler«) ist eine berg-, wald- und wasserreiche Provinz im Nordwesten Schwedens, sie ist seit langem eines der beliebtesten Touristziele, eine der am frühesten industrialisierten Regionen und zugleich einer der geschichtsträchtigsten Orte des Reichs. Im Süden, im Bergslagen, ist sie durch Gruben, Stahlwerke und den Kupferbergbau in Falun geprägt, in der Mitte (Övre [oder eigentliches] Dalarna) um den See Siljan, dem »Auge Dalarnas«, durch Fremdenverkehr, Landwirtschaft und Handwerk; der waldreiche, dünn besiedelte Norden ist nach den beiden zentralen Orten Särna-Idre benannt und gehörte bis 1644 zu Norwegen. Die südlichen und nördlichen Ränder Dalarnas heißen Finnmark, denn hier hatten sich Ende des 16. Jahrhunderts Finnen niedergelassen. In Malung gab es ein florierendes Lederhandwerk, südlich von Mora wurden und werden die Dala-Pferde geschnitzt, in Falun wurden Kupfer, Zink, Blei, Silber und Gold gewonnen und wird nach wie vor die Hausfarbe Falurot (*Falu rödfärg*) hergestellt, die man heute so sehr mit der Lönneberga- und Bullerby-Idylle Schwedens verbindet. Im

19. Jahrhundert kamen die Papierproduktion und Wasserkraft hinzu. Das Vieh wurde des Sommers wegen der kargen Böden weit in die Wälder getrieben und dort gehütet. In weiten Teilen von Dalarna waren deshalb Almhütten (*fäbodar*) errichtet worden; das sollte später ein wichtiger Faktor im Touristengewerbe werden. Auch die Höhenzüge um den Siljan herum sind für das romantische *image* der Landschaft von Bedeutung. Außerdem zogen die Bewohner Dalarnas schon früh als reisende Händler und als Arbeitsmigranten durch Schweden, sie waren also vergleichsweise weltläufig.[1] Im Süden liegen die wenigen größeren Städte Borlänge, Avesta, Ludvika und Falun, am Siljan die Ortschaften Rättvik, Leksand und Mora, im Norden die Bergdörfer Idre, Sälen und Särna. Von den Bergen der norwegischen Grenze herab, längs durch das ganze Land, fließt gemächlich der Dalälv mit zwei breiten Armen, die sich kurz vor Borlänge vereinen und in die Ostsee münden. Der östliche Arm (*Österdalälven*) durchquert bei Mora den Siljan. Der Dalälv ist, neben dem Siljan, *die* Landschaftsmarke Dalarnas. Selma Lagerlöf hat ihm in »Nils Holgerssons wunderbarer Reise« ein Denkmal gesetzt.

Die Nation im Brennglas

Dalarnas überragende Bedeutung ist ideeller Art. Seit der Industrialisierung Schwedens gilt es als »Urkanton« der Nation. Die starke Selbstverwaltung der kleinen Kommunen durch heimatliebende, traditionsbewusste Bauern wurde als »Urzelle« der schwedischen Demokratie überhöht: »[D]as Dorf ist eine kleine Republik.«[2] Die Dörfer bestanden aus Blockhäusern (die wenigsten waren allerdings rot gestrichen); Architekten erklärten sie im frühen 20. Jahrhundert zu Vorläufern des funktionalistischen Bauens (in Deutschland gemeinhin »Bauhausstil« genannt). Die Freiheit der Bauern war rechtlich derart verankert, dass der Begriff »Dalarna« schon in der Frühen Neuzeit die Rechte der Provinzen gegen den Stockholmer Hof symbolisierte. Den Bewohnern hing der Ruf an, besonders rebellisch zu sein. In mehreren Aufständen gegen die dänische Herrschaft spielten Truppen aus Dalarna seit dem Mittelalter eine wichtige Rolle. Am berühmtesten ist die Geschichte Gustav Vasas I., der 1520 auf seiner Flucht in Dalarna Unterstützung fand, die Dänen schlug und die Nation begründete. Der Kult um Gustav Vasa ist einer der Gründungsmythen der schwedischen Nation und untrennbar mit Dalarna verbunden. Gustav Vasa hatte, zunächst erfolglos, einen Aufstand gegen den dänischen König Christian II. organisieren wollen. Der ließ sich im November 1520 zum schwedischen König krönen und anschließend im »Stockholmer Blutbad« Dutzende hoher Adeliger hinrichten. Sein Widersacher tauchte unter, versteckte sich an verschiedenen Orten in Dalarna, unter anderem in der berühmten Ornässtuga, und versuchte in Mora, die Dalekarlier zum Kampf zu bewegen. Die waren in mehreren Aufständen erprobt, verhielten sich aber indifferent. Der Rebell setzte seine Flucht auf Skiern Richtung norwegischer Grenze fort. Als die Neuigkeiten vom Blutbad Mora erreichten, begann man die Sache zu überdenken und schickte, so geht die Geschichte, zwei Läufer hinter Vasa her, die ihn weit im Norden einholten. Im Oktober 1523 war der Krieg gegen die Dänen siegreich beendet. Dieser Kult machte Dalarna zu *der* nationalen Region Schwedens; er schlug sich seit etwa 1750 in einer langen Kette von Denkmälern und Erinnerungsorten innerhalb der Provinz nieder.

In der Frühen Neuzeit kamen Reisende aus dem Aus- und Inland, die eine Reihe von Landesbeschreibungen publizierten. Abraham Abrahamsson Hülphers hatte das Land

1757 in Form eines Reisetagebuchs beschrieben. Er zählte Fakten auf, und zwar nur Fakten. Er bemühte sich, alle Orte Dalarnas zu sehen und sie, in der Tradition der topographischen und ökonomischen Landesaufnahmen, genauestens zu schildern. Im Süden interessierten ihn vor allem die Gruben und Industriebetriebe, im Norden Kleidung, Dialekt sowie Bau- und Lebensweisen der Einwohner. Dalarna weckte bei ihm keine sublimen Stimmungen, eher patriotische. Einen Teil der Landschaft rekonstruierte er entlang der Stationen von Gustav Vasas Flucht und triumphaler Rückkehr.[3] Wie viele Reisende Dalarna bis 1800 besuchten, ist unbekannt. Etwa 120 Berichte aus der Zeit sind überliefert; 40 % stammen von Schweden, je 20 % von Deutschen bzw. Engländern und 10 % von Franzosen. Am meisten zog sie das Bergwerk von Falun an, wegen der technischen Anlagen und der spektakulären Einsturzstelle von 1687 (*Stora stöten*). Die Stadt, permanent in Schwefel- und Kohledämpfe gehüllt, wurde zumeist als Vorhölle wahrgenommen. Ausgerechnet dieser Ort, verwunderte sich der Journalist Gustaf Näsström 1937, habe Dalarnas Ruf als Reiseziel begründet.[4] An zweiter Stelle standen die Erinnerungsorte an Gustav Vasas Flucht, während die Landschaft kaum interessierte. Selten gab es darüber ein lobendes Wort, sie versprach keinen Nutzen, und viele Reisende waren von den tiefen Wäldern, den schlechten Wegen und den elenden Herbergen abgestoßen. Das änderte sich erst im 19. Jahrhundert. Neben Prosperität und Patriotismus trat nun auch die Landschaft. Seitdem wird Dalarna, wie der Rhein, mit seiner Mischung aus eindrucksvoller Natur und mythischer Befrachtung überhöht.[5] Seitdem begann eine Dalarna-Erfahrung öfters mit einer Grenzüberschreitung.

Es gibt einen schönen Text über eine Exkursion von 22 Journalisten wichtiger Zeitungen. Sie waren Ende Februar 1904 von der Gefle-Dala-Eisenbahngesellschaft eingeladen worden und reisten im komfortablen Inspektionswagen der Bahn, dinierten im Speisewagen und besuchten mehrere Industriebetriebe. Die Einfahrt nach Dalarna wurde umsichtig inszeniert, wie einer der Redakteure seinen Lesern berichtete: »Plötzlich blieb der Zug auf freier Strecke vor einer Anhöhe stehen, auf der eine hohe Flaggenstange errichtet war. ›Meine Herren!‹, rief ein Verkehrsdirektor. ›Wir haben die Grenze Dalarnas erreicht!‹ Alle erhoben sich und brachten ein vierfaches, donnerndes Hurra auf Dalarna und dessen kernige Bevölkerung aus.« Danach sangen sie patriotische Lieder.[6] Der Schriftsteller Harry Blomberg bestätigte 1939, dass alle Reisenden dieselbe verzückende Erfahrung machten. Sie führen mit der Bahn oder dem Auto durch flaches Land und eintönige Nadelwälder, bis sich plötzlich der Raum feierlich weite, die Sonne heller scheine und das gesegnete Land sich vor ihren Augen in rhythmischen Wellen ausbreite.[7] Es gibt noch mehr solcher Beschreibungen, da nehmen die blauen Berge und die Wälder, wie durch ein Weitwinkelobjektiv gesehen, grandiose Proportionen an. Die Landschaft, hieß es, klinge wie ein Oratorium oder der Satz einer Symphonie.[8]

In Dalarna sahen viele Reisende ihr Land wie im Brennglas, als Quintessenz der Nation, als Schweden in Miniatur. Alle charakteristischen Züge des Reiches seien hier zu finden: seine Berge, Täler, Flüsse und blauen Seen, tiefe Wälder, Moore, Heideland, freie Ebene, die mittelschwedische Agrarlandschaft, die nordschwedischen Rentierzüchter, erhabene Natur und moderne Industrie, alte und neue Städte, Dörfer, die noch der Flurbereinigung entgangen waren.[9] Und wo wiederum spürten sie die Quintessenz Dalarnas auf? Das schätzte jeder Autor anders ein, beispielsweise in der Kommune Gagnef; oder in Stora Tuna bei Borlänge; oder längs des Västerdalälv; in Rättvik als »Dalarnas Arkadien«; am Siljan, der als »Dalarnas Dalarna«, »Auge Dalarnas«, »eigentliches Dalarna« – oder gleich als »Herz der Welt« tituliert wurde.[10] 1920 soll nördlich von Borlänge an der Straße Richtung Siljan ein Wegweiser gestanden haben mit der simplen Aufschrift »Nach Dalarna«.[11] Zugleich lesen wir von Dalarna als Land der Gegensätze, geradezu janusköpfig zwischen dem nördlichen Teil mit seiner konservativeren Bevölkerung sowie dem industrialisierten Dala-Bergslagen im Süden gespalten, zwischen Wildnis und Kulturlandschaft, Dörfern und Städten sowie fragmentiert in Charakter und Dialekt der einzelnen Kommunen.[12] Doch Freiheitsgefühl, Traditionspflege, Heimatliebe und die Fähigkeit, mit der Zeit zu gehen, hätten diese Gegensätze und Heterogenität zu einem Ganzen zusammengeschweißt.[13] *Sweden in a nutshell*, hieße es auf englisch, die Einheit der Vielfalt, die die Provinz charakterisierte und zum Nukleus des Reiches machte.

Im frühen 20. Jahrhundert befand sich Schweden im Umbruch. 1809 hatte das Reich Finnland und seinen Großmachtstatus verloren, 1905 zusätzlich Norwegen; von 1850 bis 1920 wanderten 1,5 Millionen Schweden in die USA aus. Ende der 1920er Jahre dagegen sollte der spätere sozialdemokratische Ministerpräsident die schlagkräftige Metapher des »Volksheims« prägen, die Vision des sozialdemokratischen Wohlfahrtsstaates als recht und gerecht geordnetem Heim für jedermann. Damit zementierte die Arbeiterpartei ihre jahrzehntelange Herrschaft. Die Idee war allerdings nicht neu. Die Metapher des »Heims« war schon im 19. Jahrhundert ein zentraler Begriff gewesen; den Staat zum Heim zu machen, die Lebensbedingungen zu verbessern, die Gesellschaft zu einer »Familie« zusammenzuschweißen und *dadurch* die Nation zu stärken (statt, sozialdarwinistisch gedacht, in Kriegen), das wurde die unblutige Vision der ehemaligen Militärmacht Schweden, die es seit der Frühen Neuzeit gewohnt gewesen war, Europa zu verheeren.

Abb. 29: Carl Larssons »Frühstück unter der großen Birke« aus dem Buch »Ett hem« von 1899 hat ein bis heute gültiges Idealbild Schwedens geschaffen. Es gewinnt dadurch Evidenz, weil man diese fast schon brachiale Romantik an verschiedenen Orten Schwedens noch heute selbst erfahren kann (https://commons.wikimedia.org/wiki/File:Frukost_under_stora_björken_av_Carl_Larsson_1896.jpg [17.8.2021]).

Einen Ausdruck fand diese Utopie in den Aquarellen Carl Larssons, die 1899 in dem unerhört einflussreichen Buch »Unser Heim« (*Ett hem*) publiziert und seitdem weltweit unzählige Male reproduziert worden sind. Larsson schilderte mit leichter Feder und feinem Pinselstrich das Leben der eigenen Künstlerfamilie in ihrem Heim in Sundborn, Süddalarna. Wir sehen ein Holzhaus in ländlicher Umgebung, innen behaglich eingerichtet, in einem abgewogenen Zusammenspiel aus Volkskunst, altnordischem und elegantem gustavianischem Stil. Die Bilder strahlen eine verträumte Ruhe aus. In einem Zimmer faulenzt ein Hund; Carl und seine Frau Karin, eine bekannte Textilkünstlerin, sitzen beim Licht der Petroleumlampe am Tisch, er liest, sie näht; im leeren Esszimmer duckt sich eine Maus unter den Tisch. Atelier, Kinderzimmer und Vorgarten sind liebenswert unaufgeräumt. Das Frühstück nimmt die Familie unter der großen Birke ein (Abb. 29). Dieses Haus entsprach definitiv nicht dem schwedischen Durchschnittsheim; es war ein Künstlerhaus, das die Larssons in verschiedenen Baustilen erweitert und im Innern in einer gekonnten Verbindung aus Tradition und Moderne komponiert hatten. Es war zutiefst individuell, doch in der Rezeption der Zeitgenossen stieg es rasch zur zeitlosen Metapher des schlichten, harmonischen Lebens auf dem Lande auf, zum Inbegriff des schwedischen Heims schlechthin.[14]

Man darf die Radikalität dieser Vision nicht unterschätzen. Das ästhetische Ideal Larssons kombiniert mit einer tief verwurzelten funktionalistischen Praxis und einem strikt utilitaristischen Denken verlieh Schweden seit den 1930er Jahren allmählich einen neuen Großmachtstatus: den einer moralischen Supermacht, die auf dem Wege war, die Vision eines glücklichen Lebens für alle Menschen zu verwirklichen.[15] Ästhetik und Funktionalität sind dabei unlösbar gekoppelt, das hatte Ellen Key bereits 1899 in ihrem Klassiker »Schönheit für alle« (*Skönhet för alla*) postuliert. Wer in einer schönen Umgebung lebe, werde automatisch funktional und damit pragmatisch handeln. Tradition verwurzele die Menschen und sichere sie auf ihrem Weg in eine ungewisse Zukunft.[16] Deshalb erscheint es in Schweden als nützlich, zugleich Traditionen zu wahren *und* sich der Moderne zu öffnen, und dabei notfalls auch Traditionen über Bord zu werfen. Der Volkskundler Bosse Sundin postulierte 1991: »Wo, wenn nicht in Schweden, können Birken und rote Hütten den Kern einer radikalen utopischen Vision bilden.«[17] Aber hinter dem Bullerby-Ideal verbirgt sich als Betriebssystem ein unnachgiebiges Ethos der permanenten Justierung und der Anpassung an Veränderungen, das deutlich ausgeprägter ist, als in anderen westlichen Gesellschaften.[18] Und in diesem Kosmos war Dalarnas Rolle die eines imaginierten Urheims *à la* Larsson, in dem sich Moderne und Tradition, Pragmatismus und Ästhetik, Aufbruch und Verwurzelung zu vereinen schienen.

Image: Eine einzigartige Provinz

Die Publizisten Fredrik Barfod und Fredrik Böök haben einen erhabenen Ton angeschlagen. Der Däne Barfod schrieb 1863: »Ich war weder in Rom noch Athen, ich stand weder auf dem Kapitol noch der Akropolis, aber – ich bin in Dalarna gewesen. Nicht jeder meiner Leser kann dasselbe behaupten, nicht jeder von ihnen die volle, ganze Bedeutung dieser fünf kleinen Worte erfassen: *Ich bin in Dalarna gewesen!*«[19] Und Böök konnte 1924 kaum erklären, warum er diesen Landstrich noch nie bereist hatte. Es sei Scheu gewesen: »Wie alle schwedischen Kinder bin ich seit der Kindheit mit einer bewundernden Liebe zu Dalarna aufgewachsen. [...] Aber weil sich Dalarnas Idee so klar vor meinem inneren Auge abzeichnete, hatte ich immer Angst vor der Begegnung mit der Wirklichkeit [...]. Es war viel sicherer, das nationale Symbol in der Sphäre der Geschichte und der Poesie zu belassen. Sich in Dalarna aufzuhalten, in Rättvik zu promenieren und im Siljan zu baden, das war für mich immer so, als würde man die schwedische Flagge als Tischtuch brauchen; sie ist zu gut für die Trivialitäten des Alltags.«[20] Es war die angebliche Einzigartigkeit Dalarnas, auf der alle Stilisierung beruhte. Die Schriftstellerin Ottilia Adelborg machte 1893 in Floda eine heitere und lichte Landschaft aus; über Wiesen, Fluss, Menschen und Tieren schien eine fröhliche Melodie zu schweben (die grassierende TBC war einer der wenigen dunklen Töne).[21] Carl Fries, Zoologe und Publizist, verglich den Siljan mit dem See Genezareth; und betrachte man die Dörfer mit ihren rot und weiß bemalten Häusern, in den endlosen Wäldern gelegen, verstehe man, warum hier die Kunst reicher blühe als anderswo im ländlichen Schweden.[22] Der Journalist und Museumsdirektor Ernst Klein wiederum formte den Siljan entlang der Regeln William Gilpins: Die Großartigkeit des Sees liege in seinem einheitlichen Charakter. Er sei in die Senken des schwedischen Granits eingelassen, auf den umliegenden Bergen mit weichen, ruhigen Konturen wüchsen Wälder bis zum Horizont, in den Talsenken, am blauen und sonnigen Wasser, Birken. Hier hätten auch die Siedlungen inmitten kleiner grüner und brauner Äcker ihren geschützten Platz. »Der Siljan bietet das größte und reinste Bild einer solchen mittelschwedischen Landschaft. Im Typischen mehr als im Individuellen liegt seine Stärke. Er ist eine Art Symbol für das Schwedische in Landschaften.«[23]

Dalarna als Lustgarten ist ein Topos, der mehrfach in Texten des 19. und 20. Jahrhunderts auftaucht. Der Komponist Hugo Alfvén berichtete in seinen Erinnerungen, wie er 1908 ein Grundstück in Augenschein genommen hatte und erstarrte, während ihm kalte Schauer den Rücken herunterliefen. Vor ihm öffnete sich wie auf einem Gemälde die schwedische Ideallandschaft, wie er sie in seinen schönsten Träumen erblickt hatte. Kein Hof, kein Hausdach, kein Schornstein sichtbar, ein riesiger, ununterbrochener Wald umschloss den Siljan. Symmetrie, Balance. »Welche unsagbare Harmonie, welche plastische Schönheit und klassische Reinheit lag nicht in diesem Spiel der Linien. Das war *Schweden*! Nein, das war mehr: Das war Schwedens *Herz*! Diesen Berg musste ich besitzen, denn hier hatte ich eine Inspirationsquelle gefunden, die niemals versiegen würde!«[24] Diese Harmonie betörte auch ausländische Beobachter, z.B. zwei Franzosen. Der eine hob besonders die lieblichen Abende von andächtigem Ernst hervor, die der *midi*, der französische Süden nicht kenne: »tout est calme, calme, silence«.[25] Für den anderen wohnte hier Schwedens älteste und reinste Rasse, das mache Dalarna zur »Ile-de-Suède«.[26] Ebenso Hans Christian Andersen, er beschrieb detailliert eine idyllische Kirchbootfahrt. Die fernen Berge in reinem Blau, die roten Häuser und der Siljan als »Dalarnas Auge«, die Insel Sollerön als dessen »Augenstern«. »Maler und Dichter, nehmt Euch bei der Hand, kommt hoch nach Dalarna, das arme Land ist reich an Schönheit und Poesie, am reichsten doch am Siljan-See.«[27] Der Niederländer W. Th. van Griethuijsen erfuhr die Natur dieses Landstriches 1877 als liebliche, malerische Idylle und das Alltagsleben als frei von Hast.[28] »[E]ine unbeschreibliche Anmut« machte Johann Wilhelm Schmidt aus, und in einer Grube erschauerte er angesichts des wunderbaren Gewölbes, ein erhabener Tempel Gottes unter der Erde.[29]

Die Stilisierung weist oft eine regelrecht existenzielle Konnotation auf. »Um die Siedlungen in Dalarna«, schrieb Carl Fries, »schlägt der Wald stets seinen dunklen Ring. Hier vernehmen wir immer noch stark den ursprünglichen Gegensatz zwischen

Dorf und Wildmark, der sich durch die Geschichte der Landwirtschaft zieht«[30] – eine
Ursprünglichkeit des Lebens, die in anderen Landstrichen offenbar der Moderne bereits gewichen war. Dem Nobelpreisträger Erik Axel Karlfeldt kam nach der Früh-
jahrsflut der Dalälv bei Hedemora wie der Nil vor, dieses globale Symbol der Frucht-
barkeit, der zwischen Feldern und üppigen Grün durch einen Lustgarten des Herrn
hindurchzog.[31] Diese Landschaft bildete ein Bollwerk gegen die Moderne, meinte ein
Engländer: »The warm red timbered houses sheltered by groups of trees stand unob-
trusively as they have done for hundreds of years, between trim fields and the sombre
stretches of northern forests. These components blend harmoniously into a landscape
unspoiled by modern advertisement and glaring new buildings.«[32] Aber das Idyll war
gefährdet, hatte Karlfeldt schon zuvor eingewandt: »Ein altertümliches Leben in Ge-
nügsamkeit, in Entsagung, wenn nötig, ohne Normalarbeitstag, ohne Streiks, was ist
das für ein Gefasel in den Ohren derer, die das neue Evangelium der Landwirtschaft
bringen: keine freien Bauern mehr, sondern Staatskätner unter bürokratischer Auf-
sicht.«[33] Karlfeldt meinte die Sozialdemokratie, die Mitte der 1920er Jahre gerade eine
ihrer damals noch kurzlebigen Regierungen führte. Kurioserweise beruhte ihre lang-
anhaltende Macht seit 1932 auf einem historischen Kompromiss mit der konservativen
Bauernpartei, der gerade keine Kollektivierung der Landwirtschaft zur Folge hatte.

Es gab freilich andere Stimmen. Wie im 17. und 18. Jahrhundert konzentrierte sich
das Interesse einiger Autoren im 19. und 20. Jahrhundert allein auf politische und wirtschaftliche Verhältnisse. In solchen Beschreibungen unterscheidet sich Dalarna durch
Fakten von anderen Regionen, nicht durch eine mythische Überhöhung. Die Texte sind
in der narrativen Struktur des »Über alles« (Robert Gernhardt) aufgebaut. Eine schöne
Landschaft wird durchaus bemerkt, zumeist aber nur *en passant* und manchmal umgehend an ihren industriellen Nutzen rückgebunden.[34] Unerträglich war es, wenn ein
Dorf ohne Sinn für Ordnung angelegt worden war.[35] Der Rektor des Lemgoer Gym-
nasiums Hermann Karl Brandes fand 1859 den vielgepriesenen Siljan weniger hübsch
als den Zürichsee. Der Siljan als »Auge Dalekarliens«, solche Schlagwörter zitierte
er bloß. Das trifft ähnlich auf zwei englische Reisende zu, Horace Marryat und Bayard Taylor.[36] Der Deutsche Ernst Moritz Arndt? Dessen Dalarna bestand aus idyllischen Genrebildern und anthropologischen Charakterstudien. Auf seiner Reise durch
Schweden im Jahre 1804 hatte er den Dalekarlier bewundernd überhöht: »Sein Wesen
ist ernst, still und freundlich. [...] Doch liegt auf vielen Gesichtern das Kolossischideale
und Ungeheure des Nordens, das unentwickelt in sich selbst erstarrt und als ein Koloss
der Zeit auf die Ewigkeit hinweist. Der freie Sinn, der offene Muth, das volle Tragen
des Lebens verkündigen sich einem jeden aus diesen Giganten. [...] [I]n der bewegten
Fluth des Lebens wie fest und sicher, ja wie menschlich gewaltig fühlt man sich unter
solchen Wesen!«[37] Mit Dalarna selbst hatten solche Ausflüge in die Nordische Mytho-
logie wenig zu tun. Ein »Handbuch für Reisende in Schweden« widmete Dalarna 1838
immerhin eine gute Seite des expliziten Lobs der herrlichen Landschaft: Von den Bergen breite sie sich wie auf einem Gemälde aus; unten liege Dalarna als »behaglicher
Erholungsort« für all diejenigen, die ihre von der lärmenden Welt und den Mühen des
Alltags angegriffene Seele regenerieren wollten.[38] In anderen Texten wurde der Topos
»Arkadiens« bemüht, der poetische, warme, verzaubernde Charakter der Landschaft
und das gesunde, einfache, willensstarke, redliche, gastfreundliche Volk gepriesen,
das in der Moderne seine Traditionen und Eigenarten bewahrt habe.[39] Trotzdem fehlt
jede Überhöhung. In einem Reiseführer nimmt man die Landschaft sogar nur noch

in verknappten Anweisungen wahr. In Halbsätzen werden Tageswanderungen absolviert: »Gardbergs Klack [steiler, absatzartiger Berg] (ca. 600 m) liegt 22 km w[estlich von Mora]. *Besonders lohnender Ausflug.* Proviantbeutel! [...] Nur Übernachtung in Alm auf Strohbett; Decke mitnehmen.«[40] Die kooperativen Handelsvereine machten ihre Wurzeln bei den mittelalterlichen Bauern und Klöstern Dalarnas aus, die angeblich schon immer genossenschaftlich gewirtschaftet hätten.[41]

Die Tourismusbranche konnte Dalarna als prämodernes Paradies verkaufen, das gleichwohl durch Bahnen und Busse erschlossen war und auch dem Automobiltouristen immer bessere Straßen bot,[42] zugleich aber als einmalige Geschichtslandschaft. Keine Episode der schwedischen Geschichte dürfte in derart unzähligen Varianten erzählt worden sein wie der erwähnte Vasa-Mythos, in historischen Handbüchern, Gedenkschriften, Kinderbüchern, Schauspielen, Gedichten, Liedern und einer Oper.[43] Immer hatte das »Volk« eine tragende Rolle in diesem patriotischen Projekt inne. 1860 klang es so: »Sei gesegnetes Land, Du Heimaterde der Freiheit! Du Wiege der Helden! [...] Ewige Ehre für die Männer Engelbrekts und Vasas, [...] die allesamt ihre armseligen Hütten verließen, um Schwedens [...] Volk zu befreien.« Falls ein neuer, blutiger Krieg anstehen sollte, »ja, da werden wir Dalekarlier, alle zusammen!!«[44] Dass die Bauern sich später tatsächlich mehrfach gegen Gustav Vasa und seine Nachfolger wandten, kam in der Memorabilienliteratur nicht gut an. Bei Gustav Henrik Mellin waren sie vom Hochmut ergriffen, über Schwedens Regierungen bestimmen zu wollen, mussten auf Knien um Gnade bitten und wurden erbarmungslos zur Raison gebracht. Bei Anna Maria Roos erfahren wir, dass sie mal durch falsche Tatsachen zur Rebellion verführt worden waren, mal sich das Recht angemaßt hatten, einen König abzusetzen. Jedes Mal wurden sie zu Recht gezüchtigt. Wieder eine andere Schrift deutete die erste Revolte als Missverständnis, das aus der Reformation resultierte. Sie wurden gerügt, weil sie in Västerås durch Plündereien und Saufgelage fast den Sieg gegen die Dänen verschenkt hätten, und ein anderer Autor zählte boshaft diejenigen Orte auf, die sich dem Aufstand *nicht* angeschlossen hatten u.a. Hedemora, Husby und Skedvi.[45]

Gustav Vasas Weg durch Dalarna begründete eine bis heute gültige »patriotische Geografie«.[46] Die Schauplätze wurden in Texten und auf Gemälden zu Szenen großer Auftritte gemacht. In Ornäs gelang ihm die Flucht angeblich durch den Abort im ersten Stockwerk. Ein alter Kamerad hatte ihn an die Dänen verraten wollen, dessen Frau aber half ihm. In Isala »versteckte« ihn eine Bauersfamilie, indem die Bäuerin ihn listig vor den Augen der Dänen als Knecht drangsalierte, die daraufhin niemals einen König in dieser Person vermuten konnten. In Utmeland bei Mora schob ihn seine Gastgeberin – es sind auffällig viele Frauen, die ihm geholfen haben – im letzten Moment in den Keller, von dem die Dänen nichts ahnten. In Mora stand er auf einem Felsblock und appellierte an das Volk, zwischen Mora und Sälen zog er seine Spur in den Schnee. Überall wurden Gedenksteine errichtet, in Mora eine Statue des Malers Anders Zorns, die Ornässtuga ist seit Mitte des 18. Jahrhunderts ein Museum. 1773 ließ der Besitzer der Hütte in Utmeland, Tomt Mats Larsson, deren Echtheit zertifizieren, um ihren Verkaufswert zu steigern. 1808 erwarb sie der Staat, 1860 wurde an ihrer statt eine Halle über dem Keller errichtet. Sie dient als Ausstellungsraum für drei historische Monumentalgemälde. Eines zeigt die erwähnte Flucht in den Keller, die beiden anderen die Ornässtuga bzw. das Dorf Sälen, wo ihn die Boten aus Mora eingeholt hatten (Abb. 30). An die Skifahrt wird seit 1922 mit dem international bekannten Vasa-Lauf erinnert. In der Domkirche zu Uppsala hieß man den Maler Johan Gustav Sandberg, den »Vasa-Chor« mit Bildern aus Gustav Vasas Geschichte zu versehen. Die Idee geht auf die 1820er Jahre zurück, 1831 segnete König Oscar I. das Bildprogramm ab, 1838 war es vollendet.[47] Auch bei den Einweihungen der genannten Monumente waren mit Prinzen und Kronprinz hochrangige Vertreter des Königshauses zugegen. Nach der feierlichen Enthüllung der Zorn-Statue sandte der Landeshauptmann im Namen des Volkes ein Huldigungstelegramm an den König, der einen Gruß zurückkabelte und das Volk ermahnte, dem Vorbild seiner Vorväter zu folgen.[48] So bekräftigten beide Seiten den mythischen Bund zwischen Herrscher und freien Bauern, während Zorn und der Sekretär des Denkmalkomitees umgehend mit hohen Orden ausgezeichnet wurden. 1920 verfasste der Schriftsteller Carl Larsson i By ein feierliches Lied, das Hugo Alfvén vertonte; es schilderte die Episoden in Mora und Sälen.

Überhöhung und Reflexion schlossen sich nicht aus, davon zeugt der Verfasser Harry Blomberg. Dalarna stehe derart im Rampenlicht, meinte er 1939, dass ein Beobachter Lust haben könnte, die Scheinwerfer mit Steinen zu zerstören – wenn ihm nicht einfiele, dass vieles, was wie künstliche Beleuchtung aussehe, tatsächlich Gottes klare Sonne und das nüchterne Licht der Realität sei. Zugleich frug er sich, inwieweit historisch-literarische Traditionen das Selbstbild einer Region stilisierten, beispielsweise Selma Lagerlöfs »Gösta Berling« (Värmland) oder eben Gustav Vasas Ge-

Abb. 30: Das Innere des Utmelandsmonumentet mit drei Gemälden wichtiger Stationen von Gustav Vasas Flucht. Links Edvard Berghs »Utsigt af Ornäs«, in der Mitte Johan Fredrik Höckerts »Gustaf Vasa och Tomt-Margit«, rechts König Karls XV. »Utsigt af byn Sälen«. Die Texte über den Tafeln beziehen sich auf die Gemälde, zwölf kleinere Plaketten erinnern die Namen derjenigen, die Gustaf Vasa seinerzeit geholfen haben. Auf dem Foto nicht erkennbar ist der Eingang in den Keller (Foto: Åke E:son Lindström; mit freundlicher Genehmigung des Fotografen).

schichte (Dalarna). Dass er, ein Zugezogener, Dalarna als »Schwedens Herz« bezeichne, löste in Blomberg die selbstironische Frage aus, ob auch er Opfer einer wohlfeilen Touristenromantik oder Gefangener eines übersteigerten Lokalpatriotismus geworden sein könnte. Er gestand sich brüsk ein: »Es mag sein wie es will, hier ist auf jeden Fall das Herz Schwedens! Hier ist die wechselnde Natur des Reiches in einer Synthese gesammelt. Hier ruft die Geschichte mit einer stärkeren Stimme als anderswo. [...]. Und hier erscheinen die Zeichen der Zukunft am klarsten. Was Schweden war, was es ist und werden kann, das offenbart Dalarna wie kein anderer Landstrich. Das ist Stilisierung, ich weiß. Aber gelehrte Kerle haben ja vor langem bekräftigt, dass Dalarna einen Extrakt der gesamten schwedischen Natur innerhalb seiner Grenzen enthält.«[49] Wo könne man besser den Fortschritt von der offenen Feuerstelle und heidnischen Ritualen zu Badezimmer und politischer Kooperation beobachten, die Entwicklung der Wirtschaft von Bauernhöfen zu Konzernen? »Hier wurde der schwedische Nationalstaat geboren; hier sieht man, wie der gegenwärtige Parteienstaat sich verändert. Am selben Ort, wo Engelbrekts Bauern und Grubenarbeiter [die dänische Festung] Borganäs gestürmt haben, trugen am Mittsommer 1934 ein Bauer und zwei Arbeiter je eine schwedische Fahne an der Spitze eines friedlichen Festzuges von Arbeitern und Bauern über eine Brücke, die ironischerweise von einer dänischen Firma gebaut worden war!«[50] Weil in Dalarna Kleinindustrie, Handwerk und Waldwirtschaft Hand in Hand gingen, könne das Neue leichter mit dem Alten verschmelzen als anderswo; die Arbeiterbewegung habe auf die Bauern abgefärbt, die auf die Arbeiter. Deshalb sei es kein Zufall gewesen, dass sie gemeinsam marschierten. »Unter diesem Zeichen [...] können wir siegen, wie seinerzeit 1434.«[51] Als Blomberg das schrieb, war die erwähnte Allianz mit der Bauernpartei bereits beschlossene Sache gewesen. So wurde sie bis weit in die nationale Geschichte zurückgebunden. Das machte Dalarna für Blomberg zum Vorbild ganz Schwedens.

Das zweifellos imponierendste Werk über Dalarna hat der Verfasser Karl-Erik Forsslund geschaffen. Es wurde als »Inventarisierungsepos« bezeichnet.[52] Eigentlich ähnelt es den älteren Landesbeschreibungen, es ist eine mikroskopisch genaue Beschreibung der Landschaft längs der beiden Arme des Dalälv. Doch allein durch seine schiere Größe – elf Bände, gegliedert in drei Teile mit insgesamt 27 Büchern – überhöhte es diese Region mehr, als jede Hymne es vermochte. Forsslund arbeitete von 1919 bis 1939 an dieser Studie; er erreichte – von Norden kommend – nur Falun, also nicht einmal das Meer, und ursprünglich hatte er es in Reimen abfassen wollen! Wenn der Rhein durch literarisch kanonisierte Werke wie »Des Knaben Wunderhorn« oder »Godwi« repräsentiert wird, so Dalarna durch Bücher, die in der Tradition der Enquete stehen. Auch Forsslunds Kollege Carl Larsson i By hatte 1920 und 1939 in zwei voluminösen Bänden seine Heimatgemeinde katalogisiert. Landeskundliche Beschreibungen sind kein Besonderheit Schwedens. Spezifisch ist jedoch, wie hier in zwei *Sach*büchern Dalarna als Kern der schwedischen Nation ein *literarisches* Denkmal gesetzt wurde.

Forsslund beginnt mit einer Erzählung. Ein Lachs sucht einen sauberen Fluss, weil im Süden Kriegsschiffe und Minen das Meer verseuchen. Die großen und kleinen Flüsse des Nordens locken ihn durchaus mit ihren Quellen in den reinen Höhen der Berge, doch mal liegen Städte drohend an den Mündungen, mal verstört ihn die lärmende Erzverladung in einem Hafen. Erst am Dalälv, seiner Geburtsstätte, legt sich seine Unruhe. Forsslund schneidet, wie im Film, zu einem Wanderer am Ufer, der den Lachs betrachtet, dann zufällig den Kopf nach oben wendet und einen Pilgerfalken sieht. Der hatte die elf großen Flüsse des Nordens überflogen, und als er und der Lachs den

Dalälv flussaufwärts ziehen, folgt ihnen der Wanderer. Nun hebt die große Landes-
beschreibung aus dessen Perspektive an. Es sei, so Forsslund, keine Entdeckungsreise
nach Südamerika oder Neu-Guinea, sondern in einen Landstrich, der es mindestens
so verdiene, entdeckt zu werden. Er beginnt im Norden mit dem Besuch einer Sami-
Familie und breitet anschließend Kirchspiel für Kirchspiel aus, was er sieht, was er
fotografierenswert findet, was ihm berichtet wird. Kein Detail über die Landschaft,
Architektur, Gebräuche, Lieder, Sprache, Kirchen, alte Inschriften etc. ist unwichtig.
Forsslund hat seine Beobachtungen nicht bloß aus der Literatur zusammengetragen,
sondern er beglaubigt sie durch seine Exkursionen und den Augenschein. Etwas in-
konsequent tritt er im Expeditionsbericht mal als der erwähnte »Wanderer«, mal als
»ich«, über weite Strecken jedoch als klassischer allwissender Erzähler auf. Die Bewohner lässt er Dialekt sprechen. Er stilisiert den geografischen Weg flussabwärts als
Reise durch die Geschichte: im bergigen Norden die nomadisierenden Lappen, weiter
unten die ersten Häuser mit primitiven Feuerstellen, dann eine jüngere Schicht mit
größeren und bequemeren Häusern sowie technischen Errungenschaften wie Was-
serrädern. Der Fluss trifft auf die roten Einfamilienhäuser, er wird von Dämmen ge-
staut, um Elektrizität zu erzeugen, die die Industrie zum Laufen bringt. Die Berge
treten zurück, die Landschaft wird offener, üppiger und lieblicher, die Höfe werden
reicher, rücken immer mehr aufeinander, verdichten sich zu den betriebsamen Städten der Gegenwart, in denen die Menschen geschäftig herumeilen.[53]

Das Werk ist reichhaltig mit Fotografien ausgestattet, kaum mit Karten und Zeichnungen. Die Beilagen werden immer umfangreicher. In den ersten Bänden wurden
nur ein bis zwei Dokumente angehängt, zuletzt bis zu 35, dazu ausführliche genealo-
gische Tabellen. Doch was geben Text und Bilder zu sehen – und was nicht? Man sieht
die alten Holzhäuser, die Landschaft, Bewohner in Tracht und Alltagsgegenstände.
Man sieht kaum: Industrie, moderne Architektur, Eisenbahn- und Straßenbrücken.
Nur manchmal bricht die Moderne ein, halbherzig und recht abstrakt. Die Höfe des
Ortes Tjärtsbin nahe Orsa seien allesamt modernisiert, es handele sich um einen derjenigen durchschnittlichen Orte, die mit der Eisenbahn groß geworden seien, mit allerdings nur geringer Industrialisierung (eine Wollfabrik, eine Schmiede).[54] An Industrie
wird das alte Porphyrwerk in Älvdalen erwähnt, und der Schleifsteinbruch bei Orsa.
Im Vorbeifahren eine Teerfabrik, eine Zementfabrik nahe Brintbodarna; ganz selten
verewigt eine Fotografie rauchende Schornsteine. Bei Malung liegt ein Unternehmen
zur Herstellung von Holzschliff, »ein recht hübsches Fabrikgebäude, weiß verputzt
mit Ziegeldach.«[55] Für Mora zeigen die Abbildungen nichts Städtisches, nicht einmal
den Ortskern, auch nicht den Bahnhof. Im Süden drängt sich die Industrie zwar in
den Vordergrund, auch auf den Abbildungen, doch blendet Forsslund immer wieder
rasch auf rote Hütten und die Natur über. Die letzten beiden Bände sind der Grubenstadt Falun gewidmet, sie gehören mit je 300 Seiten (statt 170) zu den umfangreichsten
des Werkes und sind eine reine Industriegeschichte. Schon im Vorwort machte er klar,
wo seine Präferenzen liegen. Es war die erste Stadt, die er beschreiben musste, eine
ungewohnte Arbeit. So sehr sie ihn auch erfreute, so war es ihm eine Erleichterung
und Befreiung, anschließend wieder über das Land streifen zu dürfen.[56]

Sein Ideal war eben ein Heim wie der Djosgård in Kråkberg. Die Gebäude des Hofes
sind alt und grau, fünf Generationen haben sie modernisiert, aber im Geiste des traditionalen Baustils, in dem jede Ecke Geborgenheit und Feierlichkeit ausstrahlt: »zuver-
lässige, beständige Formen, niedrige Räume, kleine Fenster, die Einrichtung zumeist

wandmontiert, Alkoven und Wandbänke, offene Holzfeuerherde. In der Wohnstube gleicht der Kamin einer kleinen Kapelle«.[57] Das Haus ist fast ein Museum alten Hausgeräts, von Webstoffen bis zu antiken Schränken in hellen Farben. Den Nachbarn, behauptete Forsslund, war das zu primitiv, eine Schande für das Dorf. Sie ließen sich neue Häuser erbauen. »Aber als sie [in den Djosgård] hineinkamen, wurden sie so still wie in der Kirche und standen dort bloß und sahen sich um – und freuten sich von Herzen und verwunderten sich sehr darüber, ›was man Schönes aus dem Alten machen kann!‹ [*ur fint ir kunnir djärå åv gåmålt!*]«.[58] Ein solcher Hof in jedem Dorf würde hundert Ausstellungen, tausend Kurse und viele tausend Vorlesungen in Sachen Volkskultur und Tradition ersetzen. So soll der Hof sein: Auf eigenem Grund errichtet, eine Schatzkammer für ererbte Kleinode und hübsche, neue Dinge, ein Heim für die Traditionen der Ahnen und für die Lebenden zugleich.

Für Forsslund bildete Dalarna den Nukleus Schwedens. Zu Beginn des ersten Bandes ist die Provinz auf einer Karte von den rot eingezeichneten Armen des Dalälv und seiner Zuflüsse durchzogen wie die Lunge von ihren Blutbahnen. Tatsächlich griff Forsslund diese dort noch implizite Metapher im vierten Band auf. Die Gemeinde Gagnef sei das Herz Dalarnas und damit Schwedens; an der äußersten Spitze des Herzens flossen Öster- und Wästerdalälv als männliche Puls- und weibliche Blutader zusammen. Sie und das Netz der Kapillaren gäben dem Riesenkörper Leben und Kraft. Sie seien, er wechselte das anatomisch unstimmige Bild aus, wie ein großartiges Fürstenpaar, das von seiner Heimatgemeinde oben in den Bergen aus auf getrennten Wegen in die Welt ziehe, um sich letztlich wieder zu vereinen. Wir hätten, nun verrutscht das Bild erneut, den Mann auf seiner bemerkenswerten Lebensbahn von der Wiege durch Kindheit und Jugend bis zum Mannesalter begleitet, bis zu diesem großen, wichtigen Ereignis seines Daseins, der Vereinigung von Mann und Frau.[59] Damit ist die Frau, eben noch als Fürstin eine Akteurin, wieder aus dem Spiel. Ähnlich sieht es mit dem zentralen Thema der *Vereinigung* der Gegensätze aus. Das Werk hat eine Schlagseite. Es handelt sich weniger um eine Beschreibung, wie Dalarna *ist*, als vielmehr um eine subjektive Bestandsaufnahme, wie es gewesen sein soll und nun zu verschwinden droht. Die narrative und visuelle Rahmung Forsslunds ließ eine durch und durch traditionale bäuerliche Gesellschaft im Zentrum des Bildes stehen, während sich die moderne Zivilisation stets aufs Neue an den Rand gerückt sah. Nur innerhalb des *alten* Hofes hatte das Neue seinen Platz. Gustaf Näsström charakterisierte das Werk 1937 als Streitschrift gegen die Internationalisierung: »Mit dem ganzen Arsenal des Kulturhistorikers bringt es die Sicht eines Dichters auf eine lebendige Vergangenheit nach vorne, die übertönt zu werden droht vom Autolärm und Lautsprechergebrüll der Gegenwart.«[60]

Der Dichter Carl Larsson i By hatte im selben Zeitraum etwas Ähnliches geschaffen, nämlich die zweibändige Sammlung aller Details seiner Heimatgemeinde By im Landkreis Folkare, die uns über Häuser, Einrichtungen, Kleidung, Mahlzeiten, die Arbeit im Jahreslauf, Tiere, Bergbau, Märkte und Reisewege, Almleben, Feste und Feiertage, Bauern, Soldaten, Handwerker, Kätner, das Dienstpersonal, die Armen; über Erfahrungen, Wissen, Volksglauben, Sprache, Sagen, Traditionen und Volksdichtung, Volkslieder, die Kirchengeschichte, über die »Lappeninvasionen«, siamesische Zwillinge, den Aufstand von 1743 (*Den stora daldansen*), die Cholera, das Schulwesen oder Flugzeuge informiert. Er fängt sein Buch bemerkenswert nüchtern an: »By ist die östlichste Gemeinde Dalarnas. Dessen geografische Lage erstreckt sich von 60° 8′ bis 60° 23′ nördlicher Breite und 1° 25′ bis 1° 45′ westlicher Länge von Stockholm. Der astronomische Mittag trifft deshalb für die Kirche und den Platz direkt nördlich und südlich davon 6 Minuten und 16 Sekunden später ein als in Stockholm.«[61] Seiten werden mit Statistiken gefüllt. Es ist eine Wunderkammer im Geiste der technisch präzisen Aufklärung, aber zwei Themen schälen sich aus diesem Berg an Daten heraus. Zuerst: Wer hat das Land in Besitz genommen? Die Wissenschaft sei sich sicher, schreibt Larsson i By, »dass ›wir‹ das waren, d.h. unsere Vorväter in aufsteigender Linie.«[62] Nichts spreche dafür, dass das Land von anderen Völkern erobert worden sei. »In dieser Gegend also müssen wir die Urheimat der Schweden suchen, wo unser Volk seine Kindheitsjahre verlebte und sich während langer, ereignisarmer Jahrtausende allmählich vom Stadium der Wilden und Kannibalen erhob zu dem einer Ackerbauerkultur [åkerbrukets statsbildning]. Hinabgestiegen zu Upplands fruchtbaren Lehmböden, gründeten sie ihr bis heute bestehendes Reich.«[63] Bereits im ersten Jahrhundert nach Christi Geburt sei der Staatsbildungsprozess abgeschlossen gewesen; die damals begründeten Institutionen bestünden bis heute. Mit dem Beginn schriftlicher Zeugnisse um das Jahr 1000 sei Schweden bereits eine alte Hochkultur gewesen, die nun Russland die Idee der Staatsbildung nahebrachte. Einwanderer aus Frankreich, Flandern, Deutschland und Finnland hätten der schwedischen Rasse Stil, Kraft und Zähigkeit injiziert.

Im 19. Jahrhundert, das ist das zweite Thema, hätten Fortschritt und Verbesserung der Lebensverhältnisse zum Wachstum der Bevölkerung geführt, das patriarchalische System der Werks- und Hüttenorte (brukssamhälle) habe nicht mehr funktioniert, die vornehmen Adelsfamilien hätten nicht genug Kapital besessen, um sich an die neuen Verhältnisse anzupassen. »Die feine, alte Aristokratie muss der jungen, rücksichtslosen Plutokratie den Platz lassen. Eine alte Kultur geht, und eine neue kommt, die noch nicht hat Kultur werden können.«[64] Dank der prosperierenden Landwirtschaft seien Arbeitskräfte der zerstörten Protoindustrie aufgefangen und der Strukturwandel abgefedert worden. Sichtbar sei er an der Stromleitung, die über glänzend weiße Isolatoren gelegt an einem verfallenen Bergmannshaus vorbeilaufen, an den Elektromotoren, die statt der klopfenden Dreschflegel surrten, an den Autos und Motorrädern der Bauern. Und der Preis? Vielfalt sei durch Gleichförmigkeit ersetzt, Geschicklichkeit zugunsten von Bildung zurückgedrängt. Andererseits hätten sich die Lebensverhältnisse deutlich verbessert. Viel des Neuen sei schön und unbestreitbar gut; vor allem die trostlose Armut war besiegt. »Wenn das Neue kommt, muss man mit dem Alten zahlen. Das war das einzige Angebot, das gegeben wurde. Und trotz allem muss man seine ungeteilte Bewunderung gegenüber derjenigen Generation zum Ausdruck bringen, die den ersten Stoß der ökonomischen Revolution empfing. Sie ließ sich nicht überrumpeln. Ihre Mentalität war widerstandskräftig genug, um sich nicht von den Geschehnissen demoralisieren zu lassen. Man nahm die Erleichterungen der neuen Zeit mit demselben Gleichmut, mit dem man die Last der vergangenen getragen hatte. Man überaß sich nicht, obwohl der Tisch plötzlich reichhaltiger gedeckt war.«[65] Bildung (Volkshochschulen), Religiosität (Freikirchen) und soziales Denken (Abstinenzler- und Arbeiterbewegung) hätten das geistige Dunkel vertrieben und den alten Egoismus besiegt. Wären sie zu spät gekommen, hätte vielleicht die Genusssucht zerstört, was der Fortschritt geschaffen hatte.

Das hat Chuzpe, die Ursprungssage einer Nation bis weit in die Steinzeit zurückzuverlegen und auf wenige Dörfer eines, des eigenen, Landkreises herunterzubrechen. Diese kühne Fassung einer schwedischen Meistererzählung kombinierte Larsson i By mit einer zweiten Meistererzählung: Wenn das Leben in Traditionen gründet, wenn man sich in sozialen Bewegungen engagiert, lässt sich die Balance zwischen Alt und

Neu wahren. Seine mit Fakten überladene Gemeindestudie sollte man deshalb, wie Forsslunds Werk, als Medium lesen, die Gegenwart zu verhandeln, und zwar in ihrer doppelten Gestalt des Nationalismus (positiv) und der Moderne (ambivalent). Larsson i By präsentierte seine Gemeinde in Dalarna als Nukleus des Reichs und als Lehrbeispiel, wie man die Moderne in Schach halten könne, dabei immer wieder die *Möglichkeiten* des Neuen betonend.

Ich habe für diesen Abschnitt all diejenigen Textstellen referiert, die die Überhöhung Dalarnas verdichten. Zwar geschah diese Idealisierung manchmal eher beiläufig oder stereotypisiert; und manchmal diente die Landschaft nur der Verortung von Geschichten und Sagen eines großartigen Volkes.[66] Doch grundsätzlich wurde diesem Raum eine spezifische Kraft zugesprochen. Man sah in ihm wahlweise eine (göttliche) Harmonie situiert, vorbildhafte Lebensformen der Vormoderne oder ein Volk, das traditionsgesichert erneut für Schweden marschierte – in die Zukunft. Ob das nun stereotyp oder aus Überzeugung geschah, ob die teils widersprüchlichen Beschreibungen und Charakterisierungen von Region und Bevölkerung zutreffend oder stilisiert waren, ist offensichtlich unerheblich. Denn wie war es möglich, Dalarna als *Einheit* zu feiern, wenn z.B. Karl Lärka, dessen Fotografien aus dem frühen 20. Jahrhundert diese Gegend dokumentiert und stilisiert haben, beobachtete: »Damals war es, als käme man in jeder Gemeinde, die man besuchte, in ein anderes Land. Die Landschaft selbst variierte stark. Sprache, Kleidung und Sitten, ja sogar die Menschentypen unterschieden sich voneinander.«[67] Konnte man, wie Harry Blomberg, die Landschaft verklären, das zugleich durchschauen und die Verklärung trotzdem für eine realistische Beschreibung halten? Man konnte es offensichtlich. Trotzdem ist »Dalarna« kein Trugbild und weit mehr als bloß ein ideologisches Zerrbild. Idealvorstellungen als realitätsferne Phantasie abzutun, greift zu kurz. An ihnen lassen sich Vorstellungen einer idealen Ordnung der Gesellschaft ablesen. Dalarna diente mehr als jeder andere Landesteil als Medium zur Verhandlung, wie Schwedens Zukunft aussehen könnte, denn *darum* ging es praktisch immer. Wie konnte Tradition als Radar auf dem Weg in die Zukunft fungieren?

Es gab andere Landschaften in Schweden, die ebenfalls als Projektionsflächen dienten, etwa Norrland als »Amerika Schwedens«.[68] Sie erlangten freilich nicht die Popularität Dalarnas, obwohl auch sie mit opulent ausgestatteten, großformatigen »Landschaftsbüchern« bedacht wurden,[69] etwa den »Allhems landskapsböcker«, die die Besonderheiten der schwedischen Regionen herausstellten. Auch die Jahrbücher des schwedischen Touristenvereins (*Svenska Turistföreningens årsskrift*) – »eine Art Nationalatlas des Volkes in Wort und Bild, verbreitet in Tausenden schwedischer Heime«, ein nationaler »Homogenisierungsapparat«, dessen suggestive Bilder Gemeinsamkeit und Tradition suggerierten[70] – haben die einzelnen Landschaften reihum zu einem Schwerpunktthema gemacht. Da kann man 1999 beispielsweise lesen, dass Jämtland eine vielleicht ausgeprägtere Identität habe als jede andere Region. Die Natur spiele eine große Rolle, hier habe der Touristenverein zuerst gewirkt, der Dialekt gelte manchen als eigene Sprache. Für Östergötland wird dieselbe Mischung aus Wäldern, Seen, Natur, Kultur und Industrie angeführt wie für Dalarna.[71] Es war lange Tradition, dass jedes Jahrbuch mit dem Aufsatz einer Persönlichkeit der Region eingeleitet wurde: Erik Axel Karlfeldt für Dalarna, Selma Lagerlöf für Värmland, Ellen Key für Småland oder Nathan Söderblöm für Hälsingland.[72] Sie alle haben ihre jeweiligen Landschaften stilisiert, die harmonische Natur gepriesen und dem Leben auf dem Lande gehuldigt. Jede schwedische Landschaft hatte ihre Interpreten, und welcher Landschaftstyp jeweils für »das Schwedische« stand, variierte. Lange waren es die dunklen Wälder des Nordens, mit dem sportlichen Körperkult des 20. Jahrhunderts rückte eher die offene Landschaft längs der Küsten in den Blick.[73] Auch Blekinge oder Skåne wurden als Reservoir »urschwedischer« Traditionen gesehen. Und gemessen an der Zahl der Reiseberichte lag Dalarna *hinter* Stockholm und Lappland.[74] Es war die Stockholmer Deutungsmacht gewesen, die um 1900 dafür sorgte, dass sich *Dalarna* gegen alle Konkurrenten als diejenige patriotische Musterlandschaft konsolidierte, die das schwedische Nationalgefühl verkörperte.[75] Das politische Zentrum machte die Peripherie zum emotionalen Zentrum des Reichs.[76] Hierbei spielte das Freilichtmuseum Skansen in Stockholm eine entscheidende Rolle, genauso wie eine Reihe gewichtiger Protagonisten. Darin hatte Adrian Molin 1930 einen entscheidenden Grund für Dalarnas Bekanntheit ausgemacht: Småland habe keine derart engagierten Verkünder wie Forslund und Karlfeldt gehabt. Dank ihnen, so Molin, werde Dalarna überschätzt.[77]

Dalarna als Bild

Dalarna wurde wie der Rhein in Gemälden, Holzschnitten und Fotografien verewigt und gestaltet.[78] Die Bilder Carl Larssons hatte ich bereits erwähnt; der zweite große Maler, der Dalarna in der Welt berühmt machte, war Anders Zorn mit Gemälden wie »Mittsommertanz« (»Midsommardans«; 1897) oder »Brotbacken« (»Brödbak«; 1889). Ikonisch das Bild von Dalarna prägend waren auch Wilhelm Marstrands »Kirchfahrt nach Leksand« (»Kirkefærd i Dalarne i Sverige«; 1853) oder Johan Fredrik Höckerts »Heuernte am Silja« (»Höskörd vid Siljan«; 1862). Seit Mitte des 19. Jahrhunderts hatte die Düsseldorfer Malerschule großen Einfluss mit ihren genauen Bildern des Alltags der Bevölkerung in idyllisierender Ausführung. Neben den patriotischen Motiven von Gustav Vasas Abenteuern in Dalarna und der Landschaftsmalerei sind es diese Bilder aus dem bäuerlichen Leben, die das *image* der Provinz präg(t)en. Anders als am Rhein rückte die Malerei das Landvolk in den Mittelpunkt, das durch seine Trachten und Lebensformen die Besonderheit der Region heraushob. Diese Gemälde nahmen Motive der Volkskunst auf (*kurbitsmåleri*), mit der Häuser ausgeschmückt wurden. Doch blieb das Bild Dalarnas eines der künstlerischen Eliten, oft von außerhalb zugereist. Für sie bildete ein vermeintlich ursprüngliches Landleben neben der erhabenen Landschaft eine ideale Folie, weil eine Symbiose von Natur, Einwohnern und Nation inszeniert werden konnte: naturverbundene Menschen, die gemeinsam die Nation formen und fundieren.

Wie am Rhein haben wir es auf praktisch allen Bildern mit einer *friedlichen* Landschaft zu tun. Es gab kaum eine ästhetisch radikale oder sozialkritische Interpretation. Anders Zorns »Mora Marknad« (1892) erweckte als »Tendenzmalerei« Ärger. Es zeigt das Ende eines Marktages in Mora, die Bauern ziehen ab, im Vordergrund sieht man eine Frau in moderner Kleidung sitzen und ergeben warten. An der rechten unteren Bildecke liegt ihr Mann und schläft seinen Rausch aus.[79] Das blieb aber die Ausnahme. Industriebilder tauchen hin und wieder auf, meistens werden Ansichten von Stahl- oder Kraftwerken gezeigt, und, relativ prominent, die tiefe, 1687 eingestürzte Grube von Falun. In ihrem kurzen Abriss zur Kunst in Dalarna bildete die Kunsthistorikerin Gerda Boëthius zwei Gemälde Johan Ahlbäcks in Farbe ab, einen Stahlabstich und einen Drahtzieher.[80] Waldemar Bernhard hatte zwischen 1938 und 1941 eine eigentümliche Kassette mit 100 Holzschnitten hergestellt: »Dalarna. Ein kulturhistorisches Bildwerk«. Sie zeigen Kirchen, Höfe, Bauernhäuser, Herrenhäuser, auch Gruben, Wasserkraftwerke, Industrieanlagen, Bauernhausmuseen, die Vasa-Statue in Mora, und die Höfe der einflussreichen Persönlichkeiten, auf die ich noch zu sprechen komme, Gustaf Ankarcronas Hof »Holen«, Forsslunds Hof »Storgården« usw. Man sieht einzelne Häuser, dahinter leere Landschaften, darüber leere Himmel, in denen wenige Zirkelstriche Wolken oder Sommerwärme andeuten. Kaum Menschen sind auf den Bildern zu sehen, wenn, dann in leicht statuarischer Haltung. Industrie und selbst Industriearbeit werden nicht ausgeblendet, doch der Qualm des Stahlwerkes in Borlänge wirkt wie ein weißer Schleier, und die Arbeit ist weniger hart als vielmehr von einem melancholischen Glanz umgeben (Abb. 31).[81]

Im Lokalarchiv Leksands gibt es einen Karton mit Fotografien, die als Postkarten vertrieben wurden. Auf ihnen sehen wir, wenig überraschend, ausschließlich malerische Motive: Kirchboote, Freilichtmuseum mit Staffagefiguren, die weite Landschaft, entspannte Landarbeit, die Höfe von Alfvén, Ankarcrona, Zorn und anderen, sowie Interieuraufnahmen.[82] Das deckt sich mit den Abbildungen in der Schwedischen Touristenzeitung (Svensk turistidning) seit 1922 oder den Jahrbüchern des schwedischen Touristenvereins. Jedes Jahrbuch begann mit einer langen Bildstrecke, die mehrere schwedische Regionen vorstellte. 1905 zeigte der Abschnitt zu Dalarna eine rein vormoderne Welt, mit viel Landschaft, Holzhäusern, wenig Dörfern, ohne Industrie und Autos. Die einzige Stadt, die auf dieser Tafelreihe überhaupt zu sehen ist, liegt auf der

Abb. 31: Waldemar Bernhard, »Holzflösserei auf dem Dalälv bei Bullerforsen, Gemeinde Stora Tuna« (Holzschnitt, 1938-41), als Beispiel für die Darstellung Dalarnas als Industrielandschaft. Während viele Landschaftsgemälde genretypische Versatzstücke deutlich inszenieren, also ihre Aussage »lesbar« machen, wird hier eine befremdliche, geradezu entrückte Stimmung evoziert (Bernhard 1938-1941, Blatt 35).

Insel Gotland, weit außerhalb Dalarnas, nämlich das mittelalterliche Visby. Das einzige, was auf diesen Bildern hin und wieder (geräuschlos) tobt, sind Wasserfälle. 1926 fiel die Bildstrecke deutlich »urbaner« aus, man sieht mehr moderne Bebauung.[83] Die Industrie wird nicht ausgeblendet, aber sie wird in ein typisches Text-Bild-Verhältnis verschoben. Man *liest* in der Bildunterschrift: »Im nördlichen Västerbergslagen liegt das Kirchspiel Grangärde. Hier dröhnen die Sprengungen aus den Eisenerzgruben, und von den Hütten und Werkstätten her treibt der Rauch über die Wälder. Aber wie ein Idyll mitten im Industriegebiet liegt die Kirche auf ihrer freundlichen Landzunge« zwischen zwei Seen. Man *sieht*: die Farbreproduktion des Kirchturms, auf den im sommerlichen Licht eine Birkenallee zuläuft (Abb. 32).[84] Ähnlich »Sverige framstäldt i taflor« (1850-55). Je ein Stahlstich wird von zwei Seiten Text begleitet, in dem Industrie recht ausführlich erwähnt wird. Auf den Bildern dann harmonische Landschaften, mal etwas Rauch (einer Fabrik?), kleine Orte, Höfe, immer mal wieder Betrachterfiguren im Bild, weite Blicke, idyllisch, ruhig (Abb. 33).[85]

Ein großformatiges Buch unterläuft diese Befunde. Es handelt sich um einen Gemischtwarenladen, lexikalisch sortiert nach Kommunen, mit vielen alten Postkarten und Informationen. Hier, und nur hier, sehen wir, dass es offenbar auch ein anderes Bildprogramm gegeben hat, nämlich mehr posierende Menschen(-gruppen) und Alltagsszenen, mehr Industrie, Bahnanlagen, Tankstellen, ebenso Aufnahmen aus den neuen Siedlungen der 1950er Jahre, ebenso Landwirtschaft und Höfe, und mehr Verfall – insge-

Abb. 32: Diese Idyllisierung der Landschaft ist durchaus keine verfälschende Repräsentation der Landschaft. Man trifft solche Situationen noch heute an. Interessant sind solche Bilder aber ebenso für das, was sie nicht zeigen, obwohl es im Text zumindest angesprochen wird, z.B. die Existenz eines (schwer-)industriellen Sektors auch in Dalarna (Svenska turistföreningens årsskrift 1926: nach 20).

GRANGÄRDE KYRKA, DALARNA

I norra Västerbergslagen ligger Grangärde socken. Här dåna sprängskotten i järngruvorna, och från hyttor och verkstäder sveper röken över skogarna. Men som en idyll mitt i bruksbygden ligger sockenkyrkan på sitt ljusa näs.

A V E S T A .

Abb. 33: Ein Blick auf die Industriestadt Avesta Mitte des 19. Jahrhunderts. Es dominieren die Natur, die Kirche und ein – für solche Bilder ungewöhnlich – deutlich die anderen Häuser überragendes Gebäude. Der schwarze Rauch könnte von der örtlichen Kupferschmelze stammen. Das Städtchen mit seinen kleinen Häusern wird von einer Landschaft gerahmt, die Züge einer Wildnis trägt, ohne bedrohlich zu wirken (Berg 1850-1855, o.S.).

samt vielfältiger und unprätentiöser als das Dalarna der Heimatschützer und Reisenden. Offenbar wurden als Postkarten auch solche Motive versandt. Die Aufnahmen sind nicht so perfekt geschnitten wie die oben erwähnten Bilder oder die Holzschnitte Waldemar Bernhards, es scheinen oft reine Schnappschüsse zu sein, oder sie zeigen irritierende Motive, etwa einen Mann, der auf einer Eisenbahnbrücke steht. Auf der Karte »Zorns Musikwettbewerb in Mora 1907« sehen wir eine unüberschaubare, gedrängte Menschenmenge (die der Musik zuhört?), außerdem die Kameras der Fotografen, nicht aber den Wettbewerb selbst.[86] Diese Bilder stellen Ausnahmen dar. Über ihre Urheber erfährt man nichts. Die prominent vermarkteten Gemälde, Fotografien, Stahlstiche und Zeichnungen dagegen zeigen alle, wie die Bilder des bereits erwähnten Zacharias Topelius, dieselbe aufgeräumte bürgerliche Kulturlandschaft. Nicht einmal auf den Bildern der Mittsommerfeiern werden Exzesse angedeutet.[87] Später wurde das industrialisierte Dalarna deutlicher ins Bild gerückt, aber nie so schrundig wie der Rhein der Zwischenkriegszeit.[88]

Besonders die Fotografien Karl Lärkas haben zum Bild dieser Region beigetragen. Lärka stammte aus Dalarna, aus kleinen Verhältnissen. Er verdiente sein Geld u.a. als Waldarbeiter. Daneben fotografierte er seit Mitte des Ersten Weltkriegs die alte Lebenswelt der Bevölkerung. Er lichtete sie für rassenbiologische Untersuchungen in Dalarna ab, die die Anthropologen Herman Lundborg und Bertil J. Lundman durchführten. Seit den 1920er Jahren entwickelte er eine erfolgreiche Vortragstätigkeit. 1922 beauftragte ihn die Kommission für Volksmusik, Spielleute der Region zu porträtieren. Mit dem Versuch, eine Bestandsaufnahme der Insel Sollerön im Siljan durch das Nordische Museum finanzieren zu lassen, scheiterte er. Auch Emma Zorn, seit 1920 die Witwe Anders Zorns, verweigerte ihm die Unterstützung, weil die Fotografie für einen Bauernsohn eine zu unsichere Zukunft darstelle. Sein kulturelles, soziales und ökonomisches Kapital reichte nicht annähernd an das Zorns oder Forsslunds heran. Es gibt ein Bild, auf dem u.a. der Dichter Dan Andersson und zwei Freunde in der Halbtotale zu sehen sind, die in die Kamera blicken. Von Lärka ist am rechten Bildrand nur das Gesicht zu sehen, Kopf und Körper sind abgeschnitten. Er habe den Selbstauslöser bedient und sei nicht rasch genug zurück im Bild gewesen, schrieb er.[89] Das scheint typisch für ihn gewesen zu sein. Er blieb eine Randfigur. Zu Beginn der 1930er Jahre ging seine Kamera kaputt und er gab das Fotografieren auf.[90]

1964 stellte das Zornmuseum seine Bilder aus. 1974 erschien eine Auswahl erstmals als Buch. Lärka war mit der Qualität des Drucks unzufrieden, allerdings kommen die recht verwaschenen Aufnahmen den Originalabzügen im Gemeindearchiv Moras (*Mora bygdearkiv*), die ich durchgesehen habe, sehr nahe.[91] In einer weiteren Publikation aus dem Jahre 2004 sind die Abzüge deutlich dem aktuellen Geschmack angepasst. Sie sind kontrastreicher, mit einer Betonung der dunkleren Töne und Schatten.[92] Wer sie aus den überlieferten 3-4000 Negativen und Glasplatten ausgewählt und die Abzüge angefertigt hat, und ob sie beschnitten sind, bleibt unklar. Insoweit sind diese beiden Publikationen ein gutes Beispiel dafür, wie ein stilisiertes Bild geschaffen wird. Zum einen behaupten die Klappen- und Begleittexte die Repräsentativität dieser Bilder, zum anderen lesen sie eine spezifische Originalität in sie hinein, um Lärka von anderen Fotografen desselben Genres abzuheben. Seine Bilder, so heißt es, zeigten eine soziale Realität jenseits des romantisierten Dalarna-Bildes. Lärka habe nicht kommerziell gearbeitet, der amateurhafte Charakter seiner Fotografien werde durch die fesselnde Analyse der »Volksseele« in seinen Aufzeichnungen aufgewogen.[93] Das ist sehr vage, was die ästhetische Qualität der Bilder und die Originalität ihres Urhebers betrifft, aber seine Bilder wurden und werden primär ohnehin als dokumentarische Abbilder gehandelt, nicht als individuelle Kunstwerke. Und diese Dokumentation richtete tatsächlich ein dezidiert vormodernes, nichtstädtisches, idyllisches Dalarna-Bild her. In den beiden Bänden haben Städte keinen Platz; im Bildarchiv in Mora sind gerade 14 Stadtansichten von Lärka bewahrt (Abb. 34).

Andererseits sind Lärkas Portraits bemerkenswert. Die Herausgeber seiner Bücher lassen im Dunkeln, welche von ihnen als rassenkundliche Typenbilder für die erwähnten Untersuchungen entstanden sind, dann aber als individuelle Bildnisse wahrgenommen wurden, bzw. inwieweit umgekehrt individuelle Portraits zu anthropologischen Typenbildern umgedeutet worden waren. Lärka habe sich das anthropologische Denken nicht zu eigen gemacht, heißt es.[94] Aber er hat ihm Vorschub geleistet, muss man hinzufügen. Teilweise hat er die Menschen *en face* und im Profil fotografiert, wie es die anthropologische Klassifizierung verlangte. Aber er nahm auch Gruppenbilder auf, Nahaufnahmen von Gesichtern und Schnappschüsse bei der Arbeit. Sie sind sehr ausdrucksstark. Sie geben der lokalen Bevölkerung ein individuelles Gesicht, wie das am Rhein nicht der Fall gewesen ist (aber in der Dalarna-Malerei durchaus). Und sie zeigen – anders als beispielsweise die Bilder von Erna Lendvai-Dirksen und August Sander – nicht bloß anonyme Typen, sondern selbstbewusste Originale mit Eigennamen; sie überhöhen nicht durch national(sozialistisch)es Pathos (wie bei Lendvai-Dirksen), sondern durch eine manchmal geradezu entrückte Alltäglichkeit, als würde

Abb. 34: Sennhütten bei Axi, 1920. Karl Lärkas Fotografie dokumentiert nicht bloß das damalige Dalarna, sondern zementiert ein spezifisches Bild der Region. Auch für dieses Bild gilt: So sah es aus in Dalarna – aber eben nicht nur (Mora bygdearkiv, bilddatabas, KL 210).

man selbst den Abgebildeten gegenübersitzen (Abb. 35). Das haben Lärkas Fotografien mit den Bildern Zorns und Larssons gemeinsam.

Das Bild Dalarnas wurde, wie am Rhein, nicht bloß in Gemälden oder Ablichtungen verewigt, sondern auch narrativ evoziert.[95] Immer wieder finden wir Bildmetaphern: Das »Land liegt wie ein aufgeschlagenes Buch mit Text und Tafeln und Bildern«.[96] »Dort [bei Orsa] erblickt das Auge die meilenweite menschenleere Schönheit der Wälder wie auf einem Gemälde, das in seiner einheitlich gesammelten Kraft so mächtig ist: Wald, Wald, Wald!«[97] Eine Schiffsfahrt machte den Blick zu einem vorüberziehenden Panorama, als die beiden Autoren eines Handbuchs für Reisende und Touristen im Jahre 1880 an bezaubernden Bildtafeln vorbeieilten, eine ununterbrochene Folge stimmungsvoller und hinreißender Gemälde – die aber weder durch Pinsel noch Zeichenstift festgehalten werden könnten. Man müsse sie *gesehen* haben. Die Berichterstatter waren *sehende Erzähler* für ihre Leser.[98] Mehrere Verfasser wechselten zwischen der Totalen, dem erhabenen Landschaftspanorama, und der Nahaufnahme, dem stimmungsvollen Genrebild – »Vulkans Werkstatt« beispielsweise, ein Gemälde, auf dem Johann Wilhelm Schmidt 1801 tief in einer Grube Fackeln rotes Licht auf die schweißbedeckten Körper der Arbeiter und expressive Schatten auf das Gewölbe werfen ließ.[99] Carl Fries sah im Panorama des Landschaftsgemäldes ein zeitloses Idealbild, das in der Vergangenheit wurzele, in der Nahaufnahme des Genrebildes demgegenüber die Gegenwart, weil sich dort Tradition und Moderne verwirrend verschlängen.[100] Auf den Abbildungen in den Jahrbüchern des Touristenvereins gegen Ende 19. Jahrhunderts dienten Nahaufnahmen der (dörflichen) Heimat dazu, Volk, Klassen und Natur als eine Einheit zu imaginieren; Überblicksbilder, oft von Aussichtstürmen herab, ordneten diese Heimat in eine breitere Perspektive ein.[101] Auch für Dalarna be-

Abb. 35: Tomt Anders Matsson in Östnor im Jahre 1930, aufgenommen von Karl Lärka. Während die Bilder von August Sander bewusst typisierend sind, sehen wir hier einen Bauern bei einer ihm eigenen Alltagshandlung. Er nimmt seinen Sonntagsschnaps aus einem traditionellen, silbernen Trinkbecher, gekleidet in einen Pelzmantel, der an Feiertagen getragen wird und an den Ärmelenden mit einem Lammfellbesatz geschmückt ist. Derartig individualisierende Portraits habe ich von Rheinanwohnern nicht gefunden (Mora bygdearkiv, bilddatabas, KL 2203).

deutete der Blick mehr als eine bloße Visualisierung von Landschaft, vielmehr die Einordnung der Gesellschaft in einen idealen, historisch verorteten Zustand.[102]

Und die *soundscape* Dalarnas? Sie ist ebenfalls meist recht still, wie am Rhein. Auf die Spuren leiser Geräusche bin ich öfter gestoßen, das Rauschen des Wassers oder der Wind in Birkenblättern, auch Tiere. Doch habe ich erneut nur einen Text gefunden, der explizit den Raum zum Klingen bringt, in diesem Fall die Industrie. Es beginnt mit einem Akkord, wechselt zum Dröhnen eines Eisenwerks und geht in friedliche Stille über: »Wir suchten den Platz, [...] um von da aus einen Standpunct zu einem schönen Landschaftsgemählde zu gewinnen. Wir [...] überließen uns eine Zeitlang ganz den süßen Gefühlen, die in reiner Harmonie mit dieser romantisch schauerlichen Gegend in unserm unbefangenen Gemüthe ertönten, und einen Accord hervorbrachten, der die Seele in einen wonnevollen Taumel einwiegte. [...] Sie sehen hier [auf einer Illustration des Buches] die Schatten des Birkenhains, im Thalgrunde die Eisenhütten, zu denen das Wasser in vier Absätzen herabstürzt, und auf der Höhe, das unansehnliche, aber friedliche und von unverdorben glücklichen Menschen bewohnte Städtchen *Saether* überragen. Aber Sie hören beim Anblick dieses Gemähldes nicht den [sic] Lärmen der Mühlen auf der Höhe, nicht das Toben und Getöse der Hämmer im Thalgrunde, nicht das Rauschen und Plätschern des Wassers; und doch gehört dies alles dazu, um sich diese Landschaft in einem vollkommenen lebendigen Bilde vorzustellen, und mit mir des innigen Gefühls theilhaftig zu werden: hier finde der Freund der ländlichen

Natur ein trauliches Plätzchen, wo er gern verweilen werde, um sein Herz an Freuden edler Art zu sättigen.«[103] Auch in Dalarna schweigt die Landschaft im Grunde, denn es wird beschrieben, was man auf diesem Gemälde *nicht* hört. Der Lärm bleibt Vorstellung, und wohl nur deshalb lässt sich das Tal als trauliches Plätzchen anpreisen.

Der ungeliebte, notwendige Tourismus

In Schweden tauchte der Tourist 1824 auf, in einem Skizzenbuch Johan Wilhelm Carl Ways.[104] Seitdem ist er umstritten. Auch zum Tourismus in Dalarna fallen Quellen und Literatur spärlich aus, wir müssen uns also erneut mit eher impressionistischen Angaben begnügen.[105] Göran Rosander lässt die Geschichte mit dem Prototourismus vor 1860 beginnen, mit den ökonomisch interessierten Besuchern der Industriebetriebe und einzelnen Schriftstellern. Die Reisebücher der Prototouristen, Wege-Weiser genannt (*Vägvisare*), gaben Entfernungen zwischen Orten an, Wegbeschreibungen, Kosten für die Pferde und Lage der Gasthöfe, damit man Reisen genau planen und berechnen konnte. Sie entstanden Ende des 17. Jahrhunderts und hielten sich bis etwa 1860; sie wollten ein Ziel erreichbar machen, nicht die Landschaft idealisieren oder nationalisieren oder über deren Historie informieren. Einige der Wege-Weiser für Dalarna kamen über Falun nicht hinaus, andere erachteten auch die Routen bis Särna und Lima weiter nördlich für wichtig. Die Prototouristen waren keine Urlauber.[106]

1839 fuhr auf dem Siljan das erste Dampfschiff, seit den 1860er Jahren gab es immer mehr Dampfschiffverbindungen in Dalarna. 1859 erreichte die Eisenbahn Falun, 1891 Mora, 1914 Tällberg und Leksand. Der Ausbau der Verkehrsverbindungen leitete die zweite Phase ein, als die »Herrschaften« aus der Oberklasse anreisten, *herrskapsturister* genannt. Die Reisebücher orientierten sich nun an Eisenbahnen, Dampfschifflinien und touristischen Bedürfnissen und enthielten ausführliche Natur- und kulturhistorische Beschreibungen. Pensionen und Hotels wurden gebaut und ausgebaut, Städter errichteten sich aufwendige Sommervillen, 1892 wurde der erste Aussichtsturm oberhalb des Siljan errichtet. 1958 waren es dann 15 Türme. So richtig los ging es nach der Wende zum 20. Jahrhundert. Der schwedische Touristenverein STF (*Svenska turistföreningen*) gab 1904 den ersten Reiseführer eigens zu Dalarna heraus (seit 1894 war die Region in anderen Bänden mit abgehandelt worden).

Ab etwa 1925, dritte Phase, kam die Mittelklasse. Die Herbergen begannen, Diät- und vegetarische Kost anzubieten und die Unterkünfte zu modernisieren durch Zentralheizung, Bäder, Elektrizität, Telefon, Radio (ab den 1930er Jahren) und Fernsehen (ab den 1960er Jahren). In den 1930er Jahren wurde Dalarna als Wintersportregion entdeckt, auch dank des Vasalaufs, aber Jahrzehnte nach Jämtland im Norden. 1933 hatte der STF sein erstes Wanderheim in Dalarna eröffnet. Buslinien wurden eingerichtet, Camping wurde populär, 1938 der zweiwöchige Erholungsurlaub eingeführt, 1951 und 1961 auf drei bzw. vier Wochen ausgeweitet. Verschiedene Organisationen boten organisierte Reisen an. Die Prospekte der einzelnen Orte sind zumeist Faltblättchen mit technischen Informationen, ohne größere Stilisierung der Landschaft. Den Besuchern wird eine eher betrachtende, lernende Rolle zugeschrieben: »Ja, warum reist man, wenn nicht, um zu sehen und sein Land kennen zu lernen? Und man hat eine große Lücke in seinen Kenntnissen Schwedens zu füllen, wenn man nicht die großen Talgemeinden um den Siljan herum gesehen hat«, behauptete die Broschüre »Sommer in Leksand« 1939.[107]

1914 konnte man noch über vereinzelte Autofahrer streiten. Damals ersuchte eine ungenannte Person (möglicherweise der Mathematiker Gösta Mittag-Leffler, der einen der größten Höfe als Feriensitz der Region sein Eigen nannte), auf dem schmalen Kirchweg in Tällberg fahren zu dürfen. Das verbot der Gemeinderat, 1915 erklärte er alle Dorfwege für autofrei. Gleich drei Personen wurden ausersehen, das Verbot zu überwachen; die Bauern ihrerseits blockierten sicherheitshalber die Wege.[108] Wenige Jahre darauf machte die Region Werbung mit Autovermietungen und motorisierten Ausflügen. Zu Mittsommer 1920 sollen Hunderte Autos und Motorräder nach Leksand gekommen sein. In dem Jahr haben 10.000 Besucher das Mittsommerfest dort besucht, Ende der 1940er Jahre waren es 40.000, 1952 ganze 90.000, danach fiel die Zahl wieder auf durchschnittlich 40.000 Besucher (Abb. 36-38).[109] Die Veränderung des Reisens zwischen 1910 und 1985 kann man auf mehreren Karten ablesen, die Mats Persson für die Gemeinde Leksand angefertigt hat. Erst gibt es wenige Hotels und Pensionen, v.a. in Leksand, dann nimmt ihre Zahl an immer mehr Orten zu, um anschließend Ferienhütten und Campingplätzen Platz zu machen.[110] Um 1950 setzte der Massentourismus nach Dalarna ein, und paradoxerweise sollte gerade er viele der aufgegebenen Almhütten vor dem Verfall retten.[111]

Die Provinz profitierte vom Tourismus, war ihm lange aber nicht wohlgesonnen. Als Musterbeispiel der Touristenschelte wird gerne – ausgerechnet – aus dem Vorwort des STF-Reiseführers zu Dalarna zitiert. In einem Aufsatz hatte der Lokalpolitiker und Richter Karl Trotzig 1905 den Tourismus in Dalarna als moralisches Übel bezeichnet und Touristen kritisiert, die einfach in die Häuser eindrangen, um den Bewohnern Kleidung und Hausrat abzuhandeln.[112] 1908 übernahm er trotzdem die Redaktion des Reiseführers, ohne sich weiter zu beklagen. Erst zur fünften Auflage, 1922, platzte ihm erneut der Kragen. Er leitete den Führer mit einer Philippika gegen die Urlauber ein: »Der Durchschnittstourist sieht Dalarna als ein vergrößertes ›Skansen‹ an, in dem alles so bequem arrangiert ist, ihm zum Vergnügen und zur Zerstreuung, und wo das Volk in seinen ›malerischen‹ Trachten nur Staffage ist [...]. Der Durchschnittstourist tritt deshalb im besten Falle herablassend, oft fordernd, aufdringlich und taktlos auf.«[113] Die Urlaubsbranche habe einen verflachenden Einfluss auf den Volkscharakter, weil das Geld leicht verdient sei und alles zur Ware werde. Vier Jahre darauf war er immer noch empört, aber die Kritik klang moderater. Die tölpelhaften Urlauber müssten erzogen werden, schrieb er in einer Zeitung, dann werde man die Auswüchse in den Griff bekommen.[114]

Noch dramatischer ist eine Episode aus dem Leben eines der Künstlerfürsten am Siljan, Gustaf Ankarcrona. Wohl Ende der 1920er Jahre saß er, vom Rheuma schwer angeschlagen, auf seinem Hof Holen in Tällberg zum Mittagessen. Eine lärmende Schar Touristen betrat den Grund, fotografierte taktlos die Szenerie und verließ nur zögernd wieder das Gelände. Dann musste Ankarcrona entdecken, dass sie heimlich weiterfotografierten. Sein Wutausbruch war auch in der folgenden Radioübertragung nicht abgekühlt. Eigentlich hatte er beweisen wollen, dass der schwedische Nationaltag nur deshalb am 6. Juni begangen werde, damit die Stockholmer ihn zu Hause noch vor den Sommerferien feiern könnten (er gehöre auf dem Mittsommertag verlegt). Nun durfte das schwedische Volk stattdessen hören, wie er seinen Zorn über ungehobelte Touristen auskübelte, die sommers das schöne Dalarna verheerten wie die biblischen Heuschrecken Ägypten.[115] Höflicher formulierte es Ernst Klein 1925 in einem Reiseführer: »Diese Menschen [in Dalarna] sind oft auf eine Weise gekleidet, die sie von Kindheit an

Hugo Salmson, Midsommar i Rättvik. Olja.

Abb. 36-38: Mittsommer als malerisches Ideal und touristisches Ereignis: Hugo Salmsons Gemälde »Midsommar i Rättvik« (Veirulf 1951: nach 276) und Hans Malmbergs Fotografie eines Mittsommerfestes in Leksand in den 1950er Jahren: »Die Ureinwohner bilden einen ruhigen Hintergrund« vor dem Trubel, den Tausende zugereister Gäste veranstalten (Rydberg 1957: 13). Schließlich das Mittsommerfest der Gegenwart: Smartphone und Tracht, Einheimische und Touristen in einem gemeinsamen Umzug (Bildschirmfoto aus »Midsommar I Sundborn«, 2017; https://www.youtube.com/watch?v=3iMFiAC4yW0 [1.5.2021]).

gewohnt sind, genau wie der Reisende. Es ist nicht sicher, dass sie Bemerkungen über ihre Kleidung hören mögen, sei es Kritik oder Lob. [...] Die Einrichtung ihrer Häuser steht in der Regel nicht zum Verkauf. Man sollte taktvoll annehmen, dass eine Person, die man besucht, hinreichend gut gestellt ist, um nicht ihr Habe veräußern zu müssen. Auf jeden Fall sollte sie diese erst anbieten, bevor man mit dem Feilschen beginnt.«[116] Andere bezeichneten die Zeltplätze der Camper als »Zigeunerlager« und kritisierten Mittsommer als Tingeltangel sowie Jazzbands »mit höchst ausländischen Namen«, die die Bauernfideln verdrängten.[117] Im April 1918 hatte es sogar eine regelrechte Kampagne »Weg mit den Touristen« gegeben. Da war es allerdings um die Verteilung der unzureichenden Lebensmittel gegangen.[118]

Soweit kennen wird diese Schelte auch vom Rhein. Der Unterschied ist, dass in Schweden Tourismuskritiker mit der Ambivalenz klarzukommen versuchten, statt sie bloß zu verdammen. *Dalarnas turistförening* (DTF), 1930 unter den kritischen Augen Gustaf Ankarcronas, Karl-Erik Forsslunds und anderer Skeptiker gegründet, machte sich das zunutze. Um deren harte Haltung gegenüber dem Tourismus zu mildern, engagierte die neue Organisation Forsslund, Carl Larsson i By und Karl Trotzig als Autoren einer neuen und zukunftsorientierten Publikation zu Dalarna. Der lange, dreigeteilte Titel des Buches, 1932 erschienen, vereinte paradigmatisch Tradition, Moderne und Tourismuskritik: »Dalarna – Landschaft der alten Dörfer, Landschaft der neuen Zeit, ein Wort an unsere Gäste«. Die Botschaft war, dass die Landschaft kein Museum, die Moderne nicht mehr zu negieren, das romantische Dalarna bloß ein Mythos sei. Die Besucher sollten sich die *gesamte* Region in ihrer Vielfalt anschauen, nicht bloß die üblichen Touristenmagnete ansteuern.[119]

Ein geschickter Schachzug, denn wer sich in Schweden an so einer Publikation beteiligt, kann sich nicht mehr polemisch gehen lassen, sondern muss abzuwägen beginnen. In der siebten Auflage des STF-Reiseführers (1934) strich Trotzig denn auch seine Touristenschelte aus dem Vorwort.[120] In der Tat, das Buch des DTF behandelt »Dalarna als Land der Gegensätze und der Einheitlichkeit«.[121] In der kurzen Einleitung setzte Gustaf Näsström den Ton. Das pittoreske Bild Dalarnas sei historisch gewachsen, aber falsch. Das Land sei durchsetzt mit den Insignien und Errungenschaften der Moderne. Aber sie seien eingebettet in eine weit sich austreckende Natur. »Das Wilde ist nicht verjagt, die Natur bestimmt nach wie vor das menschliche Streben, die Idylle schmiegt sich dicht an Schlackenhalden und Grubenschächte. Bebaut und unbebaut, alt und modern schlingen sich ineinander.«[122] Die erste Abbildung des Buches zeigt ein modernes Wasserkraftwerk, die zweite, etwas kleiner, einen alten Hof. Bild und Text präsentieren eine *Symbiose*, die dann auch Forsslund, Trotzig und Larsson i By beschwören – das Alte hält sich in der Moderne und gegen sie, lautet ihre Botschaft. Die übrigen Beiträge behandeln die Schwerindustrie, die von der Moderne unberührteren Regionen, aber auch den die Distanzen reduzierenden Autoverkehr. Das Bildprogramm untermauert eifrig die Idee des idyllischen Dalarna, ohne die (industrielle) Moderne auszublenden, doch die wird primär, auch hier, in der weniger anschaulichen Form der Sprache verhandelt. Trotzdem, der Umgang mit dem ungeliebten Tourismus war konstruktiver. Am Rhein wurde er aus pragmatischen und ökonomischen Gründen akzeptiert, in Dalarna darüber hinaus auch aus idellen.

Akteure I: Die Häuptlinge

In Dalarna haben wir es mit ganz anderen Akteuren zu tun als am Rhein. Die »Häuptlinge« (*hövdingar*) waren Künstler, Maler, Musiker und Schriftsteller von Rang. Sie restaurierten keine Burgen, sondern alte Bauerhöfe, und sie bauten sich historisierende Villen, Herrenhöfe, die ihren Namen trugen, bevorzugt am Siljan. Sie hatten ein bestimmtes Bild des Volkes vor Augen, ein Volk, das sie vor den Zerrüttungen der Moderne bewahren wollten. Aber sie nahmen die einheimische Bevölkerung durchaus wahr – am Rhein wurde sie ja praktisch gar nicht thematisiert –, und diese Bevölkerung verhielt sich selbstbewusst und auch abweisend. Häuptlinge und Volk standen in einem Spannungsverhältnis zueinander, das in den Quellen allerdings diffus bleibt. Die Bewohner Dalarnas schillerten zwischen Staffage im Elitenprojekt »Rettung der

Volkskultur« und eigenständigen Auftritten, die sich in Archivalien, mündlichen Erinnerungen und auf Bildern andeuten. Das Volk am Rhein bestand aus literarischen Projektionen fröhlicher oder tragischer Rheinanwohner und imaginierten, aber längst verstorbenen Rittern, die die Nation verkörperten. Die Häuptlinge in Dalarna dagegen hatten es mit lebenden Personen zu tun, einem Widerstandsaviso, das sich ihrer imaginierenden Verfügbarkeit wenigstens teilweise zu entziehen vermochte.

Zuerst zu den Häuptlingen (Abb. 39-42). Einige Namen hatte ich schon genannt: die Maler Anders Zorn (1860-1920), Carl Larsson (1853-1919) und Gustaf Ankarcrona (1869-1933), die Schriftsteller Karl-Erik Forsslund (1872-1941), Carl Larsson i By (1877-1948) und Erik Axel Karlfeldt (1864-1931), die Kunsthistorikerin Gerda Boëthius (1890-1961) oder den Komponisten Hugo Alfvén (1872-1960). Hinzu kamen Emma Zorn (1860-1942), die Schriftstellerinnen Ottilia Adelborg (1855-1936) und Johan Nordling (1863-1938), der Bauunternehmer Anders Diös (1891-1986) und eine ganze Reihe von hochrangigen Beamten, Unternehmern und leitenden Angestellten, die sich ganz oder zeitweise in Dalarna niederließen. Einige der Höfe wie Forsslunds »Storgården«, Karin und Carl Larssons »Sundborn«, Ankarcronas »Holen i Tällberg« oder der »Zorngården« in Mora sind zu nationalen Stilikonen aufgestiegen (Abb. 43-46). Durch Forsslunds Hof soll die »typisch« schwedische Hausbemalung in weißer und roter Farbe eingeführt worden sein. Neben den Höfen, über die mehrfach in Homestories berichtet wurde, widmeten sich einige der Fürsten erfolgreich der Wiederbelebung der Volkskultur. Am Rande, buchstäblich am Rande, standen Figuren wie Karl Lärka (1892-1981) oder der Schriftsteller Dan Andersson (1888-1920). Lärka beschrieb, wie sie beide, abgerissen und unbedeutend, die großartige Prozession bei der Beerdigung Anders Zorns über die Kirchmauer verfolgt hätten.[123]

Abb. 39: Carl und Karin Larsson 1910 im Atelier in ihrem Haus in Sundborn, aufgenommen von einem unbekannten Fotografen (mit freundlicher Genehmigung des Carl Larsson-gården, Sundborn).

Abb. 40 Gerda Boëthius an ihrem 40. Geburtstag, Björkhagen, 1930 (Järnefeldt-Carlsson 2008: 67).

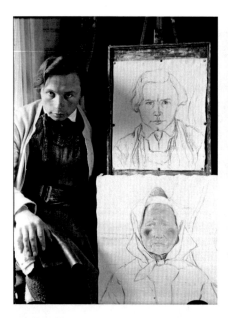

Abb. 41: Karl Lärka, Selbstportrait, 1923 (Mora bygdearkiv, bilddatabas, KL 664).

Abb. 42: Anders Zorn in der Tracht aus Mora (links), Gustaf Ankarcrona in Orsa-Tracht (rechts), vor Zorns Atelier in Mora aufgenommen im Februar 1906 von Hjalmar Wikander (Dagsverket H. 1, 2015: 6).

Anders Zorn und Carl Larsson dürften auch hierzulande bekannt sein. Larsson hat mit seinen Aquarellen das liebliche *image* Schwedens geprägt wie kaum ein anderer. Zorn malte gleich drei amerikanische Präsidenten und konnte es sich erlauben, die Anweisungen König Oskars II. zu ignorieren, wie dieser sich dargestellt sehen wollte. Er spielte sozial in der ersten Liga, und seine Stellung repräsentierte er gleich in zwei Hofanlagen. 1896 ließ er sich mit seiner Frau Emma in Mora nieder, und das Kirchspiel »bekam nun zwei Personen mit Weitblick und internationalen Kontakten, zwei Ästheten mit Initiativkraft – und mit hinreichend Geld, um die eigenen Ziele durchzusetzen.«[124] »Selbstherrlich«, heißt es an anderer Stelle.[125] Emma Zorn wird in der Literatur zumeist als begnadete Organisatorin behandelt, ihr Mann als schöpferisches Genie gefeiert. Ihre Stunde schlug nach dem Tod des Malers als überaus erfolgreiche Verwalterin seines Nachlasses, wobei ihr Gerda Boëthius zur Hand ging. Erst 2014 erschien eine voluminöse Biografie Emma Zorns, die ihre Verdienste würdigte.[126] (Von diesem Buch gibt es nur ein Exemplar in deutschen Universitäts- und Staatsbibliotheken; verschlagwortet unter »Zorn, Anders; Ehefrau« bzw. »Thema: Ehefrau«.)

Der Zornhof in Mora jedenfalls war mit den neuesten Errungenschaften der Technik ausgestattet, mit Zentralheizung, Telefon, einer modernen Küche, mehreren Bädern und Toiletten, einem Essensaufzug usw., und in dieser Beziehung allen Häusern des Städtleins voraus. Es gab mehrere Gästezimmer, eines belegte regelmäßig Prinz Eugen, der sich als Maler und Kunsthandwerker einen Namen gemacht hatte. Den Kern des Hofes bildete eine alte Bauernhütte, die Zorn nach Mora hatte translozieren und zum Speisesaal umfunktionieren lassen. Darum herum wurde in mehreren Etappen der Hof gebaut, dessen Haupthaus in die Höhe wuchs. Rechts entstand ein großer Saal von 16 Metern Länge und 11 Metern Höhe, der an eine altnordische Halle erinnerte. Er vereinte englische Einflüsse und die Zimmermannskunst aus Mora. Das Atelierhaus stammt aus dem Jahre 1290. Der mittelalterliche, niedrige Eingang wurde belassen, in das Dach aber ein großes Fenster eingefügt. Der Arbeitsraum im Innern ist geräumig. Die Möbel sind teilweise aus großen Baumwurzeln hergestellt.[127] Zorn verschmolz lokale Traditionen und internationale Einflüsse zu etwas Eigenem; dadurch, so Gerda Boëthius, erneuerte und verfeinerte er den lokalen Stil. Es sei der einzige Hof, der sich einem pittoresken Bauernrokoko verweigert habe. Material und Bautechnik hätten vielmehr die Seele der traditionalen Architektur und Kunst zum Klingen gebracht. Mit ihm wollte Zorn den Geist der großen Kultur einfangen, der seiner Meinung nach in der bäuerlichen Kunst des Siljantales liegen musste (Abb. 43).[128] Der Bau des Hofes belebte das Kunsthandwerk in Mora wieder.

Das Haus erregte Aufsehen. Es stand da, so scheint es mir, wie eine Übersetzung zwischen Eliten- und Volkskultur. Ästhetisch verleugnete es nicht die Einflüsse der englischen »Arts and Craft«-Bewegung, aber es evozierte die Idee einer typisch regionalen, ruralen Baukultur mit Anklängen an die Wikingerzeit. Die Bauernhütte bildet den Kern, jedoch umgewandelt von einem eher primitiven Wohn-Schlaf-Essraum zum Teil eines funktional differenzierten Hauses. Das war auf dem neuesten Stand der Technik gerüstet, hatte aber durch seinen Bau eine traditionale Zimmertechnik vor dem Verschwinden bewahrt.

Gopsmor, der zweite Hof, nördlich in den Wäldern gelegen, war bewusst spartanisch eingerichtet. Hierhin ließ Zorn mehrere Häuser und Schober verbringen, sammelte Möbel, Werkzeuge, Geschirr, Tuche und Alltagsgegenstände des bäuerlichen Lebens. Er lud Schriftsteller- und Künstlerfreunde ein, die das als Ehre betrachte-

Abb. 43: Die vier wichtigsten der älteren Häuptlingssitze in Dalarna: Anders Zorns Zorngården, im Gras Zorn mit Hund (Foto: Berta Hallgren; Mora bygdearkiv, bilddatabas, BH 20918).

ten, auch wenn sie das pseudo-rurale Leben anstrengend finden mochten. Zorn verschmähte Porzellan und Glas, man nutzte Geschirr und Besteck aus Holz und trank aus Zinnbechern. Diese beiden Höfe waren ihm, was den Hohenzollern Stolzenfels und Sooneck waren – ein altes Motiv derjenigen, die es sich finanziell leisten konnten: technischer Fortschritt und Luxus vereint mit dem Rückzug in ländliche Einfachheit, Reflexion und Befreiung von gesellschaftlichen Konventionen sowie gelebtes Unbehagen an der Moderne. Wie die Burgen markierten Zorngården und Gopsmor nicht bloß einen individuellen Lebensraum, sondern eine gesellschaftspolitische Positionierung. In seinen unpublizierten Erinnerungen ging Zorn darauf allerdings nicht weiter ein.[129] Roland Andersson behauptete deshalb, dass Zorn immer Distanz zur bäuerlichen Gesellschaft Dalarnas gehalten hat, der er entstammte.[130] Das ändert freilich nichts an der symbolischen Kraft des Zornhofes und an Zorns Einsatz für die Volkskultur. Die meisten der Häuptlinge imaginierten eine Verbindung zum Volk mehr, als dass sie wirklich existierte. Selbst zu Karl Lärka fanden sie wohl schwer Zugang.

Diejenige, die an der Seite Emma Zorns Hof und Vermächtnis Anders Zorns verwalten sollte, war die Kunsthistorikerin Gerda Boëthius (Abb. 40). Boëthius war eines der weiblichen Talente, von denen es in Schweden bereits im späten 19. Jahrhundert etliche gab, und die Autorität in der Öffentlichkeit besaßen – auch wenn ihre Karrieren regelmäßig ausgebremst wurden. Sie kam aus einer Akademikerfamilie, traf Anders Zorn mit zehn Jahren das erste Mal. Der malte ihren Vater und beteiligte sie 1914 an der Planung seines Freilichtmuseums Gammelgård. 1920 untersuchte sie in

Abb. 44: Gustaf Ankarcronas Holen (Svensson 1929: 126).

seinem Auftrag die traditionelle Holzbauweise Dalarnas. Emma Zorn betraute sie 1921 mit dem Aufbau der Zorn-Sammlung, die sie bis 1957 leitete. Boëthius mag Angestellte der Zorns gewesen sein, ihr Kaliber kann man jedoch kaum unterschätzen. 1921 hatte sie mit 31 Jahren promoviert – als erste Kunsthistorikerin Schwedens, aber ohne Lehrbefugnis, 1927 wurde sie doch noch Dozentin, allerdings an der Stockholmer Hochschule und nicht an einer renommierten Universität. Immerhin hatte sie in den kleinen Kreis der männlichen kunsthistorischen Forschung Einlass gefunden. Als erste Frau bewarb sie sich auf eine Professur in ihrem Fach, die sie nicht erhielt; dafür

Abb. 45: Karl-Erik Forsslunds Storgården (Foto: Holger Ellgaard; https://commons. wikimedia.org/wiki/File:Forsslunds_Storgård_2013b.jpg [23.11.2021]).

1938 zumindest den Professorentitel. Zwei wissenschaftliche Akademien wählten sie 1933 bzw. 1939 zum Mitglied. Sie pendelte zwischen Mora und Stockholm, war Vertreterin des Reichsdenkmalpflegers in Dalarna, kontrollierte deshalb die Restaurierung von Kirchen und hatte großen Einfluss als Beraterin in der Kulturpflege der Provinz. Hinzu kamen zahlreiche Studienreisen auf den Kontinent, teils als Begleitung Emma Zorns, und in die nordischen Nachbarländer. »Kaiserin von Mora« wurde die Frau 1961 in einem Radioprogramm genannt, streitbar, willensstark und sowohl Kompromissen wie der Diplomatie abgeneigt.[131] Nicht zuletzt fungierte sie als »Chefideologin« der schwedischen Kunsthandwerksbewegung,[132] und das Kunsthandwerk hatte damals Gewicht, als Gegenspieler der Moderne und doch auch als Verbündeter funktionalistisch denkender Gesellschaftsreformer. Qualität und Tradition der alltäglichen Gebrauchsgegenstände würden den modernen Menschen vor der kapitalistischen Konsumgesellschaft (die sich damals bereits abzeichnete) bewahren.

Das Motiv, Moderne und Tradition nicht gegeneinander auszuspielen, sondern zu vereinen, ließ auch Boëthius anklingen. Sie betonte die Eigenart der Kultur Dalarnas und Moras, aber nicht rückwärtsgewandt. Im Gegenteil. Es lohnt sich, ausführlicher aus einem Buch zu zitieren, das 1929 (1930 ins Deutsche und Englische übersetzt) Landschaft, Orte, Geschichte, Bräuche, Siedlungsweise, Fauna und Flora, die reiche, vielfältige Kultur sowie die Residuen einfachen Lebens vorstellte, aber immer wieder darauf rekurrierte, dass Dalarna eine Region in der Moderne sei: »Dalarna ist kein ethnographisches Museum. Es ist eine lebende Landschaft. Soll dieser eigenartige Charakter, die bäuerliche Kunst und die Kulturverhältnisse der ungeheuren Belastung, der sie durch die neuere Zeit infolge verbesserter Verkehrsverhältnisse, zunehmender Industrie, durch Film und Radio ausgesetzt sind, standhalten und sich weiter gesund entwickeln können, so dürfen weder Fremde, die gelegentlich Zerstreuung

Abb. 46: Carl Larssons Sundborn; vorne Larsson mit den Töchtern Kersti, Britta und Suzanne (Postkarte, unbekannter Fotograf; https://commons.wikimedia.org/wiki/File:Lilla_Hyttnäs_1911.jpg [6.8.2021]).

und Erholung in den freundlichen Dörfern Dalarnas suchen, noch diejenigen, die aus kulturhistorischem Interesse die Provinz aufsuchen, [...] den Versuch machen[,] Sitten und Lebensformen am Leben zu erhalten, die zum Absterben reif sind. Es gibt so viel des Alten, das der Erhaltung wert ist und fortzuleben verdient, aber es gibt auch so Vieles, was man mit Freude verschwinden sehen muss, wie malerisch und reizvoll es auch für den Aussenstehenden erscheinen mag.«[133] Schon im Ersten Weltkrieg seien die meisten Kirchspiele an die Stromversorgung angeschlossen gewesen, zugleich hätten die Einwohner eigensinnig an der eigentlich beengten, unbequemen, aber eben doch gewohnten Bauweise ihrer Häuser festgehalten. Moras Volkshochschule besitze eine große Sammlung moderner Kunst *und* traditioneller Textilien aus Dalarna.

Die industrielle Gesinnung kommt ebenfalls nicht zu kurz: »Man macht sich, wenn man Dalarna nicht kennt, keinen Begriff davon, wie innig alle diese industriellen Unternehmen mit der Seele des Volkes, mit dem allgemeinen Wohl, ja sogar mit dem Wohlbefinden des Dalekarliers zusammenhängen. Diese Vorliebe für alles Mechanische sitzt dem Dalekarlier seit Urzeiten im Blute. Von jeher hat er das Bedürfnis und auch die Fähigkeit, sich alle Arbeiten des täglichen Lebens durch mechanische Hilfsmittel zu erleichtern. [...] Darin unterscheidet sich der Dalekarlier von dem Bauer[n] des Tieflandes. Er geht nicht einen Schritt, wenn ihn ein Fahrrad, ein Auto oder ein Schlitten dieser Mühe entheben kann. Er ruht nicht, ehe er nicht auch des Nutzens praktischer Neuheiten – z.B. Wasserleitung, Elektrizität usw. – teilhaftig geworden ist. [...] Es ist daher keine Übertreibung zu behaupten, dass die Industrie für Dalarna immer eine Lebenshaltung war und noch heute ist. Vielen erscheint die Behauptung, dass das Glück und der Wohlstand dieser durch seine alte Bauernkultur bekannten Provinz auf Industrie und Handel beruht, möglicherweise paradox, ja vielleicht sogar als Lästerung. Aber die Geschichte Dalarnas zeigt, dass dies wirklich der Fall ist. Und so kann man auch verstehen, dass ein grosser Teil der reichen bäuerlichen Kunst, die wir in Dalarna bewundern können, dem Wohlstand zuzuschreiben ist, der durch die verschiedenen Formen der Industrie ins Land kam.«[134]

Das Gegenbild zum Zorngården stellt Gustaf Ankracronas Hof Holen dar, den er 1910/11 auf einer Anhöhe in Tällberg platziert hatte, mit einer wunderbaren Aussicht auf den Siljan (Abb. 44). Weder war die Lage für einen Bauernhof realistisch noch die Zusammenstellung der Häuser; Ankarcrona hatte sich ein ideales Dalarna gestaltet.[135] Der Hof besteht aus elf Wohngebäuden, Schobern, Ställen und einem Torhaus von grosser kulturhistorischer Bedeutung, die er in verschiedenen Teilen der Provinz vor der Zerstörung gerettet hatte. Die Gebäude waren zwischen 1610 und 1827 errichtet worden. In Tällberg ordnete er acht von ihnen zu einem rechtwinkeligen Hof an, umgeben ist die Anlage von drei weiteren Gebäuden sowie einem künstlichen Anger. Auf Fotografien sieht man, wie unter der dünnen Grasdecke der Fels durchscheint. Während unweit von Zorns Hof der *Österdalälv* malerisch dahinzieht, sind es auf Holen der weite Blick und im Wind raschelnde Büsche und Birken, die dem Hof eine pittoreske Stimmung verleihen. Die Gebäude sind *nicht* rot bemalt; auch in den Räumen sind die Holzbalken unverputzt. Das Arbeitszimmer ist reichhaltig mit Textilien der Region geschmückt; das Atelier, wie bei Zorn, durch ein grosses Dachfenster beleuchtet. In den übrigen Gebäuden hatte Ankarcrona seine Sammlung an Alltagsgegenständen der Region verstaut, als Kern eines künftigen Freilichtmuseums. Oberhalb des Hofes plante er zudem das, was wir einen »Heimatsaal« nennen würden (*Socknarnas sal*), in dem alle Landesteile Dalarnas repräsentiert werden sollten. Von dieser Kuppe aus wurde Dalarna dem Blick des Betrachters als Panoramaansicht dargeboten.[136]

Ankarcrona kam aus Småland, stammte aus altem böhmischen Adel, hatte eine ebenso imposante Gestalt wie Anders Zorn, eine dröhnende Stimme. Gustaf Näsström hatte ihn bereits 1937 bissig als »ausgeprägte Führer-Natur im Provinzformat« charakterisiert, weil er dezidierter Antisemit und Sympathisant des Nationalsozialismus gewesen sei. Er hatte sich 1917 an einer Kampagne gegen den Maler Isaac Grünewald beteiligt. Anders und Emma Zorn standen ihm höchst skeptisch gegenüber.[137] Ankarcrona hatte in den 1890er Jahren u.a. in Deutschland Malerei studiert und im Sommer 1901 (so schrieb er selbst) sein Damaskus-Erlebnis gehabt. Er lernte Dalarna kennen und war fortan dessen erster Verfechter. Die Malerei erschien ihm plötzlich bedeutungslos angesichts der bodenständigen, lebendigen Volkskunst.[138] Er vertauschte die Staffelei weitgehend mit der Kanzel; seine deutlich geringere Bildproduktion hatte nun vor allem Szenen des Volkslebens zum Motiv. Er zog vor Energie berstend und streitlustig für diese Volkskultur zu Felde. Dessen Programm in modernekritischer Diktion fasste Gustaf Näsström so zusammen: »Das neue Dalarna, die Musterlandschaft des Reichs, ist nicht das der Wirtshäuser und des Tabaks, der Kaufleute, des Plunders, der Schnittmuster, des Unwissens, der Zwietracht und der Konzerne, sondern das der Antialkoholiker, der Heimarbeit, der Volkskultur, des Volkscharakters, der Aufklärung, der Vergemeinschaftung und der Kleinindustrie. Da wird ein neues Heimatgefühl geboren [...]. Da wächst eine Widerstandskraft gegen die zersetzenden Tendenzen der Industrialisierung durch die Einheit des Volkes. Da wurzelt die Demokratie im Tragen der Kirchspieltrachten, die alle Klassenunterschiede beseitigten.«[139] Ankarcrona wollte, so Näsström, Dalarna mit Freilichtmuseen und Heimatvereinen überziehen und aus Menschen und Bauwerken lebende Bilder schaffen. Dank ihm sei bei Neubauten die traditionale Holzbauweise wieder populär geworden, erinnerte sich ein Zeitgenosse.[140]

Holen ist das Musterbeispiel einer inszenierten Bauernromantik.[141] Es war Ankarcronas Wohnstatt, vom Komfort deutlich schlichter als der Zorngård, es sollte zugleich aber ein ideales Bauernhausmuseum bilden. Nach Ankarcronas Tod wurde der Hof tatsächlich in ein Museum umgewandelt, allerdings in eines, in dem eher Ankarcronas gedacht wird, der eigentlich die ländliche Kultur hatte lebendig halten wollen. Karl-Erik Forsslund schwärmte zum 50. Geburtstag Ankarcronas, dass Holen schon bald ein richtig alter *dalagård* sein werde, wo man die Hofbewohner zu sehen meine, wie sie geschäftig in Stall, Vorrat und Boden arbeiteten, und wo sich in der Dämmerung die heimatlosen Hauskobolde der verlassenen oder modernisierten Höfe ringsum sammelten.[142] In einem handschriftlichen Memorandum überhöhte Ankarcrona 1913 paradigmatisch das »Wesen« des bäuerlichen Hofes: »Das zentrale im alten Landleben war *der Hof*, der Vierkant, in dessen geschlossener Welt durch Arbeit und Ruhe, in harten wie guten Zeiten, das Erbe des Hofes bewahrt wurde, wuchs und erweitert wurde. Und die vielen Höfe bildeten die kleine Welt der Dörfer – und die vielen Dörfer die großen, starken Gemeinden –, hier wie in anderen Gegenden unseres weiten Landes. Von allem, was der Veränderung und Zerstörung unterworfen war, sind wohl die alten Höfe und die alten, reichen Bauformen am schlimmsten mitgenommen worden von der neuen Zeit und deren Formlosigkeit. [...] Wenn gegenwärtige und kommende Geschlechter nun nicht ganz die Wurzeln im ererbten Kulturboden der Heimat und des Vaterlandes verlieren sollen, so müssen *gerade draußen beim Volk selbst in den roten Dörfern unseres Landes* [...] solche Heimatmuseen [*hembygdstempel*] errichtet werden, zur Erinnerung sowohl wie zu künftiger Erziehung – bevor es zu spät ist.«[143] Der Hof stellte für Ankarcrona ein *Lebensprinzip* dar, er verkörperte, was der Soziologe Ferdinand Tönnies 1887 »Gemeinschaft« genannt hatte, bedroht von der vermeintlich sozial atomisierenden »Gesellschaft«.[144] Von daher ist es überraschend, dass Ankarcrona seine Denkschrift in *Stockholm* unterzeichnete, wo eines der wichtigsten Freilichtmuseen Schwedens und Europas situiert war, nämlich Skansen – wogegen er in einem Postskriptum auch noch anwetterte: Solle man die Vergangenheit in den Mausoleen der Museen begraben oder auf dem Lande lebendig halten?

Ankarcrona war Nationalist, aber ein Vertreter des »heiteren, lyrischen Mittsommerpatriotismus«.[145] In Mittsommermotiven feierten Maler und Dichter das Schwedische, beispielsweise Carl Larsson mit seinem Gemälde »Gustaf Vasas Einzug in Stockholm 1523« (1891-1908), Verner von Heidenstam in seinen Gedichten oder Ankarcrona mit der Bleistiftzeichnung »Schweden« (1900), auf der man von einem Felsen einen See, Wälder, einen Herrenhof mit einem Maibaum sowie im Vordergrund eine nordische Kiefer sieht, umrahmt mit dem Text des späteren Nationalliedes »Du gamla, du friska [später: fria] fjällhöga Nord« (»Du alter, du gesunder [freier], berghoher Norden«).[146] Ein Wikingerschiff zieht auf einem anderen Gemälde Ankarcronas durch die nordische Sommernacht (»Fordomtima«; 1897); auch zwei ratschlagende Offiziere Karls XII. (»Karolinerna«; 1915) oder Engelbrekts Bauernheer (»Bondehären«; 1908) haben etwas eher Entrücktes. Dieser Patriot malte keine heroischen Schlachtgemälde, für die es in der schwedischen Geschichte wahrlich genug Vorlagen gegeben hätte. Es sieht so aus, als müsse man sich selbst die reaktionären Nationalisten in Schweden eher als gut gelaunte Patriarchen vorstellen.

Ein weiterer Häuptling war Karl-Erik Forsslund, der das gewaltige Werk über den Dalälv verfasst hatte. Forsslund war Schriftsteller, Redakteur und gemeinsam mit Ankarcrona und Uno Stadius Begründer der Volkshochschule in Brunnsvik. Volkshochschulen hatten eine bedeutende Stellung im schwedischen Bildungssystem, waren oft an

eine der großen Volksbewegungen gekoppelt und staatlich unterstützt. Deshalb rechnete sich eine solche Schule selbst in der tiefen Provinz. Arbeiter und Angestellte, unter anderem Karl Lärka, reisten zu Sommer- und Jahreskursen an und wohnten in der Schule.
Brunnsvik wurde von Stadius, dem ersten Rektor, rasch auf einen sozialistischen Kurs
getrimmt, weshalb Ankarcrona nach einiger Zeit ausschied. Forsslund blieb, als Stadius
später sein Amt niederlegte. Volksbildung bedeutete ihm, wie vielen Angehörigen der
Kulturelite, viel. Er schrieb ein Buch zur Heimatpflege, auf das ich noch eingehen werde,
und einen Roman, in dem er seinem Hof Storgården ein literarisches Denkmal setzte.

Dieser »Großhof« ist nördlich der Grubenstadt Ludvika und direkt unterhalb der
Volkshochschule Brunnsvik gelegen (Abb. 45). Die Journalistin Vivi Horn, Spezialistin
für Homestories, hatte Anfang der 1930er Jahre auch Forsslund und dessen Frau Fejan
besucht und einen langen Artikel in der *coffee table*-Zeitschrift »Schwedische Heime in
Wort und Bild« (*Svenska hem i ord och bilder*) publiziert.[147] Auch dieser Storgård ist eine
offene Hofanlage, aus mehreren Gebäuden unterschiedlicher Epochen zusammengestellt. Zentrales Gebäude ist ein Bergmannshof, um 1800 errichtet, dessen Front sich
auf eine Bucht des Sees Väsman öffnet. Die Abbildungen in Horns Artikel zeigen die
Differenz zum Zorngården bzw. zu Holen. Das falurot bemalte, zweistöckige Haupthaus weist einen quaderförmigen Baukörper auf, der durch weiße Eckleisten und Lisenen sowie regelmäßig eingesetzte, weiß gerahmte Fenster gegliedert ist. Die Innenwände sind glatt und monochrom gestrichen (oder tapeziert). Die Raumstruktur ist
geradezu funktionalistisch klar. Sie bildet die Szene für das Meublement, das einen
Hang zum Schlichten hat, wie man es aus dem Biedermeier bzw. Funktionalismus
kennt. Auf dem unbemalten Holzboden liegen verschiedene Läufer, die Wände sind
mit Bildern aus Dalarna geschmückt, einem Portrait des jungen Forsslund und einem
Gemälde des sommernächtlichen Großhofes, gemalt von Gustaf Ankarcrona. Selbst die
etwas barocker eingerichtete Wohnstube macht – auf den Fotografien! – keinen beengten Eindruck. Wie Zorn und Ankarcrona hatte Forsslund sich einen Schober aus
dem 18. Jahrhundert umgebaut, analog zu deren Ateliers, allerdings als Bücherzimmer
(*bokstuga*). Er ließ große Fenster einsetzen; neben Büchern und dem Schreibtisch waren
hier Alltagsgegenstände des Landlebens untergebracht. Beheizt wurde die Stube durch
einen Kamin, der aus Bergslagen stammte. In der geräumigen Küche konnten große
Mengen an Knäckebrot gebacken werden, gewissermaßen als Verlebendigung von
Zorns Gemälde »Brödbak«. 1930, anlässlich der »Stockholm-Ausstellung«, sollte Forsslund den Funktionalismus wütend als »gefrorene Negermusik. Stimmbruch, ausländische Unkultur« diffamieren,[148] aber auf Storgården lebte man, wie Gustaf Näsström
freundlich spottete, selbst funktionalistisch, viel stärker als Ankarcrona oder Zorn.

Forsslunds Storgård inszenierte eine bildungsbürgerliche Form des Landlebens. Die
Anlage und ihre Einbettung in die Landschaft könnte durchaus Vorbild für Ankarcronas erwähnte Zeichnung »Schweden« gewesen sein. Die Einrichtung repräsentierte
eine behagliche, zwischen Biedermeier und Moderne changierende Schlichtheit. Forsslund machte sich in Gedichten, Romanen, als Redner, Heimatpfleger und Dozent der
Volkshochschule zum Verteidiger der Volkskultur. Elitär heißt aber nicht abgehoben, im
Gegenteil. Zu Forsslund, schrieb selbst der stets ironische Gustaf Näsström, pilgerten
junge Menschen. Der Storgård war stilbildend für mehrere Generationen von Arbeitern, Journalisten und Schriftstellern. Mit der Volkshochschule wollte Forsslund den
Bildungshorizont der Eleven erweitern, sie Kritik lehren und ihnen die ländliche Heimat nahebringen. Er gab ihnen, sagte ein Zeitzeuge, das Gefühl, dass sie alle einmal ein

Heim *à la* Storgården als Grundstein des Lebens bekommen würden. Auch Forsslunds
Kleidungsstil – Kniebundhosen, Wickelgamaschen, sportliche Jacke und Schlapphut –
wurde als Ausdruck einer inneren Freiheit imitiert. Näsström formulierte es nicht explizit, aber da seine Hymne auf Forsslund 1937 publiziert wurde, kann man Storgården und
Brunnsvik getrost als Gegenentwürfe zur Hitlerjugend lesen; Forsslund, so Näsström,
sei kein Führer, sondern eine Lichtgestalt gewesen.[149] Für Näsström war der Storgård
»das alleridealste Ideal, [...] aber in Mora [im Hause Zorn] wird man vielleicht anderer
Meinung sein«.[150]

Näsström machte für Forsslund und seinen Hof eine Mischung aus Nietzsche,
Ernst Haeckel und der Ästhetik von Ellen Keys einflussreicher Schrift »Schönheit für
alle« aus, mit Anklängen an John Ruskin, William Morris sowie den Bau- und Einrich-
tungsstil der Region Västerbergslagen im südlichen Dalarna. Peter Öhman schrieb
1987, dass die kulturelle Elite wie Nietzsches Übermensch hoch über dem Volk gestanden habe, ausersehen, ihm und der Nation zu predigen. In diesem Geist sei ein Hof
wie Ankarcronas Holen geschaffen worden.[151] Ankarcrona wurde wie Zorn eine innere
Distanz zur Bevölkerung Dalarnas bescheinigt. Für Forsslund scheint das nicht gegol-
ten zu haben. Aber auch er war von der Mission durchdrungen, das Volk zu erziehen.
Dessen Sohn Jöran erinnerte sich, dass die frisch eingezogenen Bewohner des Storgård »rasch mit einer menschlichen Umgebung konfrontiert waren, die Handlung erforderte, nicht bloß Träumereien und Dichtkunst. Die Idylle wurde manchmal durch
betrunkene und randalierende Vandalen gestört; Branntwein und Schlägereien waren
ein gewohntes Samstagsvergnügen der Gegend. Hier war Erweckung gefragt.«[152] Man
gründete eine Abstinenzlerloge, die ihre Treffen in Forsslunds Bücherstube abhielt,
deren Schätze allen Besuchern zur Verfügung standen. In Ludvika legte er mit einer
weiteren Bücherstube den Grundstein zur späteren Stadtbibliothek, und er war trei-
bende Kraft beim Bau des ersten Volkshauses (*Folkets hus*) ebendort. Das Grundstück
für die spätere Volkshochschule Brunnsvik ließ er sich vom widerwilligen Schwieger-
vater schenken, dessen Bedingung es war, dass Hinke Bergegren niemals dort vortra-
gen dürfe;[153] Bergegren war seinerzeit ein berüchtigter Verfechter der Empfängnisver-
hütung und Geburtenkontrolle. (In Schweden werden gesellschaftliche Differenzen
gerne im Understatement solcher Anekdoten präsentiert.) Forsslund setzte, wie alle
Sozialreformer Schwedens auf Bildung zur Selbstbildung; die Gestaltung des Habitats
war eines der wichtigsten Mittel zur Entwicklung eines ganzheitlichen Lebens.

Forsslund publizierte zwei Romane, »Storgården« (1900) und »Göran Delling« (1906).
Ersterer bedeutete seinen Durchbruch. Gustaf Näsström schrieb: »Die Wirkung dieses
Evangeliums baute wohl vor allem auf dem schwingenden und jubilierenden, poeti-
schen Ton des Buches, dessen Reigen aus Rhythmen und Reimen selbst den trägsten
Langeweiler mit sich riss. Hier war man fern allen missmutigen Pessimismus, allem
blasierten Fin de Siècle-Gehabe, aller intellektualistischen Problemdebatten. Hier sang
und wirbelte und flatterte das glückliche Leben auf dem Lande, das jubelherrliche Leben in frischer Luft zwischen Vögeln, Blumen und Schmetterlingen, hier war Feststim-
mung selbst beim Großreinemachen mit Teppichklopfen und Scheuern; und grübelte
man, so war es wahrhaftig ein fröhliches Grübeln, ein Freiluftgrübeln« – »Zarathust-
ra im Großhofsonnenschein«.[154] Das Buch war eine der damals üblichen antiurbanen,
antimodernen Predigten in Briefen, Gedichten und Tagebuchauszügen: »Grau, bleich,
glanzlos sind die Wände der Häuser, die Wangen der Frauen, die Gedanken und Taten
der Männer«,[155] hieß es gegen die Großstadt, und in »Göran Delling«: »Alles war grau

– steingrau, steinhart, steinkalt.«[156] Dagegen propagierte Forsslund das Recht auf ein
eigenes, menschenwürdiges Heim auf dem Lande und den Gedanken der Selbstversor-
gung. In »Göran Delling« entwarf er die Utopie einer Idealgesellschaft mit dem Namen
»Einheitsreich«, das Stadt und Land sowie Kultur und Natur vereinen sollte, harmonisch
eingebettet in die Landschaft. Werkstätten, Laboratorien und Gewächshäuser würden
der Versorgung dienen, aber jede Spezialisierung ausschließen. Den Kern dieses Reiches würde das Heim bilden. Solche Idealgesellschaften wurden seit Morus' »Utopia«,
Campanellas »Sonnenstaat« oder Bacons »Neu-Atlantis« gedacht und von den Frühso-
zialisten Robert Owens, Charles Fourier und Victor Aimé Huber zu realisieren versucht.
Literarisch sind beide Romane bedeutungslos, der Titel des ersten Kapitels von »Göran
Delling« trifft den Tonfall der Bücher: »Auf der Kanzel«. Es sind Verkündigungen. Aber
sie gaben beide eine gesellschaftspolitische, sozialreformerische Richtung vor, die in
Dalarna ihr Widerlager finden sollte. Nur in dessen Landschaft konnte laut Forsslund
eine verwurzelte bäuerliche Gesellschaft bestehen, die Höfe wie Storgården ermöglich-
te, die zu Nuklei der neuen Gemeinschaft *in* der Moderne werden würden.

Das vielleicht radikalste Beispiel für das, was Eric J. Hobsbawm und Terence Ranger die Erfindung von Traditionen nannten,[157] ist jedoch der Hof des Bauunterneh-
mers Anders Diös, der Bonäsgård. Anders Diös stammte aus einer Bauernfamilie in
Dalarna, hatte von den Zorns ein Stipendium für das Studium bekommen, und leitete
nun die größte Baufirma Schwedens. Er muss ein Patriarch im wahrsten Sinne des
Wortes gewesen sein. In den 1930er Jahren ventilierte Emma Zorn den Bau des Zorn-
Museums in Mora mit ihm, angeblich unter der (scherzhaften) Bedingung, dass er sich
wieder in der Region niederlasse. Diös akzeptierte und errichtete von 1936 bis 1939 den
Bonäsgård im Dorf Bonäs bei Mora (Abb. 47). Das war eine noch individuellere Interpretation regionaler Baukultur und eine noch irrwitzigere *invention of tradition* als der
Zorngård oder Holen. Das einstöckige Haupthaus hätten funktionalistische Architekten nicht besser planen können; man fühlt sich in die amerikanischen 1940er Jahre versetzt. Ein länglicher Gebäudeteil enthält Schlafzimmer und Bäder, ein anschließen-
der Quader Küche und Wohnzimmer, ein Querriegel das Arbeitszimmer. Im Norden
und Osten ist das Gelände abgesenkt, dort im Souterrain befinden sich insgesamt vier
Garagen. Die ganze Anlage ist allerdings aus Holzbalken errichtet, für die Diös zwei
ehemalige Zimmerleute Zorns angestellt hatte, um die alten Bautechniken zu bewahren. Im Innern dasselbe Bild: teils grobe, kunstvoll zurechtgeschlagene Holzbalken,
teils funktionalistisch glatte Wände, Decken und Böden. Die Möbel mischen ebenfalls
Funktionalismus und ruralen Stil. Der Künstler Jerk Werkmäster verzierte eine Decke
mit einem »Almanach«, der Szenen aus dem bäuerlichen Leben zeigt und die Geburts-
tage der Familienmitglieder eingearbeitet hat. Das Dach ist mit Gras bewachsen. In
die Hofanlage wurden historische Scheunen, Schuppen und ein Bootshaus integriert,
die Diös aus verschiedenen Ortschaften Dalarnas versetzen ließ. Gerda Boëthius hatte für das Zorn-Museum 1938 eine Architektur gefordert, die Brandbomben standhalten sollte;[158] der Bonäsgård erhielt einen Bunker. Die über 20 Jahre alte Diskussion um
künftige Luftkriege hatte auch in Mora Widerhall gefunden. Auf dem Gelände sind
Werke von Carl Milles und anderen Künstlern platziert, und ein eigener Maibaum, um
den herum farbenprächtige Mittsommerfeste gefeiert wurden.

Die gesamte Anlage entspricht nicht ansatzweise einem realen Hof, sondern war
eine Herrschaftsgeste, die um Verbindung mit der lokalen Kultur heischte. Die Herrschaftsgeste fand ihre Fortsetzung in Publikationen über den Hof. Eine stammt von

Abb. 47: Blick auf den Bonäsgård zu einer der typischen Mittsommerfeiern, die Diös inszenierte. Der Hof entspricht von Grundriss und Einrichtung her einem damals modernen amerikanischen Bungalow, gibt sich äußerlich aber wie ein regionaler Bauernhof. Die vier Garagen im Untergeschoss sind auf die nichtöffentliche Seite des Gebäudes verlegt und dadurch kaschiert. Die Autos werden also nicht als Statussymbol vorgeführt; Diös Status wird vielmehr durch sein Vermögen markiert, ein großes Publikum zu seinen Festen zu ziehen: Er richtet das Fest für das Dorf aus (Boëthius 1961: 115).

Gerda Boëthius aus dem Jahre 1961. Lisa und Anders Diös schrieben im von ihnen signierten Vorwort, dass der Hof ein Familiensitz werden solle und ein Zentrum der lokalen Heimatpflege. In einem knappen Rechenschaftsbericht machte Diös zugleich das soziale Gefälle deutlich. Die Handwerker verdienten etwa 240 Kronen im Monat, der Hof kostete, mit Grundstück, etwa 48.000 Kronen.[159] Die Verbindung mit der Region zeigt sich in einer Kette von Motivübernahmen. Sie war sozial gefiltert. Emma Zorn beispielsweise begrüßte froh, dass Diös architektonische Details des Zorn-Hofes zitiert hatte, die wiederum auf Almhütten in Fåsås zurückgingen.[160] Mehrere Künstler huldigten Diös (und seiner Ehefrau) mit Gemälden, die im Haus verteilt hingen. Auf einem, im Stil der dekorativen bäuerlichen Wandmalerei (*dalmålning*) gehalten, zieht Diös an der Spitze des Siljanchores in Uppsala ein, analog zu den Heiligen Drei Königen auf einem Gemälde von 1850. Weiter hinten im Buch sieht man auf einer Fotografie

Diös in Tracht die Spielmänner von Mora und Orsa anführen.[161] Er ließ auch ein Kirchboot bauen und von Angestellten seiner Firma rudern; eine *re-invention* der berühmten Tradition, sonntags mit großen Booten, die bis zu 80 oder gar 100 Personen fassten, über den Siljan zur Kirche zu fahren.[162] 1939 belebte sein Hof die Mittsommerfeiern im Dorf Bonäs wieder. Als der Rotary-Club aus Uppsala mit dem Flugzeug den Bonäsgård passierte, sandten die Mitglieder eine reizende, selbstgezeichnete Landkarte mit der Route als Gruß.[163] Derartige Anekdoten durchziehen den hinteren Teil von Boëthius' Buch, dazu hat sie zahllose Unterschriften aus den Gästebüchern des Hofes und Fotografien der Gäste Diös' abgebildet – ein imposanter Aufmarsch der schwedischen und amerikanischen Elite aus Politik, Kunst, Wirtschaft, Wissenschaft und Kirche, die »Dalarna« spielte und sich das Volksleben vorführen ließ. Internationaler konnte ein Hof in der Provinz kaum sein; Diös lud großzügig ein, war der Heimatpflege ein Mäzen und veranstaltete die »Kulturtage auf Bonäs Heimathof«, die die Volkskultur wissenschaftlich untersuchten. 1965 hatte er diesen Heimathof (*Bonäs Bygdegård*) als Kulturzentrum neben seinem Heim errichten lassen und in eine Stiftung zur Pflege der Volkskultur überführt.

Und immer wieder ließ er sich huldigen, von den Gästen in Festreden und in Publikationen, die erneut ihre Ergebenheitsadressen bildgewaltig entboten (Abb. 48).[164] Diese Bücher, teils aufwendig gedruckt und von ihm finanziert, unterstrichen die eigentümliche Inszenierung: Der Bauernsohn, der jetzt den inoffiziellen Ehrentitel »Reichsbaumeister« trug, der mächtige Unternehmer, der eine internationale Elite auf einem hochmodern-traditionalen Hof empfing, der Trachtenträger, der die alte Bauernkultur als Signum einer schwedischen Blütezeit (*Storhetstiden*) respektvoll bewahren half. Darin war er den preußischen Prinzen auf ihren Burgen nicht unähnlich. Allerdings feierte er eine ländliche, nicht die alte militärische Glanzzeit Schwedens im 17. Jahrhundert (*Stormaktstiden*) als festen Grund der Gegenwart.

Nicht wenige Angehörige der Kultur- und Wirtschaftselite Schwedens ließen sich von der Dala-Romantik verführen und zeitweise oder auf Dauer in die Provinz locken. Nach Gagnef beispielsweise, im Süden zwischen Österdalälv und Bahnlinie gelegen, kamen Elsa Beskow, Célie Brunius, Alice Tegnér, Hanna Rydh, Sigurd Curman, Sigurd Erixon, um nur einige zu nennen, nach Tällberg der Komponist Hugo Alfvén.[165] Auch ihre Heime wurden in der Zeitschrift *Svenska hem i ord och bilder* mit freundlichen Worten und opulenten Fotografien im Tiefdruck vor Augen geführt und bekannt gemacht. Das Freilichtmuseum Skansen, Architekten und die Stockholmer Experten der Kunsthandwerksbewegung lieferten die Vorlagen, lokale Handwerker realisierten die Bauten, die dann als »echtschwedische« Architektur galten: Referenzhäuser für den Bau bzw. die Einrichtung weiterer Villen, aber auch für einfache Typenhäuser, die ärmeren Schichten ein Eigenheim erschwinglich machen sollten.[166] Auf Anregung Anders Zorns plante der Architekt Ferdinand Boberg sieben Stationsgebäude der Bahn von Mora nach Älvdalen im Schweizerhausstil. Gustav Ankarcrona entwarf fleißig Kunsthandwerksmuseen, Amtsgerichte und Gemeindehäuser, von denen mehrere realisiert wurden. Und sie richteten zahlreichen Bauernhausmuseen ein, auf die ich im übernächsten Abschnitt zu sprechen komme.

In den Artikeln repräsentieren und bewahren diese Gutshäuser in all der modernen Betriebsamkeit die traditionale Baukunst Dalarnas – obwohl es eindeutig funktionalistische Architekten waren, die ihre Ideen in ihnen verwirklicht haben.[167] Doch wie bemerkte Erik Axel Karlfeldt? Man könne sich ja zweckmäßig einrichten, ohne sich

Carl och Olga Milles kom på besök till Mora den 10 september och gästade också Bonäsgården. Hans förtjusning över folkmusiken framgår bäst av att han ej nändes släppa luren, när han dricker kaffe.

Tack till de fijrande Lisa och Anders för allt
re allting ge åt alla håll i norr o söder.
Med dem blir man poet o god mot livet –
som Marc Aurel ville oss skulle bli.
Måtte vi få mötas ofta så länge livet varar.
Olga · Carl · Anne.

Sept. 11. 1954.
Dalarna.

Abb. 48: Anders Diös (rechts) hat Carl und Olga Milles auf seinen Hof geladen, 1954. Unten ist Milles Gastbucheintrag reproduziert, eine der vielen Huldigungen Diös': »Dank an die bezaubernden Lisa und Anders [Diös] für all das, was sie stets in alle Richtungen geben. Mit ihnen wird man Poet und gütig – so wie Marc Aurel es wollte. Mögen wir uns begegnen dürfen, so lange das Leben dauert.« Boëthius schreibt im Bildtext links, dass Milles die Volksmusik derart verzückt habe, dass er die Lure auch beim Trinken nicht aus der Hand legen wollte. Ungezählte solcher Bilder zeigen eine spezifische Herrschaftsinszenierung: Jeder Angehörige der schwedischen Elite lud die anderen in sein repräsentatives Heim und sammelte sie als Kreis um sich. Jeder war Herr und Gefolge zugleich (Boëthius 1961: 93).

zum Funktionalismus bekennen zu müssen.[168] Und umgekehrt. Weil zum Moralesgård, einem anderen dieser Höfe, keine Landwirtschaft gehörte, konnten die Gebäude effektvoller platziert werden, als das unter dem Diktat bäuerlicher Nützlichkeitserwägungen geschehen wäre. Aus dem Ehebett betrachtete man den See und die Berge wie im Kino: »hier ein Unwetter über den Siljan ziehen zu sehen, ist prachtvoll.« Elektrizität, Radio und Heizung müssten nicht den Geist und die Geborgenheit der alten Holzstuben zerstören, wurde den Lesern berichtet.[169] Wir sehen teuer eingerichtete Heime, die gekonnt, aber wenig authentisch Renaissance, Rokoko, gustavianischen Stil und Bauernmöbel mischten, doch stets das einfache, bäuerliche Dalarna beschworen. Wie Signale haben die großen und kleineren Häuptlinge ihre Häuser in die Landschaft gesetzt. Und wie »Lokalhäuptlinge« (*bygdehövdingar*), heißt es immer wieder, hätten sie ihre Reviere gegeneinander abgesteckt und seien sie in den Dörfern aufgetreten.[170] Göran Rosander zählt eine ganze Reihe von bekannten und unbekannteren Unternehmern, Wissenschaftlern, Lehrern und Sportlern auf, die sich um Dalarna verdient gemacht haben.[171]

Akteure II: Das Volk

In vielen Texten werden Ankarcrona, Karlfeldt, Forsslund, Zorn und die anderen als Häuptlinge und lokale Kleinkönige stilisiert, die miteinander konkurrierten.[172] Wie gute Patriarchen waren sie großzügig zu Ihresgleichen und zum Volk, sie organisierten, halfen in den dörflichen Angelegenheiten und unterstützten freigiebig, wer Hilfe benötigte. Das Volk war Objekt ihrer Interventionen und Belehrungen. Karlfeldt, »Bauer unter Bauern«, versuchte, diesen die Anlage von Entwässerungsgräben beizubringen.[173] Ottilia Adelborg traf Ende des 19. Jahrhunderts einen alten, einäugigen, tauben Mann, der erschreckt erstarrte, als sie ihn zu zeichnen begann; dann hatte er eine Silbermünze in der Hand und wurde mit einem Lächeln verabschiedet: »Ein kleiner, freundlicher Augenblick in seinem Leben. Etwas mehr Tabak für ihn und eine Zeichnung für mich.«[174] Anders Zorn wiederum zog einmal mit Prinz Eugen und dessen Adjudanten durch die Gegend, als es ihm gefiel, nach einem Spielmann zu senden. Sie gingen auf einen Hof, ein alter Mann spielte auf und rasch war der Tanz in voller Fahrt. Der enthusiastische Prinz beschwor Zorn, die Szene zu verewigen; es entstand das erwähnte Gemälde »Midsommardans«.[175] Der Architekt Georges von Dardel konnte stundenlang in Bauernhütten sitzen und über Landarbeit dozieren.[176] Das Volk achtete seine Häuptlinge, die durch ihre bloße Anwesenheit die Region aufwerteten – das konnte man noch 1960 lesen.[177]

Selbst bescheinigten sich die Häuptlinge einen vertraulichen Umgang mit der Bevölkerung und betrachteten sich als Einwohner Dalarnas.[178] Doch wie sah das Verhältnis zwischen den »Häuptlingen« und dem »Volk« tatsächlich aus? Der Befund ist unklar. Göran Rosander vermutet viel Koketterie im Wunsch nach Integration. Die Zugezogenen mussten erkennen, dass sie nur schwer Kontakt zu den Einwohnern fanden. Die akzeptierten die Phantasietrachten und das teils exzentrische Verhalten der höheren Kreise, von denen sie profitierten, betrachteten sie aber eher doch nur als »Touristen mit Wohnsitz« (*bofasta turister*).[179] Schaut man sich die Visualisierung der Einwohner an, dann stellt man als erstes fest, dass sie auf Bildern ungleich präsenter sind als beispielsweise die Anwohner des Rheins. Man bekommt sie mal als reine Typen vorgeführt, aber auch als konkret verortete Individuen. Der Bildaufbau unterscheidet sich dabei nicht. Mal steht ein namenloser »Sollerö-Bauer auf seiner

Abb. 49: *Gustaf Ankarcrona mit dem Soldaten Lax, 1917 in Mora Noret von Karl Lärka aufgenommen. Kleidung, Körperhaltung, der weiße Bart und die Zeitung in der Rocktasche verdeutlichen die Differenz zwischen den beiden abgebildeten Personen (Mora bygdearkiv, bilddatabas, KL 2196).*

Vortreppe«, ebenso aber hat sich da »Erkes Olle aus Altsarbyn, Gemeinde Rättvik« vor
einem Haus für die Kamera postiert. Dasselbe gilt für Gruppenaufnahmen, die den
Brautgang oder einen Tanz zeigen, oder typische Verrichtungen vom Anzünden einer
Pfeife bis zur Arbeit am Spinnrad.[180] Teils wurden sie, wie erwähnt, von Karl Lärka für
rassenbiologische Untersuchungen aufgenommen, aber später als individualisierende
Portraits ausgewiesen (Abb. 35).[181] Einige von ihnen sehen mit ihren gegerbten Gesichtern und in ihren groben Pelzmänteln fast wie Protagonisten eines modernen Spät-
western aus. Die äußerliche *Differenz* zu den Eliten bleibt auf den Fotografien deutlich,
die soziale *Distanz* jedoch verschleiert, da man Volk und Häuptlinge selten zusammen
auf einem Bild sieht (Abb. 49).

Das Volk habe seinen ursprünglichen Charakter besser bewahrt als anderswo in
Europa, besser sogar als in Tirol oder der Bretagne – so schrieb ein anonymer Autor,
wohl 1903. Es sei fleißig, trotzig, selbstbewusst und genügsam, romantisierte Prinz Wilhelm 1944, seines Zeichens Königssohn, Publizist und Dokumentarfilmer; es habe die
Geschichte geprägt, aber es habe manchmal nicht das Geld für die eigenen Grabsteine
gehabt (sie mussten gebrauchte ummeißln). Da ahne man, was diese Menschen für das
Land bedeutet hätten, und warum ausgerechnet die Dalekarlier immer die ersten gewesen seien, wenn es um einen Einsatz für die Nation ging. Ein tief verwurzeltes Gefühl für
unveräußerliche nationale Werte habe sie ausgezeichnet. Die Künstlerin Elsa Hammar-
Moeschlin berichtete 1937, dass die Bauern geradezu wissensgierig waren. Sie stünden
weder Maschinen noch neuen Ideen skeptisch gegenüber, so dass es ihr ein Rätsel war,
wie die alte Kultur überhaupt so lange hatte bestehen können. Doch die Älteren wahrten
die Traditionen, nur die Jüngeren wollten wider alle Ermahnungen mit der Zeit gehen.
Offenbar, so Ernst Klein, hatte sich die materielle Kultur seit dem Mittelalter kaum verändert, während die Menschen in anderen Teilen des Reichs ihre Lebens- und Wohnver-
hältnisse modernisiert hätten. Er schloss auf einen tief verwurzelten Kulturkonservatis-
mus, der zusammen mit dem gründlich fundierten *image* als Aufrührer die Eigenheiten
der Bewohner verfestigt haben könnte – obwohl gerade die konservativsten Gemeinden
Dalarnas besonders viele Wanderarbeiter in das Reich geschickt hatten.[182]

Karl Trotzig trug 1936 und 1937 in zwei Aufsätzen, die langen Exzerpten gleichen,
Aussagen von Lehrern, Professoren, Schriftstellern, Pfarrern über die Bevölkerung
Dalarnas zusammen: ihre Gastfreiheit, Geschicklichkeit, Traditionsliebe, Arbeitsfreu-
de, Anspruchslosigkeit, Freiheitsliebe, ihr Erfindungsreichtum, Eigenwille, Gemein-
schaftsgefühl, Stolz, aber auch ihre Wankelmütigkeit und ihr politischer Opportunis-
mus. Trotzig dachte sich seine Aufzeichnungen als Ergänzungen zu Bertil Lundmans
Rassenforschung.[183] Und das macht es schwierig. Offen bis verschlossen, konservativ
und neugierig, traditionsbewusst und innovativ, pietistisch düster oder freudiger Natur, der Welt zugewandt oder durch Dialekt und altertümliche Sitten abgesondert –
das sind alles Zuschreibungen der Eliten, die zudem kein klares Bild ergeben. Viele
der Topoi dienen der Beschreibung auch anderer Völker. Die Texte lesen sich wie eth-
nografische Bestandsaufnahmen von Eingeborenen eines fremden Landes. Andererseits waren die Bewohner Dalarnas nicht, wie die des Mittelrheins, bloß Protagonisten
romantischer Gedichte und Erzählungen. Sie verkörperten die mythische Provinz, sie
hatten sie kultiviert. Die Landschaft wäre, anders als am Rhein, ohne das Volk nicht
denkbar, auch nicht der Erfolg Gustav Vasas. Dalarna und seine Menschen dienten,
wie wir im folgenden Abschnitt sehen werden, als Spiegel der Moderne und als Objekt
der sozialen Utopien der Elite. Die Konflikte, die das Volk mit Touristen und eventuell

auch seinen Häuptlingen austrug, sind in der mündlichen Überlieferung verstaut.[184] Doch selbst die publizierten Texte und Bilder lassen uns schemenhaft eine deutlich eigenständigere Rolle der Bevölkerung erahnen, die wohl ihren durchaus harten Alltag neben den Häuptlingen her gelebt hat und denn doch mehr bloß Projektionsfläche und Staffage darstellte.

Heimatpflege

Das *image* Dalarnas wurde sprach- und bildgewaltig beschworen, und es entstand materiell in zahlreichen Bauernhausmuseen, im Kunsthandwerk sowie in Musikfestivals. Heimatpflege in Dalarna (*hembygdsvård*) ist ein essentieller Bestandteil des schwedischen *nation building* gewesen. Allerdings stand es in einer paradoxen Spannung zu dem, wovor es bewahren sollte: zur Moderne und zur Hauptstadt. Die Heimatpflege in Dalarna war nie rückwärtsgewandt, allen kulturkritischen Anwandlungen eines Karl-Erik Forsslund oder Gustaf Ankarcrona zum Trotz. Sie zielte auf die Zukunft und auf eine produktive Gesellschaft. Und sie stand in einer reziproken Beziehung zu Stockholm, zum Freilichtmuseum Skansen. Dalarna und Skansen spiegelten einander wider.

Skansen war eine Erfindung Artur Hazelius' (1833-1901), Philologe und Volkskundler, einer der wichtigsten Museumsexperten Europas, und ein waschechter Stockholmer. Schon Hazelius' Vater war 1822 durch Dalarna gewandert, dort aber nicht, wie er nach ausführlicher Lektüre erwartet hatte, auf die Essenz der Nation gestoßen, sondern auf eine farblose Alltäglichkeit. Die nationale Poesie verwandelte sich für ihn in ziemlich fade Prosa. Sein Sohn wanderte 1857 mit anderen Augen durch die Landschaft, weniger mit Blick auf die nationalen Erinnerungsorte, aber aufmerksam für die traditionellen Lebensweisen, an denen er sich erfreute, und die ihm gar nicht farblos erschienen.[185] Als er 1872 erneut die Gegend besuchte, erkannte er die Bedrohung durch moderne Lebensgewohnheiten. Eine Kirchbootfahrt, die er schwärmerisch beschreibt, so dass man an das erwähnte Gemälde Wilhelm Marstrands denkt, ließ in ihm den Plan eines volkskundlichen Museums reifen, das spätere Nordische Museum. Dieses Museum sollte das nationale Bewusstsein im schwedischen Volk erwecken. »Kenne Dein Land«, propagierte der Schwedische Touristenverein, »Kenne Dich selbst« (d.h. Dein Volk), fast zeitgleich (und bis heute) das Nordische Museum.[186] 1873 richtete Hazelius eine erste volkskundliche Sammlung ein, die allmählich in das Nordische Museum überging, dem zwischen 1889 und 1907 ein überaus repräsentativer Bau auf Djurgården errichtet wurde.

Hazelius war ein Meister der bildhaften Darstellung. Für sein Museum und mehrere Weltausstellungen entwarf er Dioramen. Das waren Musterstuben im Maßstab 1:1, bestückt mit Alltagsgegenständen und Figurinen – in Tracht gekleideten Wachsfiguren –, die Szenen aus dem bäuerlichen Leben repräsentierten. Diese sorgfältig gestalteten, dreidimensionalen Gemälde fingen die Aufmerksamkeit der Besucher durch dramatische Effekte ein. Hazelius arbeite mit dem Publikum, wie es der Direktor eines Theaters oder eines Warenhauses tue, reflektierte der Publizist Ernst Klein 1930 den inszenatorischen Charakter.[187] Hazelius wollte Bilder herstellen, die Vorbilder werden sollten. Grund war ein Medienwechsel, der mit den Welt- und Landesausstellungen einherging. Seit dem späten 18. Jahrhundert hatte man Lieder, Märchen und mündliche Überlieferungen gesammelt, um das historische Fundament der eigenen Nation auszuloten, in Schweden genauso wie in Deutschland. Ausstellungen erforderten dahingegen die Präsentation von Gegenständen. Auf den Weltausstellungen des 19. Jahrhunderts traten technologisch hochgerüstete Nationen gegeneinander an, die ihren Eintritt in die Moderne durch kulturelle Wurzeln abzusichern und zu legitimieren suchten. Deshalb fuhren sie neben allerlei technischen Errungenschaften und militärischen Gerätschaften auch »typische« Bauernstuben auf. Die Besucher konnten ein buntes Bild kultureller Vielfalt bestaunen und die Differenzen zwischen den Nationen in Augenschein nehmen. Die Ausstellungsmacher lernten voneinander.[188]

Parallel zur Museumsgründung hatte Hazelius den Plan zu einem Freilichtmuseum in Stockholm verfolgt, Skansen, eine außerordentlich erfolgreiche Museumsgründung. Es wurde auf einer Granitkuppe auf der Insel Djurgården, dem alten Tiergarten und Volkspark, begründet und 1891 eröffnet; in der Nähe befanden sich das Nordische Museum, das 1893 eröffnete Biologische Museum, dessen Gebäude an die Architektur der norwegischen Stabkirchen angelehnt war, und der Tivoli »Gröna Lund«, etwas später kam die Kunsthalle Liljevalchs hinzu. Heute liegen außerdem in der Nähe das Vasa-Museum, die Thilska-Galerie und das Kunstmuseum Prins Eugens Waldemarsudde. Hazelius wollte ein Schweden in Miniatur errichten, um ein Bild von dessen Natur und Kultur zu bieten: »Schweden ›in nuce‹, in einer knappen, aber kraftvollen Zusammenfassung«, wie es 1926 in der Schwedischen Touristenzeitung hieß[189] – »genauer gesagt: unser *altes* Schweden in Miniatur«, wie der Museologe Sten Rentzhog 2007 ergänzte.[190] Hazelius verfolgte ein ganzheitliches Konzept. Er wollte Traditionen bewahren und wiederbeleben, die nationale und regionale Identität stärken, Stände und Klassen zusammenführen, Tiere und Gewächse präsentieren und auch das Leben der Armen integrieren. Statt des wissenschaftlichen Tableaus der musealen Repräsentation setzte er ganz darauf, in »performativen Räumen« Stimmungen zu evozieren, mit den Körpern der Besucher als Schnittstelle zwischen Materialität (Museum) und Imagination (Vergangenheit).[191] Skansen war wie eines der modernen Wasserkraftwerke, die in Schwedens Flüsse gesetzt wurden. Das Museum erzeugte Energie. Es dürfte kein Zufall sein, dass seine Blütezeit in den 1930er Jahren mit Beginn der sozialdemokratischen Herrschaft einsetzte. Es wurde zur »Arena des Volksheims«, jener überaus erfolgreichen sozialdemokratischen Wohlfahrtsstaatsutopie. Politiker, soziale und politische Organisationen sowie Gewerkschaften nutzten das dezidiert der Vormoderne huldigende Skansen als Bühne für ihre Auftritte, ebenso Radio und Fernsehen. Landschaftstage und Musikfestivals wurden eingeführt, und bald war Skansen wie wohl kein anderes Museum im schwedischen Bewusstsein tief verankert.[192]

Das erste Gebäude stammt aus Dalarna. 1885 war eine Blockhütte aus der Gemeinde Mora angekauft und 1890 auf sieben Eisenbahnwagen nach Stockholm verfrachtet worden (Abb. 50).[193] In der Folge versammelte Hazelius weitere »typische« Bauernhöfe Schwedens, ausstaffiert mit Alltagsgegenständen aus der bäuerlichen Welt. Hier konnte er seine »Aktivitätspädagogik« entwerfen.[194] Anders als seine Dioramen im Nordischen Museum und auf den Weltausstellungen waren die Häuser begehbar. Zuerst stattete man sie mit Figurinen aus, später engagierte das Museum Sennerinnen aus Dalarna (*dalkullor*), die als Dienstpersonal in Stockholm arbeiteten. Ich hatte erwähnt, dass die Wanderarbeit besonders in Dalarna verbreitet war, und diese *dalkullor* bildeten deshalb eine besonders wichtige Personalkategorie im Nordischen Museum und auf Skansen.[195] Paradoxerweise popularisierten ausgerechnet Wanderarbeiterinnen ein volkstümliches Dalarna, in einer Institution, die nur in der industriellen Moderne denkbar war. Sie verlebendigten die Bauernhäuser, indem sie in Tracht »typische« Fertigkeiten verrichteten und den Besuchern die Häuser, Gegenstände und ihre Arbeit erklärten. Weil sie aber als Personal Skansens und des Nordischen Museums überwogen – und man sich angewöhnte, das Personal aus anderen Landesteilen ebenfalls als *dalkullor* zu bezeichnen –, wurde der Eindruck verstärkt, dass Dalarna, und nicht eine andere Region, *die* Referenzlandschaft Schwedens schlechthin sei.

Dalarna als Nukleus Skansens wurde den Besuchern als Nukleus Schwedens präsentiert. Die Bedeutung Skansens für die Popularisierung Dalarnas ist nicht zu überschätzen. Zugleich gab es einen Rückkoppelungseffekt, auf den Gustaf Näsström 1937 bereits hingewiesen hatte. Mit dem Idealbild Skansens im Kopf würden Hunderttausende ausländischer Touristen (die schwedischen vergaß er) an den Siljan fahren, enttäuscht, dass die Lure (*näverlur*) blasenden Mädchen in Sonntagstracht nur in der Touristikwerbung zu finden seien.[196] Tatsächlich aber führte die Rückkoppelung nicht bloß zu einer Enttäuschung, sondern schlug auf die Bauernhäuser dort zurück. Denn die aus Dalarna nach Stockholm translozierten Höfe dienten bald als Vorbild, um *in* Dalar-

Abb. 50: *Skioptikonbild der Morastugan auf Skansen (links), mit Personal und Mittsommerstange, ca. 1899-1900. (Fotograf wohl Axel Lindahl. Nordiska museets arkiv, Stockholm; https://digitaltmuseum.se/021016830100/morastugan_pa_skansen_i_forgrunden_personer_ikladda_folkdrakt [30.10.2020]).*

na Höfe zu bewahren und zu restaurieren. Nach der Jahrhundertwende wurden überall in der Provinz Heimatvereine gegründet, die kulturhistorisch wertvolle Hofanlagen zusammenkauften oder bewahrten, als ein über die ganze Provinz ausgedehntes Skansen.[197] Die Konstruktion fand also in einer Spiralbewegung statt. Dalarna wurde materiell und personell in Skansen musealisiert, dessen Besucher verlegten das Stockholmer Dalarnabild in die Region zurück, wenn sie dorthin reisten. In Wahrheit wurden die Meisten nicht enttäuscht, vielmehr entdeckten sie dort, geschult durch Skansen, durch zahllose Gemälde und Bücher, durch Musik, Reiseführer und Fotografien, genau diejenige idealisierte Landschaft, die als Herzland Schwedens galt – zum Leidwesen der Einwohner, die, wie wir gesehen haben, sich plötzlich als Figurinen eines maximierten Skansens beäugt sahen, das die Touristen für sich imaginierten.

Das eigentümliche Verhältnis zwischen Vergangenheit und Gegenwart wird besonders deutlich, wenn man einen Bericht des »Landschaftstages« von 1930 liest. Am 15. Juni sollte auf Skansen der Moragård eingeweiht werden (dessen Kern die alte Morastuga bildete), und der Tag sollte als »Dalarnas Tag« eine neue Tradition begründen. Jahr für Jahr trat von nun an Landschaft nach Landschaft in der Hauptstadt auf. Prinz Carl weihte den Moragård ein. Auf den Fotografien des Berichts sehen wir altertümliche Holzhäuser und – nur zweimal – die Menschenmenge der Festgesellschaft, viele in Tracht. Zur selben Zeit fand auf der anderen Seite des Wassers die so wichtige, überaus erfolgreiche (und umstrittene) »Stockholm-Ausstellung« statt, die den Aufbruch Schwedens in die Moderne symbolisierte. In dieser Ausstellung wurde den Besuchern die Zukunft in Form von funktionalistischer Architektur und von industriegefertigten Gebrauchsgegenständen vor Augen geführt, aber in den Abteilungen zum Kunsthandwerk auch auf die ästhetisch-lebensweltlichen Traditionen des vormodernen Schwedens verwiesen. Interessanterweise waren Dala-Pferde ein Verkaufsschlager.[198]

Auf dem Berge wurde die Vergangenheit zwar mythisiert, aber nicht gegen die Neuzeit ausgespielt: »Dann sang der Heimatchor ›Limu, limu, lima...‹, das alte Hütelied aus Mora, dessen mittelalterliche Tonfolge in diesem feierlichen Augenblick Vorzeit und Gegenwart auf fast mythische Weise zu verbinden schien.«[199] In einem Bauernhaus aus dem Dorfe Venjan wurde alsdann im Herd mit Stahl und Flintstein das Feuer entzündet, das so lange erloschen gewesen war. Der Rauch stieg sachte in den stillen, sommerlichen Himmel und der Chor sang eine Volksweise aus dem finnland-schwedischen Österbotten. Der Volkskundler Sigurd Erixon tauchte tief in das schwedische Wesen ein: »Schemenhaft erkennen wir hier die Konturen nicht bloß eines vergangenen Menschenschicksals, sondern auch die einer lange verschwundenen kulturellen Blütezeit [storhetstid], älter als unsere Großmachtzeit [stormaktstid] im 17. Jahrhundert. [...] Denn hier findet sich ein ununterbrochener Zusammenhang, eine klare Entwicklung von den Heimen, die Schweden vor 1000 Jahren prägten, bis hin zur Gegenwart. Aufgrund ihrer längeren und schwedischeren Ahnenreihe übertreffen diese alten Bauernhöfe die Herrenhöfe und Stadthäuser für die Forscher und nehmen einen Ehrenplatz im Herzen der Schweden ein.«[200] Der Mora-Hof sei »in gewissem Maße eine Rekonstruktion«, die Bauten aus den archaischsten Teilen Dalarnas zusammengeführt habe, um eine möglichst altertümliche Ganzheitsinszenierung zu erzielen – das gab Erixon in seiner Ansprache gleich zu.[201] Auf dem Berg die radikal friedliche, dalarnisierte rurale Vision Schwedens, der mitten in der Großstadt Stockholm gehuldigt wurde, unten am Wasser, zeitgleich und fast in Sichtweite, die radikal moderne Idee der Zukunft. Deshalb sollte man weder die Stockholm-Ausstellung noch den Moragård als die Inszenierung des

Gegensatzes von Traditionalisten und Modernisten verstehen, auch wenn diese sich manchmal publizistische Scharmützel lieferten, sondern als die für Schweden typische Form der Koexistenz von Antithesen. 1938 weihte das Museum eine Rolltreppe den Berg hinauf ein; König Gustaf V. und Prinzessin Ingeborg nutzten sie als erste.

Skansen ist die Urmutter aller Freilichtmuseen in Europa. Bald kamen etwa 500.000 Besucher jährlich nach Stockholm (bei 300.000 Einwohnern im Jahre 1900 und gut 500.000 im Jahr 1930).[202] Im Gefolge von Skansen wurden eine ganze Reihe von Heimatvereinen gegründet (vorher gab es Altertumsvereine), in Schweden (bzw. Dalarna) von 1900 bis 1919 insgesamt 98 (17), die folgenden fünf Jahre 96 (11), von 1925 bis 1929 dann 124 (13). Nach Småland wies Dalarna die größte Zahl an Heimatmuseen auf; die Museumsdichte lag bezogen auf die Bevölkerungszahl über dem Reichsdurchschnitt (Dalarna stellte gut 4 % der Einwohner Schwedens, besaß aber 10-12 % aller Museen).[203] 2004 hatte die Heimatbewegung (hembygdsrörelsen) in Schweden etwa eine halbe Million Mitglieder, davon 25.000 in Dalarna. Auch das bedeutete einen überdurchschnittlichen Organisationsgrad. Er betrug reichsweit gute 5 % (von ca. 9 Mio. Einwohnern), in Dalarna dagegen 9 % (bei etwa 275.000 Einwohnern). Im Zeitraum von 1921 bis 1930 wurden mit 22,9 % die meisten, in der Dekade 1971-1980 mit 16,9 % die zweitmeisten Vereine in Dalarna gegründet.[204] Das dürfte kein Zufall sein, handelt es sich doch um diejenigen Jahrzehnte, in denen die Auseinandersetzung mit der industriellen Moderne und der Technisierung der Welt besonders intensiv geführt worden sind. Trotzdem lässt die Konjunktur dieser Vereine nicht auf eine kulturpessimistische Hausse schließen. Im Gegenteil. Die Museologin Maria Björkroth hat darauf hingewiesen, dass für die kommunale Daseinsfürsorge nach dem Ersten Weltkrieg sehr oft lokale Vereine gegründet worden waren, die die Wasser- und Elektrizitätsversorgung, die Anlage von Parks, die Einrichtung von Bibliotheken usw. betrieben. Die Heimatvereine bildeten das Gegenstück zu dieser Modernisierung des Daseins. Sie errichteten ihre Freilichtmuseen oft in unmittelbarer Nachbarschaft zu den neuen technischen Einrichtungen; es handelte sich, folgt man Björkroth, um ein Verständnis von Daseinsfürsorge im doppelten Sinne:[205] Modernisierung sorgte für die Zukunft vor, Traditionspflege bot eine ideelle Verwurzelung.[206] Die lokalen Museen konturierten das regionale, Hazelius das nationale Erbe, ohne dass man sich groß ins Gehege gekommen wäre, so wie der Moragård und die Stockholm-Ausstellung.[207]

Getragen wurden die Vereine vor allem von den Angehörigen der örtlichen Elite, den Pfarrern, Lehrern, von Künstlern, Beamten oder Grundbesitzern. Frauen, Bauern und Landarbeiter waren kaum vertreten. Die Arbeiterbewegung hatte zu Beginn des 20. Jahrhunderts wenig übrig gehabt für das vormoderne Schweden (fattig-Sverige).[208] 1897 hatte der Bauer Jones [sic] Mats Persson Skansen besucht und anschließend ein kleines Bauernhausmuseum daheim in Leksand aufgebaut – der erste Heimathof (hembygdsgård) in Dalarna (Abb. 51). Die Nachbarn waren wenig beglückt über das Bild ihrer Gemeinde, das da nach außen vermittelt würde. Immerhin unterstützte Gustaf Ankarcrona ihn; er lotste 1909 Königs- und Kronprinzenfamilie in das Museum, das daraufhin, aber erst dann, auch für die Kirchspielbewohner zu glänzen begann.[209] Danach schossen Freilichtmuseen aus dem Boden, und als im Frühsommer 1915 Rots Skans nördlich von Älvdalen eröffnet wurde, ursprünglich eine kleine Verteidigungsanlage gegen die Norweger, begann die angereiste Prominenz der Heimatpflege über eine Dachorganisation nachzudenken. Wenige Wochen später, am 4. Juli 1915 lud Gustaf Ankarcrona neun Männer und neun Frauen nach Holen, um Dalarnas Heimatschutzbund (Dalarnas

Interiör från Gatustugan (nr 1) i Ullvi före flyttning till gammelgården (början av 1900-talet). — Foto Gerda Söderlund

Jones Mats gammelgård i Lisselby (omkring 1910). — Foto Anders Jones

Abb. 51: *Diese Abbildung markiert eine Naht. Wir sehen oben das Innere einer Stube zu Beginn des 20. Jahrhunderts, bevor sie in das Freilichtmuseum in Leksand überführt wurde. Unten der Nukleus dieses Museums im Jahre 1910. Oben eine lebensweltliche, unten eine museale Situation, aber die Zusammenstellung der Bilder auf einer Seite erweckt den Anschein, als würden sie beide die reale Lebenswelt der Landbevölkerung aufzeigen. Verschwundene Lebenswelt und deren museale Bewahrung sind nicht zu unterscheiden (Dalarnas Fornminnes och Hembygdsförbund/Dalarnas Museum [Hg.] 1978: 93).*

hembygdsförbund) zu gründen.[210] Drei Tage zuvor, und diese Parallelgeschichte ist in den Quellen ausgeblendet, hatten sich die Kriegsgegner schwere Seegefechte vor der schwedischen Insel Gotland geliefert. Auch das ist eine für Schweden bezeichnende Parallele.

Den Anstoß, das Alte zu bewahren, gaben oft Vereinsvorsitzende, die zugezogen und deshalb aufmerksamer für Modernisierungsverluste waren.[211] Ideal war es, wenn die Vereine ganze Höfe übernehmen konnten. Aus Kostengründen waren sie zumeist aber gezwungen, Einzelgebäude zu kaufen und zu translozieren. Bei der Rekonstruktion wurden moderne Details entfernt; es sollten »typische« alte Anlagen hergestellt werden. Auch im Innern versuchte man, sich einem älteren Zustand zu nähern. Der neue Standort lag gerne im Zentrum des Dorfes und entsprach oft nicht der ursprünglichen Funktion der Gebäude. Um die Höfe herum wurden Mittsommerfeiern und Heimatfeste arrangiert. Alles spiegelte die Lebenswelt der alten Agrargesellschaft wider, der Bauern, der Kätner, der Fischer, und die der einfachen *finngårdar* in den Wäldern, außerdem die unterschiedlichen lokalen Bautraditionen. Selbst die Höfe Ankarcronas, Larssons, Zorns und der anderen Häuptlinge wurden nach deren Tode in Museen umgewandelt und umstandslos in die mythisierende Selbstrepräsentation Dalarnas eingebaut, wobei man, wie erwähnt, Larssons Haus schon vorher zum »Heim ganz Schwedens« überhöht hatte. Alle zusammen boten ein recht homogenes Bild. Die Lebenswelt der *Bauern* und die Architektur der *Holzhäuser* wurde in pädagogischer Absicht regelrecht konstruiert.[212] Die Industrie- und Stadtkultur dagegen waren, von wenigen Ausnahmen wie dem Grubenmuseum in Ludvika abgesehen (1938 eröffnet), erst sehr viel später entdeckt und musealisiert worden. – Der Begriff »Museum« stieß übrigens bei den Protagonisten im frühen 20. Jahrhundert auf Ablehnung. Die Höfe sollten die Tradition gerade verlebendigen, nicht musealisieren, um die Vergangenheit mit der Gegenwart zu verbinden.[213]

1914 hatte Karl-Erik Forsslund eine Programmschrift des Heimatschutzes verfasst. Er begann, wie immer, sehr bildlich, indem er Vergangenheit und Zukunft gegeneinander stellte. Mitten in einem tosenden Fluss steht plötzlich ein eiserner Strommast, am Ufer ein alter Baum, der sich über seinen neuen Kameraden verwundert und eine ungewohnte Musik hört: Sprengungen, Hammerschläge, Bohrmaschinen und das Rasseln der Kräne. Er erinnert sich an früher und sieht, wie einer der Flussarme in einem Kanal durch das entstehende Wasserkraftwerk hindurchgezwungen wird. Dann spricht Forsslund: »Die beiden Kameraden oben in Porjus [Nordschweden], der Strommast und der Baum – sie schienen mir wie zwei Persönlichkeiten, als ich da stand und auf sie blickte. Die eine, Menschenwerk, aufrecht und hoch, aber kahl und steif. Die andere, Sohn der Wildnis – unnütz, heißt es, steht ja zumindest hier ohne sichtbaren Sinn, doch großartig schön, voller Gesang und alter Weisheit, für den, der hören will und kann. Zäh und stark, trotzdem verurteilt, an welchem Tag auch immer zu fallen. Sie wurden mir zwei gute Botschafter aus je ihrer Welt, Sinnbilder der zwei streitbaren Mächte, die in unserer Zeit heftiger als vielleicht je zuvor aneinandergeraten. Sie können kurz und knapp Alt und Neu genannt werden.«[214] Danach ergeht er sich in der Beschreibung einer Zerstörungsorgie, durch die die Flora ausgerottet und die Fauna niedergemetzelt wird; Touristen kommen (wie bei Ankarcrona) als ägyptische Heuschreckenplage über das Land. Die Industrie bedient überflüssige Bedürfnisse, Plunder wird angehäuft, ohne dass ein Heim entsteht – eine Internationale des Kitsches. Die neue Zeit stößt das Alte regelrecht zur Seite, Forsslund lässt die Fotografie eines kleinen, schiefen Speichers neben einer neuen, großen Holzvilla sinnbildlich sprechen.[215]

Allerdings lehnte er die Moderne sowenig ab wie Boëthius, Zorn oder Ankarcrona. Man könne bessere Industriegebäude und Kraftwerke bauen. Natürlich brauche man eine Schwerindustrie, nicht die Industrie sei der Feind, sondern ihrem Zerstörungswerk müsse Einhalt geboten werden. Die *Aneignung* des Neuen tue Not. Wie Ankarcrona präsentierte er den Hof als Lösung: das Eingebettete, Geborgenheit schenkende, und er beschreibt ausführlich den herrlichsten alten Hof, den er in Schweden kenne, Holen. Auch Forsslund hatte nichts gegen den Neubau von Höfen in altem Stil. Ein Foto in seinem Buch zeigt ein von Ankarcrona entworfenes pompöses Gebäude, eine Mischung aus Schweizer Chalet und Ornässtuga.[216] Entscheidend war, dass die *Prinzipien* des bäuerlichen Lebens reaktiviert würden, also die Abkehr von einer sprunghaften, kontingenten Entwicklung und die Hinwendung zur ästhetisch-funktionalen Schlichtheit der genuinen Bauernstube. Skansen nehme zwar Züge eines Mausoleums an – es drohe, ein »gewaltiges Grab [zu werden], in dem die Gegenstände aufgereiht sind wie die balsamierten Leichen in den Katakomben«[217] –, doch bleibe es Vorbild. Skansen vor Augen, solle jede Gemeinde ihr Museum bekommen, das die eigene Gegend repräsentiere, umgeben von einer unter Schutz gestellten Natur, allerdings ohne das Basarartige des Stockholmer Museums mit seinen verkleideten Statisten und exotischen Tieren: jeder Gemeinde ein eigener Nationalpark, ein Volkspark, ein Biologisches Museum, eine Sammlung an Gemälden aller Aspekte des Lebens, keine toten Puppen, keine Gefangenen in Käfigen und Vitrinen.[218]

In diesem Sinne machte sich die kulturelle Elite Dalarnas daran, die Volkskultur zu bewahren. Neben den Bauernhausmuseen setzten sie auf das Kunsthandwerk und die Volksmusik. Kunsthandwerk (*hemslöjd*) hatte einen wichtigen Platz in der schwedischen Identitätskonstruktion des 20. Jahrhunderts. Ich hatte Ellen Keys Klassiker »Schönheit für alle« erwähnt, in dem sie Funktionalität und Ästhetik von Gebrauchsgegenständen aufeinander bezogen hatte (was funktional ist, ist automatisch schön), als Voraussetzung für eine Reform der modernen Lebensweisen. Neben dem hypermodernen funktionalistischen Design gab es 1930 auf der Stockholm-Ausstellung einen Pavillon für Kunsthandwerk. Kunsthandwerker und Funktionalisten argumentierten auf derselben Diskursgrundlage. Die Avantgarde der Architektur und Kunstkritik berief sich auf den Funktionalismus altschwedischer Bauernhäuser, während für Kunsthandwerker Funktionalismus kein Schimpfwort darstellte. In beiden Fällen ging es um den Konnex von Ästhetik, Funktion, Tradition und Zukunft, gewissermaßen als Regelungstechnik der Moderne. Als Initialzündung soll die Allgemeine Kunst- und Industrieausstellung in Stockholm 1897 gewirkt haben, weil dort genuin bäuerliches Handwerk neben billigen Imitaten der Industrie ausgestellt wurde. Das eine sei ein positives, das andere ein negatives Exempel für die späteren Protagonisten der Kunsthandwerksbewegung gewesen.[219]

Bereits 1845 war der Schwedische Kunsthandwerksverein (*Svenska Slöjdföreningen*) ins Leben gerufen worden, der sich mit Gestaltungsfragen beschäftigte und 1878 mit seinen »Mitteilungen« eine der bald führenden Designzeitschriften herausgab (seit 1932 unter dem Namen *Form*). Den ersten lokalen Kunsthandwerksverein, der produzierte, hatte die Textilkünstlerin Lilly Zickerman 1899 in Stockholm gegründet (*Svensk Hemslöjd*). Er war Vorbild für die zahlreichen lokalen Vereine in Schweden, beispielsweise auch für Gustaf Ankarcrona. Ankarcrona initiierte 1904 eine Kunsthandwerksausstellung in Leksand, ein großer Erfolg, der die Gründung eines lokalen Ablegers nach sich zog. In der Folge entstanden überall in Dalarna Kunsthandwerksvereine und -geschäfte, die teils bis heute bestehen. Sie stellten Uhren, Messer, Stoffe, Geschirr, Besteck, Dala-Pferde,

Körbe, Kirchboote und Trachten her und wurden zumeist von Prominenten wie Ottilia Adelborg oder Emma Zorn initiiert bzw. von Kunsthandwerkslehrerinnen, die sich dem Unterricht von Arzt-, Pfarrers- oder Kaufmannstöchtern widmeten. Viele Dorfbewohner hatten zunächst keinerlei Interesse an den traditionellen Gegenständen gezeigt.[220] Durch die Systematisierung der lokalen Produktion, Musterschutz und regelmäßige Ausstellungen sollte das Kunsthandwerk in Konkurrenz zur industriellen Massenfertigung entwickelt werden,[221] ganz organisiert und planmäßig, mithin: modern.

Ankarcrona selbst war zu einem reichsweit bekannten Verfechter des Kunsthandwerks aufgestiegen. Er war auf der Jagd nach alten Mustern, er entwarf Leuchter und Stühle und ließ alte Weberinnen traditionale Muster herstellen, die dann per Katalog oder in Kunsthandwerksläden zum Verkauf angeboten wurden – eine systematische Neuschaffung nicht-moderner Kunsthandwerksartikel, im Unterschied zu kommerziell gefertigten Imitaten bzw. zeitgenössischen *Interpretationen* der Tradition. Gerade Letzteres lehnte Ankarcrona als modernistisch ab. Bei den Trachten war er ähnlich streng. Sie waren um die Jahrhundertwende deutlich aus der Mode gekommen, weil die städtische Kultur an Einfluss gewonnen, die Kirche aber verloren hatte. Er bemühte sich, das alte Handwerk zu erhalten, musste freilich feststellen, dass viele Träger ihre traditionelle Kleidung stilwidrig modernisieren wollten. Das missbilligte er, genauso wie Trachtenumzüge oder die Wiederentdeckung lokaler Stile, die längst vergessen waren. Für die verlorenen Gegenden sollte man besser die alte Idee einer neu kreierten schwedischen Nationaltracht wieder aufgreifen, beschied er den Schwedischen Frauennationaltrachtenverein, der 1902 gegründet worden war.[222]

Anders Zorn wiederum verabscheute die Aufkäufer aus Skansen, die Dalarna seiner Kulturschätze zu berauben drohten.[223] Er hatte 1890 den Anlauf genommen, einen Heimatverein zu gründen. Er ließ den lokalen Dialekt aufzeichnen (*dalmål*) und belebte in mehreren Orten die Mittsommerfeiern wieder, die wegen des regionalen Pietismus' an Boden verloren hatten. Dem Dorf Morkarlby schenkte er einen Maibaum, der von einer schwedischen Flagge gekrönt war, ein Symbol des Widerstandes gegen die Industrialisierung und die freikirchliche Religiosität sowie Symbol des informellen schwedischen Nationalfeiertages, den er 1897 mit dem Gemälde »Midsommardans« überhöht hatte.[224] Außerdem förderte er die Volksmusik, die den Freikirchen ebenfalls ein Dorn im Auge war.[225] Inspirieren ließ er sich durch den Juristen Nils Andersson, der damals ein nationales Volksmusikarchiv aufbaute. Andersson befragte, wie ein anderer Jurist vor ihm, Richard Dybeck im 19. Jahrhundert, Informanten, die nun aber nicht mehr, wie bei Dybeck, anonym blieben, sondern in den 24 Bänden der »Schwedischen Weisen« (*Svenska låtar*) als musikalische Akteure an die Öffentlichkeit traten. Mit dem »Spielmann« entstand eine neue Künstlerfigur.[226] Einer der bedeutendsten war Knis Karl Aronsson, der 1976 mit 224 Spielleuten aus Dalarna bei der Hochzeit Carls XIV. Gustaf und Silvia Sommerlaths in Stockholm aufspielte, und zwar »Leksands Brautmarsch«.[227] (Auf Bildern sieht man auch zahllose Spielfrauen, von denen man in den Texten allerdings weniger erfährt.) Anderssons Werk erschien zwischen 1921 und 1940, nach dessen Tod, die ersten vier Bände behandelten Dalarna. Es handelte sich fortan um *das* Referenzwerk der Volksmusik.[228] Diese Sammlung, die Schallplatte, das Radio sowie die Musikfestivals auf Skansen und in Dalarna trugen dazu bei, die Musik dieser Landschaft reichsweit bekannt zu machen.

Zorn lud regelmäßig Spielleute an seinen Hof, weil er deren Musik schätzte – vielleicht auch als Herrschaftsgeste, dass er in der Lage war, die Musiker seinen Empfän-

gen als malerisches Attribut hinzuzufügen.[229] Er malte mehrfach Spielmänner und
-frauen, und 1906 veranstaltete er einen ersten Musikwettbewerb. Dieser fand im Dörf-
chen Gesunda statt, welches am Ufer gegenüber der Insel Sollerön liegt. Aber warum
ein Musik*wettbewerb*? Zorn hatte festgestellt, dass es auf den Almen still geworden war.
Die Sennerinnen bliesen nicht mehr in ihre Kuhhörner, um die Herden zusammenzu-
treiben. Der Wettkampfgedanke wiederum lag in der Luft. 1896 waren die Olympi-
schen Spiele, 1901 die Nordischen Spiele ausgerichtet worden. Seit 1875 veranstalteten
die Norweger zudem lokale Musikwettbewerbe, auf denen sie alte Blasinstrumente (*lur*,
horn und *langeleik*) spielten. 1896 formulierten sie erstmals ein kulturpolitisches Ziel,
nämlich das nationale Musikerbe zu wahren und das Nordische im Lande zu fördern
(man darf nicht vergessen, dass Norwegen mit Schweden eine komplizierte Personal-
union bildete). Mit solchen Vorbildern vor Augen – er selbst hatte 1897 einen Polkawett-
bewerb veranstaltet – fand Zorn die Idee attraktiv, einen Wettstreit mit Geldpreisen
zu organisieren, damit sich die Einwohner wieder auf ihre Traditionen besännen. Das
Festival sollte dieser Musik neues Leben einverleiben und sie zugleich inventarisieren.

Paradox, aber eben typisch modern war das schon, musikalische Praktiken der
alltäglichen Arbeitswelt von einer Jury bewerten zu lassen, um diese Praktiken *als
Tradition* zu bewahren. Das überforderte die musizierenden Männer und Frauen, die
sich schließlich anmeldeten. Sie sollten traditionelle Hütemelodien und Spielmanns-
weisen zum Besten geben, doch zur Irritation der Wettbewerbsrichter versuchten
einige, Polka und andere moderne Lieder zu spielen. Künstlerische Originalität war
von der Jury gefragt,[230] nicht aber modischer Publikumsgeschmack. Das wiederum
brach mit dem Selbstverständnis der Musiker, die es gewohnt waren, auf Tanzbahnen
neue Stücke zu liefern, hier aber um abgelegte Weisen ersucht wurden. Zorn hatte
Umschläge mit den Geldpreisen vor sich liegen, die er verteilte. Das führte zu tragi-
schen Momenten, wenn talentierte Spieler leer ausgingen und dann enttäuscht drohten, ihr Instrument für immer in den Schrank zu stellen. Die Festivals waren dennoch
überaus erfolgreich. Die Idee verbreitete sich in anderen Landesteilen. Damit war der
Startschuss für eine Renaissance des Spielmannswesens in Dalarna gegeben – freilich
nicht für die Tradition der Lockrufe. Die Almen blieben still. Das Spielmannswesen
machte Dalarna, zusammen mit Zorns Musiker-Portraits und Anderssons Sammlung,
zur bekanntesten schwedischen Volksmusikregion. Eine Zeitung huldigte Zorn 1907
als einem Retter (der Volksmusik), einen Retter, der wieder einmal aus Dalarna gekommen sei. Offenbar war das eine Anspielung auf Gustav Vasa.[231]

Immerhin erfuhren die Teilnehmer, dass ihre Musik beim Publikum ankam. Mehr
noch: Hugo Alfvén berichtete in seinen Memoiren vom Gespräch mit einem Spielmann
im Jahre 1908. Der habe sich beklagt, dass Pfarrer und Lehrer die Geige lange ver-
dammt hätten. Was Menschen so freudig mache, müsse des Teufels sein. Das habe
lange nachgehangen. Der Zuspruch des Publikums habe das Instrument jedoch re-
habilitiert. (Dann setzte Alfvén allerdings dem Bauern gegenüber zu einer langen Pre-
digt an, in der er das musikalisch primitive Akkordeon mit dem Bannfluch belegte,
weil es den unschätzbaren Fundus an alten Melodien zerstören werde. »Alfvén spricht
wie ein Priester von der Kanzel«, antwortete der Bauer in Alfvéns Erinnerung und versprach, alle erreichbaren Akkordeons mit seinen schweren Stiefeln zu zertreten. Der
Komponist erkannte in dieser Episode keinerlei Widersprüche.[233])

Eine ähnliche *invention of tradition* stellten die Kirchbootrennen dar, die in den 1930er
Jahren aufkamen. Um 1900 ruderte kaum mehr jemand mit dem Boot zum Gottesdienst;

vorher hatten diese Fahrten das Leben der Menschen von der Taufe über die Hochzeit bis zum Begräbnis begleitet. 1920 waren von den alten Booten allerdings noch einige vorhanden, in Leksand sogar eines aus dem Jahre 1768. Man begann, sie aus den Bootshäusern hervorzuziehen und instand zu setzen. Um die Praxis des Ruderns zu bewahren, wurden einige Jahre darauf die ersten Rennen veranstaltet, die ein großes Publikum anzogen und bald mit Musikveranstaltungen gekoppelt wurden. Mit dem ursprünglichen Zweck hatte das nichts mehr zu tun, und nur noch wenig mit dem Leben der Dorfbewohner – die sich freilich über neue Touristen freuen durften.[232] Eigentlich hatten die Eliten alte Bräuche bewahren wollen, stattdessen adaptierten sie Traditionen, durchsetzt mit dem Habitus und Denken moderner städtischer Eliten, tourismuswirksam an die Moderne.

So wurde durch Bauten, Museen, Kunsthandwerk, *dalmålningar*, Musik, Gedichte und einige archetypische Theaterstücke sowie Romane von Karl-Erik Forsslund, Johan Nordling oder Fredrika Bremer[234] das *image* Dalarnas als einer besonders traditionsbewussten Provinz verfestigt. Das Spezielle der Provinz war dabei nicht immer auf die Landschaft bezogen. Doch es entstand der Gesamteindruck eines Raumes, in dem Natur, Geschichte und Kultur auf ideale Weise ineinandergriffen.

»Keine Rückkehr; das Ziel liegt vor uns.«

Ich hatte mehrfach angedeutet, dass in Dalarna neben der Tradition immer auch die Zukunft thematisiert wurde. Es gibt »keine Rückkehr [zur Natur], das Ziel liegt vor uns«, schrieb Karl-Erik Forsslund in seinem Roman »Storgården«.[235] So wie sich der Strommast mit dem Baum unterhielt, so wollte er Natur und Kultur versöhnen. In zahlreichen Texten finden wir ein Changieren zwischen Vergangenheit und Gegenwart, Tradition und Moderne. Man solle seine Ursprünge erinnern, sich aber nicht in Selbstbespiegelungen ergehen. Die Vormoderne sei nur *eine* Phase in der evolutionären Entwicklung gewesen.[237] Im frühen 20. Jahrhundert finden sich eine Reihe von Motti, die dieses Verhältnis auf den Punkt bringen: »Auf dem Erbe der Väter soll die Zukunft gebaut werden«, »Auf den Pfaden der Väter für den Sieg der Zukunft«, und umgekehrt: »Für neue Bedürfnisse, die Fortschritt gebiert, nicht für alte Form und Schönheit sterben«.[238] Die Volkskundlerin Maria Björkroth schrieb, sie glaubte zu Beginn ihrer Studie über den Heimatschutz in Dalarna, sie werde immer tiefer in die Vergangenheit eintauchen. Stattdessen stieß sie überall auf die Moderne. Zuerst habe sie das Material ignorieren wollen, das von Zukunft und Fortschritt handelte, bis sie akzeptierte, dass der Rückblick zur Zukunftsgestaltung gehörte.[239] Diesen eigentümlichen Dualismus gab es auch in Deutschland – hier aber waren die beiden Seiten oft kulturpessimistisch schärfer gegeneinander gesetzt, während sie in Schweden utilitaristisch aufeinander bezogen wurden.[240] »Zurück in die Goldene Zeit«- und »Früher war alles besser«-Narrative finden wir kaum. Die Gestaltung der *Zukunft* war gefragt.

Ein Beispiel ist Sven Rydbergs Buch über den Dalälv von 1957. Rydberg war seinerzeit Pressesprecher eines Stahl- und Forstkonzerns, und sein Fazit lautete, dass eine Natur, die im Dienste des Menschen modelliert und industrialisiert wird, dessen Lebensbedingungen verbessert, der Region Aufschwung verleiht, aber nicht ihre Eigenart verliert.[241] Die Illustrationen zeigen überwiegend Natur und die vormoderne Kulturlandschaft. In einem Aufsatz Rydbergs, der Veränderungen als notwendig guthieß, lautet eine Bildunterschrift: »Moderne, rationelle Waldwirtschaft muss die Landschaft nicht unbedingt hässlich machen«, während die dazugehörige Fotografie einen winterlichen Holztransport mit Pferd zeigt! Der Waldarbeiter sitzt entspannt auf den kurzen Stämmen.[242] Andere Texte evozieren ein ähnliches Bild: »Das Leksand von heute [...] unterscheidet sich kaum von irgendeinem Stationsort oder Markflecken in unserem langen Land: selbe Haustypen, selbe gepflasterte Straßen, selbe Geschäfte, selbe Menschen. Standard. Konfektion.« Aber: Die Haushalte sind von unvermeidbarer Arbeit entlastet, die in Fabriken ausgelagert ist, und die »Schreiner bearbeiten nun das Holz mit modernen Maschinen, aber der alten Fachkunde.«[243] Anders als Kulturpessimisten am Rhein changierte schwedische Autoren zwischen nüchternen und kulturkritischen Beschreibungen der Gegenwart, bei fast durchgehend idyllisierender Bebilderung. Sie streuten immer wieder eine unmissverständliche Botschaft ein: »Sollte jemand an den Siljan in der Hoffnung reisen, in ein Kulturreservat zu kommen, eine verzauberte Gegend, wo das Volk in seltsamen Trachten umhergeht und Schafe auf grünen Hängen hütet, [...] so wird er ziemlich enttäuscht sein, wenn die Seifenblasen seiner Träume platzen. Die Gegend um den Siljan ist der stolze Teil eines modernen schwedischen ländlichen Raumes mit vorzüglicher Landwirtschaft, rationeller Waldwirtschaft, erstklassigem, traditionsreichen Handwerk und effizienter Industrie. Und doch – es *gibt* einen Grund für den Wunsch, die Lebensweisen einer verschwundenen Zeit zu bewahren«, lesen wir 1948.[244]

Die Ornässtuga unweit des Stahlwerks in Borlänge: Natur, nationale Erinnerung und nationale Industrie stehen Seite an Seite.[245] Ein Raum in ständiger Veränderung, dessen Alltag man nicht hinter falscher Lyrik und romantischen Requisiten verbergen solle. Die Einheit einer pastoralen und hochindustrialisierten Landschaft. Eine »humanisierte Landschaft«, die Bagger und anderes Großgerät gar als »andere Naturkraft« integriert, die die Landschaft so modellieren, wie es die Natur hätte machen können, ohne diese Eingriffe zu vertuschen.[246] Vielleicht ist das letzte Bild in Rydbergs industriefreundlichem Buch über den Dalälv symptomatisch. Es zeigt Anders Zorns Vasastatue in Mora; der Held steht auf seinem Steinblock und schaut in die Ferne; den Abhang zu ihm krabbelt (oder schaut) hinauf ein kleines Kind, Symbol der Zukunft.[247]

Immer, wenn man Vergangenheit und Gegenwart in Einklang bringen will, stellt sich eine Frage: Was bewahrt man, was gibt man der Veränderung preis? Welche historische Schicht soll man rekonstruieren? Soll man der Natur ihren Willen lassen? Dann verbuschen die Weinberge am Rhein oder die »offene Landschaft« (*Det öppna landskapet*) in Schweden. Das bedeutet Kampf! Denn wenn der Boden nicht länger bestellt werde, hieß es 1972 im Jahrbuch des schwedischen Touristenvereins, übernähmen die Naturkräfte das Kommando. Sie trachteten mit unbändiger Stärke ihre Vorherrschaft wiederherzustellen. Ihre erste Angriffswaffe, die Verbuschung, sei erschreckend effektiv und gleiche einer ansteckenden Krankheit. Die freie Aussicht schwinde, der Raum schrumpfe, und bald lebe man in einem »reinen Naturslum«.[248] Doch Bauern, Behörden und andere Akteure leisteten zunehmend Widerstand, um die unschätzbaren Werte zu wahren – mit schwerem Räumgerät und »chemischer Nachsorge«.[249] Das Erlebnis der »herausragenden Natur« sollten alle Menschen teilen dürfen. Aber die Landschaft war vor »Beschädigung« durch die Natur zu schützen.[250]

Schon 1938 hatte es geheißen, dass der Wald siegreich auf die Almen vordringe und sich sein ehemaliges Terrain wiedererobere. Wachse der Wald, wie er wolle, entstehe ein Bild, das niemanden befriedige, meinte 1963 der Manager eines Forstunternehmens.[251] Zwei Jahre darauf: »Der Wald ist ein machtlüsterner Herr.« Er rückt unmittelbar nach, wo der Mensch seine Arbeit aufgibt.[252] Noch 2002 bestätigte die Volkskundlerin Cecilia Hammarlund-Larsson, dass nur wenige Künstler und Schriftsteller die *verbuschte* Landschaft gepriesen hätten.[253] Vielmehr gelte die offene Landschaft als nationales Erbe: »lichte, grüne Weiden, blühende Magerwiesen und Äcker mit sonnenreifem Roggen – alles lächelnd, freundlich, hell und übersichtlich. Man kann vermuten, dass diese [seit Astrid Lindgrens Bullerby-Büchern] erlernten Vorstellungen über das Aussehen der idealen Landschaft heute unseren Willen prägen, die offene Landschaft zu bewahren.«[254] Die Provinzregierung hatte jedenfalls beschlossen, eine repräsentative Auswahl an Typen wertvoller Kulturlandschaft als Erbe zu bewahren, vor allem in Regionen, die die deutlichsten Spuren der Agrargeschichte trügen. Dem von *Menschen* gestalteten Raum wurde ein hoher biologischer und ökologischer Wert zugeschrieben, nicht der »wilden« Natur.[255] Das von Tausenden von Gruben und Ruinen durchsetzte Bergslagen war pittoresk, nicht struppiges Gebüsch.[256] Noch heute gestalteten Gruben und der Strukturwandel das Land, lesen wir im Jahrbuch des Schwedischen Touristenvereins von 1972, das deutlich industriefreundlicher ausfiel als sein Vorgänger aus dem Jahre 1926. Man dürfe nicht vergessen, so Sven Rydberg, dass die unendlichen Wälder Dalarnas erst entstanden seien, als bestimmte Wirtschaftsformen aufgegeben worden waren, nämlich Köhlerei und Tierhaltung im Wald. Dieser Baumbestand sei immer älter und ökonomisch wertloser geworden, »eine recht unnutzbare Art Natur«. Man solle diese Wälder in großem Stile der industriellen Verwertung zuführen. Kahlschlag ließe sich nicht vermeiden, würde aber interessante Blickachsen eröffnen.[257]

Wir sehen, wie sehr Dalarna einerseits – Siljan, blaue Berge, Dalälv, endlose Wälder – als einmaliger Naturraum überhöht, aber eigentlich die Kulturlandschaft verteidigt wurde. Nach dem Zweiten Weltkrieg trat deutlich die Industrie in den Vordergrund, der geradezu mit Notwendigkeit Tribut zu zollen war, ohne dass sie – angeblich – den Charakter Dalarnas tatsächlich gefährdete. Es war die Natur, die bekämpft werden musste, weil sie den von Menschen in Jahrhunderten gestalteten Raum, sein kulturelles Erbe, bedrohte. In Dalarna bildete man sich ein, industriell fortschreiten und sich zugleich der imposanten Natur und seiner vormodernen Wurzeln versichern zu können. *Natur* und *Kultur* mussten mühsam in Balance gebracht werden, nicht Vergangenheit und Gegenwart, die positiv aufeinander bezogen waren.

Die Dekonstruktion des Mythos

Schon früh wurde über die Konstruktion der Imaginationen Dalarnas reflektiert. Das gehört unabdingbar zum utilitaristischen Charakter Schwedens. Und so wurde auch bald am Mythos Dalarnas gebröckelt. Der Schriftsteller Ivar Lo-Johansson traf 1930 einen Schwachpunkt, nämlich die Herkunft der Bevölkerung, der, wie er sie nannte, bösartigsten Provinz Schwedens. Während Carl Larsson i By eine »Abstammungsreinheit«, die bis in die Steinzeit zurückging, behauptet hatte, zitierte Lo-Johansson einen Brief des Königs Magnus Eriksson aus dem Jahre 1340, der allen, die nach Bergslagen kämen, Straferlass versprach. Mit diesem Brief, so Lo-Johansson, sei Dalarna in die Geschichte eingetreten. Das zuwandernde Verbrechervolk habe sich mit den Ureinwohnern gemischt und im Hexenkessel sei ein eigenartiges Gebräu entstanden. Lo-Johansson zog alle Register und wendete die Geschichte rassentheoretisch. Die Steinzeitmenschen im Norden hätten die anthropologischen Merkmale der nordischen Rasse aufgewiesen, die Bewohner Dalarnas allerdings die einer Rassenmischung aus

Ungarn, Finnen und Tataren. Er belegte die Zusammenhänge linguistisch mit Verweis auf den *Dalai*-Lama und *Dal*matien in Kroatien und hatte den rassischen Ursprung Dalarnas alsbald in die Mongolei verlegt. Dann zog er richtig vom Leder, indem er in Dalarna eine physische Degeneration ohne Beispiel ausmachte, den orientalischen Sinn des Volkes für grellbunte Gewänder ansprach, ihre zigeunerhafte Wanderlust sowie die Neigung, »alte Dinge« zu sammeln, woraus die sogenannte Heimatbewegung entsprungen sei, bald eine sagenhafte Macht in der Provinz. Die Sprache (*dalmålet*) gehöre nicht zum germanischen Sprachstamm.[258]

Lo-Johansson hatte wenige Monate zuvor in einigen Zeitungsartikeln den touristischen Ausverkauf Dalarnas beklagt, wie viele andere Publizisten auch. Erst dieser Text allerdings erregte heftige Reaktionen in der Öffentlichkeit. Das Nationalheiligtum war angegriffen worden, und Karl Trotzig beeilte sich verbiestert, Lo-Johanssons rassentheoretische Interpretation zu korrigieren. Einen Einschlag der alpinen Rasse gestand er ein, nicht aber, dass Dalarnas Bevölkerung von einem vorhistorischen Sumpfvolk abstamme.[259] Einige Wissenschaftler hatten, anders als Trotzig, die Satire erkannt – fürchteten aber, dass Archäologie und Anthropologie lächerlich gemacht würden. Der Archäologe Gustaf Hallström wurde deshalb beauftragt, mit einer Glosse zu antworten, einer typisch schwedischen Lösung, Konflikte humoristisch zu entschärfen. Er zeigte sich amüsiert, bat aber, die Öffentlichkeit künftig von derart gefährlichen Artikeln zu verschonen.[260] Die Zeitung »Dagens Nyheter« dagegen nutzte Lo-Johanssons Methode, um zu beweisen, dass der Name der Stadt Falun sich aus dem Chinesischen herleite. Die Wirkung von Lo-Johanssons Artikeln, so Örjan Hamrin, sei über den Proteststurm hinaus schwer zu beurteilen.[261] Auf jeden Fall begann kurz darauf die bereits erwähnte rassenanthropologische Untersuchung Dalarnas.

1982 ging 24 Künstlern die romantisierende Überhöhung Dalarnas derart auf die Nerven, dass sie im Provinzialmuseum in Falun zum Frontalangriff ansetzten auf die Maibäume, Trachten und das Dala-Pferd, das sie mit einem sogenannten Orakel-Pferd, aus Brettern zusammengezimmert und nach hinten ausschlagend, karikierten. Die Künstler wollten die Klischees zerschlagen, weil sie den Blick auf die Wirklichkeit verstellten, und diese Wirklichkeit schilderte der Schriftsteller Kurt Salomonsson so: »Hier [zu Mittsommer in Dalarna] speit die Wohlfahrtsgesellschaft, hier scheißen und pissen und verheeren die Feriengäste, so dass die Gegend zu bestimmten Zeiten wie eine Ausnüchterungszelle ausschaut, während die Lippen der wild kommerzialisierten Dalekarlier einschmeichelnd lächeln und ihre Augen voll heimlichen Hohns glühen.«[262] Ein anderer Autor spottete, dass die Berichte über Gustav Vasas Abenteuer zu 75 % Sage, 20 % Hörensagen und höchstens 5 % Wahrheit seien; der Tyrann Vasa habe die historischen Urkunden, die ihn lobpreisen, selbst diktieren können.[263] Aber das waren die besonders harten Reaktionen. Ulf G. Eriksson zitierte Salomonsson in seinem Büchlein über Dalarna, leitete dann jedoch zu einer differenzierteren Sichtweise über. Von Mythen und Entartungen abgesehen sei Dalarna nach wie vor eine reiche Kulturlandschaft. *Dazu* freilich gehöre das Dalarna der Industrialisierung, des Strukturwandels und der Arbeitslosigkeit. »Der Alltag mit der harten Arbeit stand in scharfem Kontrast zu den romantischen Vorstellungen, die von Dalarna und den Menschen, die hier wohnten, entstanden«, schrieb er zu einer Fotografie, die die mühsame Erntearbeit im frühen 20. Jahrhundert zeigt.[264] Es schloss sich eine Handreichung für einen Diskussionszirkel zu Dalarna an. Die vorgeschlagenen Fragen sollten dazu anleiten, alte »Wahrheiten« kritisch zu hinterfragen, z.B. so: »In Dalarna vereinen sich

alle in Schweden vorkommenden Naturräume, außer der ausgeprägten Küstenland-
schaft, steht in den Büchern zu lesen. Stimmt das mit Eurem eigenen Bild der Natur
der Landschaft überein? Was würdet Ihr hervorheben, wenn Ihr die Natur Dalarnas
beschreiben solltet?« Und: »Gustav Vasas Reise in Dalarna gab zu vielen Sagen Anlass.
Diese Erzählungen spielten lange Zeit eine wichtige Rolle in unserer Geschichtsschreibung, gelten heute aber als übertrieben und glorifizierend. Sind diese übertriebenen
Schilderungen typisch für Dalarna oder gibt es Ähnliches für andere Landschaften?
Gebt Beispiele.«[265] »Das bedrohte Samidorf Idre ist ein Beispiel für den Konflikt zwischen einer kleinen Minorität und der sog. Zivilisation. Besonders deutlich wurde er,
als der Massentourismus begann. Hat der Tourismus weitere negative Folgen?«[266]

Die Teilnehmer eines anderen Studienzirkels hatten bereits 1976 hinterfragen sollen, ob die Geschichte Dalarnas (bzw. Schwedens) ohne die historischen Legenden um
Gustav Vasa und Engelbrekt ärmer wäre, ob in den Dörfern tatsächlich weitgehende soziale Gleichheit geherrscht habe bzw. wie die Machtverhältnisse ausgesehen hätten. Sie
sollten sich zur Landflucht in Dalarna, der Verstädterung, der Ansiedlung von Industrie, den Geschlechterverhältnissen und zum Tourismus äußern. Wie ist die Tatsache
zu beurteilen, dass die meisten der berühmten Künstler der Oberschicht angehörten?
Warum wurden sie stilbildend auch für Menschen der Unterschichten? Sind ihre Bilder
allgemeingültig oder übertreiben und mythisieren sie? Welche Ideologie transportiert
Carl Larssons Idyllenmalerei? Hat die Industrialisierung tatsächlich die Dalaromantik
zerstört? Ist die Kommerzialisierung Dalarnas, etwa des Dala-Pferdes, übertrieben?[267]
Da dürfte in den Kursen ein eher prosaisches, kritisches Bild Dalarnas entstanden sein,
doch – und das ist wichtig – keines, das primär auf eine Zerstörung des alten Bildes
zielte. Vielmehr weht der Geist Gustaf Näsströms durch solche Broschüren, der 1972 geschrieben hatte, dass das heutige Dalarna nicht mehr als Ideal tauge. Doch die Idealisierung als Urkanton könne wider alle Vernunft niemals aus dem schwedischen Bewusstsein ausgelöscht werden.[268] Über Dalarna schwebe, hatte er 1937 vermerkt, wie eine zarte
und sommergoldene Luftspiegelung ein idealisierter Reflex der Landschaft als schwe-
dischem Nationalsymbol. Darunter das vielschichtigere, wirkliche Dalarna.[269] In diesem
Sinne gab Dalarnas Museum 2006 eine reich illustrierte Broschüre heraus, in der die
Genese des Mythos Dalarna historisch hergeleitet und freundlich zerlegt wurde.[270]

Auch das Fernsehen widmete sich der Dekonstruktion. In der dreiteiligen Reportage
»Donner in Dalarna« ließ sich der Journalist Jörn Donner 1982 erklären, wie die Mythen
um Dalarna entstanden sind. Ein Historiker wurde befragt, der sehr ernsthaft Mythos
und Wirklichkeit abglich. Die pseudo-improvisierte, etwas blasierte Moderation Don-
ners in finnlandschwedischem Dialekt sollte wohl das Format der Reportage hinterfragen. Die Regie inszenierte ihn, ständig mit Zigarette in der Hand, als Touristen, der ins
wunderliche Dalarna reiste und den idyllisierenden Postkartenkommerz ironisierte,
indem er eine Sennerin samt ausgestopfter Ziege und Zaundekor fotografierte, um die
Bilder in Stockholm zu verkaufen. Schließlich entschwebte er, weil der letzte Linienflug
von Borlänge bereits 1930 abgegangen sei, mit einem kleinen Hubschrauber.[271] Ein me-
ditativer Film über Dalarna 15 Jahre darauf – mit langen Einstellungen und ohne unter-
malende Musik – leitete vor allem die Bedeutung Dalarnas historisch her, erläuterte
die Herkunft von Traditionen und präsentierte Kunsthandwerk, die *dalmåleri*, Skansen
sowie die Maler der Düsseldorfer Schule, die das Dalarna-Bild geprägt hätten. Das Dala-Pferd, so sehen wir, wird in einem hohen Produktionstakt gesägt, geschnitzt und
bemalt: Kolonnen von Pferden, zu Tausenden in handwerklichem Akkord hergestellt.

Der Film überhöhte Dalarna nicht, sondern bot eine empathisch-distanzierte, implizit reflektierende Beschreibung.[272] Eine Diskussionsrunde im Jahre 2008 überlegte erfolglos, ob Dalarna nun eine schwedische Massenpsychose darstelle.[273]

An den drei Jahrbüchern des Schwedischen Touristenvereins lässt sich der Prozess der Umdeutung Dalarnas ablesen. 1926, in einer Zeit der nationalen Selbstvergewisserung angesichts dramatischer Umbrüche, bastelte das Jahrbuch mit am Mythos Dalarnas als »Herzland« Schwedens. Die Industrie wurde nicht ignoriert, primär aber Dalarna als Residuum der Moderne, von dem eine Erneuerung der Gesellschaft ausgehen sollte, *konstruiert*. Der reale Raum sollte die Menschen heilen. 1972, im Zeitalter der Ideologiekritik, haben die Autoren des Jahrbuches das romantische Bild *kritisiert*, indem sie das »wahre« Dalarna als Industrielandschaft präsentierten, als einen von Menschen genutzten und tiefgreifend veränderten Raum. Dalarna galt weiter als Residuum, nun für erholungsbedürftige Arbeitnehmer aus dem ganzen Reich. 1997, »Postmoderne«, wurde die Genese des Mythos *reflektiert*. Wir lernen, wie die Mechanismen seiner Konstruktion ausgesehen haben. Und die Außenseiter werden in die Geschichte aufgenommen, diejenigen, für die Dalarna Heimat bleibe, obwohl sie sich fremd fühlten. Dalarna hat seinen nationalen Nimbus verloren und bleibt doch etwas Besonderes.[274]

Dalarna als Markenzeichen

Der Mythos Dalarnas war stark genug, um ihn in der post-industriellen Ära in eine Marke zu verwandeln und zu kommerzialisieren, ähnlich wie den Rhein. Das war nötig, denn spätestens seit den 1970er Jahren wurde der Strukturwandel auch in Dalarna diskutiert, v.a. die Krise der (Schwer-)Industrie sowie die Landflucht. Die Lederindustrie in Malung schrumpfte seit den 1950er Jahren von 3000 auf 400 Angestellte, die Arbeitslosigkeit in der Provinz stieg, besonders unter Frauen. 1981 beschäftigte der Öffentliche Dienst erstmals mehr Angestellte als die Industrie, es wurden reihenweise Gruben geschlossen, die Stahlbranche musste sich umorientieren, Kapital und Bürokratie schienen die Privatwirtschaft zu erdrosseln, der Agrarsektor wurde mechanisiert und rationalisiert, die kommunale Infrastruktur weiter und weiter ausgedünnt. Zwischenzeitlich schöpften einige Branchen wieder Hoffnung, z.B. lederverarbeitende Unternehmen, die eine wachsende Zahl an Motorradfahrern versorgen mussten. Eine forcierte kommunale Wirtschaftspolitik siedelte neue Unternehmen an, unter anderem mit dem Versprechen einer regelmäßigen und raschen Flugverbindung nach Stockholm. Dalarna, so geht der Mythos ja auch, hat sich schon immer einfallsreich an neue Gegebenheiten anpassen können. Also setzte man fortan auf kleinteilige Wirtschaftsstrukturen, veredelnde Industrien, lokale Initiativen und eine kooperative Ökonomie, um der Deindustrialisierung, Landflucht und nun auch zunehmenden Umweltzerstörung zu begegnen. Aber als es um den Ausbau des Dalälv ging, waren die Meinungen Anfang der 1980er Jahre deutlich geteilt. Die einen machten Energiegewinnung und Arbeitsplätze geltend, die anderen warben für eine möglichst von Eingriffen verschonte Umwelt.[275] Mitte der 1990er Jahre stand der Dalälv für 8 % der schwedischen Energieversorgung und war der größte Einzelverursacher für die Verschmutzung der Ostsee mit Schwermetallen und Phosphat.[276]

Göran Greider, wortgewaltiger, talkshowerfahrener und reichsweit bekannter Chefredakteur der sozialdemokratischen Lokalzeitung Dala-Demokraten, unternahm zur Jahrtausendwende eine eigene, »moderne Dalareise«, um die Umbrüche zu beschreiben. Wie Carl von Linné, Hans Christian Andersen und Gustaf Näsström machte er sich auf den Weg durch die Provinz, in der er an allen Ecken auf Insignien des globalen Kapitalismus stieß, etwa die uniformen Einkaufsstraßen. Dort aber traf er auch eine eigentümliche, neue Sozialschicht, eine postwohlfahrtsstaatliche (*post-folkhemska*) Generation von *transclasses* (wie es in heutiger soziologischer Diktion heißt), die aus den Städten Schwedens nach Dalarna zögen und sich dort, wiewohl nicht unkritisch, wohlfühlten. Sie hätten noch Sinn für das Gemeinwohl, wüssten aber nicht mehr genau, wie man sich engagieren könnte. Die kulturelle Elite Schwedens mache sich über die Mischung aus Lokalpatriotismus, Nationalromantik, veralteter Industrie und touristischer Kommerzialisierung in Dalarna lustig, so Greider, und lasse sich lieber auf der Insel Gotland, insbesondere Fårö nieder – eine kleine Spitze gegen Ingmar Bergman, der dort wohnte, und dessen gutsituierte Anhängerschaft. Dalarna mit seinem nunmehr niedrigeren symbolischen Kapital dagegen sei für die »Klassenreisenden« (so nennt man sie in Schweden) aus der Arbeiterschicht ideal. Das Problem sei, dass der alte, handlungsmächtige, fürsorgliche, sozialdemokratische Staat in einer postmodernen, globalisierten Welt keine Antwort mehr habe auf die Umbrüche auf dem Lande. Für Greider war Dalarna das Symptom für die zunehmende Spaltung zwischen kapitalistisch-prosperierenden Wohlstandsgebieten und den abgehängten Räumen der alten Wirtschaftsformen.[277] Man sieht, dass der Mythos präsent genug war, damit *Dalarna* als Exempel taugte für eine Kritik der Sozialdemokratie, der Kulturelite, der Regierung in Stockholm, der Europäischen Union, des Kapitalismus und der Globalisierung. Vom ehemaligen Herz Schwedens aus ließ sich allemal noch ein Rundumschlag austeilen.

Dalarna setzt weiterhin auf den Tourismus. Es hat dasselbe Problem wie der Rhein und andere attraktive Ziele: Immer mehr Touristen kommen mit dem Auto und verstopfen die Straßen und Ortschaften, besonders zu den großen Ereignissen wie Mittsommer und dem Vasalauf. Die Touristen stellen seit langem allerdings auch eine Chance für die Kulturlandschaft dar, indem ihr Dasein viele Almhütten vor dem Verfall bewahrt hat. Ende der 1930er Jahre zeichnete Harry Blomberg noch ganz optimistisch den Almauftrieb als sommerliches Idyll, mit aufgeregten Kindern und viel Gelächter. Allein seine Beschreibung der Almhütten – graues Gebälk, offenes Feuer auf dem Fußboden, der Rauch sucht sich durch Lücken im Dach den Abzug, wie vor Jahrhunderten – lässt ahnen, dass viele Sennerinnen froh gewesen sein dürften, die Almen zugunsten einer extensiveren Milchproduktion direkt auf dem Hof aufzugeben. Von dort wurde die Milch direkt in die »hypermodernen Funkis-Meiereien« transportiert, schrieb Blomberg.[278] In der Tat hatte das Almensterben nach der Jahrhundertwende begonnen. Allerdings gab es 1958, konstatierte eine Untersuchung, noch 340 Almen, zu denen über 1000 Höfe etwa 4400 Rinder trieben, dazu Jungtiere, Pferde, Schafe und Ziegen. Zu Beginn der 1960er Jahre hatte sich die Situation zunächst stabilisiert; Mitte der 90er Jahre wurden in Dalarna nur noch etwa 80 Almbauern (*fäbodbrukare*) gezählt.[279] In den 50er Jahren begann jedoch auch der Umbau aufgegebener Hütten zu Ferienhäusern. Das Auto hatte sie vor dem Untergang gerettet: »Das Auto, der Motor, ist der Almen neue Kuh, die Autostraße, das ist der neue Weideweg [*vallstig*].«[280] Diese Hütten, mit modernem Komfort ausgestattet, brächten den Stadtmenschen wieder in unmittelbaren Kontakt mit der unverdorbenen Natur, hieß es 1963 (eine durch die Almwirtschaft *gestutzte* Natur, wie zugegeben wurde, die sich den Raum nicht zurück-eroberndürfe).[281] Die Touristen seien nicht mehr bloß die Milchkühe in den größeren Ortschaften, sondern trügen jetzt zur Wertschöpfung in den Wäldern bei, die mit We-gen, Wegweisern, Raststuben, Führungen und Vorführungen bäuerlicher Tätigkeiten aufgewertet wurden.[282]

Touristen als Goldesel: Dalarna steht an vierter Stelle aller Urlaubsregionen inner-halb Schwedens, deshalb muss den Besuchern etwas geboten werden. In der Königli-chen Bibliothek in Stockholm sind Tourismusprospekte aus mehreren Jahrzehnten gesammelt.[283] An ihnen kann man ablesen, wie sich das Land in eine Aktivlandschaft wandelte. Bot Dalarna in der Vorkriegszeit die Möglichkeit zu wandern, Ski zu fah-ren, Busausflüge zu unternehmen und Minigolf zu spielen – ab 1958 auch Golf –, so kamen ab der Jahrtausendwende Speedway, Bergklettern, Mountainbike- und Moto-cross-Fahren hinzu, aber auch eine verstärkte Musealisierung und Vermarktung der Volksfeste. »Erlebnis« und »Inspiration« sind die neuen Stichworte, 2008 sehen wir einen Elch, einen Motocross-Fahrer, eine Waldhütte, einen Maibaum und eine rasten-de Waldläuferin fotografisch vereint. Ab 2010 tauchen Apple-Computer und anderes hochpreisiges Design auf den Abbildungen auf, die Angebote werden event-, sport- und premiumbetonter. Den Begriff »Aktivität« lesen wir außerordentlich oft. Immer mehr Festivals, Konferenzen und Konzerte werden angepriesen, Ruhe und Erholung scheinen eine geringere Rolle zu spielen. Es muss offenbar immer etwas los sein, aber: *in der Natur*, die als Alternative zu brausenden Städten und den betonierten Küsten Südeuropas angepriesen wird. Den Mythos Dalarnas finden wir in diesen Prospekten kaum mehr beschworen, wenn man vom Topos des »Schweden in Miniatur« absieht.

Vielleicht war das gar nicht mehr nötig. Denn in den 1980er Jahren ist klar gewor-den, dass Dalarna sich ein stabiles *image* erworben hat; es konnte wie keine andere Region Schwedens als Kulturlandschaft vermarktet werden, besonders wenn man Gruben, Hütten und Sägewerke der Frühindustrialisierung in den Kulturbegriff ein-bezog.[284] Aber vermarkten (bewerben) ist das eine – das hatte man schon lange ge-macht –, Dalarna selbst zur kommerzialisierbaren Marke aufzubauen (*branding*), etwas Neues. Spätestens seit der Jahrtausendwende wurde nicht mehr auf Dalarna projiziert, sondern der zuvor entstandene Nimbus genutzt, um Touristen, neue Ein-wohner und neue Wirtschaftszweige anzulocken. Dalarna besitze eine fantastische Ausgangslage, verkündete die Provinzregierung 2006.[285] Untersuchungen hätten er-geben, dass 80 % der Schweden ein positives Bild von Dalarna hatten. Sie assoziierten mit der Region zuerst Dala-(bzw. Holz-)Pferde (41 %), Ski- und Vasalauf (21 %), Natur/ Landschaft (19 %), Maibaum (13 %), Siljan (9 %), Folklore (7 %). Der Siljan und die Volks-kultur – Inbegriffe Dalarnas vor dem Krieg – waren also nunmehr weit abgeschla-gen. Bei der Abfrage von Wortfeldern waren diejenigen Begriffe zugkräftig, die gar nicht einmal spezifisch mit dem Raum verknüpft waren: »Sinn«, »Heim«, »Nähe« usw. Dagegen fielen »Siljan«, »Handwerk« oder »Tradition« deutlich ab.[286] Auf fünf Karten konnten 75 % der Befragten Dalarna korrekt verorten, aber nur 10 % Värmland.[287] Das Dala-Pferd war sogar noch populärer: 99 % der Schweden würden es kennen, 78 % empfänden es als positives Symbol, 61 % fänden es hübsch, 50 % hätten eines zu Hause. Das Dala-Pferd sei für Schweden, was der Eiffelturm für Paris.[288]

Und so legte die Provinzverwaltung Hochglanzbroschüren über Dalekarlier auf, die erfolgreich Unternehmen gegründet hatten, und über junge Familien, die nach

Dalarna aufs Land gezogen sind, selbst aus Deutschland. Dalarna sei just der Urlaubs-
ort, an dem man zugleich lebe und arbeite, naturnah und modern, traditionsreich
und kreativ. Das war kaum zu übertreffen. Die Vermarktung sollte Dalarna im Me-
diengetöse Gehör verschaffen, und die Prospekte zogen alle ästhetischen Register der
Creative Industries: eine euphorisierende Sprache, perfekte Fotografien und Grafiken,
Farbe und Schwarz-Weiß variierend, hakenschlagende Perspektivwechsel, überraschende Bildkontraste und grafische Spiele, alles auf optimierte Weise gefällig, aber
kognitiv stimulierend. Dalarna ist zur Landschaft der Assoziationen geworden: Kreative Einsamkeit, Neues Denken, Himmel und Licht, innere Stille, Träume verwirklichen, Tradition, Glück, Dala-Pferd, Blaubeeren, Erzählungen am Feuer, Teilhaftigkeit
an etwas Größerem usw.[289] In diesen Publikationen treten junge, fröhliche *Menschen*
und positive, attraktive *Begriffe* auf, die gemeinsam das *image* Dalarnas modernisieren, es regionalpolitisch operationalisierbar, aber auch kommerzialisierbar machen
und dadurch den Standort vermarkten.[290] Interessanterweise wurden in einer dieser
Broschüren gleich auch die letzten 120 Jahre der eben doch kontingenten Genese des
image rückblickend zu einer gezielten und »sehr bewussten Vermarktungskampagne«
erklärt, als habe der Geist der *Creative Directors* schon durchs 19. Jahrhundert geweht.
Damals seien Tradition, Folklore, Heimat und Kulturgeschichte angepriesen worden,
hieß es, später ergänzt durch Wintersport, Wildtiere und Kulturevents. Nun müsse
noch die Zukunftsorientierung Dalarnas in den Medienberichten durchschlagen, um
mehr Menschen zu animieren, nach Dalarna zu ziehen.[291]

Vom *image* zur Imagekampagne, vom schwarz-weißen Kupfertiefdruck zum bun-
ten Hochglanz: Dalarna wird Lifestyle. Jan-Olov Moberg und Mikael Svensson sind auf
den Spuren Karl-Erik Forsslunds den Dalälv hinuntergefahren; herausgekommen ist
ein ästhetischer, opulenter, gefälliger Bildband mit einem belanglosen Begleittext.[292]
Ein anderes Buch, »Der Geschmack Dalarnas«, ist paradigmatisch für die postmoderne
Romantisierung und Stilisierung der Landschaft, indem Hedonismus und Natur gekoppelt werden. Einige kürzere Texte huldigen der Region, dann folgen regionale oder
dalaisierte Rezepte u.a. für Merguez! Die Rezepte haben mit dem alten Dalarna nichts
zu tun, auch wenn sie beispielsweise »Zorns drei Teller mit Hering und Kaviar« oder
»Zorns Eisbein« getauft werden. Das Thema Einheit und Vielfalt Dalarnas wird mit dem
Essen verschmolzen. Dalarna wird als Region verkauft, die sich auf ihre Traditionen be-
sinnt und damit Welterfolge feiert. »Frauen mit Visionen« hätten etwas bewegt, nämlich Trachten modisch aufgefrischt, den Tourismus angekurbelt, die regionale Küche
weiterentwickelt. Alle Bewohner der Region seien Einwanderer, mit den Sami habe es
begonnen. Die Worte »schuften« und »Gefahr« deuten allenfalls an, dass das Leben für
Arbeiter einst hart gewesen ist. Geradezu erbarmungslos *schöne* Fotos, auch der Schwerindustrie, unterstreichen die Umdeutung, der Dalarna ausgesetzt wird (Abb. 52).[293]

Wir haben es mit einer *anderen* Form der Stilisierung Dalarnas zu tun, nicht mit
einer verlogeneren. Sie resultiert aus einer deutlich veränderten Zeitlage und Umwelt.
Schon im Jahrbuch des Schwedischen Touristenvereins von 1972 hatte die »Weißwer-
dung« des industriellen Dalarna begonnen. Es ist auffällig, wie sich damals das Bildprogramm änderte. Die Redakteure setzten nun idyllische Landschaftsaufnahmen
und moderne, reinliche Industrie auf Farbbildern gegeneinander, ihr Dalarna ist regelrecht sauber geworden. Die Industriestädte erscheinen plötzlich selbst idyllisch (trotzdem dominiert visuell die vormoderne Kulturlandschaft).[294] Im dritten Jahrbuch, das
Dalarna gewidmet war, 1997, und dem Führer zu einem der größten Industriemuseum,

Oliv- och basilikaciabatta

30 stycken

4 dl vatten, 37 grader
1 dl olivolja
50 g jäst
2 msk havssalt
600 g vetemjöl special, alt. manitoba cream
50 g urkärnade oliver av god kvalitet
1 kruka basilika

1. Blanda vatten, olja, jäst och salt i en assistent tills jästen löst sig.
2. Tillsätt mjölet och arbeta degen i maskinen tills glutentrådar bildats.
3. Hacka oliverna och basilikan. Tillsätt det och låt maskinen gå i någon minut till. Låt inte oliverna bli krossade.
4. Häll upp degen på bakbordet, pudra mjöl över och låt den jäsa i 25 minuter.
5. Sätt ugnen på 300 grader. Dela degen i små längder, cirka 5 centimeter långa. Lägg dem på en plåt. Låt jäsa i ytterligare 10 minuter.
6. Grädda i 5 minuter.

Valnöts- och russinbröd

30 stycken

4 1/2 dl vatten, 37 grader
50 g jäst
1/2 dl olivolja
2 msk havssalt
100 g surdeg, se s. 56
150 g durumvete
500 g vetemjöl special
70 g valnötter, hackade
70 g gula sultanrussin

1. Blanda vatten, jäst, olja, salt och surdeg tills jästen löst sig.
2. Tillsätt mjölet och blanda i en assistent.
3. Låt maskinen gå tills degen har fått långa trådar (s.k. glutentrådar).
4. Blanda i nötter och russin.
5. Häll upp degen på bakbordet och låt jäsa i 25 minuter under bakduk.
6. Sätt ugnen på 300 grader. Dela degen i små kvadrater och grädda i cirka 8 minuter.

54

Abb. 52: Das ist Dalarna heute – zumindest in den Augen der Marketingexperten: »Oliven- und Basilikumciabatta« bzw. »Walnuss- und Rosinenbrot« mit gelben Rosinen und gesalzener Butter. Auch auf dieser Seite aus dem Buch »Der Geschmack Dalarnas« werden Tradition und nunmehr die Post-Moderne verbunden (Masser/Tidén 2012: 54).

dem Ekomuseum Bergslagen, 2015, sieht es ähnlich aus. Die Texte auf reinweißem Papier sind so aufgeräumt wie die Industriedenkmäler, die farbig abgebildet werden. Die Industriewelt ist eine blitzblanke Welt, die Bilder zeigen keinen Dreck, auch in den Texten sind der Schmutz und der Lärm der Erzmühlen, die Hitze der Hochöfen und die Dunkelheit der Gruben bis auf wenige Andeutungen ausgeblendet. Die Orte der einstmaligen Knochenarbeit sind zu pittoresken Ruinen und Sehenswürdigkeiten umgedeutet.[295] Nur in einer Broschüre gibt es den expliziten Hinweis darauf, dass man oben auf einem musealisierten Hochofen stehend nachvollziehen könne, wie schwer die Arbeit gewesen sein muss. Man kann das sicherlich nicht nachvollziehen, sondern bedarf solcher Hinweise – doch genau die fehlen zumeist (eine Ausnahme ist der Film »Kopparbergets folk« von 2004[296]). Und wenn in den Freilichtmuseen die Schmiede- und Köhlerarbeit praktisch vorgeführt wird, ist das zwar schmutzig, aber *hinter* der Absperrung, die die Besucher auf Distanz hält. Schmutz ist in der industriemusealen Welt Schminke.

Bis zur Mitte des 20. Jahrhunderts eignete sich Dalarna hervorragend, die industrielle Moderne entlang der Spannungspole Moderne/Vergangenheit, Ursprung/Veränderung, Stadt/Land und Industrie/Natur zu verhandeln. Diese Aushandlung schlug sich materiell in der Gestaltung der Landschaft nieder, und heute kann dieses Kulturerbe professionell vermarktet werden. Die existenziellen Bezüge sind abgeschüttelt. Mobile Touristen durchstreifen auf Themenrouten die Provinz, mal auf den Spuren der alten Almhütten, mal auf der herausragender Holzhausarchitektur, mal der der alten Industriekultur. In den 1920er und 30er Jahren hatten Volkskundler mit mehreren Expeditionen Dalarna durchzogen. Sie wollten das Kulturerbe katalogisieren, doch es waren auch Reisen mitten hinein in die nationale und soziale Utopie einer klassenlosen bäuerlichen Volksdemokratie mit tiefen historischen Wurzeln, ein Vorbild für die moderne Gesellschaft. Heute sind selbst die alten Industrieregionen zu volkskundlich gewendeten Touristenlandschaften mutiert, in denen Geschichte, technische Prozesse, Lebens- und Arbeitsformen der Menschen medial und museal aufbereitet werden.[297] Als die Grube von Falun zum UNESCO-Welterbe ernannt worden war (wobei der Mythos Dalarna keine Rolle spielte),[298] bot sich die Möglichkeit zu weiterem Infotainment: Frauen in der Wirtschaft, Lokalbevölkerung in der globalen Welt, die Balance von Mensch und Natur – aktuelle Fragestellungen, auf eine historische Landschaft projiziert und dort in haptisch greifbare Lehren für die Gegenwart umgesetzt. Heute ist Dalarna mit seinen Bauernhaus- und Industriemuseen im Grunde ein riesiger Klassenraum, eine Art Volkshochschule für Touristen.[299]

Eine Befahrung Dalarnas, Mai 2015

Im Mai 2015 fuhr ich nach Dalarna, um Akten in einigen Lokalarchiven auszuwerten. Ich hatte ein Hotel in Mora gebucht, wo ich vorher schon gewesen war, das erste Mal in den frühen 1990er Jahren. Das Städtlein selbst ist wenig attraktiv. Mora lebt offenbar vom Wintersport. Die Lage am See ist wunderbar, ebenso das Zorn-Museum, der Zorn-Hof und das Freilichtmuseum Gammelgård vor den Toren des Ortes. In der entleerten Fußgängerzone dagegen tönte den lieben langen Tag Musik aus irgendwelchen Lautsprechern; gastronomisch war wenig zu holen. Es ist eine der abgeschabten schwedischen Provinzstädte, in denen man sich auf Anhieb zurechtfindet, weil sie alle nach demselben Grundmuster aufgebaut sind und dieselben Ladenketten aufweisen. Ein geschulter Blick bloß auf die Karte eines solchen Ortes genügt, um zu wissen, wie er faktisch aussieht, wenn man dorthin fährt: Ein Zentrum mit einer schnurgeraden Einkaufsstraße, einer schnurgeraden Parallelstraße, rechtwinkelig zwei bis drei Querstraßen, ein Zentralplatz, darum herum gruppiert Wohnviertel in der Standardarchitektur der großen Wohnbaugenossenschaften sowie Einfamilienhäuser und Straßen mit so klingenden Namen wie Raketenweg, Klempnergasse, Sulfatweg oder Schraubenschlüsselstraße. Der Planstadtcharakter geht bei vielen Orten auf das 19. Jahrhundert zurück, die Innenstädte sind in den 1950er und 60er Jahren nach dem ABC-Konzept restrukturiert worden, also der funktionalen Differenzierung von Arbeiten, Wohnen (bostad) und Centrum. Wie in anderen Ländern hat diese einst moderne Architektur mittlerweile sehr gelitten. Steht man an einem Ende dieses Ortes, kann man hindurchschauen bis zum andern Ende.

Das ist verkürzt. Die Straßennamen drücken vermutlich den radikalen schwedischen Utilitarismus aus, der uns eher fremd ist, den wir beim Kauf von Produkten schwedischer Firmen aber durchaus zu schätzen wissen. Die Standardarchitektur der Genossenschaften zeichnet sich durch hohe Qualität und Funktionalität aus, aber auch durch ein ästhetisches Bewusstsein bis in Details hinein. Doch Borlänge, Kalmar, Örebro, Norrköping, Uppsala, Göteborg, Falun und welche Stadt auch immer ähneln sich einfach auf frappierende Weise, von wenigen Orten wie Norrtälje oder Visby abgesehen, in denen der mittelalterliche Charakter des Stadtgrundrisses erhalten geblieben ist. Die Orte in Dalarna stechen da kaum heraus. Allerdings besteht der Stadtteil Tibble bei Leksand ausschließlich aus roten Holzhäusern, die an ungepflasterten, engen Pfaden stehen. Man biegt um eine Ecke, schaut auf einen Garten und hat eine Vorstellung, wie die Dörfer früher ausgesehen haben mögen, bloß weniger Bullerby-proper vermutlich. Auch in Rättvik, Tällberg und Leksand selbst gibt es eine Reihe pittoresker Holzhäuser.

Man muss den Raum erfahren, um ihn mit dem *image* abgleichen zu können – nicht, um das Bild als »falsch« zu entlarven, sondern um überhaupt seine Qualität als Imagination zu begreifen. Das gilt auch für die Höfe der Häuptlinge und die Bauernhausmuseen. Die Enge von Carl und Karin Larssons »Sundborn« hat mich überrascht, sie passt nicht zu den luftigen Aquarellen in »Ett hem«. Die Mischung aus Modernität und *invented tradition* im Zorn-Hof sollte man körperlich auf sich wirken lassen; und die Freilichtmuseen wirken gerade durch die Begehung als das, was sie sind: ein Museum, ein Ausnahmezustand in einer ansonsten durchmodernisierten Provinz. Man fängt dort etwas dieser »World We Have Lost« (Peter Laslett) ein, durch die Beengtheit in der Fläche und der Raumhöhe, durch die Düsternis hölzerner Stuben und den Geruch, aber auch durch den Gegensatz von traditionaler Architektur und funktionalistischer Großzügigkeit im Zorn- oder Diös-Hof. Bei einer Begehung stößt man unweigerlich auf die Differenz zwischen Imagination und Materialität. Die Quellen zeigen, dass diese Beziehung trotzdem hinreichend kongruent ist. Die Begehung widerlegt nicht die Projektionen, sondern weist aus, auf welch schmaler Grundlage sie trotzdem solide gründen können.

Die Eigentümlichkeit Dalarnas erschließt sich nicht in seinen standardisierten Ortschaften, sondern wenn man einen Wagen mietet und von Süden nach Norden Richtung Grenze fährt. Im Mai – in den Industrieorten Borlänge oder Ludvika scheint die Sonne, es ist Frühling, urban, eine mittelschwedische Kulturlandschaft mit Straßen, Bahnlinien, Einkaufsstraßen und Fabriken. Natur und Bebauung wechseln sich ab. Zwischendurch Industriedenkmäler oder Cafés. Richtung Mora ist die Landschaft grün, dünner besiedelt, darin Dörfer verteilt, die aber nicht in der Einsamkeit der Wildnis liegen, sondern eingebettet in Äcker, Wiesen und ein Netz gut ausgebauter Straßen. Das Land ist nicht wirklich flach, aber es macht den Eindruck einer Ebene. Auch der Siljan ist eine weite Fläche, an deren Ende sich die mythischen blauen Berge optisch nur als zarte Kette über den Horizont erheben, und eben nicht als Gebirge oder wenigstens Mittelgebirge, das sie ja tatsächlich sind.

Hinter Mora zieht sich die Straße durch Wälder, bis Älvdalen unterbrochen durch einzelne Siedlungen und Häuser. Am Weg stehen einsame Wartehäuschen für die Busse, und Briefkästen. Eine Zeitlang verläuft nebenbei eine Bahnlinie, auf der schon lange keine Personenzüge mehr fahren. Breite, sandige Waldwege überqueren die Gleise. Die zweispurige Straße ist mit weiten Schwüngen in die Landschaft eingefügt. Mal begrenzen Wälder oder Böschungen den Blick zur Seite, mal öffnet er sich auf Seen, die durch sanfte Hügel umrahmt werden, mal fällt der Blick nach unten auf den breiten Österdalälv, der flach und gemächlich und majestätisch zum Meer zieht. Mitten im Fluss steht hin und wieder ein Angler. Im Schwarzwald oder dem Fränkischen Wald durchkurvt man Serpentinen oder gleitet durch tief eingeschnittene Täler, eingetunnelt in Felsen oder dichtem Grün. In Dalarna bleibt das Gefühl der Weite. Im oberen Teil des Bildes ist immer der Himmel präsent; anders als in den Alpen oder der Eifel überwindet man nicht eine Hügelkette, um sogleich vor der nächsten zu stehen. Doch irgendwann knackt es in den Ohren und man merkt, dass man seit Stunden kontinuierlich gestiegen ist. Dalarna ist eine lange, lange Rampe, die der Strom ohne große Hektik hinunterrauscht. Kaum Autos, kaum Häuser, am Wegrand taucht der erste Schnee auf, das Licht wird diesiger, und Idre ist fast schon ein Bergdorf, wie ein letzter Posten vor dem Gebirge. Die Straße zieht sich bis zum Grövelsjö hinauf. Der See ist ein Schlauch, der irgendwo am Horizont hinter einer Biegung verschwindet. Er wird von kahlen Hängen gerahmt, an deren Saum sich Tannen entlangziehen, die im fahlen Nachmittagslicht wie schwarze Riegel aussehen, die die Berge gegen den See

Abb. 53: Der Grövelsjö im Norden Dalarnas im Mai 2015 (Foto: Thomas Etzemüller).

schützen. Auch hier sind die Kuppen nicht sonderlich hoch, nicht wirklich imposant, eher sanft geschwungen. Sie laufen von links und rechts auf einen Fluchtpunkt zu, die weite Fläche des Sees ebenfalls, und am Ende verliert sich alles in der Dunkelheit, da wo der See um die Ecke biegt und nach Norwegen hineinragt. Man hört winzige Wellen plätschern und den Wind in drei zausigen Birken, aber keine Vögel, keine Insekten. Am Ende Dalarnas ist es vollkommen still (Abb. 53).

Anmerkungen

1. Rosander 1984.

2. Blomberg 1939: 26.

3. Hülphers 1957; Legnér 2004. Ähnlich Arosenius 1978/1862-1868; Axelson 1855, 1856; Bergman 1822; Koersner 1885; Linnerhielm 1797, 1816; Outhier 1749; Selling (Hg.) 1970; Tunander/Wallin (Hg.) 1954.

4. Näsström 1937: 18.

5. Das haben Crang 1999; Rosander 1993; Tuchtenhagen 2005 in Aufsätzen skizziert; s.a. Rydberg 1984.

6. O.A. 1904: 46.

7. Blomberg 1939: 3.

8. Erixon 1941: 92; Geer 1926: 22; Horn 1932: 243; Oljelund 1947: 12.

9. Z.B. Åsbrink 1926: 178-180; Brag 1877: 189; Dybeck 1918: 15; Eriksson 1957; Karlfeldt 1926: 7; Litström/Murelius 1880: 4; Littke 1947: 6f.; Mellquist 1951: 53; Svenska turistföreningen 1941: 10.

10. Blomberg 1939: 5f.; Eriksson 1983: 105; o.A. 1927: 89; Olsson o.J./1932: 47; Randel 1922: 215; Unge ²1831/1829: 124.

11. Svärdström 1948/1944: 62.

12. Ebd.

13. Aktiebolaget svensk litteratur 1951.

14. Larsson 1969/1899; Snodin/Stavenow-Hidemark (Hg.) 1998.

15. Etzemüller 2013.

16. Key 2008/1899.

17. Sundin 1991: VI.

18. Ausführlich: Henningsen 1986.

19. Barfod 1863: 5 (Hervorh. im Orig.).

20. Böök 1924: 136f.

21. Adelborg 1986: 77-84.

22. Fries 1951: 66.

23. Klein 1925: 3f.

24. Alfvén 1948: 412f. (Hervorh. im Orig.).

25. Caters 1930: 109.

26. Bellessort 1907: 113.

27. Andersen 1851: 132, 148.

28. Jong 2007: 283.

29. Schmidt 1801: 92.

30. Fries 1926: 148.

31. Karlfeldt 1926: 6.

32. Edwards o.J./1940: 52.

33. Karlfeldt 1926: 16.

34. Z.B. Andersson u.a. 1903; Montelius 1976: 11-26; Thomée 1857: 201.

35. Linnerhielm 1816: 85.

36. Brandes 1859: 79-99; Marryat 1862: Bd. 2, 195-229; Taylor 1858: 366-387.

37. Arndt 1806: 2. Theil, 187-310 (Zitat ebd.: 243).

38. Bohlin 1838: 156-174 (Zitat ebd.: 164).

39. Z.B. Forssell (Hg.) 1827; Höjer 1897; Philip 1915; Sylwan 1918; Unge ²1831/1829.

40. Svenska turistföreningen 1904: 37 (Hervorh. im Orig.).

41. Eriksson 1988; Hofrén 1982.

42. O.A. 1930a, 1930b.

43. Rosander 1999: 365-370.

44. Adelsköld 1860: 20f.

45. Almqvist 1839; Mellin 1840: 11-15; o.A. 1903: 3; Roos 1918: 325-332, 339-342; s.a. Lundqvist 1996.

46. Brummer 1977: 79.

47. Ebd.: 79-86.

48. Falukuriren, 13.7.1903; Dalpilen, 14.7.1903.

49. Blomberg 1939: 4f.

50. Ebd.: 5.

51. Ebd.: 62.

52. Hård af Segerstad 1972: 16.

53. Forsslund 1919-1939.

54. Ebd.: Bd. 2, Buch 4, 80.

55. Ebd.: Bd. 5, Buch 3, 25.

56. Ebd.: Bd. 11, Buch 6, 5f.

57. Ebd.: Bd. 2, Buch 5, 52.

58. Ebd.: 53.

59. Ebd.: Bd. 1, Buch 1, nach 2; ebd.: Bd. 4, Buch 11, 185, 187.

60. Näsström 1937: 194f.

61. Larsson i By 1920/1939: Bd. 1, 9.

62. Ebd.: 39.

63. Ebd.: 39f.

64. Ebd.: 93.

65. Ebd.: 123.

66. Z.B. Roos 1918.

67. Zit. n. Jakobsson 1982: 28.

68. Sörlin 1988.

69. Für Dalarna: Holmström/Svensson (Hg.) 1971; Veirulf (Hg.) 1951.

70. Sörlin 1998: 23; s.a. Idevall Hagren 2021.

71. Svenska turistföreningen (Hg.) 1998, 1999.

72. Sehlin 1998: 161.

73. Werner/Björk 2014: 108.

74. Rosander 1993: 67.

75. Knutsson 2010: 15.

76. Diese Formulierung verdanke ich Johanna Rakebrand.

77. Molin 1930: 123.

78. Andersson o.J./1976; Brummer 1977; o.A. 1992; Strömbom/Lundwall 1937.

79. Brummer 1989b: 222-225, mit Abb.

80. Boëthius 1951: vor 277 (Farbtafel).

81. Bernhard 1938-1941.

82. Leksands lokalhistoriska arkiv, Gustaf Ankarcronas samling, 1.1.6:6, 1.1.6:15-17.

83. Svenska turistföreningen 1905: Tafel 1-24; Svenska turistföreningen 1926: Tafeln 1-16; s.a. Dalarnas turistförening o.J./1932; Wiklund 1876

84. Svenska turistföreningen 1926: nach 20 (Farbtafel).

85. Berg 1850-1855.

86. Neubauer 2009.

87. Vgl. Boëthius 1951; Brummer 1977; Mellin 1840; Strömbom/Lundwall 1937.

88. Rydberg 1992.

89. Jakobsson 1982: 36.

90. Sandström (Hg.) 2001: 29.

91. Lärka/Jonsson (Hg.) 1974.

92. Romson (Hg.) 2004.

93. Lärka/Jonsson (Hg.) 1974: 26 und Klappentext.

94. Romson (Hg.) 2004: IIf.

95. Z.B. Ödman 1890: 78; Unge ²1831/1829: 126f.; Wiklund 1876: pass.

96. Unge o.J./1835: 78.

97. Dalarnas turistförening o.J./1932: 37.

98. Litström/Murelius 1880.

99. Schmidt 1801: 97-99, 139.

100. Fries 1943: 161.

101. Erlandson-Hammargren 2006: 436f.

102. Vgl. auch ebd.: 136-142.

103. Schmidt 1801: 98f. (Hervorh. im Orig.).

104. Montelius 1976: 18f. Allgemein zum Tourismus in Schweden: Gråbacke 2008; Sehlin 1998.

105. Persson 1987, 1994; Rosander (Hg.) 1976a; Rosander 1987a, 1987b.

106. Nilsson 1978; Rosander 1994.

107. Diverse Broschüren seit den 1920er Jahren (Kungliga biblioteket, Stockholm [im Folgenden: KB] Handskriftsenheten, OKAT, Geografi. Svensk. Dalarna. Särsk. orter A-L & N-Ö; OKAT Geografi. Svensk. Dalarna. Allmänt. Möt.-Sällsk.; OKAT Resor. Svenska program och prospekt -1967).

108. Rosander 1987b: 254f.

109. Rosander 1987a: 60.

110. Persson 1987: 165, 167, 169, 171, 173 (dazu eine Liste aller Privatzimmer, Pensionen und Hotels).

111. Nyman 1972: 184f.

112. Trotzig 1905: 2-4.

113. Svenska turistföreningen ⁵1922: 1.

114. Falu Länstidning, 1.5.1926.

115. Johannes 1975: 31-33.

116. Klein 1925: 24. Ähnlich Ankarcrona 1916; Bernholm ⁴1916/1910: 3.

117. Blomberg 1939: 17, 20; s.a. die Zeitungsartikel der Jahres 1945-1948 (Mora bygdearkiv, Dalarnas turistförening, vol. 33); Rosén 1959: 47.

118. Reproduktion des Aufrufs in Rosander 1976: 55.

119. Dalarnas turistförening o.J./1932.

120. Hamrin 1996: 35f.

121. Dalarnas turistförening o.J./1932: 4.

122. Ebd.: 5.

123. Jakobsson 1982: 35.

124. Rosander 1999: 372.
125. Ramsten/Ternhag 2006: 20.
126. Sandström 2014.
127. Brummer 1989a.
128. Boëthius 1939: 516, 1941: 34f.
129. Sandström (Hg.) 2004.
130. Andersson o.J./1976: 13.
131. Järnfeldt-Carlsson 2008: 142.
132. Bergman 2008: 156.
133. Boëthius 1930: 36.
134. Ebd.: 144.
135. Björkroth 2000: 175.
136. Eklund/Thunell 2001: 70.
137. Brummer 1989b: 251f.; Näsström 1937: 243; Rosengren 2001: 27-45.
138. Horn 1930: 158.
139. Näsström 1937: 248f.
140. Johannes 1975: 30.
141. Knutsson 2010: 137.
142. Forsslund 1919: 296.
143. Gustaf Ankarcrona: Hembygdsanläggning på Holen Tällberg (Leksands socken Dalarna), Februar 1913, Ms., Bl. 3, 7 (Hervorh. im Orig.) (Leksands lokalhistoriska arkiv, Gustaf Ankarcronas samling, 1.1.6:12).
144. Tönnies 1887.
145. Eklund/Thunell 2001: 24.
146. Ebd.: 24f. (mit Abb.).
147. Horn 1932.
148. Dagens Nyheter, 30.5.1930; s.a. Eriksson 1988: 30f.; Hamrin 1991.
149. Hedlund 1942; Hugo 1942; Näsström 1937: 155-196; Rosander u.a. 1991.
150. Näsström 1937: 138.
151. Öhman 1987: 220f.
152. Forsslund 1991: 24.
153. Ebd.: 24-26.
154. Näsström 1937: 173f.
155. Forsslund 1991/1900: 101.
156. Forsslund 1906: Bd. 2, 47.
157. Hobsbawm/Ranger (Hg.) 2013/1983.
158. Järnfeldt-Carlsson 2008: 87.
159. Boëthius 1961: 12.
160. Ebd.: 24.
161. Abgebildet ebd.: 30, 89.
162. Moore-Svensson 1987.
163. Boëthius 1961: 73.

164. Björklund 1966, 1977; Yrgård 1981.
165. Rådström ²2002/1980: 35.
166. Karnfält 1987: 186-199; Knutsson 2010: 75-130; Näsström 1937: 84, 129f.; 163f.; Swanberg 1996.
167. Z.B. Bergström 1942; Björkman 1942; Johannes 1942; Larsson 1916; Nathhorst 1918; Sterner 1931a, 1931b, 1932a, 1932b, 1933.
168. Mangård 2002/1930: 51.
169. Schildt 1942: 83; s.a. Blomberg 1940: 36.
170. Andersson 1978: 15, 19
171. Rosander 1999: 377-380.
172. So Burén 1975: 23; Erixon 1941: 110.
173. Mangård 2002/1930: 53.
174. Adelborg 1986: 84.
175. Björklund 1972: 10f.
176. Rosander 1987c: 330.
177. Clase 1960: 19.
178. Karnfält 1987: 200-202.
179. Ebd.: 202; Rosander 1987c: 326.
180. Svenska turistföreningen 1926: 70f., 76, 280-284.
181. Romson (Hg.) 2004;
182. Klein 1926: 104-106; s.a. Baker 1894: 277-283; Hedlund 1960: 156f.; Koersner 1885: VIIIf.; o.A. o.J./ca. 1903; Prins Wilhelm 1944: 83f.; Stadius 1936: 34-38.
183. Trotzig 1936, 1937.
184. Rosander 1987b: 254.
185. Näsström 1937: 66f.
186. Bringéus 1972: 11.
187. Ebd.: 15.
188. Jong 2007; Stoklund 1999.
189. O.A. (E. K-n.) 1926: 501.
190. Rentzhog 2007: 17 (Hervorh. im Orig.).
191. Kühn 2009: 196f.
192. Rentzhog 2007: 125-128.
193. Biörnstad 1991: 39f.
194. Bringéus 1972: 20.
195. Bergmann 1998.
196. Näsström 1937: 63.
197. Trotzig 1932: 5.
198. Rudberg 1999: 108.
199. Lindblom 1931: 223.
200. Zit. nach ebd.: 224f.
201. Ebd.: 226.
202. Rentzhog 2007: 15, 17.

203. Björkroth 2000: 199-201, 281 (Anm. 58).

204. Björkroth 2004: 11f.

205. Ebd.: 14f.

206. Hedlund 1940; Trotzig 1932: 13.

207. Sörlin 1998: 26.

208. Lagercrantz 1991: 91.

209. Eklund/Thunell 2001: 50.

210. Lunner 1951: 215.

211. Andersson 1978: 26.

212. Dalarnas Fornminnes och Hembygdsför-
     bund/Dalarnas Museum (Hg.) 1978, 2004.

213. Björkroth 2000: 56; Svensson 1929: IX.

214. Forsslund 1914a: 6f.

215. Forsslund 1914b: 8.

216. Ebd.: 119.

217. Ebd.: 129.

218. Ebd.: 132f.

219. Burén 1975: 12.

220. Ebd.: 17-21; Knutsson 2010: 31-55.

221. Ankarcrona o.J./1927.

222. Eklund/Thunell 2001: 51-57; Öhman 1987.

223. Lagercrantz 1991: 88.

224. Brummer 1989b: 237, 239.

225. Ramsten/Ternhag 2006: 34.

226. Ternhag 1979: 9.

227. Fahlander (Hg.) 2013: 163.

228. Ternhag 1996: 68.

229. Ramsten/Ternhag 2006: 43.

230. Andersson 1922-1926: 60.

231. Ramsten/Ternhag 2006: 137.

232. Eskeröd 1973; Moore-Svensson 1987.

233. Alfvén 1948: 386-388.

234. Bremer 1845; Forsslund 1906, 1991/1900;
     Nordling 1907; s.a. Hedlund 1951; Tideström
     1973.

235. Forsslund 1991/1900: 102.

236. Boëthius 1941: 32f.

237. Björkroth 2000: 15; Johannes 1975: 31.

238. Björkroth 2000: 39.

239. Alm 1962.

240. Rydberg 1957.

241. Rydberg 1960: 40f.

242. Berglund 1954: 73.

243. Johannes 1948: 7f. (kursiv im Orig.).

244. Böök 1924: 140; Bååth-Holmberg 1914: 41, 48.

245. Montelius 1973; s.a. Boëthius 1942; Bååth-
     Holmberg 1914: 7-82; Elfving 1972; Fries 1943;

246. Hallerdt 1960; Hedlund 1940; Lundberg
     1960: 30-34 (dort die beiden Zitate); Svärd-
     ström 1947, 1951; Svenska turistföreningen
     1941: 10, 78.

246. Rydberg 1957: 126.

247. Carlborg 1972: 213.

248. Ebd.

249. Ebd.: 220.

250. Berg/Svensson 1938: 36f.; Lidman (Hg.) 1963:
     266.

251. Rosén 1965: 47.

252. Hammarlund-Larsson 2002: 164, 166.

253. Ebd.: 139.

254. Länsstyrelsen Dalarna, Miljövårdsenheten
     1994: 3, 13-15.

255. Montelius 1972.

256. Rydberg 1972: 249.

257. Lo-Johansson 1930a, 1930b, 1930c.

258. Södra Dalarnas Tidning, 13.8.1931.

259. Hallström 1930.

260. Hamrin 2006.

261. Zit. n. Eriksson 1983: 72.

262. Gabrielsson 1975: 56.

263. Eriksson 1983: 72.

264. Ebd.: 113.

265. Ebd.: 116.

266. Herz 1976; s.a. Sverkman o.J./1975.

267. Näsström 1972: 3f.

268. Näsström 1937: 11.

269. Österholm (Hg.) o.J./2006.

270. Donner i Dalarna, 3 Teile (Sveriges Tele-
     vision, TV2, 15., 16., 17.6.1982) (KB, Svensk
     mediadatabas, ZS_svt_svt2_1982-06-16;
     TVK03-0817; ZS_svt_svt2_1982-06-17).

271. Bilder från Dalarna (S 1997) (KB, Svensk me-
     diadatabas, VR98-1526).

272. Kulturexpressen: Dalarna – en svensk mass-
     psykos? (Axess TV, 27.11.2008) (KB, Svensk
     mediadatabas, ZS_T04-0212).

273. Svenska turistföreningen 1926, 1972, 1996.

274. Eriksson 1983: 27f., 43-53, 89-99; Skagerberg
     1974.

275. Edman 1996: 130f.

276. Greider 2001.

277. Blomberg 1939: 26-28 (Zitat: 26).

278. Gummerus 1963: 233f.; Edman 1996: 126.

279. Gummerus 1963: 244.

280. Ebd. 235f., 246f.

281. Lidman (Hg.) 1963: 271.

282. Die Sammlung ist unkatalogisiert (KB, Nc Dalarna, 1991-2000; Nc Dalarna, 2001-2008; Nc Dalarna, 2009-2010; Vardagstryck 910. Geografi & resor. Dalarna 2011-).

283. Eriksson 1983: 71.

284. apropå (sic). Nyhetsbrev från Region Dalarna, Nr. 1, 2006 (KB, OKAT Od Regionförvaltning Region Dalarna 2001-2010).

285. Bilden av Dalarna, 2005, S. 9-12 (KB, OKAT Od Regionförvaltning Region Dalarna 2001-2010).

286. Region Dalarna o.J.: 26.

287. Region Dalarna o.J./2010: 4, 10.

288. Region Dalarna o.J.: 32.

289. Eriksson 1999.

290. Kommunikationsplattform für Dalarna, wohl 2002, S. 8 (KB, OKAT Od Regionförvaltning Region Dalarna 2001-2010).

291. Moberg/Svensson 2014.

292. Masser/Tidén 2012.

293. Ahlberg 1972.

294. Sörenson 1996.

295. Mörner 2010: 161-163.

296. Backlund 1988.

297. UNESCO: Nomination file 1027. Mining Area of the Great Copper Mountain in Falun, 16.12.2001 (URL: https://whc.unesco.org/uploads/nominations/1027.pdf [19.11.2020]).

298. Götlind 2005.

3. England – Kippbild

1930 hätte eine Reise von Dalarna nach England, in den Lake District, eine *der* englischen Landschaften schlechthin, so aussehen können. Zuerst die Fahrt von Mora nach Stockholm, um ein oder zwei Tage die Stockholm-Ausstellung und den Moragård auf Skansen zu besuchen. Abfahrt um 11.30 Uhr, Umstieg in Storvik, Ankunft 18.55 Uhr. Man hätte von Stockholm aus mit dem Nachtzug nach Göteborg fahren und dort das einmal wöchentlich verkehrende Schiff nach Hull (Fahrtzeit 48 Stunden) nehmen können, weiter mit dem Zug nach Windermere. Schneller wäre die tägliche Verbindung im durchlaufenden Wagen nach Hamburg und in einem weiteren Kurswagen nach London Victoria gewesen, Abfahrt in Stockholm 11.10 Uhr, Ankunft am übernächsten Tag um 8.38 Uhr. Der Anschlusszug hätte London St. Pancras um 9.50 Uhr verlassen, in Windermere angekommen wären wir um 17.20 Uhr, nach insgesamt also etwa 54 Stunden von Stockholm aus, knapp 24 Stunden mehr von Mora, wg. der notwendigen Übernachtung in der Hauptstadt. Man hätte auch das Flugzeug von Stockholm nach Berlin und dann nach London nehmen können, finanziell unerschwinglich für so gut wie alle Touristen.

Auch auf dieser Fahrt hätte man genug Muße zu informierender Lektüre gehabt. In England gibt es mehrere Landschaften, in denen sich das Land spiegelt, etwa den Lake District, das Constable Country, die Cotswolds oder den Peak District. Sie alle sind Teil dessen, was in England die *countryside* genannt wird. Bis heute werden in der westlichen Welt »das Land« und »die Stadt« oft als Opposition begriffen. Für das Land wird eine sozial integrierte, ursprüngliche Sozialordnung imaginiert, der Stadt werden entfremdete, konsumorientierte, desintegrative Lebensweisen zugeschrieben. Das gilt auch für England. Und wie am Rhein oder in Dalarna wird Landschaft hier ebenfalls nicht als unberührte Natur, sondern als gestaltete Kulturlandschaft begriffen. Doch die *countryside* in England zeichnet darüber hinaus zweierlei aus. Sie ist erstens abstrakter. Konkrete Landschaften wie der Lake District oder die Cotswolds repräsentieren die *countryside*, doch die ist mehr als die Summe ihrer Teile. Die mythische Qualität einzelner Landschaften wird in der *countryside* transzendiert, und das gibt es in dieser Form weder in Schweden noch in Deutschland. Dort ist »das Land« als Gegensatz zur »Stadt« eher ein rhetorisches, ideologisches Konstrukt, vielleicht auch eine Lebenshaltung der Menschen, während *konkrete Räume* wie der Rhein oder Dalarna mythisch aufgeladen wurden. In England hat die *countryside* dieselbe ideologische Funktion, sie bezieht sich ebenfalls auf konkrete Landschaften, darüber hinaus jedoch verkörpert sie nichts weniger als den englischen Charakter, die *englishness*. In Deutschland und Schweden waren nationale Identität und konkrete Landschaften direkt aufeinander bezogen. In England *substituiert* die *countryside* nationale Identität, denn England als Kern des britischen Empire hatte nie ein Nationalbewusstsein wie Schottland oder die Kontinentalmächte ausgebildet. Deshalb konstituierte, je mehr das Empire in die Krise geriet, die *countryside* englische Identität. Und sie ist nach wie vor durch sehr viel unversöhnlichere Antagonismen geprägt als der Rhein oder Dalarna. Da sind die für die Moderne typischen Gegensätze zwischen Tradition und Moderne, Dorf und Stadt sowie Natur und Industrie. Auf der Insel wird diese Dichotomie bis heute in die Chiffren »Südengland« und »Nordengland« gefasst. »Südengland«, das »South Country«, ist demnach die kleinteilige, harmonische Landschaft der pittoresken Dörfer, »Nordengland«, das »Black Country«, der durch Städte und Schwerindustrie zerstörte Raum. Darüber hinaus ist die Landschaft nach wie vor sichtbarer Ausdruck der englischen Klassengesellschaft. Weite Teile sind dem Zutritt der Bevölkerung entzogen, da sie sich im Besitz von Adeligen, Industriellen, Gutsbesitzern und Bauern befinden. In Schweden gilt seit jeher das *Allemansrätt*, der freie Zugang zum Land; selbst kleinere Privatgrundstücke sind oft nicht eingezäunt. Schaut man sich Bilder der englischen Landschaft an, fällt eines sofort auf: Überall sind Mauern oder Hecken zu sehen. Die Landschaft ist bis hoch in die Berge hinein durchzogen von Mauern. Auf kaum einem Bild aus Schweden oder Deutschland sieht man etwas Ähnliches. Selbst auf der schwedischen Insel Öland, berühmt für seine Trockenmauern, bleiben weite Teile des Bodens frei und zugänglich. Deshalb zeichnet bis heute eines den Umgang mit der englischen *countryside* aus, nämlich Zugang zu erkämpfen, Wanderwege anzulegen und diese gegen die Landbesitzer zu verteidigen. Landschaft in England bedeutet Kampf um Inklusion und Bürgerrechte. Über den Zugang zur Landschaft wurde und wird Teilhabe an der Gesellschaft verhandelt. Was dagegen die *englishness* bedroht, wird »Nordengland« (sowie London und den massentouristischen Seebädern) zugewiesen.

Im wenig urbanisierten Schweden ist die Landschaft ebenfalls fest im Bewusstsein und den (sportlichen) Alltagspraktiken der Menschen verankert. Selbst die Bewohner der beiden größten Städte sind rasch in den jeweiligen Schären und damit in einer ganz anderen Welt. Die Schweden halten sich viel auf ihre ländliche Herkunft zugute – doch sie definieren sich bedingungslos als moderne Gesellschaft, ja als die weltweit fortschrittlichste Nation. England dagegen ist ebenfalls eine moderne Gesellschaft, definiert sich jedoch stark über ein anti-industrielles, vormodernes Landschaftsideal. England, behauptete der Journalist Harry Mount, sei das einzige Land, das den ländlichen Raum als *das Land* (im Sinne ganz Englands) bezeichne, als würden die Städte nicht dazu gehören.[1] Es gibt zwei England, zwischen denen das Bild beständig kippt, den industrialisierten »Norden«, der England (und Großbritannien) groß gemacht hat, und den ländlichen »Süden«, der England repräsentiert – wobei Teile des »Südens« geografisch durchaus im Norden liegen, etwa der Lake oder der Peak District. Die *countryside* ist also mehr Chiffre als konkrete Landschaft, und in diesem Sinne bedeutet dieses Kapitel einen Perspektivwechsel. Es wird monolithischer erscheinen, weil ich weniger konkrete Räume als eine diskursive Formation beschreiben werde, die sich in zahllosen Publikationen auf immer dieselbe Weise abzeichnet. Das heißt natürlich nicht, dass jeder Publizist und jeder Engländer die *countryside* auf dieselbe Art imaginiert. Deren mythische Überhöhung wird vielleicht nicht einmal von der Mehrheit der Engländer geteilt. Die *countryside* der Publizisten ist, wie der Rhein und Dalarna, ein Minderheitsphänomen, aber eben doch so dominant und erfolgreich etabliert, dass man es gar nicht übersehen kann, wenn man anfängt, die gedruckten Quellen und die Sekundärliteratur zur englischen Landschaft zu lesen. Ich werde dieses *image*, auf Kosten der Differenzen, freilegen, um eine dritte Facette des Umgangs mit Landschaften aufzuzeigen und die Fallbeispiele der vorhergehenden Kapitel zu kontrastieren. Und anders als dort muss ich in diesem Kapitel Präteritum und Präsens nutzen, denn die *countryside* hat nach 1945 nicht an Bedeutung verloren, ganz im Gegenteil.

Die Countryside, das Herz Englands

England *ist* nach wie vor ländlich. Es wird geschätzt, dass 11 % der Fläche dem städtischen Raum gehören. Zieht man Parks usw. ab, kommt man auf etwa 5 % wirklich bebauter Fläche. 13 % des Landes sind geschützte *Green Belts*, die um die Großstädte gelegt sind. 220 Naturreservate umfassen etwa 943 km^2 oder 0,6 % der englischen Landschaft, die zehn Nationalparks etwa 9,3 %. Es gibt ungefähr 13.000 Dörfer, die sich in Struktur und Größe seit normannischen Zeiten kaum verändert haben sollen.[2] Zugleich ist England mit gut 400 Einwohnern pro Quadratkilometer etwa sechsmal so dicht besiedelt wie Schottland und ungefähr doppelt so dicht wie Deutschland oder Italien (Schweden kommt auf 23 Einwohner).[3] Trotzdem verkündeten in den 1930er und 50er Jahren Reiseführer erfreut, dass sich Städte, Industrie und Menschenmassen jeweils auf kleine Flächen konzentrierten, umgeben von weitem, offenem Land.[4] Weniger froh stimmte die damaligen Beobachter, dass 1930 knapp 20 % der Briten auf dem Lande lebten, doch bloß 6,7 % der Arbeitskräfte dort beschäftigt waren. Noch 1939 mussten ein Viertel der englischen Dörfer ohne fließend Wasser und die meisten ohne Elektrizitätsversorgung auskommen.[5] Pittoreske Bauernhäuser mit sauberen Fassaden und Reetdächern verbargen Fußböden aus gestampfter Erde, schlecht beleuchtete Räume und primitive Plumpsklos auf dem Hof, elendige Armut.[6] Diese Bedingungen wurden in den Hymnen auf die *countryside* ausgeblendet.

Dennis Cosgrove, Barbara Roscoe und Simon Rycroft haben 1996 eine symbolische Dreiteilung Englands ausgemacht, eine »iconic landscape structure«, bestehend aus »The City«, d.i. London, dem »English Heartland« mit den Cotswolds, Constable Country und den Midlands, und dem »Wild and upland Britain (Wilderness)« mit Cornwall, Wales und den nicht industrialisierten Räumen nördlich des Herzlandes (Abb. 54).[7] In der Wahrnehmung vieler Engländer stand die *City* – nicht allein London, sondern auch Manchester, Liverpool, Glasgow – für das kommerziell-industrialisierte England mit seinen modernen Lebensweisen. Die »Wilderness« des *upland* war ein Raum der körperlich-geistigen Rekreation und ein Ort der männlichen Bewährung; hier wurden die meisten Nationalparks angelegt. Das *heartland* dagegen wurde als »rural and southern« imaginiert, als »Garten«, als kultivierter Raum, als »ideal landscape type. It is rolling or dotted with woodlands, and divided into fields by hedgerows. Its hills are smooth and bare, but not wild or rocky. Its streams and rivers flow rather than rush or tumble. Even more importantly its ideal social structure is the village with its green, pub, and church clustered together, its ideal architecture stone of half-timbered topped with thatch.«[8] Diese Landschaft hat der Publizist und Literaturwissenschaftler Patrick Wright »Deep England« genannt. Hier sei der Kern einer mythischen, unteilbaren, schichtübergreifenden englischen Identität geborgen.[9] John Constables Gemälde »The Hay Wain« (1821) ist der Inbegriff *Deep Englands*, des friedlichen, gelassenen, maßvollen Landlebens.[10] Dabei war und ist dieser Raum gar nicht klar umrissen. Es war (und ist) eher ein metaphorischer Gegenbegriff zum »Black Country« und zur Metropole London.

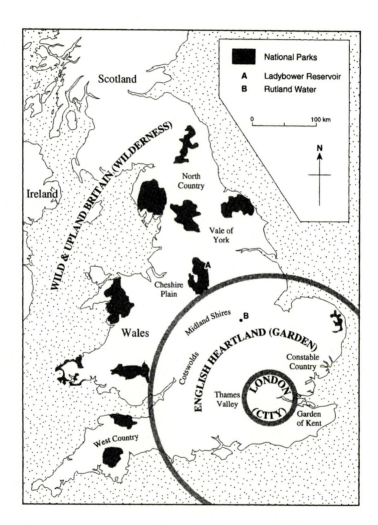

Abb. 54: Die ikonische Struktur der englischen Landschaft. Süd- und Nordengland sind jeweils doppelpolig codiert: Im Süden der »Garten« und die Megalopolis London als Inbegriff des naturfernen Lebens, im Norden die in der »Wildnis« angelegten Nationalparks in der Nähe der schwerindustriellen Regionen (Cosgrove/Roscoe/Rycroft 1996: 537).

ARLINGTON ROW, BIBURY

Abb. 55: Das Dorf Bibury in den Cotswolds in einer Publikation aus dem Jahre 1933. Auch die übrigen Abbildungen dieses Buches geben einen vollkommen aus der modernen Zeit gefallenen Raum zu sehen (Timperley 1933: 18).

Den *Home Counties* um London herum, den Cotswolds nordwestlich, dem Downland im Süden, East Anglia nordöstlich der Hauptstadt und selbst den industrialisierten Midlands wurde in reich bebilderten Publikationen der Zwischenkriegszeit ebenfalls zugeschrieben, das »Herz Englands« bzw. »authentische« englische Landschaften zu verkörpern.[11] Das »Cotswold village«, so hieß es beispielsweise, liege in die Landschaft eingebettet, als habe die Natur, nicht der Mensch es dort platziert (Abb. 55).[12] In den Midlands sei jedes Dorf ein kleiner Organismus, und die Höfe erinnerten an die Wagenburgen der amerikanischen Siedler der »American frontier days of Indian attacks« – das Dorf als Bollwerk gegen eine feindlich gesonnene Umwelt, in diesem Fall den Irrsinn der Moderne.[13] Seit Ende des 19. Jahrhunderts und besonders in der Zwischenkriegszeit beschworen die Autoren und wenigen Autorinnen derart ein zeitloses, vormodernes, vorindustrielles England, das in ihre Gegenwart hineinragte. Es war gleichsam aus der Natur gewachsen, es war von der Moderne bedroht, fungierte aber wie ein Wegweiser an der Gabelung zur Zukunft. Das englische Volk hatte die Wahl: den Weg in den »Norden« oder den »Süden«.

Bevor dieses Bild entstand, war auch die englische Landschaft von Reisenden in Begriffen des Pittoresken und Sublimen beschrieben, also auf die Existenz der Menschen, nicht die Identität Englands bezogen worden. Der Topograf Ebenezer Rhodes beispielsweise hielt sich ganz an William Gilpin, als er 1824 den Peak District bereiste. Dass sich Bergspitze an Bergspitze reihte, empfand er als etwas monoton, doch ihre Schroffheit werde aus der Entfernung zu einem harmonischen Gesamtbild gemildert. Die dazwischen liegenden Täler wiesen jedenfalls diejenige Vielfalt auf, die essenziell für die pittoreske Schönheit sei, gepaart mit erhabenen und sublimen, manchmal furchteinflößenden Partien. Selbst das – bei ihm zumeist liebliche und sonnige – Wetter korrespondierte mit seinen gemäldeartigen Beschreibungen der Landschaft. Immer wieder schnitt er die fixe Natur – Berge, Felsen, Täler – gegen die Bewegung von Wolken, Vögeln, Blättern, des Wassers, der Drehung eines Mühlrades sowie Wanderern und Schafen, die das Leben repräsentierten »and excite peculiar feelings of sympathy, curiosity, and pleasure.«[14] Die Feuer und der Rauch der Kalkbrennereien verliehen den Konturen der Landschaft eine dem Auge schmeichelnde Unschärfe. Gelegentliche Regenschauer erhöhten nur den Anblick der Landschaft. Aber deren Schönheit verkörperte für Rhodes keine *englishness*, sondern die Geworfenheit des Menschen in die Natur. – Auch der Geistliche Richard Warner hatte 1803, wenige Jahre nach der Französischen Revolution, eine Landschaft in Form von harmonischen Gemälden und Szenen, ganz im Sinne Gilpins, vor Augen gehabt.[15]

Etwa 100 Jahre später sah das anders aus. Da war aus der sublimen eine *englische* Landschaft geworden, die sich angeblich durch eine jahrhundertelange Kontinuität auszeichnete und dadurch den Charakter der Menschen prägte. Der Künstler und Autor William Collingwood wollte beispielsweise 1902 beobachtet haben, dass die Häuser und die Postämter des Lake District noch so aussähen, wie sie der berühmte Schriftsteller William Wordsworth um 1800 erblickt habe. Sein Englandbild blendete die Industrie einfach aus, von kleinen, kaum mechanisierten Unternehmen abgesehen.[16] Der Dichter Edward Thomas beschwor 1909 das »South Country« als regenverwehtes, einsames Land, in das er fast als Einziger vordrang (und dann Tausenden von Lesern davon berichtete); nur hin und wieder traf er ähnlich freiheitsliebende Wanderer.[17] Und der Anwalt, Richter und Politiker Norman Birkett zitierte 1945 »Mr. Polly« aus einem Roman von H.G. Wells: »The glorious moment of standing lordly in the Inn

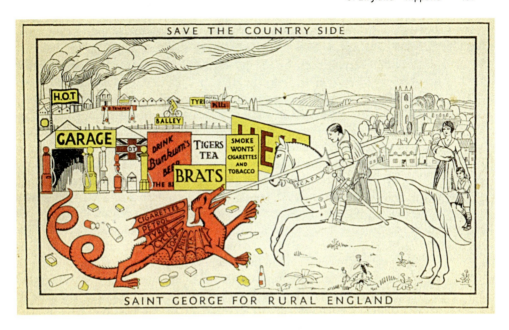

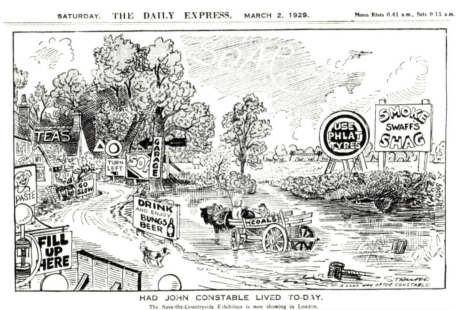

Abb. 56, 57: Auf dem oberen Bild musste 1928 kein geringerer als der Heilige Georg ausreiten, um England vor der Moderne zu retten. John Constable, verrät die Karikatur im »Daily Express« unten, müsste sein Gemälde »The Hay Wain« heute ganz anders malen. Links Willy Lotts berühmter Kotten, der Inbegriff des englischen cottage. Etwa zu der Zeit fanden Kampagnen statt, die Landstraßen von schreienden Werbeschildern zu befreien; der Shell-Konzern gab sich dabei medienwirksam als Vorreiter (Waine/Hilliam 2016: 189, 192).

doorway, and staring out at the world, the swinging sign, the geese upon the green, the duck pond, the waiting wagon, the church tower, a sleepy cat, the blue heavens, and the sizzle of the frying bacon behind one.«[18] Allerdings befand sich diese Idylle nach dem Ersten Weltkrieg in der Defensive. Das Land wurde mit Straßen und Stromleitungen durchzogen, mit Staudämmen und Reihenhaussiedlungen verbaut; das Radio brach die lokale Isolation auf und wurde zum Medium einer neuen, »amerikanischen« Massenkultur, die dank der Ausflügler und Touristen zunehmend auch auf das Land überschwappte. Was den einen als Fortschritt und Verbesserung der Lebensbedingungen galt, sahen die Verteidiger der *countryside* als Angriff auf England (Abb. 56, 57).

Deshalb entstand eine Reihe von »English Journeys«, die bis heute bekannt sind. Publizisten wie George Orwell, Henry Vollam Morton, John B. Priestley und andere hatten sich jeweils aufgemacht, um den Zustand Englands in den neuen Zeiten zu erkunden und sich der englischen Identität zu versichern.[19] Besonders Morton überhöhte 1927 in »The Search of England« die *countryside*, nachdem er sich in den Monaten zuvor ins Auto gesetzt hatte, um das Land zu erfahren – ein Tribut an die Moderne, die Bahn verlor bereits ihren Vorrang.[20] Seine Geschichte ist relativ schlicht. England sei vom Dorf und der Landschaft aus zur Weltmacht geworden, und dieses England habe im Ersten Weltkrieg gewiss nicht für die *City* gekämpft. Morton band das Land in zahlreichen Episoden an die Geschichte zurück. Da ist der *bowl-turner*, der wie zu Zeiten Alfreds des Großen arbeitet; das gewissenhafte Handwerk ist ihm wichtiger als Geld. Da ist die 800 Jahre alte Dachkonstruktion der Kathedrale von Winchester, die nach wie vor trägt. Da ist die 790jährige Tradition der Verköstigung armer Wanderer durch ein Hospiz. Ein Gasthaus hält seit 100 Jahren eine Flamme am Brennen – wie die Tradition aufkam, weiß der Wirt nicht, sie wird erhalten. Die Flamme, fragt Morton lauernd, wird ja wohl zwischendurch auch erloschen sein? »Not while I'm here!‹ he cried firmly, and brought his hand down crash on the counter. That, I thought«, schreibt Morton, »is why England will never be a republic.«[21] In einem Dorf wird ihm vom Vikar berichtet: »Our last real big sensation was in 1066, when the first Jocelyn [normannischer Eroberer] grabbed the manor. But we soon got over that. [...] For centuries [...] we have grown up as natural as my currant bushes out there, century after century. We were, you see, locked up here together with our fields and our imaginations, making our own songs and dances until the world outside sent us a gramophone and the latest murders every Sunday morning. Even that has not altered us much [...]. We are happy because we have rarely known discontent.«[22] Die Menschen sehen gesund aus, sind von bezaubernder Langsamkeit, pflegen ihre unmodernen Bräuche, und die Mädchen erröten sittsam, wenn sie angesprochen werden. So erfuhr Morton das Land.

Man ahnt den Unterschied zur Imagination Dalarnas: England war für Morton eine Landschaft, die sich *nicht ändern sollte*. Trotzdem musste er konstatieren, dass diese zeitlose Welt durch das Radio, autofahrende Touristen und monströse Städte wie Manchester oder Liverpool bedroht war. Gleichwohl entzog er sich nicht ganz der Moderne. Im Süden habe man ein falsches Bild vom Industrierevier Nordenglands, denn in Wahrheit seien die Städte bloß »small circles in a land of abbeys, churches, castles, wild moorland, and heavenly dales, unchanged in parts since that time when the first monks went through Northumbria with the first crucifix.«[23] Selbst das verwüstete Nordengland bewies ihm, dass die *countryside* selbst unzerstörbar war. Und gleich nach Erscheinen seines Buches machte er sich erneut auf die Reise, um nun auch den Städten gerecht zu werden. Es gelang ihm allerdings nur mit Mühe. Auf einem Berg sah er, wie auf einem Gemälde, die zwei England. Rechts das verrußte, industrielle, verstädterte, dessen logische Konsequenz das Seebad Blackpool gewesen sei: uniform, demokratisch, vermasst.[24] Links das grüne, ländliche, über das er bereits in »In Search of England« den erwähnten Geistlichen hatte sagen lassen: »›Well,‹ smiled the vicar as he walked towards me between the yew trees, ›that, I am afraid, is all we have.‹« Und Morton antwortete: »›You have England,‹ I said.«[25]

John B. Priestley unternahm 1934 eine ähnliche Reise, ebenfalls im Auto. Er fuhr durch drei England: das alte England der kleinen, vormodernen Dörfer, das neue England des 19. Jahrhunderts, das eine zerstörte Erde und vergiftete Flüsse hinterlassen habe, schließlich das *neue* neue (oder dritte) England der Gegenwart mit seinen Umgehungsstraßen, Tankstellen, den großen Kinosälen, Tanzhallen und Fabriken, dazwischen meilenweit sich erstreckende Bungalowsiedlungen mit Garagen, Radios und Illustrierten auf den Wohnzimmertischen. *Das* war für Priestley das beinahe klassenlose England des demokratischen Massenkonsums und der Erfahrungen zweiter Hand, mit Woolworth und Blackpool als Symbolen, eine billige, außengesteuerte Welt ohne Charakter. Es verdanke seine Geburt Amerika. Hier hätte Charles Dickens nie den Stoff für seine großen Romane gefunden. Interessanterweise sympathisierte Priestley mit dem zweiten England der Hochindustrialisierung. Sein Verdacht war, dass in der alten Fabrik des 19. Jahrhunderts (»a huge dark brick box«) mehr Charakter geherrscht habe als in der modernen der Gegenwart (»all glass and white tiles and chromium plate«).[26] Selbstironisch konstatierte er, dass er als Intellektueller den »dirty diseased eccentric« vielleicht ungerechtfertigt dem »clean healthy but rather dull citizen« vorziehe.[27] Deshalb sah er den Ausweg aus dem gierigen Kapitalismus der Hochindustrialisierung nicht im gegenwärtigen England, dessen moderne Massengesellschaft Menschen ohne Ambitionen zu schaffen drohe, die die perfekten Subjekte einer eisernen Autokratie seien.[28] »Modern England is rapidly Blackpooling itself«, lautete sein Verdikt.[29]

Das zweite England erschien Priestley nur deshalb ansatzweise akzeptabel, weil es durch die Gegenwart in vormodernerem Licht konturiert wurde. Nein, auch für ihn war es das England der *countryside*, der Dörfer und der *cottages*, in dem das Heil zu finden war. Diese Haltung teilten viele Publizisten. Interessant ist freilich weniger die Verherrlichung der ländlichen Welt. Das taten die Heimatschützer Schwedens und zahllose Sozialreformer der westlichen Welt ebenso. Aber für sie bildete letztlich immer die *Moderne* den Fluchtpunkt, während die vormoderne Welt ein ideales Modell bieten sollte, um die Menschen in eine »Gemeinschaft« einzubinden. Englische Publizisten wie Priestley oder Morton dagegen wollten tatsächlich in die Vormoderne zurückkehren, oder sie taten wenigstens ostentativ so. Allerdings verzichteten sie nicht auf die Errungenschaften der Moderne, Automobil und Schreibmaschine, um das zu propagieren.

1939 gab John Priestley im Zeichen des unabwendbaren Krieges eine Anthologie zum nationalen Erbe heraus, »Our Nation's Heritage«, für die er selbst zwei Texte verfasste. Großbritannien war damals faktisch immer noch eine weltumspannende Militärmacht und eine der größten Industrienationen. Doch in der Einleitung beschrieb Priestley die *Landschaft*. England sei eine Insel, praktisch überall erreiche man die See: »it is all round us, like a vast, misty window«.[30] Und man sei nicht, wie im amerikanischen Mittleren Westen, Gefangener eines monotonen Raums, weil die englische Landschaft auf kleiner Flur außerordentlich vielfältig sei. Durch die »mistiness« sei sie ständig mit einem leichten Dunstschleier bedeckt. Keine gleißende Sonne, aber die Berge und Täler sind von einer exquisiten Weichheit umgeben. Nichts zeichne sich scharf ab, sondern »one

thing melts into another, almost like the strange places we see in dreams.«[31] Deshalb
hätten die erfolgreichen Landschaftsmaler Aquarelle gemalt, nicht Ölgemälde. Doch
von ihrem »older and unspoilt England«[32] sei nicht mehr viel übrig – oder doch? Nicht
ganz widerspruchsfrei konstatierte Priestley, dass man selbst von den dunklen Industrieregionen aus mit Bus oder Zug im Nu eine *countryside* erreiche, die wie in einem
Stück von Shakespeare oder einem Gedicht von Wordsworth aussehe. 160 Seiten darauf
verdammte er die industriellen Verheerungen des 19. und 20. Jahrhunderts; seit 1920 sei
das Erbe des schönen Englands endgültig verspielt worden, die Landschaft durch Auto,
Umgehungsstraßen und sich ausdehnende Reihenhaussiedlungen zerbreit.[33]

Das Buch enthält Auszüge aus Romanen, Gedichte und Essays sowie Fotografien,
auf denen das Pferd den Pflug des Bauern zieht, der Dorfschmied am offenen Feuer
arbeitet und mit der Sense gemäht wird. Diese Collage beschwört das ländliche, harmonische, balancierte England. Die Industrie kommt nur im Portrait eines Minen-
arbeiters und auf wenigen Fotografien vor, als uniforme Ödnis. Über weite Strecken
liest man einen Katalog dessen, was verloren gegangen ist, auch die friedlichen Bahn-
stationen der Provinz mit ihren gemütlichen Vorstehern zählen dazu. Ob sich all das
auf Großbritannien oder England bezieht, bleibt unklar. Priestley hat seinen eigenen
Beitrag zum Sammelband mit »Britain is in Danger« betitelt, sprach aber über das ruinierte England. Merkwürdig bleibt, dass die Kriegs- und Industriemacht im Schatten
des »Dritte Reichs« so radikal über eine Nostalgisierung der Landschaft definiert wurde. Die Kriegspropaganda zwei, drei Jahre später, war ambivalenter. Auf der Plakatse-
rie »Your Britain. Fight for it now« wurde das ländliche, dörfliche England als Einsatz
angepriesen (denn die Motive stammten aus England), es wurden aber auch zerstörte,
heruntergekommene Häuser gezeigt, vor die sich hypermoderne funktionalistische
Fassaden schoben. Das sind erneut die drei England, aber in anderer Wertungsfolge:
die erstrebenswerte *countryside*, das nunmehr dysfunktionale England des 19. Jahrhunderts sowie das runderneuerte, soziale und humane der Zukunft (Abb. 58, 59).
Die Buchreihe »Face of Britain« feierte in den 1930er Jahren das traditionelle England,
die »About Britain«-Serie der Nachkriegszeit adressierte die Gegenwart.[34] Doch selbst
in dieser Serie verkörperte die *Landschaft* die *englishness* und machte sie in ihrer Gestalt sichtbar. Ein »humanely old-fashioned and essential rural« England bildete den
Gegenpol zu der unter den Händen der Nazis amoklaufenden Industrialisierung.[35]

Eines der einflussreichsten Bücher zur englischen Landschaftsgeschichte ist William G. Hoskins »The Making of the English Landscape« von 1955, mehrfach wieder auf-
gelegt und international rezipiert. Hoskins Ansatz war seinerzeit neu, weil er Geografie, Geologie, Geschichte, Politik, Wirtschaft und Biologie daraufhin befragte, warum
die englische Landschaft geworden ist, wie sie geworden ist. Vordergründig handelt
es sich um eine nüchterne, interdisziplinäre Bestandsaufnahme der englischen Landschaft. Tatsächlich jedoch schrieb Hoskins eine Verlustgeschichte, nämlich die einer
fortschreitenden Entfremdung von der *countryside*.[36] Mit dem ersten Wort des ersten
Kapitels setzte er den Ton: »Wordsworth«. Der Dichter William Wordsworth war einer
der überragenden Propagandisten der englischen *countryside*, insbesondere des Lake
District gewesen, und mit Wordsworth meinte Hoskins, die unberührte Natur zu sehen, wie sie die ersten Menschen in der Bronzezeit gesehen hätten: »We are seeing the
natural world [...] precisely as the first men saw it.«[37] Die protoindustrielle Landschaft
mit ihren kleinen Äckern und Koppeln, mit den verstreuten Dörfern und Bauernhöfen
wie auf einem Gemälde Breughels, fand Hoskins Wohlgefallen. Sie war geschäftig, im-

Abb. 58, 59: Die »Your Britain. Fight for it now«-Plakate des Zweiten Weltkrieges zelebrierten zum einen die englische countryside mit ihren Dörfern, Kathedralen, einem Schäfer, der seine Herde durch die grünen South Downs begleitet – das vielleicht bekannteste der Plakate –, aber auch einer kleinstädtischen Kirmes. Auf der anderen Seite erwuchsen aus den zerstörten Häusern des zweiten Englands moderne funktionalistische Gebäude, die das Projekt eines modernen Wohlfahrtsstaates vorwegnahmen, hier das Finsbury Health Centre in London, erbaut 1935-38 (mit freundlicher Genehmigung des Imperial War Museum, London, IWM PST 14887 bzw. 2911).

mer in Bewegung, aber eben keine Ballung von Fabriken und Slums. Dann verwandelte sich England durch qualmende Fabriken, unüberschaubare Abfallhalden, formlose Städte und uniforme Arbeitersiedlungen in eine Mondlandschaft, die Hoskins in apokalyptischem Ton und auf Fotografien vor Augen führte: »miles of torn and poisoned countryside – [...] one can hardly begin to describe it«[38] (Abb. 60). Immerhin gestand er zu, dass dieses zweite England durchaus pittoreske Züge annehmen konnte, etwa der Prospekt des Eisenbahnviadukts im verrauchten Stockport, oder die kahlen Arbeiterviertel eine Viktorianischen Stadt, »only the lamps shining on pavements blanched by the autumn wind.«[39] Die Landschaft des dritten England dagegen fand nicht mehr den geringsten Zuspruch. Die Gegenwart provozierte Hoskin in seinem Buch zu einer reinen Verdammungsgeschichte. Die Landsitze werden abgerissen, die Parks abgeholzt, vorfabrizierte Häuser, elektrische Zäune und Stacheldraht, baumfreie Umgehungsstraßen, Truppenübungsplätze und »the obscene shape of the atom-bomber, laying a trail like a filthy slug upon Constable's and Gainsborough's sky. [...] Barbaric England of the scientists, the military men, and the politicians: let us turn away and contemplate the past before all is lost to the vandals.«[40] Durch das kleine Fenster seines Arbeitszimmers blickte Hoskins auf eine Landschaft, in der sich die englische Geschichte vom 13. bis zum 19. Jahrhundert abzeichnete – halbwegs intakt.

PLATE 56

The china-clay landscape near St. Austell: the industry produces vast quantities of sterile waste on which nothing will grow, but it has the advantage of being white and of sparkling in the sun. At a distance it is an almost lunar landscape.

Abb. 60: Die der Industrie in die Hände gefallene countryside als Apokalypse: Abraumhalden der Kaolinproduktion. So hat William Hoskins seine Beschreibung der Landschaft der industriellen Revolution illustriert (Hoskins 1955: 177).

Es gibt zahlreiche Schilderungen, die England als pastorales Idyll beschworen. In Ernest Pulbrooks »English Countryside« erscheint das ganz Land 1914 wie ein stiller Sonnentag. Manchmal bloß kreuzt ein Karren das Bild, der Fährmann muss vom anderen Ufer herbeigerufen werden und taucht dann gemächlich auf. Die Abbildungen in seinem Buch zeigen Natur, ungepflasterte Wege, Segelschiffe, Pferdewagen und pittoreske Dörfer, einzelne Höfe, keine Eisenbahn. Das war für Pulbrook die ideale Materialisierung Englands. Er rief die Reisenden auf, Fußwege zu nehmen, nicht Straßen. Straßen machten mit einer Gegend bekannt, sie gäben Überblick, aber keine Einblicke. »[F]ootpaths give us its friendship«.[41] Viele von ihnen seien in der Frühgeschichte entstanden und würden bis heute genutzt. Sie führten mitten hinein in die Arbeit auf den Feldern, sie enthüllten, ob ein Bezirk gut oder schlecht bewirtschaftet war, welche Höfe in Schuss gehalten wurden, ob die Dorfbewohner mehr die Kirche oder die Wirtschaft frequentierten. Der Wanderer las der Landschaft den moralischen Zustand eines Dorfes regelrecht ab. Die Nebenstraße, sekundierte der Journalist Arthur Mee später, »leads us down the corridors of time and opens the gates of paradise« (Abb. 61).[42] Bei John Pristley verschmolzen Natur und Zivilisation regelrecht. Die Natur habe sich die von Menschen errichteten hölzernen Zäune und Gatter angeeignet, indem sie sie mit Moos überzog und mit Büschen und Bäumen rahmte. Auch die Häuser, leicht windschief, fügten sich ein, fast sehe es aus, als seien sie wie Pflanzen gewachsen. Bäume, Hecken, Gras und Wildblumen zeigten, dass die Landschaft nicht zum Gehorsam gezwungen war: »This exquisite harmony between Nature and Man explains in part the enchantment of the older Britain [...]; and it was impossible to say where cultivation ended and wild life began.«[43] Es sei das Ungleichmäßige, Irreguläre, das den »assimilating, slow, evolutionary, non-revolutionary genius of the English people« repräsentiere, lesen wir an anderer Stelle.[44] Allein die *ungezähmte* Natur erweckte, wie am Rhein und in Dalarna, keine Freude. Ford Madox Ford stellte 1906 die »hedgerow definition« auf: Moore, Berge und Sümpfe, »such land is not the country«. Nur wo Hecken ihren landwirtschaftlichen Zweck erfüllten, erstrecke sich nicht einfach Land zwischen den Horizonten, sondern »the agricultural land of England, the land that in the slow revolution of the centuries has been agricultural, pastoral, and agricultural again, and now again pastoral.«[45] Der Abgeordnete Rory Stewart sprach sich 2018 gegen eine Renaturierung des Lake District aus, »because of the human in the landscape ... these are the hills across which Coleridge walked from Keswick to have dinner with Wordsworth.«[46] Die Landschaft ist durch den Menschen gemacht, heißt es an anderer Stelle, »manufactured, if the ugly word is allowable«.[47] Die Wälder und Felder, selbst die Berge und Flüsse trügen die Spuren kultivierender Tätigkeit. Die *englishness* beruhe, neben der unverwechselbaren Natur, nicht zuletzt darauf, dass das Land permanent *gestaltet* worden sei.

Natürlich gab es andere Stimmen. Der Publizist Charles Bradley Ford hatte bereits 1933 die Physiognomie der englischen Landschaft beschrieben, ohne zwischen Natur und Industrie besonders zu diskriminieren. Der Landschaftshistoriker und Archäologe Trevor Rowley kam 2006, gerade in den Fußstapfen Hoskins, zu einer durchaus freundlicheren Beschreibung der Landschaft des 20. Jahrhunderts.[48] Für den Dichter Norman Nicholson bildeten Industrie und Berge des Lakelands einen scharfen visuellen Kontrast, doch gemeinsam ergäben sie die Einheit des Bildes. Die Minenstädte Cumberlands konstituierten für ihn sogar eine geradezu sublime Landschaft, »[n]ot, of course, the prettiest, the grandest, the wildest nor the loneliest. But here you can see

THROUGH HONISTER PASS ON A STORMY DAY

THE PHOTOGRAPH WAS TAKEN BELOW HILL-STEP, AND AFFORDS SOME IDEA OF THE SURFACE OF
THE ROAD.   HONISTER CRAG IS CLOUD-HIDDEN HIGH UP ON THE LEFT

*Abb. 61: In der Frühphase des beginnenden Massenautomobilismus verschmolzen
Autofahrer und Straße noch wie der Wanderer auf seinem Pfad mit der Landschaft.
Im Buch »Motor Ways in Lakeland« (1913) wird zwar ein derart befahrener
Streckenabschnitt erwähnt, dass die Automobilisten die Landschaft nicht mehr
genießen könnten, doch sämtliche Abbildungen des Bandes – und der Neuauflage
von 1929 – reduzierten die Wagen zu einem winzigen Staffageelement in einer
überwältigenden Natur, ganz in der Tradition der sublimen Landschaftsbetrachtung
(Abraham 1913: 6).*

man, a defiant Byronic figure, struggling against the elements, each separate town being a small ship tossed against the stormy sea of the fells.«[49] Und umgekehrt: Was wäre das Greater Lakeland ohne »Windscale Atomic Station, the Marchon chemical factory at Whitehaven, Workington Steelworks [...]; wharves, warehouses, bus-stops and parking places [...]. Forget all this, and what all the rest of the country calls ›Lakeland‹ will turn moribund, dying slowly from the edges inwards, to become in the end little more than a beautiful, embalmed corpse in a rotting coffin.«[50] In diesem Sinne publizierte John Davies einen Band großformatiger Schwarzweißfotografien, zumeist aus den 1980er und 90er Jahren, die eine ziemlich triste, graue, wenig romantische Landschaft zeigen, die entweder verbaut oder verwüstete Natur ist.[51]

Zumeist aber dienten Hymnen auf die Landschaft im frühen 20. Jahrhundert der Gegenwartsflucht. England sei »almost like a country in a fairy-tale.«[52] In Bücher mit Titeln wie »The Legacy of England« (1935), »The British Countryside in Colour« (1950) oder »The Spirit of England« (1989) blieb die Zeit vor 1914 oder gar 1800 wie unberührt erhalten. Industrialisierung, Wirtschaftsaufschwung, Strukturwandel und Strukturkrise zwischen 1780 und 1980 wurden narrativ und visuell an den Rand oder gleich ganz aus dem Bild gedrängt.[53] 1985 konnte man beispielsweise lesen, dass auf dem Lande die Sozialbeziehungen stabil und geordnet und die Menschen mit Sinn für Gemeinschaft, Kooperation und Fürsorge durchdrungen waren. Für jeden gab es einen Platz. Möglichkeiten, und deshalb Sorgen, waren begrenzt. Die Söhne folgten dem Weg der Väter, die Töchter dem der Mütter, und die Alten erfuhren Fürsorge im geborgenen Kreis der Familie. England habe schon in der vor-revolutionären Zeit eine homogene Einheit gebildet, anders als Frankreich mit seinen starken, konkurrierenden Provinzstädten und Dialekten. Überall dieselbe Sprache, dieselben Lieder und Balladen.[54] Christopher Hussey, Publizist mit einem Schwerpunkt auf Architektur und Landschaft, hatte diese vermeintliche Harmonie auf die Gesellschaft Englands gespiegelt: Guts- und Bauernhaus, König, Adeliger, Bauer und Armer zählten gleich, alle partizipierten an der englischen Freiheit.[55] In Frankreich, am Rhein, in Spanien, Italien, Irland und den entlegenen Tälern Schottlands dienten die Burgen dazu, die Bevölkerung zu terrorisieren. Nicht so in England, wo sie dem König unterstünden und also dem Schutz der bedürftigen Menschen dienten.[56] Die Crux war allerdings die Gegenwart, die das Pastoral grundlegend bedrohte. Die einen trauerten einer zeitlosen Vormoderne nach, andere sahen eher eine Pflicht zur aktiven Bewahrung der gegenwärtigen *countryside*.[57]

Die *countryside* blieb der Maßstab. Selbst George Orwell, der in »Road to Wigan Pier« eine Rehabilitierung Nordenglands versuchte, hatte Industrie und Natur gegeneinander ausgespielt. Auch in den ärgsten Industrieregionen, so Orwell, lichtete sich der Rauch, wenn er mit dem Zug eine Stadt verließ, er fuhr wie in einen Park hinein, und auf den Bergen lag weißer Schnee, aus dem nur die Kronen der Einfriedungsmauern herausragten, wie dunkle Paspeln auf einem weißen Kleid. Die Landschaft war unzerstörbar![58] Bis heute wird eine Rede des damaligen Premierministers Stanley Baldwin zitiert, der 1924 die *soundscape* der Dorfschmiede, der Sense schleifenden Bauern und des Wachtelkönigs beschworen und knackig verkündet hatte: »To me, England is the country, and the country is England«.[59] Und ein Pamphlet hatte zuvor behauptet: »England is urbanised in heart, mind and deed, [...] and to undo this is really revolutionary«.[60]

Clifford O'Neill hat diese Nostalgisierung des Landes als *ossification* bezeichnet,[61] in Anspielung an die »Poems of Ossian«, die Gesänge eines angeblichen gälischen Barden aus dem 3. Jahrhundert. Der schottische Hauslehrer James Macpherson hatte sie um 1760 erfunden. Das flog seinerzeit rasch auf, trotzdem wurden sie ein internationaler Erfolg. Die Gesänge romantisierten eine heldenhafte keltische Vorzeit, galten bald als einstmals verschollenes schottisches Nationalepos und beschäftigten eine Generation hochkarätiger Dichter und Komponisten. Der Begriff der *ossification* bezeichnet einen entlarvten Mythos, der trotzdem weiterhin bahnbrechende Wirkung hat. Auch die Landschaft wird ossifiziert. 1982 beispielsweise ist eine historischen Studie über den pastoralen Impuls, die Sehnsucht nach dem Land zwischen 1880 und 1914 erschienen, die am Ende der Darstellung unversehens in eine Seinsaussage über den englischen Charakter kippt. Die Autorin Jan Marsh konstatiert nämlich, dass dieser Traum nach wie vor stark, weil tief im Bewusstsein der Engländer verankert sei, ein »collective pastoralism«: »Given a free choice, we would all live in the country: English people belong in villages and while we stay in towns we may expect to be dissatisfied and unhappy.«[62] Arthur Bryant hatte schon 1924 behauptet, dass die Engländer unterbewusst nach wie vor *countryfolk* seien,[63] und Andrew Motion bestätigte 2016: »We all came from the land, and we all have an instinctive desire to go back there.«[64] Bis heute dieselbe Tendenz: Gesellschaftliche Umbrüche evozieren die Imagination eines idealisierten England, um ihnen etwas Zeitloses entgegenzusetzen. Ronald Blythe hat das in seinem Klassiker der Dorfliteratur, »Akenfield«, eine fast religiöse Überhöhung des Landlebens genannt, die einhergehe mit einem Gefühl der Schuld, weil man nicht »on a village pattern« lebe.[65]

Die einflussreiche, 1897 gegründete Zeitschrift »Country Life« war erst Mitte der 1960er Jahre bereit, die moderne Gesellschaft zu akzeptieren. Zuvor hatte sie geschickt das Bild einer zeitlosen, aber bedrohten *countryside* komponiert, in der der Stellmacher sein traditionsreiches Handwerk ausübte, der Bauer hinter dem hölzernen Pferdepflug einherschritt und der Grundherr mit dem Tilbury auf ungepflasterten Wegen das saubere Dorf durchtrabte. Mehr noch: Lange huldigte die Zeitschrift Lebensstil und Kultur einer massiv an Bedeutung verlierenden Klasse, nämlich der aristokratischen *gentry*. Woche für Woche präsentierte sie ein Pantheon von Bildern, die eine wirkmächtige, verführerische Vorstellung der nationalen Identität hervorriefen: »portraits of members of old families, ancient manor houses and gardens, views of an unspoiled landscape depicted through the seasons, ordinary countrymen at their toil and the gentry engaging in country pursuits.«[66] Solche Bilder, teilt uns der Agrarhistoriker Jeremy Burchardt mit, dienten dazu, Armut, soziale Konflikte und Unzufriedenheit mit den Lebensbedingungen auszublenden.[67]

Paradoxerweise überhöhte seit dem Ersten Weltkrieg auch die Labour-Partei das Land. Zwar galten Sozialisten die Feudalstruktur und politisch unbedarfte Landarbeiter (denen man angeblich bis zum Zweiten Weltkrieg erklären musste, dass Wahlen geheim stattfinden) als Sinnbild des Rückschritts, andererseits feierten sie »Merrie England« als vergangenes Pastoral, als zeitlose, sozialharmonische Dorfgemeinschaft, als »schlafende Nation«, die wiedererweckt werden könne und müsse. Im ländlichen Radikalismus der Frühen Neuzeit wurzele die Arbeiterbewegung. Über diese Idealisierung gerieten ihnen allerdings oft die konkreten Lebensbedingungen der Landarbeiter aus dem Blick. *Die* dagegen thematisierten, dass sie Schönheit der *countryside* nur schwer genießen könnten, denn »it was difficult to take delight in picturesque clouds when each shower of rain only served to expose the inadequacy of one's footwear.«[68]

Diese Imaginationen unterscheiden die *countryside*-Literatur, die ich in den Blick nehme, vom *New Nature Writing* seit den späten 1990er Jahren, etwa von Robert Macfarlane, Richard Mabey oder Helen Macdonald. Im *Nature Writing* versuchen die Verfasser sich der Natur anzunähern, sie genau beobachten und beschreiben zu lernen. Es geht um das Verhältnis des Menschen zur Natur, das oft in persönlich gehaltenen, reflektierenden Texten ausgelotet wird, die naturwissenschaftliche Kenntnisse, fiktionale Elemente und belletristischen Stil kombinieren. Weder die spirituelle Seite der Natur noch deren Überformung durch Kultur werden ausgeblendet. Das *New Nature Writing* hat sich, und das begründet die Differenz zu meinem Thema, von einer Nationalisierung der Natur und einem latent nostalgischen Eskapismus emanzipiert. »Britische New Nature Writing-Autor*innen [...] nehmen Stimmen ethnischer Minderheiten auf, reflektieren die globale Klimakrise und erkunden neue Repräsentationen von ›Wildnis‹ – auch in urbanen Orten und postindustriellen Brachlandschaften«.[69] Durch sie gewinnt das Lokale an Bedeutung, als Orte eigenen Rechts, die nicht auf eine vermeintliche »Englishness« bezogen, sondern in einer komplexen ökologischen, (lokal-)politischen und globalen Umwelt situiert sind.[70] Wenn die *Überhöhung der Landschaft* eine Antwort auf die Krisen der Industrialisierung und der Zwischenkriegszeit gewesen ist, dient die *Reflexion über Natur* heute der Selbstverortung des Menschen im Ökosystem der Erde. Diese Antwort auf die Krisen der Industrialisierung und der Nachkriegszeit muss sich nicht mehr auf idealisierte »englische« Landschaften berufen, sondern sie erfordert eine aktive Auseinandersetzung mit dem gegebenen Lebensraum.

»God made the Country...«: Dorf und Stadt

Anders als in Dalarna oder am Rhein wurde das Verhältnis zwischen Landschaft und Moderne deutlich weniger ambivalent beschrieben.[71] Industrielle Moderne und technischer Fortschritt wurden im Wesentlichen als Totengräber der *countryside* begriffen. Freilich konnten diejenigen Autoren, die in Reihen wie »About Britain« über die industrialisierten Regionen des »Black Country« schrieben, eingestehen, dass man nicht einfach Teile des Landes ignorieren durfte, nur weil sie von dämonischer Hässlichkeit seien. So schrieb William Hoskins über die Midlands, dass dort England zu einer machtvollen Industrienation gemacht worden sei, und hier noch immer die Werkstatt Großbritanniens liege. Allerdings durfte er erleichtert feststellen, dass sich die Industrie auf das Black Country konzentrierte und die Midlands zum größten Teil grünes Land waren, »still in fact pure country [...]: essentially English countryside, the very heart of it all«.[72] Ähnlich hatte der »Shell Guide« zu Northumberland und Durham die beschämende Hässlichkeit und den sozialen Zerfall der Industrieorte nicht ausblenden wollen. Da freilich viele Reisende in genau solchen Städten lebten, sei eine Auswahl getroffen worden, um die Balance mit den schöneren, pastoralen Landesteilen zu wahren.[73] Mit der halbnahen Aufnahme zweier Arbeiter vor einer Ziegelmauer und einem Landschaftsbild in der Totalen setzte der Führer bewusst »Two sorts of North Country Scenery« auf einer Doppelseite gegeneinander,[74] das graue, unvermeidbare und das grüne, erstrebenswerte England.

Der Historiker Paul Readman behauptete zwar, dass die Großstädte von Publizisten *nicht* zugunsten des Landes abgewertet und als weniger »national«, weniger »englisch« diffamiert worden seien. Vielmehr seien sie als Teil einer patriotischen Landschaft imaginiert worden.[75] Doch man muss nicht lange suchen, um für die Zeit vor 1914 und erst recht nach 1918 zahlreiche Texte zu finden, die die *countryside*, die *villages* und die *cottages* eindeutig gegen die Städte ausspielten, teils explizit der berühmten Zeile William Cowpers von 1785 folgend: »God made the country, and man made the town.« Ein Urteil über die Stadt: mobil, bindungslos, kompetitiv. »No jostling, no shouting; all orderly and grim. [...] [T]he road full of machines going exactly the same pace; the footway full of machines in round black hats and exactly the same black coats, never bumping, never interfering, moving silently in the dull roar.«[76] Dagegen das Dorf beispielsweise in Peter Ditchfields »The Charm of the English Village«: Kein anderes Land besitze annähernd so pittoreske und bezaubernde Dörfer wie England – eine von Sidney Jones mit leichten Federzeichnungen illustrierte Hymne,[77] auf die wir gegen Ende des 20. Jahrhunderts erneut stoßen, diesmal mit opulenten Farbfotografien illustriert: Die englischen Dörfer seien in die Landschaft eingebettet, statt sich ihr aufzudrängen; sie seien Meisterwerke ungeplanten, nicht-standardisierten, nicht auf Nutzenmaximierung angelegten Bauens.[78] Ernest C. Pulbrook 1914: Der Marktplatz und der Anger sind die Referenzpunkte der Dörfer. Hier treffen sich Generation nach Generation, um bedächtig ihre Angelegenheiten zu regeln oder zu feiern.[79] Thomas Burke 1933: Das Dorf ist ein Organismus, die Bewohner kennen jeden Zentimeter in- und auswendig; sie *wohnen* nicht im Dorf, sondern sind fest in ihm *verwurzelt*, materiell vielleicht angespannt, aber geistig reich. »[T]he English village [...] is the practical poetry of home.«[80] William G. Hoskins 1949: Das Dorf verleiht dem Leben *Bedeutung*. »It was not all poverty and filth, disease and dirt. Materially most of these people [die Dorfbewohner] were poorly endowed, but they had a life rich in quality.«[81]

Abb. 62: Rowland Hilder, »The Garden of England« (Aquarell und Bleistift, 1945-50; mit freundlicher Genehmigung der Hilder-Familie, Großbritannien). Dazu schreibt Ian Jeffrey: »In such fluent, continuous spaces as these, artists suggested an alternative to the broken, fretful time of ordinary days. To be assimilated in such graceful vales and moorlands was to be at home in nature« (Jeffrey 1984: 46).

Vor allem die Landarbeiter, das kann man in Ronald Blythes »Akenfield« nachlesen, sahen das anders. In beiden Weltkriegen ergriffen sie die Gelegenheit zur Flucht ins Militär; einer fasste zusammen: »The village wasn't England. England was something better than the village«.[82] Die Bauern in Blythes Buch berichteten von Missgunst, primitiven Standards, Anspannung, Selbstmorden. In Publizistik und Kunst durchgesetzt hat sich jedoch das idealisierte Bild des zeitlosen, kontemplativen Dorflebens, ein Bild, das mit hart arbeitenden oder armen Menschen nichts anfangen konnte.[83]

In der Malerei soll William Blake mit den Holzschnitten »Pastorals of Virgil« (1821) dieses bukolische Bild vom klassischen Arkadien begründet und auf die englische Landschaft übertragen haben. Es zog sich in die modernistische Malerei seit den 1920er Jahren und zu den Neo-Romantikern der 1970er Jahre hindurch als Suche nach einem verlorenen England, das die Unschuld der Kindheit verkörpert – die pastorale Imagination einer Landschaft, die nicht von der Moderne angefressen ist, die Überhöhung des Dorfes als verlorenes Paradies, England als »God's green acre« (Abb. 62).[84] Auf die Spitze getrieben wurde das Sujet durch Miles Foster Bickets oder Helen Allinghams liebliche Aquarelle von sommerhellen Katen, in deren Türen oder am Gartentor meist eine Mutter mit Kind steht.[85] Auch über die illustrierten Kinderbücher von Beatrix Potter sollen Generationen von Engländern gelernt haben, dass das wahre englische Heim ein *cottage* ist.[86] Oder John Constable. Dessen England war keines der dramatischen Szenen, sondern voller Ruhe. Auf seinen Bildern braust und tost nichts, wenn man von Küstenszenen aus Brigthon absieht. Bauwerke verschmelzen mit der Natur. Die arbeitenden Menschen sind in entspannter Haltung zu sehen, die körperliche Tätigkeit ist ihnen nicht anzumerken. Zahlreiche andere Maler zeigten ebenfalls bevorzugt ruhende oder entspannt schaffende Landarbeiter, nicht körperliche Anstrengung.[87] Der Grund war allerdings nicht bloße Realitätsflucht, sondern der Anspruch der Kunst, Gutes zu bewirken. Landschaftsbilder präsentierten moralische Landschaften. Die literarisch besungene moderate, undramatische *englische* Landschaft fand ihren Ausdruck in einer Kunst, die die lokalen Besonderheiten und das Alltägliche darstellte, die die *englishness* ausmachten. In den Dörfern fand man das Volk als Quelle »of the simple virtues that an increasingly urbanized society and its elites felt they had lost and yearned to repossess«.[88]

Henry Morton verkündete, dass England, vom Dorf ausgehend, zur größten Weltmacht seit Rom geworden sei,[89] Christopher Hussey, dass die Dörfer Kinderstube des Commonwealth seien, »where Nature is the nurse, teaching men the song of the plough and the mystery of seasons.« Den Titel »Merry England« verdanke das Land den Dörfern, die Städte hätten es zu »Wealthy England« gemacht, ein Wohlstand, der das Land ersticken würde, hätte es nicht seine Dörfer.[90] So trugen zahlreiche Autoren und Maler einen Katalog archetypischer Versatzstücke zusammen, um die vermeintlich klassenübergreifend englischen Werte im dörflichen ersten England gegen die angebliche Kunstwelt des vermassten dritten England zu stärken. In diesem Sinne, schrieb noch unlängst ein Autor, sei das Herz der Nation in den alltäglichen, unglamourösen Institutionen der einfachen Leute zu finden, in den Dorfkneipen, nicht aber auf den Cricketfeldern oder den Sportplätzen Etons.[91] Die moderne Gesellschaft ist wie das Buch Genesis, »recording our time in Eden and our fall from grace.«[92] Oder, in den Worten Alfred Tennysons: »The city streets are corrupt, the manor hall is corrupt, but not the cottage.«[93]

Natürlich habe das Dorf seine Schattenseiten, gab beispielsweise William Hoskins zu, und er verwies auf Claybrook, das eine der schönsten Kirchen der Midlands errichtet habe, das sich seines exzellenten Käses rühmte, der sich selbst in London verkaufte (aber erst, wenn die Dörfler sich an ihm gesättigt hatten, »no modern nonsense about sending it all away while the villagers ate frozen and preserved stuff from another continent«). Es sei einst das Heim selbstbewusster Bauern gewesen – und dieses Dorf hatte nun einen Schönheitssalon für Hunde![94] Für Hoskins war das ein Detail, das zeigte, wie die Moderne die »old qualitative civilisation« bedrohte.[95] Politisch höchst differente Autoren und Autorinnen machten diese Gefahr aus, George Orwell, Evelyn Waugh oder Graham Greene, und ihre Skepsis gegenüber der Modernisierung des Landes fusionierte später auf eigentümliche Weise mit dem Kampf gegen den Faschismus: Stadt, Faschismus und Industrie bedrohten das »eigentliche« England.[96]

Die Großstädte kamen zumeist sehr schlecht weg. William Hoskins bezeichnete 1949 seinen knapp fünfjährigen Aufenthalt in London als »imprisonment, for such it must always be to any countryman«. In der tödlichen Langeweile und Sinnlosigkeit des Großstadtlebens hielt er sich nur bei Verstand, indem er erneut die Midlands durchstreifte.[97] Der Städter, so Mary Butts 1932, sei gebildet und gesund, kein Barbar, er zerstöre nicht. Aber er habe etwas Künstliches: »This man is an assemblage of correct parts, of good details, with something weak about the mainspring or the ignition.«[98] Wohin er gehe, bringe er den Geist der Stadt mit sich. Sie beschreibt städtische Jugendliche ohne Eigenschaften, die in den Bergen wandern. Sie lärmen nicht, sind weder faul noch unermüdlich, weder freudig noch unzufrieden. »They were there. [...] They drifted past [...]. They seemed to take no notice.«[99] Auch die Nationalparks waren als Gegenpol zu den Städten angelegt worden. Hier sollte das friedliche, zweckvolle, traditionelle Landleben erhalten bleiben, unberührt von städtischen Einflüssen.[100] Diese Haltung finden wir noch 1998, als die »Countryside Commission« in acht Heften 159 »character areas« der englischen Landschaft bestimmte und in Kontrast zu den Städten setzte.[101]

Die kleinen Landstädte allerdings wurden im 20. Jahrhundert regelrecht an die Dörfer herangeschrieben[102] und auch herangemalt, in pastoraler Manier mit krummen Straßen, Holzhäusern, schiefen Dachlinien etc.[103] Sie seien wie vor Jahrhunderten das Rückgrat Englands. Vom industriellen Fortschritt umgangen, aber ökonomisch prosperierend, hätten sich kaum verändert, das Leben fließe gemächlich dahin. Jede Landstadt habe ihre Individualität. »Each was a little self-supporting community, relying on its own efforts«,[104] ein in der Vergangenheit verwurzelter Mikrokosmos, in dem alles balanciert ineinandergreife, kompakt, lebendig und konstant, überschaubar klein mit 1.500 bis 3.000 Einwohnern. Der Himmel ist blau, nicht verraucht, in den Straßen hört man die Geräusche des Landes. Ich zitiere exemplarisch eine der Elogen: »A Tudor doorway opens on a cool stone-flagged passage; a narrow alley gives a glimpse of a little courtyard, with a pump in the centre, surrounded by thatched cottages; to the runnel beside one of the streets the inhabitants come with their pails; old signs swing in front of inns; behind the rounded bay windows of the smaller shops may be seen a queer assortment of merchandise, clotted cream and crabs, string and strawberries. [...] A bull ring tells of the pastimes of a ruder age, and an arcaded market hall or a piazza of the days when the merchants would walk up and down chaffering. Down the street come rumbling market wagons piled high with sweet-scented hay, and occasionally a farmer comes trotting in upon his cob. People do not pass one another without a word, but like old friends stop to hear the latest gossip, and when the evening comes and shops are shut they promenade up and down the street until supper.«[105]

Nun haben diese kleinen Städte, lesen wir, mit der Moderne ihre Bedeutung verloren. Sie würden durch nichtssagende Häuser verschandelt, die Politik des *enclosure* habe den Landbesitz auf wenige Familien konzentriert, so dass die Verbindung zur *countryside* abgerissen sei, die Eisenbahnen hätten sie aus ihrer Isolation gerissen, so dass sie nun Schwärmen von Ausflüglern und der materiellen Kultur der Städte ausgesetzt seien.[106] Dass die Marktstädte der Midlands bereits früh durch Postkutschlinien mit den großen Städten und London verbunden waren, vermerkt beispielsweise William Hoskins, ohne auf diesen Widerspruch einzugehen.[107] Auf den Abbildungen dieser Bücher – zumeist Schwarzweiß-Fotografien – sieht man pittoreske, altehrwürdige Häuser und friedliche, zumeist kaum belebte Straßen, moderne Architektur höchstens in einem Bildwinkel versteckt,[108] kaum Industrie, selten Hafenanlagen. Die Abbildungen sind eine visuelle Fortschreibung der hymnischen Narrative, die Marktstädte erscheinen wie die Dörfer, bloß ein oder zwei Stockwerke höher. Für Clive Rouse waren 1936 die »Old Towns of England« Teil der englischen *Evolution*, weil sie sich dynamisch immer der Zeit angepasst hätten. Diese Anpassung müsse freilich kontrolliert werden, um das Erbe zu bewahren.[109] Dieses Erbe aber war die Vision eines Landes, das auf überschaubaren, sozial integrierten Gemeinschaften in Dörfern und Kleinstädten baute, in denen die Menschen einander kannten und zugleich ihre Wur-

THE VILLAGE SHOP

''Come buy of me, come ; come buy, come buy ;
Buy, lads, or else your lasses cry ;
Come buy.''

Abb. 63: Der Dorfladen als verlängerter Arm urbaner Verführungskünste, 1924. Heute wäre er Sinnbild einer den Zumutungen des Kapitalismus sich entziehenden Wirtschaftsweise...
(Hussey 1924: nach 64).

zeln in der *countryside* nicht verloren hatten. Dorf und Landstadt müssten immer aufs Neue ihre Aufgabe wahrnehmen, der sich beschleunigenden Moderne den Spiegel ihrer Herkunft bremsend vorzuhalten, um weiterhin Zukunft und Größe Englands zu retten, hieß es. Trotzdem saß die Angst vor der Gegenwart tief. Auf einer Fotografie sieht man das Schaufenster eines Dorfladens, das zwei Mädchen, wie in der Großstadt, zu verführen scheint: Kauf, kauf, kauf, lautet der kulturkritische Bildtext (Abb. 63). Und immer wieder die Sorge, dass es einst keine Dörfer mehr geben werde, nur noch Umgehungsstraßen und konfektionierte Vorortsiedlungen (wozu sogar Gartenstädte gezählt wurden).[110] Die Schauspielerin und Komikerin Miranda Hart drückte es noch vor kurzem unverblümt so aus: »You know you are a very proud country bumpkin when returning to a city makes you feel permanently hot and cross – I often thought it was an early menopause before I realised it was simply concrete, people and traffic!«[111] Jeremy Burchardt meinte, dass der Gegensatz von Land und Stadt bei Vergil sowie von Gemeinschaft und Gesellschaft bei Tönnies zwei der einflussreichsten Konzepte gewesen seien, die Vision einer zeitlosen englischen *countryside* zu stabilisieren.[112] Nur gelegentlich wurde gefordert, dass Stadt als Hirn und Land als Seele zusammenwirken müssten.[113]

»Iconic core area« I: Der Lake District

Schauen wir uns zwei Landschaften genauer an, den Lake District und das Black Country. Als ikonische Landschaften fungieren beide nach wie vor als Maßstab für *englishness*. Der Lake District ist eine der wichtigsten Landschaften Englands mit einer komplexen kulturellen Bedeutung und einer eindrücklichen visuellen Kraft. Der Raum bietet, so hat es Paul Readman zusammengefasst, abgelegene Täler, grüne Wälder, schroffe Berge, dramatische Wasserfälle, beeindruckende Seen. Es ist eine historische Landschaft, die England an die antike und mittelalterliche Geschichte zurückbindet, besonders an die der Wikinger, die als Vorfahren der berühmten englischen Seefahrer und der unabhängigen, zähen Bauern stilisiert wurden.[114] Der Lake District ist zudem eine bürgerliche Landschaft, weil hier große englische Dichterfürsten residierten, die »Lake Poets«; als nationales Erbe ist er Medium, um Landschaftsschutz, Tourismus und Klassenfragen zu verhandeln, und er wurde als Rückzugsort von der Moderne gehandelt. Als Landschaft von nationalem Rang wurde er 1951 zum Nationalpark erhoben und 2017 als Kulturlandschaft zum UNESCO-Welterbe ernannt.

Ich beginne auch hier mit einer knappen Wahrnehmungsgeschichte. Wie so viele andere Landschaften wurde die Region bereits im 18. Jahrhundert bereist und beschrieben, zumeist allerdings im Narrativ des Nichtextremen. Für Autoren wie William Wilberforce, James Plumptre, Thomas West oder Joseph Budworth war die Landschaft schön, auch imponierend, aber wir finden in ihren Texten kaum exaltierte Formulierungen, gerade einmal den wohligen Schauer des Sublimen: »beauty lying in the lap of horror«,[115] nämlich überhängende Felsen und Katarakte, einer sogar (so hoch musste der Vergleich denn doch greifen) tiefer stürzend als die Niagara-Fälle. Auch der landschaftlich raue Lake District wurde als Pastoral empfunden und mit der unterkühlten Gelassenheit eines Gentlemans bereist, als würde dieser durch eine südenglische Flur schreiten.[116] Damit war es Mitte des 19. Jahrhunderts vorbei. Harriet Martineaus »Complete Guide to the English Lakes« (1855) wechselte die Perspektive vom Gentleman, der das Sublime suchte, zum eisenbahnreisenden Touristen, der funktionale Führer benötigte.[117] Ihr Buch ist nüchtern geschrieben, und die Abbildungen zeigen zumeist schematisch einen See, der von Bergen und Wäldern umgeben ist. Ein Wasserfall, der tosend aussehen soll, ist oben und unten von Besucherbrücken gerahmt, also touristisch gezähmt. Im selben Jahr war John Phillipps' »Excursions in Yorkshire by the North Eastern Railway« sogar in die dritte Auflage gegangen, eine effiziente und knappe Beschreibung der Sehenswürdigkeiten und nur an wenigen Stellen lyrisch. Genauso lakonisch brachte er das moderne Reisen auf den Punkt: »A railway tour is life in a hurry. No sooner have we possessed ourselves of a coveted scene than the whistle sounds, and we are spirited away.«[118] Bald bewegte man sich wie selbstverständlich mit dem Zug voran.[119] 1891 erklärte Mountford Baddeley den Lake District zum Erholungsraum für Großbritannien. Er weise keine Altertümer auf, sei wenig attraktiv für Sportler, habe keine Wintergärten, Pavillons und Promenaden zu bieten, und »no ›Hanoverian‹ or ›Italian‹ band; and yet it holds its place in public favour as the finest recreation ground in England. It is simply ›a thing of beauty‹ and if allowed to remain so, will be ›a joy for ever.‹«[120]

Obwohl die visuellen Qualitäten des Lake District in den Texten immer wieder beschworen wurden, hatte er die Maler (und Komponisten) weniger interessiert als andere Regionen. Die Lakelands waren in der Kunst besonders in den 1780er und 90er Jahren populär; zeitweise zeigten 11 % aller Landschaftsgemälde Motive dieser Gegend. Danach fiel das Interesse deutlich ab, zog in den 1850er Jahren noch einmal an, um zu Beginn des 20. Jahrhunderts erneut zu fallen, auf etwa 3 %.[121] Es gibt natürlich zahllose Federzeichnungen, Aquarelle, Stiche und Gemälde, die zur Popularisierung der Region beitrugen.[122] Es gibt jedoch keinen »Hay Wain« für die Lakes. Dort waren es letztlich die Schriftsteller, denen die Region ihre Berühmtheit verdankt: William Wordsworth und seine Frau Dorothy, Samuel Coleridge, Robert Southey, Thomas De Quincy, Beatrix Potter, Harriet Martineau, Hugh Walpole, John Ruskin, Elizabeth Gaskell und zahlreiche andere. Sie errichteten sich ihre Dichterhäuser überall in den Lakelands, die rasch zu zentralen Orten der Erinnerungskultur aufstiegen und seit Ende des 19. Jahrhunderts in Museen umgewidmet wurden. Die Landschaft wurde mit einer zweiten, biografisch konnotierten Bedeutungsschicht überzogen, so dass die großen englischen Dichter und eine nationale Landschaft in einem wechselseitigen Verhältnis zueinander standen. Dank ihrer Reputation popularisierten sie den Raum als englische Nationallandschaft, durch die Landschaft bestätigten sie ihren Ruhm als englische Nationaldichter.[123] Keine andere Landschaft Englands sei derart durch das »›concept of the literary landscape‹« geprägt worden.[124] Neben den Literaten bezogen allerdings auch Angehörige der Oberschicht ihre Sommerhäuser, veranstalteten Regatten und Bälle, förderten die *Arts and Crafts*-Bewegung und trugen zur nationalen Popularisierung des Lake District bei.[125]

Der einflussreichste Dichter war zweifellos Wordsworth.[126] »Wordsworth equals Lake District equals England.«[127] Er soll diese Region auf der nationalen *mental map* verzeichnet haben. Sein erstes Wohnhaus in den Lakes, Dove Cottage, wurde 1890 rückblickend als Treffpunkt der geistigen Elite Englands gefeiert. Dort hätten sich zu Lebzeiten Coleridge, Hartley, Southey, De Quincy, Clarkson, Lloyd, Calvert, Beaumont, Scott, Davy und andere die Klinke in die Hand gegeben bei einem Ehepaar, das ein schlichtes, harmonisches Leben geführt und sich in stiller Pflichterfüllung geübt habe, ohne Dienstpersonal und stets lebensfroh.[128] Wordsworth machte den Lake District zum Pendant des »Constable Country«, zum »Wordsworthshire«.[129] 1841 ermunterte »Black's

Picturesque Guide to the English Lakes« seine Leser, die Landschaft zu besuchen und wie in Wordsworths Gedichten zu sehen.[130] Neben seinen berühmten Gedichten, in denen er die Landschaft beschrieb – etwa den »Duddon Sonnets«, die einen Fluss von seinem Ursprung bis zur Mündung in die See verfolgten, als Modell »of unspoiled pastoralism which had remained resistant to potentially destructive socio-economic pressures«[131] –, war es vor allem sein Reiseführer »A Guide Through the Districts of the Lakes« gewesen, der nachhaltigen Erfolg gehabt hatte. Er erschien erstmals 1810 anonym als Vorwort zu einem Buch mit Stahlstichen. Wordsworth überarbeitete den Text dann mehrfach, bis 1835 in fünfter Auflage eine erweiterte, endgültige Fassung erschien, die zu seinem meistgelesenen Buch in der ersten Hälfte des 19. Jahrhunderts avancierte.[132]

Was war so aufregend daran? Die oben erwähnten Reiseberichte des 18. Jahrhunderts hatten, William Gilpin folgend, die Landschaft des Lake Districts als Kette von Stationen vorgestellt, an denen sich jeweils neue Ausblicke auftaten, die man mit den jeweiligen Verfassern abschreiten sollte. Gilpin selbst hatte den Lake District beschrieben, als spazierte er durch ein völlig beliebiges Landschaftsgemälde. Sein Text hatte nichts mit dem konkreten Raum zu tun, diese »Lakes« illustrierten bloß seine Theorie. Durch die Nennung einzelner Namen versuchte er zwar eine Beziehung zur Region herzustellen, doch selbst die Abbildungen gaben eine nicht genauer spezifizierbare Landschaft zu sehen.[133]

Wordsworth nahm im ersten Teil des Führers die Leser ebenfalls in dieser Tradition bei der Hand, um sie ein genaues Sehen zu lehren. Sie sollten die Landschaft *als Bild* wahrnehmen. Er beschrieb den Einfluss des Lichts, der Brechungen, Reflexionen und des Regens auf die Wahrnehmung, und evozierte die Landschaft als ästhetisches Gesamtbild harmonierender Einzelelemente.[134] Im zweiten Teil allerdings wechselte er, und das war neu, die Perspektive auf den Lake District als eine von Menschen bewohnte Umwelt, die ihr Leben seit jeher organisch in die Natur eingebettet hätten.[135] In dieser vormodernen, bodenständigen Gesellschaft meinte er eine »perfect republic of Shepherds and Agriculturists« gefunden zu haben, »whose constitution had been imposed and regulated by the mountains which protected it. Neither high-born noblemen, knight, nor esquire, was here; but many of these humble sons of the hills had a consciousness that the land, which they walked over and tilled, had for more than five hundred years been possessed by men of their name and blood.«[136] Gleichheit, Gemeinschaft, Naturverbundenheit machten den Lake District zu einem konkreten Modell für die Gesellschaft, anders als Gilpins abstrakte Vorstellungen.

Dann allerdings kam die Moderne mit ihren Umwälzungen, und deshalb waren im dritten Teil Regeln der bewussten Landschaftsgestaltung gefragt, um Zerstörungen zu vermeiden. Der Führer wechselte auf die Seite der Heimatschutzliteratur. Auch das war neu und thematisierte die Probleme, mit denen Landschaftsschützer fortan zu kämpfen hatten. Die Hausfarbe beispielsweise, so Wordsworth, sollte die Tönung des Bodens aufnehmen. Leuchtendrote Häuser auf eisenhaltiger, tiefroter Erde lehnte er jedoch ab. Weiß sei die beste Farbe für die Häuser, weil sie trostlose Landschaften aufhelle – sie könne aber auch majestätische Geländeeindrücke und Tiefenwirkungen zerstören.[137] Am Ende beklagte er das, was wir heute Gentrifizierung nennen, den Ausverkauf des Landes an reiche Zuzügler, und er rief »persons of pure taste throughout the whole island« auf, den Lake District zum nationalen Eigentum zu machen, zugänglich für jedermann, »who has an eye to perceive and a heart to enjoy.«[138] »Jedermann«, das war für Wordsworth eine bestimmte Sozialschicht, die er gleich auf der ersten Seite seines Führers adressierte: »Persons of taste, and feeling for Landscape«.[139]

Deshalb opponierte er 1845 mit zwei Leserbriefen an den Herausgeber der Morning Post heftig: Der Bau einer Eisenbahnlinie von Oxenholme über Kendal nach Windermere wurde geplant. Dem Dichter ging es gar nicht einmal darum, dass der Bahnbau die Landschaft beeinträchtige. Nein, er fürchtete ihre Transportkapazitäten, und *wem* diese damit den Lake Windermere zugänglich machen würden. Geschmack, so argumentierte er, sei weder angeboren, noch könne er aus Lehrbüchern in kurzer Zeit erlernt werden. Man könne ihn nur sehr allmählich und in einem entsprechenden gesellschaftlichen Umfeld entwickeln. Nun Tausende an den Windermere zu karren, helfe gar nicht, im Gegenteil. Von den seltenen Besuchen profitierten die »uneducated classes« in Geschmacksfragen überhaupt nicht (zu ihnen zählte er auch erfolgreiche Geschäftsmänner ohne Sinn für Ästhetik und Natur). Sie sollten sich besser nach dem beschwerlichen Arbeitstag mit ihren Familien in der ihnen nahegelegenen Natur ergehen. Und wer sich tatsächlich die Reise nach Kendal leisten könne, der werde gewiss ohne zu murren die letzten zwei Stunden zum See zu Fuß zurücklegen. Die Investoren würden hinter utilitaristischen Argumenten ohnehin nur ihre Profitgier tarnen. Sie wollten bloß Pferde- und Bootsrennen anbieten, Kneipen und Bierstuben eröffnen, und *das* bedeute eine wahre Verachtung der Arbeiter: sie wie Kinder mit Blendwerk zu verführen.[140] 1847 war die Bahnlinie eingeweiht.

1876 schlugen der Geschichtslehrer Robert Somervell und der Kritiker, Künstler und Gelehrte John Ruskin in dieselbe Kerbe, als die Bahnlinie von Windermere nach Keswick durch den Lake District gezogen werden sollte.[141] Ruskin formulierte Wordsworths Bedenken deutlich unsensibler: »But the stupid herds of modern tourists let themselves be emptied, like coals from a sack, at Windermere and Keswick. Having got there, what the new railway has to do is to shovel those who have come to Keswick, to Windermere – and to shovel those who have come to Windermere, to Keswick. And what then?«[142] Somervell verteidigte den Lake District als nationales Kleinod, das noch weitgehend unzerstört sei. Käme die Bahn, käme die Profitgier: »If a man has a railway at his door there is no force [...] strong enough to prevent him from opening a mine in his field.«[143] Der »Daily News« dagegen war der Wohlstand der Region wichtiger als ein paar erschreckte Vögel und ruhebedürftige Dichter. Als würden wir über die Gegenwart lesen, in der es ebenfalls immer wieder um den vermeintlich notwendigen und unaufhaltsamen »Fortschritt« geht, den die Verteidiger ästhetischer Werte angeblich rückwärtsgewandt zu blockieren versuchten. Allerdings verband Somervell sein ökologisches Bewusstsein ebenfalls ganz offen mit einem soliden Klassenstandpunkt. Eine ursprüngliche Kulturlandschaft sollte *Jedermann* erbauen, aber Jedermann war definitiv nicht jede Person.

Die zweite Bahnlinie wurde verhindert. Das war ein Erfolg der Landschaftsschützer. Paradoxerweise sollte das später den Individualverkehr im Lake District begünstigen. Die Züge zu den Stationen am Rande der Region waren langsam und die Bahngesellschaften setzten keine Ausflugszüge ein, weil sie auf den »Premium-Tourismus« (*high-class tourist trade*) bauten.[144] Im 20. Jahrhundert waren die Bahnlinien heruntergewirtschaftet, und die Autos stauten sich auf den engen Straßen des Lake District. Das war das zweite Paradox jedweden Tourismus': Die Lakelands lebten von ihren visuellen Qualitäten, die immer mehr Ausflügler anzogen, je mehr im 20. Jahrhundert die Gehälter stiegen, die Arbeitszeit schrumpfte und die Preise sanken. Für sie musste der Raum erschlossen werden (denn man konnte ihn bereits in der Zwischenkriegszeit nicht mehr elitär verschließen); der Straßen- und Hotelbau und die Touristenmassen bedrohten jedoch die Ruhe und Bildhaftigkeit einer Landschaft, die gerade als Flucht-

raum vor der Moderne bewahrt werden sollte – und dennoch entwickelt werden musste.[145] Diese Aporie war schon im frühen 19. Jahrhundert angelegt. Offenbar gab es 1819
Pläne, ein regelrechtes Feriendorf nahe Keswick zu errichten. Geschmackvolle Bunga-
lows, rund, elliptisch, länglich oder oktogonal, sollten im Wald platziert werden; ver-
spielte Wege, durch Geländer gesichert, künstliche Wasserfälle und hübsche Bänke
aus Stein und Holz das Gelände erschließen.[146]

Daraus scheint nie etwas geworden zu sein. Seitdem aber wurde immer wieder der
Zwiespalt thematisiert, dass der Tourismus die Gegend bereicherte und zerstörte. So
vermerkte eine Autorin 1929 beispielsweise, dass verfallene Bauernhäuser zunächst
restauriert worden waren, doch bald hätten billige Ziegel, witterungsunbeständige
Fenster (aus dem Ausland), buntes Glas und Kunstschmiedearbeiten die Ästhetik be-
einträchtigt. Die Straßen seien früher den Bedürfnissen der Einwohner angepasst
gewesen, nun würden sie verbreitert und die Autofahrer im Nu durch die Region hin-
durchschleusen, deren Schönheit vergeudend. Der Tourismus diente der lokalen Ökonomie und drohte zugleich seine eigene Grundlage zu zerstören, die Landschaft.[147] 1948
hatte dieselbe Autorin ihre Ansichten allerdings modifiziert. Es sei absurd, die Straßen
wie vor 100 Jahren zu belassen, der Verkehr müsse passieren können. Als neue Bedrohung machte sie eine »inverted urbanization« aus. Eine exzessive Verstädterung werde
mit einer exzessiven Ruralisierung begegnet, die die wirtschaftliche Entwicklung des
Lake Districts abschnüre, weil Landschaftspfleger, Städter und Urlauber einen »ursprünglichen« Lake District bewahren wollten. Einheimische müssten deshalb nun oft
auswärts Arbeit suchen, weil die Heimat nicht mehr genug Beschäftigung biete.[148]

Für den Lake District haben wir dasselbe Problem wie für den Rhein und Dalarna:
Die Tourismusstatistik ist höchst unsicher, die Literatur erlaubt nur die Annäherung
an Trends.[149] In den 1830er Jahren begannen selbst die abgelegenen Täler sich auf Touristen einzustellen. Vor dem Eisenbahnbau hatten nur wenige Tausend Menschen den
Lake District besucht. Die Zahl stieg Mitte der 1840er Jahre deutlich an, Ende des 19.
Jahrhunderts soll allein Ambleside 80-100.000 Besucher jährlich gehabt haben. 1871
gab es 148 Hotels, Gasthöfe und Pensionen in Ambleside, Keswick und Windermere,
1891 dann 255. 1932 verzeichneten die Jugendherbergen 12.000, 1938 knapp 73.000
Übernachtungen. 1994 sollen insgesamt knapp 14 Millionen Besucher die Region besucht haben. Die Eisenbahn nach Windermere transportierte 1847 120.000 Passagiere,
allein am Pfingstmontag 1883 kamen 10.000 Ausflügler; zu Beginn des 20. Jahrhunderts transportierten die Bahnen jährlich eine halbe Millionen Besucher in den Lake
District, 90 % von ihnen in der dritten Klasse. Der Vergleich rückt freilich die Proportionen zurecht: Windermere empfing 1930 insgesamt 39.000 Sonntagsausflügler,
Blackpool eine halbe Million. Trotz der verstopften Straßen, der Beschwerden über
Urlaubermassen, des Lärms der Motorboote auf dem Lake Windermere oder stören-
der Eisverkäufer auf der Uferpromenade: Für längere Aufenthalte war der Lake District bis ins 20. Jahrhundert hinein primär ein Ziel für besser gestellte Mittelklasse-
touristen, nicht für die Unterschichten. Die kamen vor allem als Tagesausflügler.[150]

Trotzdem stellten die Lakes für ganz England ein »iconic core area« dar.[151] Wie
am Rhein und in Dalarna wurde dieses ikonische Bild höchst unterschiedlich wahrgenommen. Norman Nicholson stellte 1955 bei einer Musterung von Reiseberichten
fest, was Wilhelm Heinrich Riehl 100 Jahre zuvor für den Rhein postuliert hatte: Seit
der Neuzeit sei es für gebildete Menschen unmöglich, den Lake District unvorein-
genommen zu sehen, »without having to compare the visual image with the mental

image, without having to compare what he really saw with what he had been led to expect.«[152] Nicholson las bei John Brown, dass dieser italienische Landschaftsbilder gesucht und gefunden hatte. William Gilpin wiederum sei nur an der visuellen Ästhetik interessiert gewesen; die Landschaftsbilder zogen an ihm vorbei wie ein Film, die Bewohner dienten ihm bloß als Staffage. Die Anhänger des Pittoresken hätten weder Bäume noch Wald gesehen, sondern eine Abfolge von Perspektiven, Vorder- und Hintergründe, Diagonalen und Korrespondenzen auf einer Leinwand: »an appalling distortion of perception«.[153] William Hutchinson und seine Zeitgenossen seien in die Berge gefahren, um sich ihrer eigenen Sinne zu vergewissern: »They sailed into the middle of the lake, fired off the guns of their own ego, and waited, patiently yet excitedly, to hear the echoes return to them. [...] They looked on mountain, lake, and sky to prove that their eyes were open; they kicked at a stone to feel their own feet.«[154] Und dann die Touristen. Schon um 1800 hätten sie das einfache Leben im Tal gepriesen, um über mangelnden Komfort in den Herbergen zu klagen; die Landschaft nähmen sie nur als Bild und Stimulus für das eigene Ego wahr. Allein Celia Finnes habe die Landschaft nicht dank vorgeformter Ideen beschrieben – weil sie nicht vorab gewusst, was sie über diese Landschaft zu denken habe. Nicholson zog schließlich das typisch moderne Fazit, nämlich dass die *landscape* entdeckt worden sei, als die tiefe Bindung der Menschen zur und das Gespür für die Interdependenz mit der Natur abgerissen war. Die höchst unterschiedlichen Weisen der Landschaftswahrnehmung seien ein Symptom der Entfremdung, wie das Schnappen eines Fisches nach Luft auf dem Lande. Allein, die Rückkehr zum »Natürlichen«, wie sie Wordsworth gepredigt habe, sei nicht mehr möglich. Man müsse, so Nicholson, stattdessen die Balance finden, Bauer *und* Bergarbeiter sein zu können, und dieses Equilibrium offenbare sich nur in einem realistischen Blick auf die Landschaft. Der Mensch werde so wieder Teil der Umwelt, die er gleichwohl gestalte – »in a continual reciprocity of challenge and response, giving and taking, shaping and being shaped.«[155]

Damit hatte Nicholson ein Motiv benannt, das, wie am Mittelrhein, eine wichtige Rolle spielte in der Bewerbung des Lake District um den UNESCO-Welterbe-Status. 1951 war die Region zum Nationalpark erklärt worden.[156] Der National Trust besaß hier so viel Land wie in keiner anderen Region und keinem anderen Nationalpark Englands, knapp 20 % (das Land der übrigen Nationalparks befindet sich überwiegend in Privatbesitz).[157] Das begünstigte eine kontrollierte Planung der Region durch öffentliche Instanzen, die die Lakelands zu einer »highly managed landscape« machten.[158] 1987 versuchte man eine erste Bewerbung um den Welterbe-Status in der Kategorie »Kulturlandschaft«. Diese Bewerbung scheiterte allerdings, weil sich die UNESCO im Unklaren war, wie man die Kriterien »Natur« und »menschliche Eingriffe« in Beziehung setzen und gewichten sollte. Einerseits wurde gefragt, »as to whether this was truly a ›natural‹ site [...] (i.e. nature not modified by man)«, andererseits kritisiert, dass die Planungsbehörden nicht die volle Kontrolle über land- und waldwirtschaftliche Aktivitäten hätten.[159] Die Entscheidung wurde später ein weiteres Mal vertagt.[160]

Erst 2017, mit einer zweiten Bewerbung, hatte man Erfolg. Diesmal war die Sache anders angegangen worden, indem drei Charakteristika des Lake District herausgehoben wurden, nämlich die pastorale Landschaft, die Künstler und die Landschaftsschutzbewegung. »Thema 1« war die außerordentlich schöne Landschaft, die durch die tausendjährige Kontinuität einer spezifisch agro-pastoralen Tradition entstanden sei. Die Landnutzung und Wirtschaftsformen seien an die Gegebenheiten

des Raumes angepasst worden. Ihn charakterisierten freie Bauern, die größte Ballung von Gemeinland in Großbritannien, vielleicht sogar Europa, und eine distink-
te, lebendige bäuerliche Kultur: »communal gathers, shepherd's meets, local dialect
and language and distinctive local sports.«[161] »Thema 2«: Ein Raum, der künstlerische
und literarische Bewegungen inspiriert und überhaupt global einflussreiche Vorstellungen idealer Landschaften hervorgebracht habe, die ihre physischen Spuren in der
realen Landschaft hinterlassen hätten. Jetzt wurde auf die sublime, pittoreske bzw.
romantisierte Landschaft abgehoben, die von Künstlern wie Wordsworth, Turner
oder Constable zelebriert worden sei. Durch künstliche Elemente habe seinerzeit die
Schönheit der Landschaft herausgestellt werden sollen, nämlich durch Villen, Gärten,
pittoreske Bäume, Wasserfälle und Aussichtspunkte.[162] Wordsworths »Guide« habe
die *Wahrnehmung* der Landschaft, der Tourismus des 19. Jahrhunderts die *Ortschaften*
des Lake District geprägt. »Thema 3« war schließlich der Lake District als Katalysator
und Geburtsort der nationalen und internationalen Landschaftsschutzbewegung. Na-
turschutz, Bewahrung der landschaftlichen Reize und Schutz der Wirtschafts- und
Lebensweise der Bergbauern sollten Hand in Hand gehen. Dann wurde ganz hoch gegriffen: »Three globally-significant models of landscape protection emerged from the
early conservation initiatives in the Lake District [...]: the National Trust model; the

FIGURE 2.b.35 The slate quarries at Honister Hause, showing inclines, access tracks and waste heaps

*Abb. 64: Fotografie eines Steinbruchs im Antrag auf den UNESCO-Welterbestatus 2015, der
sich kaum von der umgebenden Felslandschaft unterscheidet. Insoweit gibt das Bild eine
visuell der Natur angenäherte Form der ökonomischen Nutzung der Landschaft zu sehen
(Lake District National Park Partnership 2015a: 173).*

Protected Landscapes model; *and the World Heritage Cultural Landscape model.*«[163] Am Lake District war demnach erfunden worden, was ihn jetzt aufwerten sollte.

In den umfangreichen Bewerbungsunterlagen wurde die Landschaft unter Ausblendung aller problematischen Aspekte – etwa Klassenunterschieden – stilisiert. Zwei Abbildungen aus dem (mit 716 Seiten außerordentlich instruktiven) »Nomination Document« mögen das verdeutlichen (Abb. 64, 65). Die eine zeigt einen Steinbruch, der allerdings nicht im Entferntesten an die Mondlandschaften erinnert, mit denen William Hoskins Stimmung gegen die Industrialisierung Nordenglands gemacht hatte (Abb. 60). Die zweite illustriert Informationen zum Eisenbahnbau mit einem Gemälde, auf dem man den Zug nur mit Mühe erkennen kann. Für den Rhein habe ich solche Bilder als positive Thematisierung der Moderne gedeutet, weil sie nicht eliminiert wurde. In einem Welterbe-Antrag aus dem Jahre 2015 wirkt genau dieselbe Form der Darstellung dagegen, als sollte diese Moderne eben doch retuschiert werden.[164] Es gibt in dem Dokument nur ein einziges, kleines Bild, das wirkliche Landschaftszerstörung zeigt. Auf wenigen weiteren Abbildungen tauchen Kupferminen auf, auch die jedoch pittoresk.[165]

Der Management-Plan wiederum blickte in eine Zukunft der Superlative und des globalen Landschafts-Wettbewerbs. 2030 werde der Lake District ein »inspirational example of sustainable development in action« sein. Er biete »[w]orld class visitor experiences – High quality and unique experiences for visitors within a stunning and globally significant landscape. Experiences that compete with the best in the international market«; dazu eine spektakuläre Landschaft; Wildnis und Kulturerbe als Quelle der Inspiration, nachhaltig genutzt für künftige Generationen; eine komplexe Geologie und Geomorphologie; eine archäologisch reizvolle Region; eine prosperierende

Abb. 65: James Baker Pyne: »Lake Windermere from Orrest Head« (1849). Dieses und kein alternatives Bild ist im Antrag auf den UNESCO-Welterbestatus im Jahre 2015 wiedergegeben. Die Eisenbahn, um die es laut Bildtext eigentlich geht, verschwindet am linken Bildrand in einer romantischen Landschaft (mit freundlicher Genehmigung des Wordsworth Trust, Grasmere).

Ökonomie; und pulsierende Kommunen, in denen die Menschen in einer Natur erfolgreich leben, arbeiten und entspannen, wo der »distinctive local character is maintained and celebrated.«[166] Dass diese Landschaft den Klimawandel abmildern wird und grünen Tourismus fördert, gehört ebenfalls zu den imaginierten Qualitäten des neuen Lake District. Management-Experten sind offenbar der Meinung, dass selbst ein Welterbe im Weltmaßstab *konkurrieren*, Gegner aus dem Feld schlagen muss, um eine sowohl Premiumtouristen wie potente Investoren anziehende Zielregion zu werden. Alles ist großartig, und das erinnert sehr an die jüngeren Werbetexte zu Dalarna und dem Mittelrhein, wo ebenfalls die pittoresken Landschaften des 19. Jahrhunderts in Standortvermarktungslandschaften des 21. Jahrhunderts umgedeutet wurden.

»Iconic core area« II: Das Black Country

Der »Norden« Englands stand (und steht) in einem komplexen Verhältnis zum Süden. Er war Wildnis und Werkbank,[167] eine wahlweise unkultivierte oder überindustrialisierte, also eine unter-/überzivilisierte Landschaft. Constable Country, die Lakelands, der Peak District, die Cotswolds, der New Forest, die Home Counties – alle ländlichen Regionen Englands wurden als Gegenspieler der industrialisierten Zone des Nordens aufgeboten, dem Black Country. Es ging allerdings um mehr als um die Zerstörung der Natur. »Nordengland« thematisierte den Gegensatz von Garten und Vorhölle.[168] »Süden« und »Norden«, *countryside* und Industrie waren (und sind) nicht zwei Seiten einer Medaille, sondern Oppositionen, die das Königreich regelrecht in »zwei Nationen« spalteten (und spalten), um den oft genutzten Begriff Benjamin Disraelis zu übertragen. Und auf dem Weg von Nord nach Süd kreuzte man eine Grenze, die eine Differenz und Distanz konstituierte zwischen einem gelobten und einem gefallenen Land. Das war nie allein eine Frage der Ästhetik, sondern der Zustand der Landschaft wurde in Reiseberichten seit dem späten 18. Jahrhundert als Zeichen für den moralischen Zustand Englands gedeutet. Diese Berichte koppelten Nordengland als Raum in zeitlicher Hinsicht mit der zerstörerischen industriellen Moderne und in sozialer Hinsicht mit den Unterschichten. Sie präsentierten die Region als derart exotische, unenglische Landschaft, in der nicht einmal sonniges Wetter denkbar war, also als eine regelrechte Gegengesellschaft zu der des »Südens«. Heute ist dieser »North-South divide« durch ökonomische und soziale Kennziffern objektiviert worden. Dem ökonomisch prosperierenden Süden steht ein wirtschaftlich depravierter, von staatlichen Transferleistungen abhängiger Norden gegenüber.[169]

Nicht zuletzt deshalb spielte Nordengland für die Repräsentationen Englands vor allem eine negative Rolle[170] (die Lakelands und der Peak District liegen geografisch im Norden, gelten aber als »Süden«). Dabei war der Norden einst der wirtschaftliche Motor Großbritanniens und wurde damals mit dem prosperierenden 19. Jahrhundert schlechthin assoziiert! Doch mit dem ökonomischen Niedergang verlor die »Northern Metaphor« zwischen 1880 und 1920 ihren Platz an die »Southern Metaphor«. Paradoxerweise wuchs mit dem wirtschaftlichen Aufstieg des Südens zugleich dessen Image als *traditionsreicher* Region,[171] während der Norden in einen kolonialen Status absank, wie es der Kulturhistoriker Dave Russell formulierte.[172] Seitdem sah man dort meist nur die »horrors of northern townscapes«.[173] Seitdem stand Nordengland im Fokus, wenn es in Schwierigkeiten war: schon in den 1840er, erst recht in den 1930er und

1980er Jahren sowie zwischen 1957 und 1964. Im Norden wiederum warf man dem Süden und insbesondere London vor, sich den Wohlstand und die Talente des Nordens unrechtmäßig anzueignen.[174]

Der dezidierteste Verteidiger des industrialisierten Nordenglands war George Orwell mit seinem kapitalismuskritischen Buch »The Road to Wigan Pier« (1937). Er beschrieb, durch 33 Fotografien illustriert,[175] die extrem elenden Lebensbedingungen in einem der Industrieorte. Die Menschen erscheinen – wie in der Frühindustrialisierung – als reines Verbrauchsmaterial der Industrie. Sie leben als billige Arbeitskräfte, als Arbeitslose oder dahinsiechende Krebskranke in vollkommen heruntergewirtschafteten Pensionaten. Diejenigen, die ein klein wenig besser verdienen, verlassen den Dreck und den Gestank dieser Herbergen so rasch als möglich. Die vollkommen Verarmten sowie die Frauen recyclen die Abraumhalden, um noch das letzte Stück Kohle herauszuklauben. Die soziale Differenz wird selbst den Lohnempfängern unerbittlich vor Augen geführt. Der Angestellte *erhält* seine Zahlungen auf ein Bankkonto »in a gentlemanly manner«, der Arbeiter hat selbst seine Unfallpension an einem bestimmten Ort, zu einer bestimmten Zeit *zu erbitten*, nachdem er zuvor Stunden in der Kälte gewartet hat.[176]

Ich erwähnte bereits, dass Orwell die parkartige, verschneite Landschaft zwischen den Industriestädten gepriesen hatte. Sie zeigte ihm an, dass Rauch und Dreck eben nicht unvermeidlich waren.[177] Die Städte *sind* hässlich, schreibt Orwell. Doch weniger als zehn Meilen entfernt stehe man bereits in unbeflecktem Land. Er fand immer wieder Flecken von Sauberkeit und grünes, statt veraschtes Gras; innerhalb des »Nordens« also so etwas wie den »Süden«. Zudem war sein Norden mit Menschen bewohnt, die den englischen Gentlemen in nichts nachstünden. Die Befüller im Bergbau leisteten eine fast übermenschliche Arbeit. Orwell hatte sie unter Tage als eine Linie gebückter, kniender Gestalten beobachtet, über und über verrußt, die Kohle mit stupender Kraft und Geschwindigkeit schaufelnd. Und dann rückte er sie in die Nähe antiker Statuen. Ihre »most noble bodies« sähen aus wie »hammered iron statues«.[178] Schwarzes Eisen, statt weißer Marmor, diese Inversion dürfte Absicht gewesen sein. Orwell erlebte den industriellen Norden als seltsames, fremdes Land, wofür er die Nord-Süd-Antithese, »which has been rubbed into us for such a long time past«, verantwortlich machte.[179] Ebenso wunderlich schien ihm freilich der »cult of Northerness«, der oben gepflegt wurde. Das »wirkliche« Leben spiele sich im Norden ab, im Süden lebten Rentiers und ihre Parasiten, wurde ihm berichtet. Die Dörfer im Norden seien gewiss fürchterlich, hieß es, aber deren Bewohner seien »splendid chaps«. Im Süden dagegen: »beautiful villages and rotten people«. Für einen Informanten Orwells hörte im Norden selbst Wasser auf, »to be H$_2$O and becomes something mystically superior«.[180]

Orwell wusste zwar, dass dieser Regionalpatriotismus nichts anderes als ein spaltender Nationalismus in Miniatur war.[181] Er verfiel ihm jedoch selbst auf kuriose Weise, indem er Arbeiter und Gebildete als Vertreter von Nord und Süd gegeneinander ausspielte. In einer Tuchmacherstadt Lancashires höre man in Monaten keinen »gebildeten« Akzent, während man in kaum einer Stadt Südenglands einen Ziegel werfen könne, ohne die Nichte eines Bischofs zu treffen.[182] Die Verbürgerlichung der Arbeiterklasse finde im Norden langsamer statt, und deshalb verspüre man in den Heimen der *Facharbeiter* (nicht der Arbeitslosen) – noch! – »a warm, decent, deeply human atmosphere«, die Familie am Ofen sitzend mit Räucherfisch und starkem Tee und »a better chance of being happy than an ›educated‹ man«.[183] Die wahren Vertreter der *englishness* waren für Orwell im Norden situiert. Aber diese Welt vergeht, denn es naht das funktionalistisch-aseptische dritte England ohne Armut und Unbildung, aber auch ohne das Vergnügen der Pferdewetten, und ohne den Vater, »that [...] will still be a rough man with enlarged hands who likes to sit in shirt-sleeves and says ›Ah wur coomin' oop street‹.«[184] Dieses zweite, industrielle England, das England der 1930er Jahre, war für ihn das eigentliche, das Pendant zum ersten, vormodernen England anderer Autoren.

Positive Berichte aus den schwerindustriellen Regionen gibt es nur wenige. Nach Orwell fuhr Caroline Hillier 1976 durch die Midlands, das »Herz Englands«. Sie besuchte Dörfer und Städte, sprach mit Arbeitern und adeligen Gutsbesitzern und bot ein differenziertes Bild des Black Country und solcher Städte wie Stoke-on-Trent oder Birmingham. Das Black Country für eine verrauchte seelenlose Agglomeration zu halten, teilte sie ihren Lesern und Leserinnen mit, ähnele der Vorstellung unserer Vorfahren, die Erde sei eine Scheibe. Immer wieder böten die Landschaft, aber auch Birmingham überraschende Ausblicke, viel Grün und reine Luft. Das sei das *eigentliche* England, mit seiner mittelalterlichen Geschichte, den Turbulenzen einer modernen Gesellschaft und einer unprätentiösen Lebenseinstellung. Einmal hörte sie einen Vogel wunderschön singen, doch es war keine Nachtigall, sondern eine Amsel. Das schien ihr ein Sinnbild für die Region: Warum eine Nachtigall, wenn die Amsel so schön singen kann?[185] Sie wendete die Nord-Süd-Stereotypen einfach um. Die Region sei, was sie früher auch war, nämlich »Land«, bestehend aus Dörfern, jedes mit seiner eigenen Individualität.[186] Wenn man dagegen in den Süden zurückkehre, scheine alles blasser und blutleerer. Das Bild wird farblos, Zynismus zeichnet sich auf müden, intelligenten Gesichtern ab.[187] Nicht einmal eine Frauenbewegung habe das Black Country nötig, da die Gleichberechtigung der Arbeiterinnen längst erreicht sei. Von diesem Argument mag man halten, was man will, entscheidend ist, dass Hillier, wie Orwell, die Landkarte der *englishness* zu recodieren versuchte.

Henry Morton und John Priestley hatten den Norden gut 30 Jahre zuvor mit gequälteren Gefühlen bereist. Mortons Nordengland war das der industriellen Revolution, »an England of overcrowded towns, of tall chimneys, of great mill walls, of canals of slow, black water; an England of grey, hard-looking little houses in interminable rows; the England of coal and chemicals; of cotton, glass, and iron. [...] The only consolation is that these monster towns and cities are a mere speck in the amazing greenness of England: their inhabitants can be lost in green fields and woodland within a few minutes.«[188] Dieses Motiv finden wir auch bei Priestley der den Kampf von Cotswolds und Coketown, von »Old England« und »nineteenth-century England« beschwor.[189] Letzteres »had found a green and pleasant field and had left wilderness and dirty bricks. It had [...] sown filth and ugliness with a lavish hand.«[190] Anders als Orwell nahm er keinerlei freie Landschaft zwischen den Städten wahr, die verrußten Orte gingen einer in den anderen über.[191] Die gierige Industrialisierung zerstört die Landschaft, hebelt die Sozialordnung aus, schwächt die Weltmacht – so sah sein »Norden« aus. Der Kapitalismus der Unternehmer ging in den Kapitalismus anonymer Konzerne über, lesen wir bei einem anderen Autor, eine weitere Wendung im Abstieg Englands.[192]

Im Gegensatz zur bukolischen Landschaft fand die Industrie kaum das Interesse der Maler. Auch sie evozierten, mit »Nordengland« als Gegenbild, die Vorstellung einer *countryside*, »in which ordinary life proceeded at walking pace [...]; a version of Britain as an idyllic land, an ideal site for riding, angling and afternoon tea – a playground for adults.«[193] Diejenigen Maler, die im 19. Jahrhundert auf ihren Bildern negative Seiten des Landlebens andeuteten, blieben in der Minderheit. Kunstkritiker verwarfen jeden

Ansatz eines sozialen Realismus. Deshalb habe, so Christopher Wood in einem Buch über die *countryside*-Malerei, eine große Kluft zwischen Realität und künstlerischer Darstellung bestanden. Je pittoresker den Malern ein Hof erschien, desto ungesünder sei faktisch das Leben dort gewesen.[194] Deshalb mag die Geschichte der Malerei bis weit in die Nachkriegszeit Pastoral und Moderne abgewogen haben, wie der Kunsthistoriker Ian Jeffrey meinte, das Pastoral erwies sich jedoch als überlegen.[195] Bis Ende des 18. Jahrhunderts gab es kaum Gemälde, die sich der Industrie widmeten. Allerdings wurde das Sujet nicht durchweg vermieden. Ländliche Industrie, besonders Mühlen und pittoresk stilisierte (auch größere) Stahlwerke tauchen immer wieder auf. Maler nutzten das visuelle Potenzial der modernen Industrielandschaften als »industrial sublime«,[196] um den Kontrast von Natur und Kultur zu deutlichen.[197] Nach der Jahrhundertwende verlor die Industrie an Akzeptanz, bis auf Kalk- und Steinbrüche sowie Gewerbe, das mit der Agrarwirtschaft verflochten war, nach 1850 wurde sie systematisch ausgeblendet. Selbst die Eisenbahnen und die ländliche Industrie waren unpopulär. Erst zwischen 1910 und 1950 wurde die Industrie wiederentdeckt, besonders Häfen, Werften, Tagebau und Bergwerke. Allerdings erkundeten die Maler besonders die niedergehenden Branchen, nicht die neuen Industriezweige. Das änderte sich auch in der Folge kaum: »Post-war industry has been almost universally ignored; there are virtually no nuclear power stations, trading estates or hi-tech buildings on the walls of the Academy except in the architects' room« (Abb. 66).[198] Zu den wenigen Ausnahmen gehörte Lionel Waldens »Steelworks, Cardiff, at Night« (1895-1897); 60 Jahre zuvor soll William Turner der einzige Maler seiner Zeit gewesen sein, der die mo-

Abb. 66: *Zu den nicht besonders zahlreichen Bildern, die die moderne Industriegesellschaft zeigen, gehört Roland Vivian Pitchforths »Night Transport« (Öl auf Leinwand, 1939/40). Auch hier ist das leuchtende Band der Straße regelrecht eingebettet in eine nächtliche, windige Landschaft. Dem Abstand der Autos nach zu urteilen, dürfte der Hase unbeschadet die Fahrbahn überqueren können (mit freundlicher Genehmigung der Tate Gallery, London).*

derne Urbanität verewigte. Sein Aquarell »Dudley, Worcestershire« (1833) »brings us immediately into the smoke, fire, and action along a Black Country canal. [...] Turner painted the great arteries of exchange, the canals, roads, and harbors around his industrial towns.«[199] Aber viele seiner Bilder haben die Städte doch stark ruralisiert, indem er der Konvention folgte, den Prospekt einer Stadt in der Totale von einem Blickpunkt im Land aufzunehmen. Selbst für Birmingham und Sheffield hob er in seinen frühen Ansichten Kirchtürme, nicht Schornsteine hervor.[200]

Ob es sich nun um Romane oder Reiseberichte handelte, um Kritiker oder Verteidiger, ohne den Ruß (und das schlechte Wetter) als Signum des Raumes kam niemand aus. Dem harschen Klima, den harschen Lebensbedingungen entsprach ein harscher Menschenschlag, respektable Arbeiter bei Orwell, sozial und physisch depravierte »Eingeborene« bei anderen Autoren. Letztere inszenierten ihre Reisen wie Expeditionen in einen kolonialen Raum, wo sie auf laute, simple, plappernde Bewohner trafen, eher Herdenmenschen als handlungskräftige Individuen, die unter primitiven Bedingungen und in einer Atmosphäre von Schäbigkeit und verwahrlostem Funktionalismus lebten.[201] Dieser Norden war allerdings oft ein geografisch ungenau lokalisierter Raum. Je nach Autor oder Autorin findet man die Berichte geprägt durch das, was Edward Said »Orientalismus« oder Maria Todorova »Balkanismus« genannt haben. Ersterer bezeichnet stereotype westliche Projektion eigener Überlegenheit und Ängste auf einen Raum wie den »Orient«, letzterer begreift einen Raum eher als Brücke zwischen zwei Welten und Entwicklungszuständen und damit als Ambiguität.[202] Beides passt auf den Norden, seine Stellung zwischen den Zeiten und das Überlegenheitsgefühl des Südens. Der Norden repräsentierte für *alle* Beobachter den unentschiedenen Zustand Englands, indem er – zumeist – als Gegenbild zum Süden oder – selten – als »eigentliches« England gedeutet wurde. Man konnte Grünflächen wahrnehmen oder sah nur einen Städtebrei. In allen Fällen ist von zwei England die Rede, zwei vage umrissenen Territorien, die für die Spaltung des Landes in *countryside* und Industrie, Vormoderne und Moderne, sowie für zwei soziale, habituelle und ästhetische Lebenswelten standen, für *Englishmen* und Proletarier. Im Kern ging es stets um die Frage, welche Lebenswelt dominieren sollte, und in welcher Landschaft sie verortet war, in der Wüstnis des Black Country oder den Gärten der Cotswolds, in Blackpool oder Windermere? »Social spatialisation«, nannte der Kulturtheoretiker Rob Shields das.[203] Letztlich trug die »northernization« den Sieg davon und konstituierte das industrielle England als mangelhaften Raum.[204] Die Nord-Süd-Differenz wurde zum »mnemonic device«, zur »conceptional shorthand«, um ohne Umwege vermeintlich negative Entwicklungen der modernen Gesellschaft benennen und »erklären« zu können.[205] Wenn kritische Autoren wie Morton dem Norden Gerechtigkeit widerfahren lassen wollten, dann hatte das eher etwas von Kulanz, von der Fairness eines Gentleman. Sie alle waren froh, wenn sie die Grenze zurück Richtung »Süden« überqueren durften.

Letztlich changierten die Zuschreibungen noch auf eine andere Weise. Südengland stand nämlich nicht nur zum Norden, sondern auch zu Schottland in einer wechselseitigen Beziehung. Die schottischen Highlands hatten sich seit dem 18. Jahrhundert zu einer europäischen Projektionsfläche entwickelt. Die bereits erwähnten Gesänge Ossians oder Sir Walter Scotts historische Romane beschworen einen Raum, der sich der Domestizierung und Kultivierung durch die Engländer erfolgreich widersetzt hatte. Diese Imagination wurde seit dem frühen 19. Jahrhundert multimedial inszeniert – in musikalischen Vertonungen von Volksliedern, in Opern, Gemälden, Postkarten, Pfeifenköpfen, Porzellandosen, Figuren, Stahlstichen, Reisebüchern und Romanen. Die Highland Society, gegründet 1778, »erfand« im Sinne Benedict Andersons Traditionen wie die »Highland Games« und eine eigene schottische Identität. Die Militärstraßen des frühen 18. Jahrhunderts und später der Eisenbahnbau ermöglichten es zahlreichen Touristen, das medial konstruierte Schottlandbild vor Ort nachzuempfinden.[206] Auch in der Zwischenkriegszeit popularisierten eine Reihe von Autoren die Idee, dass Schottland von der industriellen Moderne zwar beschädigt worden war, aber letztlich resilient geblieben ist. Selbst die schottischen Industrieregionen seien näher an der Natur als die englischen.[207] Entsprechend wurden die »ursprünglichen« Bewohner Schottlands bzw. der Highlands als das positive Gegenbild zum zivilisierten englischen Menschen gehandelt; der zivilisierte Südengländer jedoch bildete das Pendant zum depravierten Bewohner Nordenglands. Die wilde schottische Landschaft symbolisierte Freiheit, die wohltemperierte Südenglands die Charakterzüge der Gentlemen; gemeinsam bildeten sie als *countryside* den Kontrapunkt zu den zivilisatorischen Verwüstungen Nordenglands als Sinnbild der Moderne. Während allerdings die schottische Landschaft eine klassenlose Gemeinschaft von Clans evozierte, wurden im Gegensatz von Nord- und Südengland dezidiert eine Klassendifferenz festgeschrieben.

Wem gehört das Land

Auf Fotografien der englischen Landschaft fällt, wie erwähnt, sofort auf, dass die Landschaft überall von Hecken oder Steinmauern durchzogen ist. Selbst auf die kahlen Hügel des Lake District und anderer Bergregionen ziehen sich Mauern weit hinauf. Sie gehen auf die Politik des *enclosure* zurück, als Gemeindeland weitgehend privatisiert wurde. Das hatte im Mittelalter begonnen und wurde im 18. Jahrhundert durch parlamentarische Gesetzgebung intensiviert. Es war eine Machtpolitik zugunsten der vermögenden Schichten, die das Landschaftsbild dramatisch verändert hat.[208] Wer es sich leisten konnte, durfte Land kaufen und einhegen, so dass seitdem der weite, offene Raum durch einen Flickenteppich rigide abgegrenzter Felder ersetzt worden ist. Das Ergebnis dieser historischen Kontingenz wird heute als harmonisch gewachsene, zeitlose »englische Landschaft« gefeiert, die vor der Zerstörung bewahrt werden muss.[209] So sehr dominieren diese Trennlinien mittlerweile das Landschaftsbild, »that one feels something is missing when fields stretch without interruption, as in the Fens […] or on open moors«, schrieben David Lowenthal und Hugh Prince 1964.[210]

Die Mauern und Hecken sicherten Weiden und Felder, vor allem aber markierten sie öffentlich *Landbesitz*. Und der bedeutet in England grundsätzlich Nichtzugänglichkeit. Das unterstreicht die Bedeutung der landbesitzenden Klasse, die seit jeher im Machtzentrum Großbritanniens überrepräsentiert ist. Zu fragen, »who owns England is, and always has been [to ask] who runs it«, postulierte der Illustrator und Aktivist Nick Hayes lakonisch.[211] Knapp 93 % Englands waren 1963 in privater Hand, 1977 immer noch 87 %.[212] Selbst 97 % der Flüsse sind in Privatbesitz.[213] Auch Landschaftsschutzorganisationen wie der National Trust sind Grundbesitzer; 2019 besaß er etwa 2 % des Bodens in Wales und England.[214] Gemeinland (*common lands*) ist ebenfalls in Privatbesitz, allerdings können bestimmte Personen Rechte *auf* diesem Boden in Anspruch nehmen, und er steht auch Erholungssuchenden offen. 1964 waren eine Million Acres (gut 4.000 Quadratkilometer) Gemeinland, etwa 2,7 % der Fläche Englands. Ein *right-of-way* über

privaten Grund gilt nur auf wenigen Wegen. Sie gehen auf altes Gewohnheitsrecht zurück und dürfen von den Landbesitzern eigentlich nicht versperrt oder zerstört werden.
Fußgänger, die aber vom Pfad abweichen (*trespassing*), können vom Besitzer verwiesen
und gegebenenfalls wegen Sachbeschädigung angezeigt werden. Die Sabotageakte von
Grundeigentümern gegen diese Wege und die Prozesse um ihre Offenhaltung sind Le-
gion. Deshalb wird seit bereits 1949 an einem offiziellen Kartenwerk gearbeitet, der *De-
finitive Map*, die bis Ende 2025 so viel Wegerechte wie möglich verbindlich festschreiben
soll. Danach verfallen die bis dahin nichterfassten Wege. Die lange, teils Jahrhunderte
zurückreichende Nutzung der Pfade muss allerdings mit aufwendigem Beweismate-
rial gerichtlich nachgewiesen werden, das verzögert die Arbeit erheblich.[215]

   Skandinavisches *allemansrätt* und englisches *enclosure* bilden die Pole zweier
Menschenbilder, die sich an der Landschaft ablesen lassen: Gleichheit versus Klassengesellschaft. Die einen haben das Recht niedergeschrieben, dass jeder Mensch
grundsätzlich jedes Stück Natur betreten darf (außer den engsten privaten Bereich),

*Abb. 67: Ein typisches Bild, das zeigt, wie durchschnitten die englische Landschaft mit
Mauern ist (Hoskins 1988: 153).*

die anderen haben dieses Recht seit der Privatisierung des Gemeinlandes systematisch aufgehoben. Deshalb bekommen die Mauern auf den Fotografien eine andere Bedeutung. Sie markieren eine Grenze zwischen Grundbesitzern und den Anderen, denen der Zutritt zumeist verboten ist (Abb. 67). So ist es kein Wunder, dass man in der englischen Literatur immer wieder auf die Begriffe *access* und *trespassing* stößt. In einem Rapport zur Errichtung von Nationalparks im Jahre 1945 wurden zehn von 57 Seiten der Frage des freien Zugangs gewidmet.[216] Schweden dagegen: Es habe keinen Eifelturm, keine Niagarafälle, keinen Big Ben, nenne nicht einmal eine kleine Sphinx ihr Eigen, warb die schwedische Tourismusindustrie um 2020 – aber es gewähre »the freedom to roam«. *Das* sei das Monument der Nation. Nick Hayes hielt es dem *enclosure*-versessenen England als Vorbild vor Augen.[217]

Die *countryside* war ein Raum, der dreifach ausschloss. Zuerst explizit die Landlosen aller Sozialschichten durch das *enclosure* und den Straftatbestand des *trespassing*. Als zweites Frauen, die auf Bildern und in Texten selten auftauchen, öfters als Staffagefiguren, seltener als Akteure, beispielsweise als Bergsteigerinnen seit den 1960er Jahren. Das Land ist männlich. Schließlich nichtweiße Ethnien, die durch eine vermeintlich »farbenblinde« Landschaftsbeschreibung lange Zeit gar nicht thematisiert wurden – sie waren einfach nicht da. Die Frage, wem das Land gehört, muss soziale Grenzziehungen unterschiedlicher Art berücksichtigen: Klasse, Ethnie und Geschlecht. Nick Hayes hat sogar von einem »cult of exclusion« gesprochen.[218] Diese Ausschlüsse hatten einen Zweck: »Rural England free from unwanted ›others‹ has become the ideal location for Anglo-centricity to redefine and reinforce itself.«[219] Sich den Zugang zur Landschaft zu erkämpfen, heißt umgekehrt, Teilhabe an dieser *englishness* zu erlangen.

Diesen Kampf führten zunächst Arbeiter aus den Industriestädten des Nordens. Schon Mitte des 19. Jahrhunderts hatte der Erwachsenenbildner und Botaniker Leopold Hartley Grindon die freie Natur als – kostenfreies und größeres – Äquivalent zu den Gärten der Reichen bezeichnet. Für Arbeiter sei die Erholung in der Landschaft Voraussetzung für den Erhalt ihrer Arbeitskraft.[220] Das Problem war nicht alleine, dass immer mehr Erholungsuchende aus den Städten in die Landschaften Englands strömten. William Wordsworth hatte es seinerzeit für selbstverständlich halten können, ohne Restriktionen in der Natur zu wandern. Er soll Zeit seines Lebens über 175.000 Meilen im Lake District zurückgelegt haben.[221] Dieses Recht nahmen Ende des 19. Jahrhunderts auch Arbeiter für sich in Anspruch und kollidierten mit dem Recht der Landbesitzer. 1896 fand einer der frühesten und größten *mass trespassings* statt, als Tausende von Arbeitern aus Bolton bei Manchester gegen die Sperrung eines nahegelegenen Moores als Jagdgebiet protestierten, indem sie auf das Privatland vordrangen.[222] Eine der legendärsten Aktionen dieser Art war der »Kinder mass trespass« von 1932. Etwa 400 Mitglieder einer kommunistischen Jugendorganisation gerieten auf dem Kinder Scout im Peak District mit Wildhütern aneinander. Der Peak District war damit zum Hauptgefechtsfeld im Kampf um den freien Zugang zum Land geworden, weil er nahe der großen Industriestädte des Nordens lag und für Arbeiter einen preiswerten Erholungsraum bot. Gleichzeitig waren hier besonders große Teile der Landschaft als Jagdgebiete versperrt. Die Landbesitzer mobilisierten in solchen Fällen ihr Personal und die Polizei; regelmäßig kam es zu harten Auseinandersetzungen und vergleichsweise hohen Haftstrafen.[223] Die große Publizität des Kinder mass trespass hat der späteren Nationalparkgesetzgebung sowie der Anlage mehrerer Fernwanderwege den Boden bereitet.[224]

Für die Arbeiter bedeutete das Wandern einen Angriff auf Eigentumsverhältnisse, die Stärkung des Zusammenhalts sowie die Aneignung von Werten und Ambitionen der Mittelklasse.[225] Dass ihre Wandervereine sozialistisch orientiert waren, machte die Sache in den Augen bürgerlicher Wanderer nicht besser. Sie sahen sich herausgefordert, weil sie, als »proper ramblers« einzeln oder mit wenigen Freunden durch die Gegend streifend, auf »regimented walkers« stießen, Gruppen von 200 oder gar 1600 Arbeitern.[226] Wer die Landschaft betrat, offenbarte sich einem zensierenden Blick: »Loudness, vulgarity, impertinence on the one side, dignity, composure and fitness on the other«.[227] David Matless nannte das eine »landscaped citizenship«.[228] In der Landschaft stellten Wanderer ihre Fähigkeit zu ästhetischer Wahrnehmung und körperlicher Selbstdisziplinierung sicht- und hörbar unter Beweis und bekamen gegebenenfalls dann im übertragenen Sinne ihre *citizenship* verliehen.[229] »Landscaped citizenship is counterpointed by a vision of ›anti-citizens‹, male or female, and most often belonging to the ›vulgar‹ working class«, pauschal »Cockney« genannt.[230] »I am a traveller, you are a tourist, he is a tripper«, lautete ein Aphorismus unbekannter Herkunft,[231] der den Unterschied zwischen individuellem Entdecker (bürgerlich), handbuchgesteuertem Touristen (kleinbürgerlich) und indifferenten Vergnügungssuchendem (proletarisch) auf den Punkt brachte. Einzig *Reisende* vermochten einen legitimen Anspruch auf diese *citizenship* in der Landschaft und damit in der Nation zu erheben, lesen wir, und sie sahen sich durch die beiden anderen, zahlenmäßig größeren Gruppen bedrängt.

Die Fronten verliefen also zwischen Landbesitzern und Wanderern, zugleich aber zwischen wandernden Arbeitern und wandernden Bürgerlichen.[232] Letztere sahen sich doppelt eingeschränkt, durch Wege sperrenden Besitz und auf den freien Wegen durch proletarische Massen. Diese Brüche drückten sich in einer Reihe von Gesetzen und Organisationen aus, z.B. dem »Stopping-Up of Unnecessary Roads Act« von 1815 oder dem »Rights of Way Act« von 1933. Der eine erlaubte Grundherren die Beseitigung ungenutzter Fußwege, der andere sollte Wanderern die Legalisierung bestehender Pfade erleichtern. Über 100 Jahre lang, bis 1996, fielen »Access to Mountains«-Gesetze reihenweise im Parlament durch, dafür aber wurden seit 1929 Nationalparks geplant und die ersten zehn (von insgesamt 15) zwischen 1951 und 1957 realisiert, als zweiter der Lake District. Die »National Parks Bill«, sagte der Minister für »Town and Country Planning«, Lewis Silkin, 1949 im Parlament, »is not just a Bill. It is a people's charter – a people's charter for open air [...] for everyone who loves to get out into the open air and enjoy the countryside.«[233] Doch erst seit der Jahrtausendwende ist der »Countryside and Rights of Way Act« implementiert worden, der ein bedingtes Recht einräumt, Moore, Heide, Küsten und Hügelland zu betreten.

Seit der ersten Hälfte des 19. Jahrhunderts entstanden zudem zahlreiche Gesellschaften zur Bewahrung von Wegen sowie Wandervereine wie die »York Association for the Protection of Ancient Footpaths« (1824) oder die »Rambler's Association« (1935), seit der zweiten Jahrhunderthälfte Landschaftsschutzorganisationen wie »The Lake District Defense Society« (1883) oder der »National Trust for Places of Historical Interest or Natural Beauty« (1895).[234] *Rambling associations*, die den Zugang zum Land erkämpften, und *preservationists*, die die Landschaft vor einem Massentourismus schützen wollten, zogen dabei durchaus nicht an einem Strang. Der Letzteren Motto war, dass »the countryside needed to be preserved for ›the nation‹ but *from* ›the public‹.«[235] Ähnlich hatte es Robert Somervell 1876 für den Lake District formuliert. Die zugänglichste aller Bergregionen Großbritanniens müsse treuhänderisch für die Nation verwaltet werden, unter Ausschluss der Unwürdigen.[236] Der Abgeordnete und Jurist Norman Birkett, der nach dem Krieg emphatisch für die Einrichtung von Nationalparks geworben hatte, formulierte es umgekehrt. Ausflügler seien zwar eine Gefahr für die Landschaft, aber man müsse ihnen trotzdem den Zugang gewähren.[237] Tatsächlich betrifft das *right to roam* weiterhin nur etwa 10 % der Fläche Englands und Wales'. In den Yorkshire Dales sind nun immerhin Zweidrittel der Landschaft, statt wie zuvor bloß 4 %, zugänglich.[238] Im Parlament sollte im Januar 2021 zudem eine drohende Kriminalisierung des *trespassing* debattiert werden.[239] (Sie wurde wegen der Corona-Pandemie verschoben und im April 2021 im Parlament bzw. im Petition Committee verhandelt.[240])

Es gibt Autoren, die behaupten, dass Gemälde und Stiche die englische Landschaft in immer weiteren Kreisen bekannt gemacht und der »nation a sense of ownership over these landscapes« gegeben hätten; dieses Bewusstsein habe der Zweite Weltkrieg verstärkt.[241] Der Publizist Nick Hayes sah es anders. Die imaginierte nationale Einheit gebe den Menschen bloß ein *Gefühl* von Teilhabe am Land, ohne dass sie tatsächlich irgendetwas besäßen.[242] Dieser »Besitz« der Nation sei in weiten Teilen für viele Menschen faktisch nicht zugänglich, sondern verbleibe in privaten Händen. John Priestley hat die dahinterstehende Ideologie ungewollt verdeutlicht. Der Leser (er spricht ihn direkt an) solle sich vorstellen, ein hervorragendes Klavier zu besitzen, »a really famous instrument, the very best of its kind«, das aber von anderen Leuten misshandelt werde. Man wäre natürlich vor den Kopf gestoßen. »Now this Island is *your* inheritance, and *people* are behaving as badly towards it as the imaginary folks did towards the piano.«[243] Das Land gehört denen, die es sich wie einen teuren Flügel leisten können, die anderen zerstören es. Auch Wendy Joy Darby formulierte, dass die Auseinandersetzungen um *access* tatsächlich eine »symbolic contestation over citizenship« war. Die einen verteidigten Besitz, die anderen reklamierten ein vornormannisches, anglo-sächsisches Gewohnheitsrecht »to access open land ›without let or hindrance‹«.[244] Da die politische Vertretung in England seit der Invasion von 1066 an den Landbesitz gebunden war, bedeutete eine Einschränkung dieses Besitzes eine zumindest symbolische Verschiebung von Machtverhältnissen.

Es gab zwar Grundbesitzer, die ihr Land für Wanderer öffneten. Aber das war Gnade. So pries Harriet Martineau 1855 einen der schönsten Ausblicke auf den Lake Windermere an. Ein Mr. Eastted besaß die Bergkuppe, die montags und freitags auf Antrag für mindestens einen Shilling à sechs Personen zugänglich war; das Geld kam der Schule zur Ausbildung Armer sowie den Hilfsbedürftigen des Ortes Windermere zugute. Man durfte nur den angelegten Weg nutzen, alle abzweigenden Wege waren strikt verboten.[245] Und auf diese Gunst waren selbst bürgerliche Wanderer angewiesen. Bis heute werden Bücher mit Titeln wie »Who owns England?«, »This Land is Our Land«, »Our Forbidden Land« oder »The Book of Trespass« publiziert, in denen die bürgerliche Mitte die Übertragung der *countryside* in Privathand thematisiert.[246] Nick Hayes beispielsweise beschrieb die permanente Unruhe des Wanderers, in Konflikt mit Landbesitzern zu geraten, sobald er Wege verließ oder Mauern überkletterte (was er allerdings bewusst tat). Deshalb hatte Ford Madox Ford schon 1906 den Pfad als Ort des Widerstandes bezeichnet. Wegen *trespassing* vom Besitzer gemaßregelt zu werden, sei dem Briten peinlich. Doch mit Macht verteidige er jeden Weg, »once he is assured that it *is* a footpath.«[247] Noch der schmalste Pfad (»a strip of land a foot wide«) sei ein Raum der Freiheit, »a place on which we may all snap our fingers at Authority«. Manchmal allerdings, so Ford, legten die Landbesitzer ein totes Tier an den Weg und

der Wanderer werde wegen angeblicher Wilderei verurteilt.[248] Stacheldraht, gefäll-
te Bäume, weggepflügte Wege, aggressive Hunde und Bullen sind bis heute beliebte
Mittel, um Wanderer zu drangsalieren. 1985 waren 59 % aller Wege sabotiert, in Her-
efordshire sogar 96 %.[249] *Wie* schmal ist doch dieser Raum der Freiheit.

Für die Grundbesitzer dagegen versinnbildlichte die Ausweisung von Nationalparks und Wanderwegen sowie der Anspruch auf *access* für breite Schichten seit der
Jahrhundertwende die Massengesellschaft, den Wohlfahrtsstaat und die Entwicklung
systematischer Steuerungsinstrumente für Gesellschaft, Wirtschaft und Raum durch
den Staat, eine Kombination aus »Vermassung« und »Sozialismus«. An der Mauer, der
Hecke und dem gefällten Baum auf dem Wanderweg dagegen endeten für sie diese
modernistischen Zumutungen und begann das vernünftig verwaltete Gut, das in der
Tradition des alten, freien England seit der normannischen Herrschaft stand. »The
estate analogy visualized an ordered future against a crazy present«, fasste David
Matless diese symbolische Form für die Zwischenkriegszeit zusammen.[250] Für den
Journalisten Harry Mount hatte 2013 dagegen genau diese »country's class structure«
den Charakter der englischen Landschaft *bewahrt*, weil nämlich reiche Landbesitzer
und Bauern ihr Land hätten selbst verwalten dürfen, statt zentralisierter Planung
unterworfen zu sein (und er nannte als Beispiel kurioserweise das staatlich initiierte
enclosure des 18. und 19. Jahrhunderts, das diese Klassenstruktur und die vermeintlich
urenglische Landschaft erst mitgeschaffen hatte).[251] Der Planer zeichne sich durch ein
»nihilist's desire for control, order and blankness, and his dislike of beauty and the
past« aus,[252] ein in den Augen Mounts pervertierter Funktionalismus.

Gegenüber der Klassenfrage sekundär waren die übrigen Ausschlüsse, wobei wir
eine metaphorische Korrelation zwischen Land/Stadt, Frau/Mann und Weiß/Schwarz
beobachten können. Das Land wurde immer wieder als »weiblich« imaginiert. »The
town is the town: the country is the country: black and white: male and female«, schrieb
der Stadtplaner Thomas Sharp 1932.[253] Besonders die Vororte galten als Orte der »Ent-
mannung« (*emasculation*), die *countryside* dagegen als reife und respektable Frau, deren
Körper durch »chivalrous Saint Georgic preservationists« verteidigt werden musste
gegen Planer und Bauherren, die das Land durch die Errichtung von Vororten und Gar-
tenstädten vergewaltigten. Im Krieg wurde deren »Invasion« mit der der Nazis gleich-
gesetzt.[254] Wurde das Land dagegen als »wilde« Natur imaginiert, war es ein Raum, in
dem sich eine spezifische, bürgerliche Männlichkeit manifestierte, nämlich eine ath-
letische, selbstdisziplinierte Alternative zur aggressiven, bloßen Physis der Arbeiter.[255]
Frauen in diesem Raum wurden lange Zeit als Staffagefiguren akzeptiert oder als
Fremdkörper exotisiert. Nichtweiße Ethnien blieben gleich ganz unsichtbar (übrigens
auch in Dalarna oder am Rhein). Die Kolonien und das Empire wurden in den Texten
zur *countryside* beschwiegen. Das Land war eine englische Angelegenheit, eine Form
der nationalen Kompensation, in dem Migranten abwesend waren. Erst seit wenigen
Jahren treten sie buchstäblich ins Bild, etwa in den Fotografien Ingrid Pollards oder
John Kippins. Plötzlich bewandern Afro-Briten oder Muslime die *countryside*. Auf den
Fotografien Pollards bekritzeln sie Postkarten mit denselben Phrasen wie Millionen
Touristen vor ihnen und sind auf diesen Karten sogar abgebildet: »Historic Hastings«,
»Beautyful Dorset« oder »Wordsworth[']s Lakeland« sind keine weißen (und maskuli-
nen) Landschaften mehr, sondern »farbige«. Kippin hatte 1991 eine Gruppe kopftuch-
tragender »Muslims at Lake Windermere« aufgenommen, die auf der Wiese ein Pick-
nick abhielten. Die Provokation war, dass eine »englische« Landschaft von »Fremden«

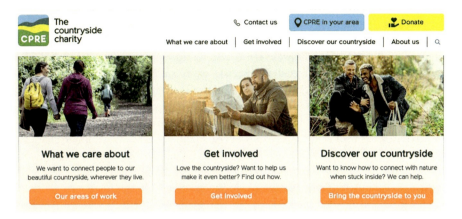

Abb. 68: Ethnische Vielfalt in der englischen countryside auf der Startseite der Homepage des »Council for the Protection of Rural England«. Auf den Unterseiten sind Flüchtlinge bzw. eine Sikh-Gemeinde zu sehen, die Bäume pflanzt (Bildschirmfoto, Ausschnitt; https://www. cpre.org.uk/ [25.2.2021]).

besetzt war – wobei die abgebildete Landschaft ohne Bildtitel unspezifisch aussieht, tatsächlich also keine ikonischen Zeichen des Lake Windermere trägt.[256]

2004 gehörten 9 % der englischen Bevölkerung einer ethnischen Minderheit an, aber nur 1 % der Besucher der *countryside*.[257] Durch ihr »Eindringen«, oder genauer gesagt: das Eindringen der »racial question [...] into the English pastorale«,[258] irritieren sie Stereotypen der *englishness*. 2013 erklärte der Fernsehproduzent Brian True-May, »it wouldn't be the English village with them [ethnic minorities] ... We're the last bastion of Englishness and I want to keep it that way.«[259] Auf der Homepage des »CPRE/The countryside charity« (früher das »Council for the Protection of Rural England«) wird die ethnisch-kulturelle Vielfalt allerdings mittlerweile zumindest angedeutet (Abb. 68).[260] Und das »Black Environment Network« bekam die Erlaubnis, in einem kommunalen Wald an der Grenze zu London zu demonstrieren, »what multicultural groups had done in the environmental sector across the UK. We showed images of South Asian youngsters canoeing on the lake in a National Park; Afro-Caribbean grandmothers sitting beneath trees telling traditional stories in the countryside; young Muslim women learning woodcraft or sharing basket weaving skills in Wales; and whole local communities creating huge wildflower meadows alongside social housing in Liverpool with the National Wildflower Center.«[261] Auch der Unabhängigkeitstag des Kongo durfte in dem Wald gefeiert werden. Trotzdem: Die Homepages der Tourismus- und Landschaftsschutzorganisationen verbleiben englisch im herkömmlichen ethnischen Verständnis.

Landschaft statt Nation?

Das Britische Empire war eine eigentümliche Konstruktion. Vor 1707 gab es nur Untertanen der Krone. Nach der Union mit Schottland und den kolonialen Eroberungen weltweit entstand die Rechtsidee, dass sämtliche auf den Territorien des Empire Geborenen als *British subjects* anzusehen seien. Dieses elastische Konzept passte sich der geografischen Ausdehnung des Empire an und konnte auch den Verlust von Boden überstehen. Die »British National Bill« von 1948 gestand nämlich Indien und anderen ehemaligen Kolonien zu, eine eigene Staatsbürgerschaft zu verleihen (*citizenship*), doch zusammen mit den Einwohnern Großbritanniens waren diese Menschen allesamt zugleich britische Untertanen (*subjects*) – wobei sie als Angehörige ihres eigenen Staates nicht dieselben Rechte wie Briten auf der Insel hatten. Angehörige des Commonwealth weltweit waren also untereinander gleichberechtigt und besaßen zugleich Staatsbürgerschaften mit höchst unterschiedlichen Qualitäten. Sie konnten sogar britische Untertanen sein, ohne eine weitere qualifizierende Staatsbürgerschaft zu haben. Der »Nationality Act« brach 1981 mit dem Gedanken des *ius soli* und definierte *Britishness* als Abstammungsrecht, um die Einwohner der britischen Inseln gegen Migration der von ihnen früher Beherrschten zu schützen.[262]

Es gibt keinen wirklichen englischen Nationalismus. Krishan Kumar hat argumentiert, dass eine englische Identität weder durch die Abgrenzung gegen andere Nationalitäten noch durch inneres *nation building* geschaffen werden musste, anders als in Deutschland oder Polen.[263] Unter König Alfred sei im Mittelalter ein englischer Staat, aber keine englische Nation entstanden. Englische Identität lasse sich nur in Bezug auf den britischen Imperialismus bzw. das Empire begreifen. England spielte dabei eine zentrale Rolle, das Empire aber wurde als supranationales politisches Gebilde begriffen. Der Burenkrieg, der die angebliche zivilisatorische Mission des Empire in Frage stellte, der schottische Nationalismus, der weitere Niedergang des Empire in der Zwischenkriegszeit, die Weltwirtschaftskrise, die »amerikanische« Massenkultur, schließlich das Ende des Kolonialreichs und der militärische Bedeutungsverlust nach dem Zweiten Weltkrieg – das machte die Engländer zunehmend aufmerksam darauf, dass die englische Identität stets unbestimmter geblieben war als die schottische, irische oder walisische. Bis heute hat England kein eigenes Parlament, und in der Regierung gibt es, anders als für die drei anderen Landesteile, keinen »Secretary of state for England«. Dass entscheidende Institutionen seit der Zwischenkriegszeit *britisch* waren – BBC, Königshaus, Wohlfahrtsstaat, Post, Eisenbahn, Gewerkschaften –, hatte lange Zeit nationalistische Tendenzen im gesamten Vereinigten Königreich gedämpft. Auch der Zweite Weltkrieg hatte noch integrierend gewirkt, weil die Propaganda ein Großbritannien verteidigt wissen wollte, das sie durch die *englische* Landschaft repräsentierte. Die Privatisierung staatlicher Strukturen während der Thatcherjahre, so Kumar, haben die Desintegration Großbritanniens dagegen beschleunigt.

Englishness blieb diffus. Ford Madox Ford hatte 1907 postuliert, dass sie keine Frage der Abstammung sei, sondern »a matter [...] of place – of place and of spirit, the spirit being born of the environment«.[264] Wer auch immer in Kontakt mit englischem Boden, Traditionen und Institutionen – und dem Kricketplatz – komme, nehme *englishness* in sich auf, wo immer man herkomme. Dieser Boden wurde durch die *countryside* verkörpert, die, wie in anderen Ländern auch, als Kombination von Natur und Kultur eine ideale Mitte zwischen den beiden Polen der Wildnis und der Stadt repräsentierte.[265] Auch andere gingen davon aus, dass *englishness* keine Frage der rassischen Zugehörigkeit sei, sondern eine zweite Natur, die erworben und verloren werden konnte. Für John Ruskin und viele Kritiker der industriellen Großstädte stand allerdings fest, dass die Bewohner der überfüllten Arbeiterviertel eher »Arabern« oder »Zigeunern« glichen als Engländern. Nicht jeder in England Geborene konnte deshalb tatsächlich *englishness* reklamieren.[266] »Englishness has never been a typical form of national identity because it had been intrinsically linked to class divisions. In this way exclusivity has been central to the formation of Englishness.«[267] Allerdings führten die Evakuierungen von Arbeiterkindern und -frauen zur Annäherung von Stadt- und Landvolk. Der Krieg zerstörte akzeptierte soziale Geographien,[268] die nostalgisierende, anti-urbane, anti-moderne Vision Englands verlor an Überzeugungskraft.[269] Und je mehr Migranten aus den (ehemaligen) Kolonien kamen, desto weniger überzeugte der Glaube an die Kraft des Bodens als Englischmacher. Zu offensichtlich prägten sie auf *ihre* Weise den Raum und nicht umgekehrt. Der englische Charakter schien durch das Empire selbst bedroht.[270]

Besonders in der Zwischenkriegszeit wurde *englishness* als maßvoll zelebriert und in der Landschaft gespiegelt. Ruhe und Stoizismus zeichneten angeblich den Engländer aus, exzentrisches, aber kein extremes Verhalten, so wie die englische Landschaft. Ernest C. Pulbrook behauptete, dass England zu klein sei, zu sehr durch die See eingezwängt, um Riesenhaftigkeit Platz zu bieten, d.h. weiten Wäldern oder unbezwingbaren Gebirgen. »[A]ll is measured, mingled, varied, gliding easily one thing into another; little rivers, little plains, swelling speedily-changing uplands, all beset with handsome trees; little hills, little mountains, netted over with the walls of sheep-walks; all of it little, yet not foolish or blank, but serious rather, and abundant of meaning for such as choose to seek it; it is neither prison nor palace, but a decent home.«[271] Das, so Christopher Hussey 1924, sehe man schon, wenn man die pompösen Vorstellungen von Gärten in Italien und Frankreich mit dem englischen Verständnis vergleiche: »Ask an Englishman [...]. ›Flowers,‹ he will say, ›a little grass, and some shade.‹ Nothing more definite.«[272] Und Lord Norman Birkett schrieb 1945: »Other countrysides have their pleasant aspects, but none such variety, none that shine so steadfastly throughout the year... none that change scene and character in three miles of walking, nor have so mellow a sunlight, nor so diversified a cloudland, nor confess the perpetual refreshment of the strong soft winds that blow from off the sea, as our mother England does.«[273] »There is a calmness, a lack of flashiness, a restrained look that loses out in grand spectacle terms to the swaggering giant landscapes of the world; but it gains in subtlety, in the pleasure derived from closely observed, understated beauty«, pflichtete Harry Mount 2013 diesen Elogen bei.[274]

In diesem Sinne waren zuvor schon im 18. Jahrhundert die Alpen als Maßstab herangezogen und verworfen worden. In Sachen Sublimität und Grandeur sei dieses Gebirge gewiss nicht einzuholen, schrieben mehrere Autoren, doch komme es nicht auf die Höhe der Berge an, sondern auf die Komposition der Elemente. Und da stünde die englische Bergwelt dem Kontinent in nichts nach. Der ganze Variantenreichtum der Alpen finde sich auch im Lake District. Abgesehen davon, enthielten die Alpen Gletscher, und Gletscher seien keine Zierde der Landschaft, weil ihre »dirty ›pepper-and-salty‹ appearance« und der unvermeidliche Schlammabfluss die Täler der Schweiz hässlich machten. Nicht einmal die Wasserfälle zogen. Sie überböten einander bis zur Ermüdung, ihnen fehle der pittoreske Schleier aus Wasserdampf. Von allem also zu viel in den Alpen, zu bombastisch.[275] Dagegen die englische Landschaft: »it is to this very quality of smallness that it owes the greatest part of its peculiar attractiveness.«[276] Weniger maßvoll fiel manchmal das Eigenlob aus. »The English Landscape is our collaborative masterpiece and our greatest gift to the wide world, greater even than Shakespeare«, meinte der Dichter Andrew Motion 2016.[277] »England has been uniquely blessed [...] with the ideal location, climate, geology and geography to produce perhaps the greenest and most engaging landscape in the world«, ergänzten Peter Waine und Oliver Hilliam in ihrem Buch über das »Council for the Protection of Rural England«.[278]

Was macht das Englische noch aus? Laut Harry Mount die Idee, dass die Dörfer und Städte organisch gewachsen seien, dass alles Symmetrische, Planung in großem Stil und die breiten Avenuen im Grunde unenglisch seien, dass der Klassizismus die gothische Grundstruktur nicht habe überformen können, und dass weder das normannische *grid system* noch das *enclosure* eine Uniformität wie in den Niederlanden oder den USA über das Land gebracht hätten. Die englischen Gebäude stünden nicht in der Landschaft, sie erwüchsen aus ihr. Es gab natürlich Sünden, wie die militärisch-teutonischen Aufforstungen mit Nadelbäumen, die viktorianischen Avenuen oder Städte »[that] are now developed by dirigiste, centralized diktat«.[279] Aber diese Modernisierung habe weder den Gefallen der Engländer am altertümlichen Design ihrer Telefonzellen, Taxis und Strommasten beeinträchtigen können, noch die alten Institutionen zerstört, die sich der englischen Geschichte verdankten. Gemeindegrenzen, Hecken, Wälle und Straßen gingen teils sogar auf die Eisenzeit zurück. Der Maler David Hockney, nach 50 Jahren aus Los Angeles in seine Heimat Yorkshire zurückgekehrt, stellte fest, dass sich nichts geändert hatte, weil sich nichts hatte ändern müssen: »I found out why in the end – it's grade one agricultural land, so the villages aren't extended; there's nothing for tourists, no tea rooms, just these beautiful undulated hills«, sagte er dem »Daily Telegraph« im Oktober 2010.[280] 1938 hatte William Beach Thomas dekretiert, dass der Lake District ein nationales Monument sei, das so bleiben müsse, »as the Lake poets knew them«.[281]

Die Countryside als Kleinod der Nation

Im Laufe der Zeit ist eine Reihe von Organisationen entstanden, um die englische Landschaft zu schützen, z.B. der »Council for the Protection of Rural England«, die »Countryside Commission«, der »National Trust«, der »Council for Small Industries in Rural Areas« oder die »Royal Society for Nature Conversation«. Sie planen und beaufsichtigen unterschiedliche Schutzzonen – »National parks«, National nature reserves«, »Areas of outstanding beauty«, die »Heritage coast«, »Green belts«, »Sites of special scientific interest« usw. – ganz unterschiedlicher Träger, Besitzer, Schutzgrade, Kontrollinstanzen, Lagen, Größen, teils ineinander geschachtelt, teils zugänglich, teils aus Naturschutzgründen gesperrt. Sie sollen mehr oder weniger strikt die Landschaft gegen Eingriffe bewahren bzw. mit ihnen in Einklang bringen.[282] Der National Trust stieg zu einem der größten Landbesitzer Englands auf. Mehrere Gesetze machten ihn nach der Jahrhundertwende zu einer mächtigen Organisation. Er konnte Landverkäufen widersprechen und Verordnungen erlassen, um Eingriffe in die Landschaft zu regulieren. Der Logik der Eigentumsgesellschaft folgend, setzte er selbst auf den Erwerb von Boden, um ihn privater Verfügung zu entziehen.[283]

Vorreiter waren die Akteure im Lake District, die dessen Natur als nationales Eigentum für alle zugänglich erhalten wollten.[284] 1880 wurde die »Wordsworth Society« gegründet, 1883 erblickte die »Lake District Defense Society« das Licht. John Ruskin erklärte als Ziel der Wordsworth-Gesellschaft, »to preserve as far as possible in England the conditions of rural life which made Wordsworth himself possible and which if destroyed would leave his verse vainer than the Hymns of Orpheus«.[285] Die Zerstörung der Landschaft in *ganz* England, mit anderen Worten, würde Wordsworths großartige Dichtung posthum entwerten und musste deshalb verhindert werden. Neben den bereits erwähnten Protesten gegen neue Eisenbahnlinien wurde im Lake District der Kampf um die Freihaltung von Wanderwegen in mehreren Fällen ausgefochten, besonders prominent 1887 am Berg Latrigg. »If we have no right of access to the summit of Latrigg, then we have no right to ascend other similar mountains in Great Britain«, rief einer der Aktivisten der Menge zu.[286] Eine Gruppe beseitigte dann die Hindernisse und marschierte den Berg hinan, »Rule Britannia«, »Britons never shall be slaves« und »God save the Queen« singend. Vor Gericht errangen sie den Erfolg, dass erstmalig in der englischen Geschichte zwei Wanderwege festgeschrieben wurden. Dieser Konflikt gab den zu der Zeit überall im Land entstehenden »Footpath Preservation Societies« eine nationale Note.[287] – Auch um Stauseen, die im 19. Jahrhundert angelegt werden sollten, um die Industriestädte des Nordens mit Trinkwasser zu versorgen, wurde gekämpft. Hier gab es ebenfalls einen publikumswirksamen Fall, nämlich die Auseinandersetzung um den Thirlmere-Stausee. Mit der »Thirlmere Defence Association« (LDA) war 1877 die erste englische Landschaftsschutzorganisation gegründet worden. Sie wurde von einflussreichen Persönlichkeiten aus ganz England getragen, und sie entwickelte moderne Kampagnenmethoden wie die Publikation von Kampfschriften, öffentliche Anhörungen oder parlamentarische Lobbyarbeit. Mit ihrer Hilfe schlug in der breiten Öffentlichkeit eine neue Vorstellung durch, nämlich dass nicht allein Eigentümer ein *Gestaltungsrecht* an der Landschaft hatten, sondern dass andere Bevölkerungsgruppen ein Recht auf ihre *Bewahrung* besaßen. Die LDA verlor 1879 zwar die gerichtliche Auseinandersetzung. Aber sie hatte aus einer lokalen Aktion einen Fall von nationaler Bedeutung gemacht.

Neben Straßen und Eisenbahnen nahmen die Landschaftsschützer die Elektrifizierung ins Visier. 1890 war die erste Stromleitung Richtung Lake District bis Keswick verlegt worden. Seitdem wurde (und wird) um Hochspannungsleitungen im Lake District gestritten. 1956 beispielsweise gab es eine Anhörung, die auf 69 Schreibmaschinenseiten festgehalten wurde und sich fast wie eine staatsanwaltliche Ermittlung liest, für die Zeugen und Gutachter vernommen wurden. Dabei ging es um einfache Holzmasten mit einer Höhe von knapp 8 Metern, die zwei bis vier Drähte tragen sollten! Die Landschaftsschützer waren nicht gegen die Stromversorgung der Region. Sie wollten weite Teile der Leitungen aber aus ästhetischen Gründen unterirdisch verlegt sehen. Den Unternehmen war das zu teuer, viele der befragten Einwohner scheinen sich an oberirdischen Leitungen eher nicht gestört zu haben.[288] Noch 1981 wurde unverblümt folgende bemerkenswert antimoderne Metapher in Stellung gebracht: Der Mast einer Starkstromleitung »is a remarkable piece of structural engineering, its intrusion into the countryside is equivalent to the scrawling of a Picasso sketch across a Constable painting.«[289] Anderswo wurden ähnliche Diskussionen geführt; beim Geburtshaus Constables wurden Stromleitung zu Kosten von 1,9 Millionen Pfund unter die Erde gelegt, um die Szenerie aus des Malers Kindheit zu bewahren (die Besucher generierten jährliche Einnahmen von 40 Millionen Pfund).[290]

Eine der größten Herausforderungen für alle Aktivisten war die Aufforstung. 1909 waren nur noch 5,3 % Englands bewaldet. Die Industrialisierung im 19. Jahrhundert und der Erste Weltkrieg hatten riesige Mengen an Holz verschlungen. So wurde 1919 die »Forestry Commission« ins Leben gerufen, die fortan großen Einfluss auf die Modellierung des Landes nahm, »sending serried ranks of uniform evergreens marching over hill and vale«,[291] ein Graus, den alle Landschaftsschützer durch die Jahrzehnte hindurch in Text und Bild anprangerten. Der Lake District, meinte der Ökonom und Sozialreformer William Beveridge im Hinblick auf die uniforme Anpflanzung von

1914. MR. WILLIAM SMITH ANSWERS THE CALL TO PRESERVE
HIS NATIVE SOIL INVIOLATE.

1919. MR. WILLIAM SMITH COMES BACK AGAIN TO SEE HOW
WELL HE HAS DONE IT.

*Abb. 69: Immer wieder der Zusammenhang von Landschaft, Krieg und
Moderne. Dafür, so legt die Karikatur nahe, soll »Mr. Smith« sein Leben
riskiert haben? Im Grunde handelt es sich um eine Art »Dolchstoßlegende«:
Smith, im Felde stehend, wurde hinterrücks die Heimat von Kapitalisten
gemeuchelt (Waine/Hilliam 2016: 45).*

Nadelhölzern, sei den Engländern so kostbar wie Westminster Abbey. »Do we wish to suffer it a Victorian restauration?«[292] Und Henry Herbert Symonds fügte 1936 hinzu: »The ideal for the Lake District is a national park, not a national forest.«[293] Auch der spätere Reichslandschaftsanwalt des »Dritten Reichs«, Alwin Seifert, hatte 1935 in einem dringlichen Leserbrief an die »Times« davor gewarnt.[294] Noch 1971 regte sich der Historiker Victor Bonham-Carter über die »unimaginative planting of conifers, drawn up in parade ground order, without regard to contours or any attempt to diversify species either for ecological or for aesthetic purposes« auf.[295] Guy Shrubsole beschrieb 2019 die Arbeit der Forestry Commission als regelrechten Kolonialismus, der besonders in Wales auf Widerstand gestoßen sei. Die Kommission habe Land aufgekauft, um es dann mit Koniferen zu bepflanzen, »displacing sheep farmers and in some cases swamping whole settlements.«[296] Zusammen mit dem Verteidigungsministerium gehört die Kommission zu den größten Landbesitzern Englands. Im schlimmsten Falle, so Shrubsole, missachteten beide die Rechte von Individuen, im besten Falle schützten sie die Landschaft, »while proving responsive to public pressure and adaptable to new peacetime priorities«,[297] d.h. sie öffneten ihre Wälder für die Allgemeinheit. Allerdings seien beide Institutionen Repräsentanten des »warfare state, rather than the welfare state«.[298] Auch in dieser Beziehung sind *countryside* und Krieg verbunden (Abb. 69).

Die Vertreter dieser Organisationen befanden sich permanent im Modus der Gefahrenabwehr: Eisenbahnspekulanten, Autoverkehr, Stauseen, Aufforstung, Stromleitungen, und Touristen. Sie kämpften für eine zugängliche Landschaft, die vor den Massen geschützt werden musste, für die Landschaft als nationales Kleinod, statt privater Ressource, für den Raum einer bürgerlichen, statt modernen Konsumgesellschaft. Modernisierungseuphorische Positionen wie die des einflussreichen Stadt- und Raumplaners Patrick Abercrombie waren eher die Ausnahme. 1926 hatte er eine dünne Schrift mit dem Titel »The Preservation of Rural England« veröffentlicht, in der er die *countryside* durch eine effizientere Landwirtschaft, die Ansiedlung von Industriebetrieben, besseren Wohnraum, Freizeiteinrichtungen, die Aufforstung sowie moderne Satelliten- und Gartenstädte sichern wollte.[299] Den Charakter von *country towns* und *villages* wollte er bewahren, ohne sie in Museen zu verwandeln. Moore, Berge, Wälder und das Marschland sollten von Besiedlung, Straßen und Industrialisierung geschont werden, ohne dass der nationale Wohlstand leiden durfte; »unavoidable exploitation« müsse immer gegen die »preservation« aufgewogen werden.[300] Dass zunehmend Menschen auf das Land zogen, da Verkehr und Radio sie mit der städtischen Kultur verbanden, sah er nicht als Gefahr. Der Autobus durchdringe, flexibler als die Bahn, das ganze Land. Die Wunden, die der Motorverkehr in die Landschaft schlage, seien nicht vergleichbar mit denen der Eisenbahn früher. Straßen könnten durchaus ästhetisch in die Landschaft eingefügt werden. Bei alten Straßen wollte Abercrombie deren »irregularities and picturesqueness« und den Baumbestand so weit als möglich erhalten, neue Straßen und Städte sollten ihren modernen Charakter zeigen, um ihre eigene Schönheit zu entwickeln.[301]

Abercrombie setzte auf Planung. Adam Smiths Doktrin der »Unsichtbaren Hand« könne man sich nicht mehr leisten.[302] Er vertrat eine Mischung aus Modernisierungstheorie und Bewahrungsgedanke. Das Prinzip der schönen englischen Landschaft musste abgestuft bewahrt werden, radikaler in der »Wildnis«, stärker an ökonomischen Interessen angelehnt in der »normalen« *countryside*. Der Planer nahm die gesamte englische Landschaft in den Blick, um jeweils empirisch fundiert zwischen Bewahren und Gestaltung abzuwägen. Er stand autoritativ vermittelnd zwischen

Landschaft und Politik bzw. Wirtschaft. »Persuasive planning« nannte Abercrombie seinen Ansatz, denn er wollte die Menschen überzeugen, dem Weg der Planer zu folgen, »because it is the most economic, convenient, pleasant and healthy course to take«.[303] Am Ende kam nicht notwendig eine sublime Landschaft heraus, aber eine geordnete, zonierte, in der Industrie, Siedlungen und Natur in ein vernünftiges Verhältnis zueinander gesetzt wären, »a neat and ordered charm«.[304] Die Landschaft sei kein wilder Garten mehr, doch Aufgabe sei, »that it shall not become a rubbish heap«.[305]

Eine aktuelle Englandreise

Abschließend ein »English journey« des neuen Jahrtausends. In einer *midlife crisis* hatte es den Journalisten Richard Askwith nicht mehr zu Hause in seinem Dorf gehalten, in das er mit seiner Familie gezogen war, und er tourte, in Anlehnung an Henry Morton und John Priestley, durch die englischen Dörfer. Natürlich schrieb er ein Buch. Zuerst ist es von Melancholie durchtränkt. Askwith fuhr durch einen gigantischen Friedhof. Wo andere grünes Land sähen, sah er Verfall; wo die anderen Dörfer erblickten, machte er die Ruinen einer kollabierten Zivilisation aus. Die Einwohner »were a new breed, adapting the physical remains of rural England for the purposes of their new, post-agricultural society – in the same way that, in the fifth and sixth centuries, post-Roman Italians broke and baked the marbles of antiquity to make plaster for their pre-medieval huts.«[306] Später wurde ihm klar, dass er das verlorene ländliche England in einem imaginären Raum gesucht hatte, imaginierte Dörfer, »that had for some reason remained untouched by the social and technological revolutions of the past 50 years.«[307] Die aber gab es nicht mehr. Also konzentrierte er sich auf die Menschen. Ihre Berichte könnten ihm ein Tor zur Vergangenheit eröffnen, hoffte er. Und die erzählten ihm dann, dass es früher mehr Gemeinschaft gegeben habe, dass jeder jeden gekannt und man einander vertraut habe. Wie überschaubar das Leben gewesen war: »Yes, from time to time you might have to risk your life in battle, but the land you were defending remained the same. When peace eventually came, there was the same old England. Whereas now...«.[308]

Je mehr er aber die Vergangenheit in anderen Teilen des Landes suchte, desto mehr näherte er sich der Gegenwart – denn er verlor beinahe sein eigenes Dorf. »While I had been chasing ghosts, my fellow villagers had been quietly getting on with being an imperfect but essentially benign 21st-century rural community – earning livings as best they could, sharing hobbies, having occasional parties, driving because they had to, chatting when the chance arouse, working on various committees, charities and societies. If I had left any gap by my absence, the community had long since closed over it.«[309] Und so kam er am Ende seiner Reise in die Finsternis und durch seine *midlife crisis* zu einem versöhnlichen Schluss. Jetzt sind es nicht mehr Schäfer, Bauern, Knechte und Vagabunden, sondern Makler, Lehrer, Ärzte, Touristen, Teenager und *dog-walker*, die die Kirchglocken hören, den Wind spüren und durch Hecken spähen, und die denken, »(perhaps at the end of a long day's work): ah, yes, that's my village there; that's home.«[310] Dass sie nicht mehr ihr Leben lang an einem Ort verbringen, störe nicht, so lange sie sich nur zugehörig fühlten. Ohne die *countryside* wäre England eine ganz andere Nation geworden. Doch nun könne man die Zukunft begrüßen, dürfe die Errungenschaften der Gegenwart genießen und sollte denjenigen zuhören, die noch vom Reichtum der ländlichen Vergangenheit künden könnten.

Anmerkungen

1. Mount 2013: 300.

2. Ebd.: 95f.; Waine/Hilliam 2016: 183.

3. Waine/Hilliam 2016: 9-13, 93, 170, 183.

4. Grigson (Hg.) 1951a: 40, 42, 1951b: 7f.; Sharp o.J./1939: 5.

5. Gardiner 2011: 240-243; Harris 2010: 189.

6. Gardiner 2011: 242.

7. Cosgrove/Roscoe/Rycroft 1996: 536f.

8. Howkins 2001: 151.

9. Ebd.: 148.

10. Daniels 1991.

11. Z.B. Clunn o.J./1936; Massingham 1936, ²1941/1937; Moore 1938; Thomas 1984/1909; Timperley 1933; Wallace 1939; s.a. Brace 1999; Brandon 1979; Potts 1989.

12. Timperley 1933: 19. Ähnlich Massingham ²1941/1937: 94.

13. Hoskins 1949: 62.

14. Rhodes 1824: 25.

15. Warner 1803.

16. Collingwood 1933/1902: 23. Ähnlich Ford (Hg.) 1935.

17. Thomas 1984/1909.

18. Birkett 1945: 33.

19. Habermann 2010.

20. Jeremiah 2010: 241; Morrison/Minnis 2012: 283.

21. Morton 2000/1927: 105f.

22. Ebd.: 268.

23. Ebd.: 201.

24. Morton 1928: 141f.

25. Morton 2000/1927: 279.

26. Priestley 2018/1934: 340.

27. Ebd.: 340.

28. Ebd.: 332-351.

29. Ebd.: 339.

30. Priestley (Hg.) 1939: xi.

31. Ebd.: xii.

32. Ebd.

33. Priestley 1939.

34. Lowe 2012.

35. Bunce 1994: 21; s.a. Waine/Hilliam 2016: 138.

36. Matless 1993.

37. Hoskins 1955: 17.

38. Ebd.: 176.

39. Ebd.: 179.

40. Ebd.: 232.

41. Pulbrook ²1926/1914: 57f.

42. Zit. n. Lowe 2012: 92.

43. Priestley 1935: 8.

44. Drabble 1984: 141.

45. Ford 1906: 37f.

46. Zit. n. Shrubsole 2019: 247 (Auslassung im Orig.).

47. Thomas 1938: 173.

48. Ford 1933; Rowley 2006.

49. Nicholson 1969: 176f.

50. Ebd.: 230.

51. Davies 2006.

52. Priestley 1939: 163.

53. Z.B. Bell u.a. 1935; Browman u.a. o.J./1950; Cornish/Noton/Wakefield 1998; McBride 1989; Marsh/Sparks 2000; Morton 1942.

54. Souden/Starkey 1985: x-xv, 188-195.

55. Hussey 1924: 33-35.

56. Ebd.: 18f.

57. Z.B. Conyngham Greene 1932 bzw. Thomas 1938.

58. Orwell 1976/1937: 17.

59. Baldwin 1933: 6.

60. Zit. n. Marsh 1982: 169.

61. O'Neill 2000: 210.

62. Marsh 1982: 247. Ähnlich Mount 2013: 305.

63. Strong 1996: 125.

64. Waine/Hilliam 2016: 117.

65. Blythe 2005/1969: 15.

66. Strong 1996: 36.

67. Burchardt 2002: 159f.

68. Griffiths 2007: 104.

69. Dürbeck/Kanz 2020: 2.

70. Lubkowitz 2020; Smith 2017.

71. Coones/Patten 1986; Joad 1931; Williams-Ellis (Hg.) 1938.

72. Grigson (Hg.) 1951a: 42f. Ähnlich Baddeley ⁶1891/1880: xvi; Ingram 1947-1948; Sharp o.J./1939; Thomas 1938; s.a. Brown 1935.

73. Sharp o.J./1939: 6.

74. Ebd.: 46f.

75. Readman 2018: 195-249.

76. Hussey 1924: 2f.

77. Ditchfield 1908.

78. Bentley/Palmer 2010/1999; Perry/Gore/Fle-
     ming 1986.

79. Pulbrook ²1926/1914: 80.

80. Burke 1933: 23.

81. Hoskins 1949: 79.

82. Blythe 2005/1969: 39.

83. Holt 2003: 148, 151.

84. Anderson/Meyrick/Nahum 2008: 18f.

85. Dick/Allingham 1909.

86. Howkins 1986: 73.

87. S. z.B. die Abb. in Payne 1993; s.a. Reynolds
     1983.

88. Smith 2013: 83.

89. Morton 2000/1927: viii.

90. Hussey 1924: 65.

91. Kingsnorth 2009: 27.

92. Harris 2010: 180.

93. Zit. n. Ford 1977: 43.

94. Hoskins 1949: 71.

95. Ebd.: 79.

96. Harris 2010: 176.

97. Hoskins 1949: v.

98. Butts 1932: 23.

99. Ebd.: 26.

100. Dower 1959: 132.

101. Countryside Commission 1998/1999.

102. Z.B. Hoskins 1949; Pulbrook ²1926/1914; Rou-
     se 1936; Thomas 1984/1909.

103. Howard 1991: 93.

104. Pulbrook ²1926/1914: 85.

105. Ebd.: 87f.

106. Hoskins 1949: 105.

107. Ebd.: 106.

108. Z.B. Rouse 1936: Tafel 94.

109. Ebd.: 25f., 116.

110. Burke 1933: 24.

111. The Prince's Countryside Fund o.J./ca. 2019:
     9.

112. Burchardt 2011. 76.

113. Pulbrook o.J./1922: 236.

114. Readman 2018: 143.

115. Allison 1837: 73. Allison zitierte hier William
     Gilpin, der wiederum einen Reisenden zi-
     tiert hatte (Andrews 1989: 181).

116. Allison 1837; Budworth 1792; Ousby (Hg.)
     1992; Robinson 1819; West 1778; Wrangham

     (Hg.) 1983; mit weiteren Beispielen: Andrews
     1989: 153-195.

117. Bicknell 1990: ix.

118. Phillips o.J./1855: 14.

119. Baddeley ⁶1891/1880; Waugh 1882/1861.

120. Baddeley ⁶1891/1880: xviii.

121. Readman 2018: 96.

122. Bicknell/Woof 1982, 1983.

123. Vgl. Ehland 2007: 374-395; Whitehead 1966.

124. Bode 1997: 96.

125. Brunton 2001; Huggins/Gregson 2013; Woof
     1986.

126. Mathis 2010: 46, 87, 99.

127. Bode 1997: 97.

128. Brooke 1890.

129. Robertson 1911; Walton/O'Neill 2004: 23.

130. Bode 1997: 97; Yoshikawa 2014: 1.

131. Cooper 2013: 245f.; s.a. Wordsworth 1864.

132. Readman 2018: 105.

133. Gilpin 1786: Bd. 1, 144, 147f., 161, 165f., 182-184.

134. Wordsworth 1835: 1-36.

135. Readman 2018: 106.

136. Wordsworth 1835: 58f.

137. Ebd.: 70-75.

138. Ebd.: 88.

139. Ebd.: i.

140. Wordsworth o.J./ca. 1845.

141. Somervell o.J./1876.

142. Ruskin o.J./1876: 5.

143. Somervell o.J./1876: 39.

144. Walton 2013a: 75f.

145. Pearsall/Pennington 1973: 17-25.

146. Ward 1948: 226f.

147. Ward 1929: 187-192. Ähnlich Dobell 1969.

148. Ward 1948: 220, 229f.

149. Marshall/Walton 1981: 177-203; O'Neill 2000,
     2005; Readman 2018: 95; Walton 2013b: 80f.;
     Walton/McGloin 1981; Walton/O'Neill 2004:
     19.

150. Ehland 2007: 379f.

151. Vgl. Walton/O'Neill 2004: 19; Mathis 2010:
     292.

152. Nicholson 1995/1955: 25.

153. Ebd.: 41.

154. Ebd.: 55.

155. Ebd.: 187.

156. Sandbach 1981.

157. Shrubsole 2019: 244, 248.

158. Rawding/Blakey/Hind 2004: 81.

159. Welterbe-Komitee, 11. Sitzung, 7.-11.12.1987, SC-87/CONF.005/3, Bl. 5; s.a. SC-87/CONF.005/INF 4, Bl. 1f. (https://whc.unesco.org/en/decisions/3756/ [13.7.2021]).

160. CONF 004 VII.D (https://whc.unesco.org/en/decisions/3575/ [13.7.2021]).

161. National Grid 2017: 15.

162. Ebd.: 19.

163. Ebd.: 21 (Hervorh. von mir).

164. Lake District National Park Partnership 2015a: 173, 177.

165. Ebd.: 250, 289, 296, 366.

166. Lake District National Park Partnership 2015b: 118.

167. Dimbleby 2005: 30.

168. Buchmann 1954: 20.

169. Ehland 2007; Kohl 2012; Martin 1988.

170. Mathis 2010: 322; Osmond 1988.

171. Russell 2004: 26f.

172. Ebd.: 28f.

173. Ebd.: 34.

174. Ebd.: 24f.

175. Dazu Tylor 1994: 164-171.

176. Orwell 1976/1937: 43.

177. Ebd.: 17.

178. Ebd.: 21.

179. Ebd.: 98.

180. Ebd.: 99.

181. Ebd.: 102.

182. Ebd.

183. Ebd.: 104f.

184. Ebd.

185. Hillier 1987/1976: 81.

186. Ebd.: 71.

187. Ebd.: 17.

188. Morton 2000/1927: 179f.

189. Priestley 2018/1934: 336.

190. Ebd.: 337.

191. Ebd.: 350.

192. Vale 1937.

193. Jeffrey 1984: 13.

194. Wood 1988: 135.

195. Jeffrey 1984: 7.

196. Howard 1991: 50.

197. Barringer/Fairclough 2014: 24.

198. Howard 1991: 167.

199. Berg 1997: 129.

200. Ebd.: 124.

201. Shields 1991: 207-251; Suliman 2007: 154f.

202. Said 2009/1978; Todorova 2002.

203. Shields 1991: 245.

204. Taylor 2001: 136.

205. Shields 1991: 244.

206. Glendening 1997; Maurer 2007; Schaff 2012, Withers 1996.

207. Batsford/Fry ²1934; Blake 1934; Quigley 1936; Scott-Moncrieff o.J./1939.

208. Purdue 2010.

209. Burchardt 2002: 6; Smith 2000: 12, 66f.

210. Lowenthal/Prince 1964: 317.

211. Hayes 2020: 365.

212. Shoard 1997/1987: 91.

213. Hayes 2020: 307-309.

214. Shrubsole 2019: 237.

215. Hayes 2020: 90f.; Lowenthal/Prince 1964: 329-333; Shoard 1997/1987: 263-298.

216. Dower 1945: 28-39.

217. Hayes 2020: 368. Im Original: URL: https://visitsweden.com/what-to-do/nature-outdoors/nature/sustainable-and-rural-tourism/freedomtoroam/ (24.2.2021).

218. Hayes 2020: 56.

219. Scutt 1996: 14.

220. Grindon 1882/1852: 7.

221. Burchardt 2002: 121.

222. Tebbutt 2006: 1152f.

223. Burchardt 2002: 127f.; Reynolds 2017: 71 (illustrative Karte); Sandbach 1981: 119.

224. Harker 2005.

225. Darby 2000: 133.

226. Burchardt 2002: 125f.; Darby 2000: 173.

227. Matless ²2016/1998: 74.

228. Ebd.: 94.

229. Darby 2000: 154-158, 174; Matless ²2016/1998: pass.

230. Matless ²2016/1998: 101f.

231. Thompson 2010: 31.

232. Darby 2000: 107.

233. Reynolds 2017: 52.

234. Eine detaillierte Aufstellung in Darby 2000: 108-111.

235. Ebd.: 171 (Hervorh. im Orig.).

236. Somervell o.J./1876: 36.

237. Birkett 1945: 33.

238. Waine/Hilliam 2016: 162-171.

239. Vgl.   https://www.righttoroam.org.uk/ (23.7.2021).

240. E-petition relating to trespass – 19 April 2021 (https://www.youtube.com/watch?v=OwY-Ce]--zp4 [1.11.2021]).

241. Waine/Hilliam 2016: 19, 139.

242. Hayes 2020: 266.

243. Priestley (Hg.) 1939: 169 (Hervorh. von mir).

244. Darby 2000: 128, 139.

245. Martineau o.J./1855: 6f.

246. Z.B. Godwin 1990, Hayes 2020; Shoard 1997/1987; Shrubsole 2019; s.a. Readman 2008; Taylor 1997.

247. Ford 1906: 78 (Hervorh. im Orig.).

248. Ebd.: 79.

249. Mercer/Puttnam 1988: 120.

250. Matless²2016/1998: 50.

251. Mount 2013: 138.

252. Ebd.: 283.

253. Zit. n. Matless²2016/1998: 56.

254. Ebd.: 57, 60, 69; Waine/Hilliam 2016: 136.

255. Tebbutt 2006: 1152f.

256. Bertrand 2014; Pollard 1993; Taylor 1994: 254-261, 274-276, sowie Tafel 16, 23.

257. Hayes 2020: 156; Mount 2013: 288.

258. Wright 2001: 16.

259. Zit. n. Hayes 2020: 156 (Auslassung im Orig.).

260. URL: https://www.cpre.org.uk/ (25.2.2021).

261. Ling Wong o.D.

262. Baucom 1999.

263. Kumar 2003; s.a. Ebke 2019; Habermann 2010; Kenny/McLean/Paun (Hg.) 2018; Macpherson 2018; Taylor 1991, 2001; Walter 2018.

264. Ford, zit. n. Baucom 1999: 17.

265. Short 1991: 35; s.a. Whyte 2002: 172-181.

266. Baucom 1999: 20.

267. Taylor 2001: 134.

268. Matless²2016/1998: 248.

269. Darby 2000: 126.

270. Baucom 1999: 24.

271. Pulbrook²1926/1914: 2.

272. Hussey 1924: 45.

273. Birkett 1945: 22.

274. Mount 2013: 42.

275. Baddeley ⁶1891/1880: xi-xiv (Zitat: xii); West 1778: 5-7, 66, 116; Wordsworth 1835: 96-107.

276. Baddeley ⁶1891/1880: xiv.

277. Waine/Hilliam 2016: 7.

278. Ebd.: 13.

279. Mount 2013: 119.

280. Zit. n. ebd.: 295.

281. Thomas 1938: 175.

282. Mercer/Puttnam 1988: 9-13, 73.

283. Berry/Beard 1980: 6-12; Lake District National Park Partnership 2015a: 211-215, 221-224.

284. Marshal/Walton 1981: 219.

285. Zit. n. Lake District National Park Partnership 2015a: 214.

286. Zit. n. Readman 2018: 122.

287. Ebd.: 123.

288. Archiv des Museum of English Rural Life, Akten des Council for the Protection of Rural England (CPRE), SR CPRE C/1/62/25.

289. Marshall/Walton 1981: 229.

290. Waine/Hilliam 2016: 152.

291. Shrubsole 2019: 173.

292. Zit. n. Symonds 1936: 15.

293. Ebd.: 67.

294. The Times, 6.3.1935.

295. Zit. n. Shrubsole 2019: 173.

296. Ebd.: 175.

297. Ebd.: 177.

298. Ebd.

299. Abercrombie 1926.

300. Ebd.: 16.

301. Ebd.: 52.

302. Ebd.: 13.

303. Ebd.: 41.

304. Ebd.

305. Ebd.: 39.

306. Askwith 2008: 9.

307. Ebd.: 29.

308. Ebd.: 63.

309. Ebd.: 338.

310. Ebd.: 344.

Schluss: Landschaft & Ordnung

Machen wir uns auf die Rückfahrt, diesmal fast in der Gegenwart. Wenn Kritiker schon die Dampfschiffe der 1820er Jahre schalten, das kontemplative Reisen zu zerstören, so würde ihnen eine Zugfahrt heute wie der Inbegriff eines entseelten Utilitarismus vorkommen. Denn im August 2021 gab es von Windermere im Lake District nach Koblenz zwei Tagesverbindungen, eine kurz vor sieben, eine kurz vor acht Uhr. Für die erste benötigte man nur noch zehn Stunden: Mit der Northern nach Oxenholme, der Avanti West Coast nach Euston, hinüber nach St. Pancras International, dem Eurostar nach Brüssel-Süd, weiter nach Köln und Koblenz. Die zweite Verbindung über Paris und Saarbrücken dauerte 13 Stunden, bei besserem Anschluss in Paris hätte man eine Stunde einsparen können. Zu Beginn des 20. Jahrhunderts benötigte man für diese Strecke 26 bis 31, 1930 gute 25 Stunden. So, wie sich die Reisezeiten dramatisch geändert haben, so haben sich der Tourismus und der Umgang mit Landschaft geändert. Und so unterschiedlich die drei Länder sind, so unterschiedlich waren die Projektionen auf die Landschaft.

Der Mittelrhein: eine Linie, die räumlich lange Zeit über das territoriale Verhältnis zu Frankreich definiert wurde, als »deutscher Strom« oder als politische Grenze. Dalarna: Eine Herzkammer, in die man mit Ehrfurchtsbezeugungen einfuhr; konturiert durch die negativ konnotierte Groß- und Hauptstadt Stockholm. England: Die Landschaft als Kippbild, als Dualismus von Stadt und Land, Nord und Süd.

Am Rhein: mehrere Zeitschichten und Aggregatzustände des deutschen Reichs, als imaginiertes Mittelalter, als bürgerliche Utopie, als preußischer Herrschaftsraum und als moderne Nation. Dalarna: ein quasi zeitloser Nukleus der schwedischen Gesellschaft; wehrhafte Bauern, kleine Dörfer und niedrige Holzhäuser inmitten einer weiten, harmonischen Landschaft als Urzelle der Demokratie. England: die *countryside* als Raum, in dem sich die spezifische *englishness* seiner Bewohner konstituierte – entlang exkludierender Klassen-, Rassen- und Gendergrenzen.

Landschaft und Nation, das hatte am Rhein oft etwas latent Passives. Die Landschaft erinnerte an eine große deutsche Vorzeit, die zurückgewonnen werden musste, und sie diente im Abwehrkampf gegen französische Ansprüche. In Dalarna hatte Gustav Vasas Flucht den Raum in eine Geschichtslandschaft verwandelt; aus ihr war angeblich die schwedische Nation erstanden. In England trug die *countryside* dazu bei, eine Leerstelle zu füllen, nämlich die fehlende *englische* Nation.

Die Bebauung: Am Rhein Burgruinen als melancholisches *memento mori* eines vergangenen mittelalterlichen Reichs, und was die Preußen später restaurierten bzw. wiederaufbauten, waren keine kriegerischen Festungen, sondern sollte ihrer Herrschaft mittels ikonischer Zeichen historische Tiefe verleihen. Zusammen mit den mittelalterlichen Städtchen, den gotischen Kirchen und den Parks bildeten sie das eher träumerische Symbol einer werdenden Nation. Dalarna, Ursprung der Nation und einer frühneuzeitlichen, europäischen Militärmacht, setzte auf Freilichtmuseen, in denen historische Hofanlagen vor dem Verfall gerettet wurden. Oft standen sie, wenn nicht räumlich, dann zumindest geistig in unmittelbarer Nachbarschaft zu neu errichteten Transformatorenhäusern; sie standen wie Wegweiser in der Landschaft, die nicht in die Vergangenheit zurückwiesen, sondern aus ihr heraus in die Zukunft. Und die Weltmacht England setzte auf pittoreske *villages*, *cottages* und Dichterhäuser, während Burgen und Herrensitze eine untergeordnete Rolle spielten, obwohl sie ebenfalls liebevoll gepflegt wurden. Letztere gehören zwar zum *image* Englands, doch die *englishness* ist im bäuerlichen Leben von *village* und *countryside* situiert.

Alle drei Landschaften wurden als Bild gesehen, auf Bildern verewigt, in Texten als Bilder geschrieben. Man konnte diese Bilder sogar betreten und mit Hilfe von Claude-Gläsern auf dem Projektionsschirm komponieren. Die Bilder rahmten den Blick. Artefakte der Moderne ließen sich marginalisieren, ohne sie auszublenden. William Gilpin und andere verfassten dafür regelrechte Seh-Anleitungen. Vor den Augen der Betrachter und durch ihre Augen entstanden Idealbilder. Sie fielen nicht eindimensional aus, besonders am Rhein veränderten sie sich im Laufe zweier Jahrhunderte. Sie führten den Betrachtern unterschiedlicher Epochen und Länder jeweils andere gesellschaftspolitische Utopien vor Augen.

Der romantische Rhein war keine anti-moderne Landschaft. Die Errungenschaften der modernen Welt liefen in Texten und auf Bildern einfach mit, weder prominent hervorgehoben, noch verteufelt. In der vorromantischen Zeit indizierte ökonomisch-technischer Fortschritt geradezu eine gute Herrschaft, nach dem Ersten Weltkrieg sollte die »herbe Romantik« der industriellen Moderne helfen, die linksrheinischen Gebiete als »deutschen Volksboden« auszuweisen. Dalarna war dezidiert keine anti-moderne Landschaft, vielmehr vermittelte sie zwischen heroischer Vorzeit und moderner Zukunft. Trotz ihrer konservativen Traditionswahrer atmete sie nur zu deutlich den Geist des Aufbruchs; es gab kein Zurück, vorne lag das Ziel. Die Vormoderne bildete ein verlässliches, stabiles Fundament für eine Nation, die sich bereits in den 1930er Jahren als hypermodern imaginierte, aber bis heute an Traditionen wie dem Mittsommerfest festhält. England dagegen setzt seit jeher Moderne – Stadt, Industrie, Nordengland – und Vormoderne – *countryside*, *village*, *cotten* – in eine Opposition. Bis heute öffnen das Genre des *nature writing* und der *lost village*-Literatur sowie die Nationalparks das Fenster eher zu einem vormodernen, ruralen England als in die Zukunft – obwohl Verfasser und Aktivisten bewusst in der Gegenwart lebten und schon in den 1920er Jahren zwischen Stadt und Land wechselten.

Allen drei Landschaften wurde eine spezifische Kraft zugeschrieben. Der Rhein fungierte zeitweise als geologischer Supermann, der deutschen Boden gegen Frankreich verteidigte. Dalarna konvertierte die Elite der Großstadtmenschen zum Landleben. Die *countryside* konstituierte einen englischen Charakter, der das Empire groß gemacht hatte. Auf je eigene Art sicherte Landschaft die Nation. Zugleich drückte sich in der Kulturlandschaft das »Eigene« einer Gesellschaft aus, Natur dagegen war ihr »Anderes«, ebenfalls schützenswert, aber eine latente, fast schon monströse Bedrohung der Kultur. Natur stand gegen Landschaft und Landschaft gegen bloße Gegend (in Gerhard Hards Terminologie). Das gilt bis heute.

Der größte Unterschied ist, dass die Landschaft am Rhein und in Dalarna ihre existenzielle Funktion nach dem Zweiten Weltkrieg verloren hatte. Dort war die Nation arrondiert, hier die Moderne integriert. In England dagegen dient Landschaft nach wie vor als Medium der Verhandlung gesellschaftlicher Befindlichkeiten. Es geht immer noch darum, wer *citizenship* beanspruchen darf, indem ihm ein Recht auf Landschaft zuerkannt wird. Die *countryside* strukturiert Gesellschaft; durch die Umnutzung des Landes kann man Gesellschaft re-strukturieren. Am Rhein wird die Landschaft nunmehr als Welterbe gepflegt, in steter Auseinandersetzung zwischen dem Anspruch zu bewahren – aber welche historische Schicht? – und den oft konkurrierenden Ansprüchen von Touristen und Anwohnern. In Dalarna setzt man ganz auf die Klientel des hedonistischen 21. Jahrhunderts, auf Aktivtouristen und mobile, kreative, landaffine Arbeitnehmer, ohne den alten Impetus Dalarnas als Klassenzimmer der Nation ganz aufgegeben zu haben.

In England ist Landschaft weiterhin so prominent, dass sie sogar in eigenen Kolumnen der Tageszeitungen präsent ist. Aber wie sieht es mit der Wirksamkeit der Imaginationen aus? Haben die Landschaften wirklich als »Sanatorien« der Nationen fungiert? Lässt sich ein Einfluss auf konkrete Politik nachweisen? Haben tatsächlich größere Teile der Bevölkerungen Dalarna als das »Herzland« Schwedens und den romantischen Rhein als »Deutschen Strom« wahrgenommen, und nicht bloß exzentrische Publizisten? Hat also ein 200 Jahre währendes *image branding* tatsächlich Früchte getragen für die Bildung einer nationalen Identität? Schaut der Engländer in der *countryside* wirklich wie in einen Spiegel seiner selbst? Wie bei allen Diskursen, Imaginationen oder Utopien lässt sich diese Frage kaum beantworten. Dass Ausflüge in die Natur die Arbeitskraft der Werktätigen regenerieren, war bekannt. Doch als »Sanatoriumsaufenthalt« funktionierte die Landschaft denn doch nicht. Immerhin lässt sich erkennen, dass der Mythos einer Landschaft die Politik zu Schutzmaßnahmen veranlasste, beispielsweise die Rettung des Drachenfels, die Ausweisung von Nationalparks oder die Restaurierung von Burgen und Bauernhäusern. Dass die *englishness* im »Süden« des Landes lokalisiert wurde, in den Cotswolds, im Constable Country, dem Lake District usw., und nicht im Black Country des »Nordens«, hat sich lange Zeit auch in der konkreten Regionalpolitik und Wirtschaftsförderung der britischen Regierung niedergeschlagen. Die symbolische Aufladung des Rheins ließ sich sowohl in die preußische Herrschaftsikonografie einbauen, als sie auch die Konflikte mit Frankreich 1840 und 1918 verschärfte.

Insofern kann man gewisse Zusammenhänge zwischen Imagination und konkreten gesellschaftlichen Effekten feststellen. Doch die Utopien, die den Landschaften abgelesen wurden, ließen sich gar nicht realisieren. Das abgeschiedene Dorf fern der Städte, deren Lebensweisen per Bahn, Auto, Radio und Touristen auf das Land vordrangen, und das doch an die Welt angeschlossen werden musste, um nicht gänzlich entvölkert zu werden: so sah jene unhintergehbare Ambivalenz aus, der sich selbst die Apologeten einer vormodernen *countryside* stellen mussten. Die Schweden und Deutschen hatten damit geringere Probleme, die Engländer taten sich schwerer. Es ist interessant zu sehen, dass neben den großen Deutungs- und Ordnungsmodellen der Moderne – Liberalismus, Technikgläubigkeit, Ständestaatsideen, biologistischem Denken oder totalitären Lösungen – es immer wieder Landschaften waren, die als Medium einer vielstimmigen, polyphonen Auseinandersetzung westlicher Industriegesellschaften mit Moderne, Gesellschaftswandel und nationaler Identität dienten, indem sie gesellschaftspolitische Utopien oder nationale Mythen naturalisierten.

Dass Nationalismus ein Konstrukt ist und Traditionen erfunden werden, wissen wir spätestens seit Benedict Anderson, Eric J. Hobsbawm und Terence Ranger.[1] Dass der Nationalismus auch in trivialen Praktiken hergestellt wird – etwa dem Geschirrspülen –, wird unter dem Rubrum *banal nationalism* erforscht.[2] Denselben Stellenwert wie Politik, Kunst und Literatur hat diese Perspektive in der historischen Forschung bislang nicht gewonnen. Am Beispiel der Landschaftsgeschichte kann man jedoch sehen, dass der Kampf um Nation und Moderne auf höchst unterschiedlichen Ebenen ausgetragen wurde. Die ideelle Auseinandersetzung mit der Umwelt, die Sehnsucht nach Ordnung und Stabilität in einer dynamischen Zeit, hat sich eben nicht allein in den großen utopischen oder politischen Entwürfen niedergeschlagen, sondern ebenso in Praktiken, die alles andere als banal sind, sondern wirkungsvoll helfen, Nationen zu konstruieren und Moderne bewältigen.

Anmerkungen

1.   Anderson ²2005/1983; Hobsbawm/
      Ranger (Hg.) 2013/1983.
2.   Billig 1995; Linde-Laursen 1993.

Nachwort

Im Jahre 2009 muss dieses Buch begonnen haben. Irgendwann und irgendwarum kam ich auf die Idee, für mein Habilitationskolloquium einen Vortrag zum Rhein als *imaginary landscape* anzubieten. Daraus entstand ein langer Aufsatz in der Historischen Zeitschrift, danach ein erfolgreicher Forschungsantrag für eine eigene Stelle, um das Thema zu vertiefen, dann die Ausweitung auf Dalarna und schließlich auf England, weitere Anträge, die die Finanzierung von Archivreisen und einer Mitarbeiterstelle für ein erweiterndes Projekt ermöglichten, ein erst kritisch, dann doppelt positiv begutachteter, trotzdem abgelehnter Antrag, um andere Landschaften bearbeiten zu lassen, und abschließend habe ich mich ein Jahr lang durch das erhobene Material gebohrt, um einen Text daraus zu formen.

Ich danke, in alphabetischer Reihenfolge, für die kritische Lektüre des Manuskriptes Iris Carstensen, David Kuchenbuch, Timo Luks, Johanna Rakebrand und Dirk Thomaschke; außerdem Irene Haberland und mehreren Kollegen und Kolleginnen, deren Gutachten für die DFG und die Fritz Thyssen-Stiftung bzw. Diskussionsbeiträge in Kolloquien &c. mir wertvolle Hinweise gaben. Dank an die Stadtarchive in Koblenz und Linz am Rhein, die Ortsarchive in Leksand und Mora, das Landeshauptarchiv in Koblenz, an die Archive des Landschaftsverbandes Rheinland in Brauweiler, der Universitätsbibliothek Frankfurt a.M. sowie des Museum of English Rural Life in Reading, an das Bundesarchiv in Berlin und das Rhein-Museum in Koblenz; ebenso an die Rheinische Landesbibliothek in Koblenz, die Königliche Bibliothek in Stockholm, die Staatsbibliothek zu Berlin und die British Library in London. Die Archivare und Bibliothekare waren sehr zuvorkommend.

Ich danke außerdem dem Auktionshaus Lempertz (Köln), dem Museum Georg Schäfer (Schweinfurt), der Rheinischen Landesbibliothek (Koblenz), der Sammlung RheinRomantik, der Tate Gallery (London), der Familie Hilder (Großbritannien), dem Kultur- och fritidsnämnd bzw. dem Mora bygdearkiv (Mora), dem Carl Larsson-gård (Sundborn), dem Imperial War Museum (London), dem Wordsworth Trust (Grasmere) sowie Barbara Klemm (Frankfurt) und Åke E:son Lindman (Stockholm) für Druckvorlagen bzw. die Genehmigung für den Abdruck von Bildern aus ihren Beständen.

Die Fritz Thyssen-Stiftung und die Deutsche Forschungsgemeinschaft haben die Recherchen durch die Gewährung von Reisekostenmitteln unterstützt, die DFG außerdem durch eine Projektstelle. Die Geschwister Boehringer Ingelheim Stiftung für Geisteswissenschaften und die DFG haben einen beträchtlichen Teil der Druckkosten finanziert. Auch dafür sei gedankt.

Berlin, Januar 2022

Quellen und Literatur

Abercrombie, Patrick (1926): The Preservation of Rural England. The Control of Development by means of Rural Planning. London.

Abraham, George D. (1913): Motor Ways in Lakeland. London.

Adams, Steven/Robins, Anna Gruetzner (Hg.) (2001): Gendering Landscape Art. New Brunswick/NJ.

Adelborg, Ottilia (1986): Ottilia Adelborgs Dalarna. Stockholm.

Adelsköld, Claes A. (1860): En utflygt på Gefle-Dala jernväg. Jemte bihang. Gävle.

Ahlberg, Birgitta (1972): Strövtåg i Söderdalarna. In: Svenska turistföreningen, årsskrift 1972: Dalarna. Stockholm. S. 269-283.

Aktiebolaget svensk litteratur (1951): Förord. In: Veirulf, Olle (Hg.): Dalarna – ett vida berömt landskap. Stockholm. S. 7.

Albert, Theodor (1857): Rheinalbum. Mainz.

Albrod, Gisela (1984): Der Rhein im illustrierten Reisebuch des 19. Jahrhunderts. Dissertation, RWTH Aachen.

Alfvén, Hugo (1948): Tempo furioso. Vandringsår. Stockholm.

Alings, Reinhard (1996): Monument und Nation. Das Bild vom Nationalstaat im Medium Denkmal – zum Verhältnis von Nation und Staat im deutschen Kaiserreich 1871-1918. Berlin, New York.

—— (2002): ...wenn ein solches Monument erst einmal in den Bädecker [sic] übergegangen ist... Nationaldenkmäler des Kaiserreichs am Mittelrhein. In: Landesmuseum Koblenz (Hg.): Der Geist der Romantik in der Architektur. Gebaute Träume am Mittelrhein. Regensburg. S. 85-95.

Allison, J. (1837): Allison's Northern Tourist's Guide to the Lakes, of Cumberland, Westmorland, & Lancashire: Wherein the Mountains, Lakes, and Scenery, are correctly described; and The Stages and favourite Excursions distinctly pointed out. Seventh Edition, with very considerable Additions. Penrith.

Alm, Harald (1962): Hur förena tradition och nyskapande? In: Bygd och natur. Årsbok. S. 68-74.

Almqvist, Carl Jonas (1839): Gustaf Vasa i Dalarne. Uppsala.

Alpen, Heinrich Simon van (1802): Geschichte des fränkischen Rheinufers, was es war und was es itzt ist. 2 Bde. Köln.

Alving, Barbro (2002 [urspr. 1931]): När flaggan sänktes över Sjugarebyn... In: Åsberg, Christer, Kring Siljan och Sångs. Erik Axel Karlfeldt och Leksandsbygden. Stockholm. S. 55-58.

Andersen, Hans Christian (1851): I Sverrig. Kopenhagen.

Anderson, Anne/Meyrick, Robert/Nahum, Peter (2008): Ancient Landscapes, Pastoral Visions. Samuel Palmer to the Ruralists. Woodbridge.

Anderson, Benedict (²2005 [urspr. 1983]): Die Erfindung der Nation. Zur Karriere eines folgenreichen Konzepts. Frankfurt a.M., New York.

Andersson, Gunnar u.a. (1903): Öfre Dalarna förr och nu. Stockholm.

Andersson, Nils (1922-1926): Svenska låtar. Dalarna. 4 Bde. Stockholm.

Andersson, Roland (o.J. [1976]): Dalarna i konsten. 21 maj-5 september 1976. En utställning i anslutning till Dalarnas konstförenings 50-årsjubileum, på Dalarnas museum. Falun.

—— (1978): Kring hembygdsrörelsen i Dalarna. Människor och ideer. In: Dalarnas Fornminnes och Hembygdsförbund/Dalarnas Museum (Hg.): Hembygdsgårdar Dalarna (Dalarnas hembygdsbok 1978). Falun. S. 9-46.

Andrews, Malcolm (1989): The Search for the Picturesque. Landscape Aesthetics and Tourism in Britain, 1760-1800. Aldershot.

Ankarcrona, Gustaf (1916): Hembygdsvården och turisttrafiken. In: Meddelanden från Dalarnas hembygdsförbund. S. 16-19.

—— (o.J. [1927]): Dalarnas hemslöjd. Något om dess innebörd, omfattning och framtida möjligheter. Utdrag ur en utredning om hemslöjden inom Kopparbergs län, på uppdrag av Hushållningssällskapet företagen för Kungl. Hemslöjdskommitténs räkning år 1912 av Konstnären Gustaf Ankarcrona. Falun.

Arndt, Ernst Moritz (1806): Reise durch Schweden im Jahr 1804. 4 Theile. Berlin.

—— (1893 [urspr. 1813]): Der Rhein, Deutschlands Strom, aber nicht Deutschlands Grenze. Düsseldorf.

Arnoud, Jean-Baptiste/Bichebois, Alphonse/Deroy, Isodore Laurent (1826): Souvenirs pittoresques du Rhin. Douze vues lithographiées d'après des dessins pris sur les lieux. Par Arnoud, Bichebois et Deroy. Frankfurt a.M.

Arosenius, Fredrik Reinhold (1978 [urspr. 1862-1868]): Beskrifning öfver Provinsen Dalarne. Stockholm.

Åsbrink, Gustav (1926): Ein Buch über Schweden. Stockholm.

Askwith, Richard (2008): The Lost Village. In Search of a Forgotten Rural England. London.

Aubin, Hermann (1925): Geschichtliche Landeskunde. Anregungen in vier Vorträgen. Bonn, Leipzig.

—— (1926): Geschichtlicher Handatlas der Rheinprovinz. Köln, Bonn.

Auer, Barbara (1992): Ein Fluß im Fokus der Kamera. In: Gassen, Richard W./Holeczek, Bernhard (Hg.): Mythos Rhein. Ein Fluß im Fokus der Kamera. Ludwigshafen.

Aulneau, Joseph (1921): Le Rhin et la France. Paris.

Axelson, Maximilian (1855): Vesterdalarne, dess natur, folklif och fornminnen. Under vandringar derstädes tecknade. Stockholm.

—— (1856): Säthersdalen och Siljan. Vandringar. Göteborg.

Bååth-Holmberg, Cecilia (1914): Hemma i Sverige. Minnen och bilder. Stockholm.

Bachmann-Medick, Doris (³2009): Cultural turns. Neuorientierungen in den Kulturwissenschaften. Hamburg.

Backlund, Ann-Charlotte (1988): Boken om Bergslagen. Resa i en levande historia. Stockholm.

Baddeley, Mountford John Byrde (⁶1891 [urspr. 1880]): The English Lake District. London.

Baedeker, Karl (o.J. [ca. 1835]): Rheinreise von Straßburg bis Rotterdam. Sammt Aus-
    flügen an die Nahe, die Mosel, die Ahr, in die Bäder des Taunus, nach Aachen und
    Spa, und den wichtigeren holländischen Städten; mit architektonisch-historischen
    Bemerkungen über die Bauwerke am Rhein von dem Königl. Preuß. Bau-Inspektor
    von Lassaulx. Koblenz.

—— (1849): Rheinreise von Basel bis Düsseldorf. Mit Ausflügen in das Elsaß und die
    Rheinpfalz, das Murg- und Neckarthal, an die Bergstraße, in den Odenwald und
    Taunus, in das Nahe-, Lahn-, Ahr-, Roer-, Wupper- und Ruhrthal und nach Aachen.
    Sechste verbesserte und vermehrte Auflage der Klein'schen Rheinreise. Koblenz.

Baker, Sarah Woods (1894): Pictures of Swedish life or Svea and her children. London.

Baldwin, Stanley (1933): England. At the Annual Dinner of the Royal Society of St.
    George, at the Hotel Cecil, 6th May, 1924. In: Ders.: On England and Other Adres-
    ses. London. S. 1-9.

Balmes, Hans Jürgen (2021): Der Rhein. Biographie eines Flusses. Frankfurt a.M.

Barfod, Frederik (1863): En Rejse i Dalarne. Kopenhagen.

Barrès, Maurice (o.J. [ca. 1920]): Der Genius des Rheins. Eine Reihe freier Vorträge ge-
    halten an der Universität Straßburg: Die französischen Richtlinien im sozialen Le-
    ben der Rheinlande. Eine neue Aufgabe für Frankreich am Rhein. Straßburg.

Barringer, Tim/Fairclough, Oliver (2014): Pastures Green & Dark Satanic Mills. The Bri-
    tish Passion for Landscape. New York, London.

Barth, Ilse-Marie u.a. (Hg.) (1997): Heinrich von Kleist. Sämtliche Werke und Briefe in
    vier Bänden. Bd. 4: Briefe von und an Heinrich von Kleist 1793-1811. Frankfurt a.M.

Barton, Susan (2005): Working-class organisations and popular tourism, 1840-1970.
    Manchester, New York.

Bassin, Mark (2002): Imperialer Raum/Nationaler Raum. Sibirien auf der kogniti-
    ven Landkarte Rußlands im 19. Jahrhundert. In: Geschichte und Gesellschaft 28.
    S. 378-403.

Batsford, Harry/Fry, Charles (²1934): The Face of Scotland. London.

Batty, Robert (1826): Scenery of the Rhine, Belgium and Holland. London.

Baucom, Ian (1999): Out of Place. Englishness, Empire, and the Locations of Identity.
    Princeton/NJ.

Becker, Johann Nikolaus (1799): Beschreibung meiner Reise in den Departementern
    vom Donnersberge, vom Rhein und von der Mosel im sechsten Jahr der Französi-
    schen Republik. In Briefen an einen Freund in Paris. Berlin.

Becker, Peter (1855): Malerisches Rhein-Album. Frankfurt a.M.

Behrmann, Walter/Maull, Otto (Hg.) (1929): Rhein-Mainischer Atlas für Wirtschaft,
    Verwaltung und Unterricht. Dreissig Karten und Text. Frankfurt a.M.

Belina, Bernd (2013): Raum. Zu den Grundlagen eines historisch-geographischen Ma-
    terialismus. Münster.

Bell, Adrian u.a. (1935): The Legacy of England. An illustrated Survey of the Works of
    Man in the English Country. London.

Bellessort, André (1907): Au cœur de l'hiver suédois. In: Revue des deux mondes 42.
    S. 829-865.

Bentley, James/Palmer, Hugh (2010 [urspr. 1999]): The Most Beautiful Villages of Eng-
    land. London.

Berg, Gösta/Svensson, Sigfrid (Hg.) (1938): Gruddbo på Sollerön. En byundersökning.
    Tillägnad Sigurd Erixon 26/3-1938. Stockholm.

Berg, Johan August (1850-55): Sverige framstäldt i taflor. Nittiosex litografier i ton-tryck. Med beskrifvande text af Joh. Aug. Berg. Göteborg

Berg, Maxine (1997): Representations of Early Industrial Towns: Turner and His Con-temporaries. In: Rosenthal, Michael/Payne, Christiana/Wilcox, Scott (Hg.): Pro-spects for the Nation: Recent Essays in British Landscape, 1750-1880. New Haven, London. S. 115-131.

Bergh, Ferdinand van den (1834): Die Felsen-Sprengungen im Rhein bei Bingen zur Er-weiterung des Thalweges im Binger-Loche mit zehn Steindruck-Tafeln. Koblenz.

Berglund, August (1954): Leksand av idag. In: Lindström, Rune (Hg.): Femtio år i Lek-sand. Leksand. S. 73-76.

Bergman, Ingrid (1998): Dalkullorna – en viktig personalkategori. In: Medelius, Hans/Nyström, Bengt/Stavenow-Hidemark, Elisabet (Hg.): Nordiska museet under 125 år. Stockholm. S. 72f.

—— (2008): Gerda Boëthius. Konsthistoriker, kulturvårdare, hemslöjdsideolog. In: Dalarnas Hembygdsbok 78. S. 148-157.

Bergman, Joh. M. (1822): Beskrifning om Dalarne eller Stora Kopparbergs Län. Förra Delens förra Häfte. Falun.

Bergström, Sigge (1942): David Tägtström flyttar hem. In: Svenska hem i ord och bilder 30. S. 169-173.

Bermbach, Gerd (2010): Der Landschaftspark. In: Nordrhein-Westfalen-Stiftung (Hg.): Schloss Drachenburg. Historistische Burgenromantik am Rhein. Berlin, München. S. 49-57.

Bernhard, Patrick (2016): Hitler's Africa in the East: Italian Colonialism as a Model for German Planning in Eastern Europe. In: Journal of Contemporary History 51. S. 61-90.

Bernhard, Waldemar (1938-1941): Dalarna. Kulturhistoriskt bildverk. 100 originalträs-nitt. Stockholm.

Bernhardt, Christoph (2016): Im Spiegel des Wassers. Eine transnationale Umweltge-schichte des Oberrheins (1800-2000). Köln, Weimar, Wien.

Bernholm, Joël (⁴1916 [urspr. 1910]): Rättvikciceronen. Turisthandbok för Rättvik och övriga Siljanssocknar. Stockholm.

Berry, Geoffrey/Beard, Geoffrey (1980): The Lake District. A Century of Conservation. Edinburgh.

Bertòla, Abbate de (2004 [urspr. 1796]): Malerische Rheinreise von Speyer bis Düssel-dorf. Heidelberg.

Bertram, Ernst (1922): Rheingenius und Génie du Rhin. Bonn.

Bertrand, Mathilde (2014): The politics of representation and the subversion of landsca-pe in Ingrid Pollard's Pastoral Interlude (1987). In: E-CRINI. La revue électronique du Centre de Recherche sur les Identités Nationales et l'Interculturalité 7. Nr. 7 (URL: https://www.academia.edu/9577794/The_politics_of_representation_and_the_subversion_of_landscape_in_Ingrid_Pollards_Pastoral_Interlude_1987_[19.1.2021]).

Bickel, Wolfgang (1992): Die Germania des Niederwalddenkmals. In: Gassen, Richard W./Holeczek, Bernhard (Hg.): Mythos Rhein. Ein Fluß in Kitsch und Kommerz. Ludwigshafen. S. 59-75.

Bicknell, Peter (1990): The Picturesque Scenery of the Lake District 1752-1855. A Biblio-graphical Study. Winchester.

——/Woof, Robert (1982): The Discovery of the Lake District 1750-1810. A context [sic] for Wordsworth. At the Grasmere and Wordsworth Museum 20 May-31 October 1982. Grasmere.

——/Woof, Robert (1983): The Lake District Discovered 1810-1850. The Artists, the Tourists, and Wordsworth. At the Grasmere and Wordsworth Museum 20 May-31 October 1983. Grasmere.

Biehn, Heinz (1975): Romantiker malen am Rhein. Auf schicksalsreichen Spuren vergangener Macht und Herrlichkeit. Amorbach.

Billig, Michael (1995): Banal Nationalism. London, Thousand Oaks, New Delhi.

Billmark, Carl J. (1837): Rhenströmmen från Cöln till Mainz. Tjugo vuer tecknade efter naturen. Paris, Stockholm.

Binder, Dieter Anton/Konrad, Helmut/Staudinger, Eduard (Hg.) (2011): Die Erzählung der Landschaft. Wiesbaden.

Biörnstad, Arne (1991): Artur Hazelius och Skansen. 1891-1901. In: Ders. (Hg.): Skansen under hundra år. Höganäs. S. 33-75.

Birkett, Norman (1945): National Parks and the Countryside. The Rede Lecture 1945. Cambridge.

Bittkau, Petra (2013): Der Ostein'sche Park – Ikone der Rheinromantik. In: Formann, Inken u.a. (Hg.): RheinMainRomantik. Gartenkunst. Interdisziplinäre Fachtagung, 19. bis 22. September 2012 in Hanau-Wilhelmsbad, Bad Homburg vor der Höhe und Rüdesheim am Rhein. Regensburg. S. 173-178.

Björklund, Stig (1966): Indor i Våmhus socken. Något om en dalabys tillkomsthistoria, dess folk och väg mot nya tiden. Efter gamla papper och folkminnen. Uppsala.

—— (1972): Anders Zorn. Hembygdsvårdaren. Malung.

—— (1977): Bonäs bygdegård. Tillkomst och användning. Gäster och händelser åren 1965-1976. Uppsala.

Björkman, Gunvor (1942): Tånggården. In: Svenska hem i ord och bilder 30. S. 174-177.

Björkroth, Maria (2000): Hembygd i samtid och framtid 1890-1930. En museologisk studie av att bevara och förnya. Umeå.

—— (2004): Hembygdsrörelsen i Dalarna. In: Dalarnas Fornminnes och Hembygdsförbund/Dalarnas Museum (Hg.): Dalarna 2004. Våra hembygdsföreningar (Dalarnas Hembygdsbok årgång 74). Falun. S. 11-20.

Blake, George (1934): The Heart of Scotland. London.

Bleuler, Johann Ludwig (1996 [urspr. 1845]): Der Rhein von den Quellen bis zur Mündung. Basel.

Blomberg, Harry (1939): Dalarna. In: Sverige. De Svenska Landskapen skildrade i ord av svenska författare och i bilder av Eigil Schwab. Del IV: Dalarna, Värmland, Västergötland, Blekinge. Stockholm. S. 1-64.

—— (1940): Fyra konstnärshem i Dalarna. In: Sydow, Waldemar von/Björkman, Sten (Hg.): Svenska gods och gårdar. Del XXI: Norra Dalarna. Uddevalla. S. 30-36.

Blotevogel, Hans Heinrich (2005): »Rheinische Landschaft«. Zur geographischen Konstruktion des Rheinlandes 1871-1945. In: Grimm, Gunter E./Kortländer, Bernd (Hg.): »Rheinisch«. Zum Selbstverständnis einer Region. Düsseldorf. S. 51-77.

Blythe, Ronald (2005 [urspr. 1969]): Akenfield. Portrait of an English Village. London.

Bock, Benedikt (2010): Baedeker & Cook – Tourismus am Mittelrhein 1756 bis ca. 1914. Frankfurt a.M. u.a.

Bode, Christoph (1997): Putting the Lake District on the (Mental) Map. William Wordsworth's *Guide to the Lakes*. In: Journal for the Study of British Cultures 4. S. 95-111.

Bodensiek, Karl-Heinz (Hg.) (o.J. [1963]): Romantischer Rhein. Bonn.

Boëthius, Gerda (1930): Dalarna (Dalekarlien). Natur, Volk und Kultur. Stockholm.

—— (1939): Anders Zorns samlingar och Zornmuseet i Mora. In: Ord och Bild 48. S. 513-523.

—— (1941): Anders Zorn som hembygdsvårdare. In: Bygd och natur 3. H. 2. S. 25-38.

—— (1942): Dalahem och dalastil. In: Svenska hem i ord och bilder 30. S. 178-183.

—— (1951): Konsten i Dalarna. In: Veirulf, Olle (Hg.): Dalarna – ett vida berömt landskap. Stockholm. S. 266-277.

—— (1961): Bonäsgården. Uppsala.

Bohlin, Abraham (1838): Handbok för resande i Sverige; innehållande Skildringar af de särskilta provinserne och deras egenheter i geografiskt och ekonomiskt afseende; med beskrifning öfver Kanaler, Städer, Helsobrunnar, Bruk, Grufvor, Herrgårdar och Märkvärdigheter; Jemte Utförlig Vägvisare, Ångfartygs- och Diligens-turer, Utdrag ur Skjutsförfattningar, m. m. Uppsala.

Bohn, Thomas M./Shadurski, Victor (Hg.) (2011): Ein weißer Fleck in Europa... Die Imagination der Belarus als Kontaktzone zwischen Ost und West. Bielefeld.

Boisserée, Sulpiz (1862): Briefe. 2 Bde. Stuttgart.

Böll, Heinrich (1960): Undines gewaltiger Vater. In: Chargesheimer: Menschen am Rhein. Frankfurt a.M. S. 5-7.

Böök, Fredrik (1924): Resa i Sverige. Från Smygehuk till Pajala. Stockholm.

Brace, Catherine (1999): Looking back: The Cotswolds and English national identity, c. 1890-1950. In: Journal of Historical Geography 25. S. 502-516.

Brag, Eva (1877): I Dalarna. Skildringar och Studier. Lund.

Brandes, H[ermann] K[arl] (1859): Ausflug nach Schweden im Sommer 1858. Lemgo, Detmold.

Brandon, P. F. (1979): The diffusion of designed landscapes in South-east England. In: Fox, H. S. A./Butlin, R. A. (Hg.): Change in the countryside. Essays on rural England, 1500-1900. London. S. 165-187.

Braubach, Max (1925): Die Zeit der französischen Herrschaft. In: Schulte, Aloys (Hg.): Tausend Jahre deutscher Geschichte und deutscher Kultur am Rhein. Düsseldorf. S. 313-325.

Braun, Brigitte (2016): Zwischen Rheinpropaganda und Rheinromantik. Der Rhein im Film der Weimarer Republik. In: Geschichte im Westen 31. S. 145-167.

Bremer, Fredrika (1845): Nya teckningar ur hvardagslifvet. Sjunde delen. I Dalarna. Stockholm.

—— (1848): Ett par blad ifrån Rhenstranden, eller Marienberg och Kaiserswerth 1846. Ur ett bref af förf. till »Teckningar ur hvardagslifvet«. Stockholm.

Bresgott, Hans-Christian (2009): Von Rügen nach Usedom. Landschaftsbilder und ihre Funktion bei der Etablierung der Ostseebäder. In: Kurilo, Olga (Hg.): Seebäder an der Ostsee im 19. und 20. Jahrhundert. München. S. 81-103.

Breton, Jean Baptiste Joseph (1802): Voyage dans la ci-devant Belgique, et sur la Rive Gauche du Rhin. Orné de treize Cartes, de trente-huit Estampes, et accompagné de Notes instructives. 2 Bde. Paris.

Bringéus, Nils-Arvid (1972): Artur Hazelius och Nordiska museet. In: Fataburen. S. 7-32.

Brooke, Stopford A. (1890): Dove Cottage. Wordsworth's Home from 1800-1808. London.

Browman, Park u.a. (o.J. [1950]): The British Countryside in Colour. London.

Brown, Ivor (1935): The Heart of England. New York, London.

Brown, Paul (1881): Die Glanzpunkte des Rheines in Wort und Bild. Eine Erinnerung an die interessantesten Orte von Deutschlands schönstem Strom zwischen Niederwald und Drachenfels. Neuwied.

Brües, Otto (o.J. [1924]): Rheinische Sonette. Frankfurt a.M.

—— (Hg.) (1925): Der Rhein in Vergangenheit und Gegenwart. Eine Schilderung des Rheinstroms und seines Gebietes von den Quellen bis zur Mündung, mit besonderer Berücksichtigung von Land und Leuten, Geschichte, Geistesleben und Kunst, Landwirtschaft und Industrie. Stuttgart, Berlin, Leipzig.

—— (1925a): Vorwort. In: Ders. (Hg.): Der Rhein in Vergangenheit und Gegenwart. Eine Schilderung des Rheinstroms und seines Gebietes von den Quellen bis zur Mündung, mit besonderer Berücksichtigung von Land und Leuten, Geschichte, Geistesleben und Kunst, Landwirtschaft und Industrie. Stuttgart, Berlin, Leipzig. S. V-VIII.

—— (1925b): Rheinisches Land und rheinische Menschen. In: Ders. (Hg.): Der Rhein in Vergangenheit und Gegenwart. Eine Schilderung des Rheinstroms und seines Gebietes von den Quellen bis zur Mündung, mit besonderer Berücksichtigung von Land und Leuten, Geschichte, Geistesleben und Kunst, Landwirtschaft und Industrie. Stuttgart, Berlin, Leipzig. S. 1-106.

—— (1927): Der heilige Strom. In: Beiträge zur Rheinkunde 2. H. 3. S. 3-19.

—— (o.J. [1938]): Das Rheinbuch. Berlin, Leipzig.

Brummer, Hans Henrik (1977): Dalarna i konsten. In: Från kulturdagarna i Bonäs bygdegård den 28-30 juni 1976. Uppsala. S. 77-102.

—— (1989a): Zorngården – ett konstnärshem. Malung.

—— (1989b): ZornMCMLXXXIX. Zornsamlingarna Mora. Stockholm.

Brunton, Jennie (2001): The Arts and Craft Movement in the Lake District. A Social History. Lancaster.

Buchmann, Johannes (1954): England. Landschaft und Mensch. Zürich.

Budworth, Joseph (1792): A Fortnight's Ramble to the Lakes in Westmoreland, Lancashire, and Cumberland. By a Rambler. London.

Bunce, Michael F. (1994): The Countryside Ideal. Anglo-American Images of Landscape. London, New York.

Bunzel, Wolfgang (2014): Niederwald und Ostein-Park. In: Ders./Hohmann, Michael/Sarkowicz, Hans (Hg.): Romantik an Rhein und Main. Eine Topographie. Darmstadt. S. 180-185.

Burchardt, Jeremy (2002): Paradise Lost. Rural Idyll and Social Change in England since 1800. London, New York.

—— (2011): Rethinking the Rural Idyll. The English Rural Community Movement, 1913-26. In: Cultural and Social History 8. S. 73-94.

Burén, Jan af (1975): Hemslöjden i Mora. Mora.

Burggraaff, Peter/Graafen, Rainer (1999): Das Mittelrheinische Becken – ein wertvoller Aktivraum des Rheintales. In: Rheinischer Verein für Denkmalpflege und Landschaftsschutz (Hg.): Das Rheintal. Schutz und Entwicklung. Die Rheintal-Konferenz des Rheinischen Vereins für Denkmalpflege und Landschaftsschutz am 6./7. November 1997 in Mainz. Eine Dokumentation. Köln. S. 169-207.

——/Kleefeld, Klaus-Dieter (1999): Welterbe Kulturlandschaft Mittelrheintal – UNESCO-Weltkulturerbebegriff und seine Übertragbarkeit. In: Rheinischer Verein für Denkmalpflege und Landschaftsschutz (Hg.): Das Rheintal. Schutz und Entwicklung. Die Rheintal-Konferenz des Rheinischen Vereins für Denkmalpflege und Landschaftsschutz am 6./7. November 1997 in Mainz. Eine Dokumentation. Köln. S. 59-88.

Burke, Thomas (1933): The Beauty of England. London u.a.

Burton, Nina (2012): Flodernas bok. Ett äventyr genom livet, tiden och tre europeiska flöden. Stockholm.

Butts, Mary (1932): Warning to Hikers. London.

Caprotti, Federico (2007): Mussolini's Cities. Internal Colonialism in Italy, 1930-1939. Youngstown, New York.

——/Kaika, Maria (2008): Producing the ideal fascist landscape: nature, materiality and the cinematic representation of land reclamation in the Pontine Marshes. In: Social & Cultural Geography 9. S. 613-635.

Cardelle de Hartmann, Carmen/Eigler, Ulrich (Hg.) (2017): Latein am Rhein. Zur Kulturtopographie und Literaturgeographie eines europäischen Stromes. Berlin, Boston.

Carlborg, Gunnar (1972): Vid älvom, på berg och i dalom. In: Svenska turistföreningen, årsskrift 1972: Dalarna. Stockholm. S. 202-220.

Carr, John (1807): A tour through Holland, along the right and left banks of the Rhine, to the South of Germany, in the summer and autumn of 1806. London.

Carus, Carl Gustav (1836): Paris und die Rheingegenden. Tagebuch einer Reise im Jahre 1835. Leipzig.

Caspary, Hans (1984): Wiederaufgefundene Pläne zum Ausbau von Burg Rheinfels. In: Custodis, Paul-Georg/Enders, Brigitta (Hg.): Kopie, Rekonstruktion, historisierende Erneuerung. Tag der Denkmalpflege Rheinland-Pfalz und Saarland 1983. Jahresberichte 1982-1983. Worms. S. 74-92.

Castle, Eduard (Hg.) (1911): Nikolaus Lenau. Sämtliche Werke und Briefe in 6 Bänden. Bd. 3: Briefe/Erster Teil. Leicester.

Caters, Christian de (1930): Visages de la Suède. Paris.

Centralbureau für Meteorologie und Hydrographie im Großherzogthum Baden (1889): Der Rheinstrom und seine wichtigsten Nebenflüsse. Von den Quellen bis zum Austritt des Stromes aus dem Deutschen Reich. Eine hydrographische, wasserwirthschaftliche und wasserrechtliche Darstellung mit vorzugsweise eingehender Behandlung des Deutschen Stromgebietes. Berlin.

Cepl-Kaufmann, Gertrude (Hg.) (2009): Jahrtausendfeiern und Befreiungsfeiern im Rheinland. Zur politischen Festkultur 1925 und 1930. Essen.

——/Johanning, Antje (2003): Mythos Rhein. Zur Kulturgeschichte eines Stromes. Darmstadt.

——/Lange, Hella-Sabrina (Hg.) (2006): Der Rhein. Ein literarischer Reiseführer. Darmstadt.

Chard, Chloe (1999): Pleasure and guilt on the Grand Tour. Travel writing and imaginative geography, 1600-1830. Manchester, New York.

Chu, Winson/Kauffman, Jesse/Meng, Michael (2013): A Sonderweg through Eastern Europe? The Varieties of German Rule in Poland during the Two World Wars. In: German History 31. S. 318-244.

Cioc, Marc (2002): The Rhine. An Eco-Biography, 1815-2000. Seattle.

Clunn, Harold (o.J. [1936]): The Face of the Home Counties. Portrayed in a Series of Eighteen Week-End Drives from London. London.

Collingwood, William Gershom (1933 [urspr. 1902]): The Lake Counties. London, New York.

Collini, Cosimo Alessandro (1783): Briefe eines Reisenden Franzosen über Deutschland. An seinen Bruder zu Paris. 2 Bde. Zürich.

Conyngham Greene, Kathleen (1932): The English Landscape in Picture, Prose and Poetry. London.

Coones, Paul/Patten, John (1986): The Penguin Guide to the Landscape of England and Wales. Harmondsworth.

Cooper, David (2013): The Post-Industrial Picturesque? Placing and Promoting Marginalised Millom. In: Walton, John K./Wood, Jason (Hg.): The Making of a Cultural Landscape. The English Lake District as Tourist Destination, 1750-2010. Farnham. S. 241-262.

Cornish, Joe/Noton, David/Wakefield, Paul (1998): The Countryside of England, Wales, and Northern Ireland. London.

Cosgrove, Denis E. (1984): Social Formation and Symbolic Landscape. London, Sydney.

—— (2004): Landscape and Landschaft. Lecture delivered at the »Spacial Turn in History« Symposium. German Historical Institute, February 19, 2004. In: GHI Bulletin Nr. 35. S. 57-71.

——/Daniels, Stephen (Hg.) (1988): The Iconography of Landscape. Essays on the Symbolic Representation, Design and Use of Past Environments. Cambridge.

——/Roscoe, Barbara/Rycroft, Simon (1996): Landscape and Identity at Ladybower Reservoir and Rutland Water. In: Transactions of the Institute of British Geographers 21. S. 534-551.

Countryside Commission (1998-1999): Countryside Character. The character of England's natural and man-made landscape. 8 Hefte. Cheltenham.

Crang, Mike (1999): Nation, Region and Homeland. History and Tradition in Dalarna, Sweden. In: Ecumene 6. S. 447-471.

Crettaz-Stürzel, Elisabeth (2005): Netzwerk Burgenrenaissance. Die neue Lust auf Burgen und Ruinen um 1900. In: Schweizer Burgenverein (Hg.): Gesicherte Ruine oder ruinierte Burg? Erhalten – Instandsetzen – Nutzen. Basel. S. 37-58.

Dahl, J. K. (1835): Historisch-statistisches Panorama des Rheinstroms von Bingen bis Coblenz, oder Beschreibung aller an und auf dem Rhein in dieser Strecke gelegenen Ritterburgen, Schlösser, Festungen und anderer Merkwürdigkeiten. Nebst einem Anhange vom Johannisberge im Rheingau. Ausgabe mit einem Supplemente, einer Ansicht von Rheinstein, einer Karte und dem Panorama vom Niederwald. Heidelberg, Frankfurt a.M., Leipzig.

Dalarnas Fornminnes och Hembygdsförbund/Dalarnas Museum (Hg.) (1978): Hembygdsgårdar Dalarna (Dalarnas hembygdsbok 1978). Falun.

—— (Hg.) (2004): Dalarna 2004. Våra hembygdsföreningar (Dalarnas Hembygdsbok årgang 74). Falun.

Dalarnas turistförening (o.J. [1932]): Dalarna – de gamla bygdernas landskap, den nya tidens landskap, ett ord till våra gäster. Stockholm.

Damsholt, Tine (1999): En national turist i det patriotiske landskab. In: Fortid og Nutid 46. S. 3-26.

Daniels, Stephen (1991): The Making of Constable Country, 1880-1940. In: Landscape Research 16. H. 2. S. 9-17.

Darby, Wendy Joy (2000): Landscape and Identity. Geographies of Nation and Class in England. Oxford, New York.

Darsy, Eugène (1919): Les droits historiques de la France sur la rive gauche du Rhin. Paris.

Davies, John (2006): The British Landscape. London.

Delkeskamp, Friedrich Wilhelm (1826): Panorama des Rheins und seiner nächsten Umgebungen von Mainz bis Cöln. Frankfurt a.M.

—— (1837): Notizen für Rhein-Reisende: Anhang zu F. W. Delkeskamp's Neuem Panorama des Rheins und seiner nächsten Umgebungen von Mainz bis Cöln. Frankfurt a.M.

Delseit, Wolfgang (2005): »eine [sic] Manifestation, wie wir am Rhein sie noch nicht hatten!« Josef Ponten und Josef Winckler: »Das Rheinbuch« (1925). In: Breuer, Dieter/Cepl-Kaufmann, Gertrude (Hg.): »Deutscher Rhein – fremder Rosse Tränke?« Symbolische Kämpfe um das Rheinland nach dem Ersten Weltkrieg. Essen. S. 97-111.

Demian, Johann Andreas (1820): Neuestes Handbuch für Reisende auf dem Rhein und in den umliegenden Gegenden. Frankfurt a.M.

Deutsches Nationalkomitee für das Internationale Hydrologische Programm (IHP) der UNESCO und das Operationelle Hydrologische Programm (OHP) der WMO (1996): The River Rhine. Development and Management. Koblenz.

Dick, Stewart/Allingham, Helen (1909): The Cottage Homes of England. London.

Dietz, Burkhard u.a. (Hg.) (2003): Griff nach dem Westen. Münster u.a.

Dill, Liesbet (1926): En ångbåtsfärd på Rhen. In: Svensk turisttidning 5. S. 462f., 468.

Dimbleby, David (2005): A Picture of Britain. London.

Dischner, Gisela (1972): Ursprünge der Rheinromantik in England. Zur Geschichte der romantischen Ästhetik. Frankfurt a.M.

Ditchfield, Peter H. (1908): The Charm of the English Village. London.

Dobell, Kenneth (1969): The Lake District Yesterday and Tomorrow. In: Pearsall, William H. (Hg.): Lake District. National Park Guide No. 6. London. S. 1-4.

Dohme, Robert (1850): Beschreibung der Burg Stolzenfels. Zur Erinnerung für Rhein-Reisende. Berlin.

Dower, John (1945): National Parks in England and Wales. London.

Dower, Pauline (1959): The Future of National Parks. In: Abrahams, Harold M. (Hg.): Britain's National Parks. London. S. 125-132.

Doyle, Richard (1854): The Foreign Tour of Messrs Brown, Jones and Robinson. Beeing the History of What They Saw, and Did, in Belgium, Germany, Switzerland, & Italy. London.

Drabble, Margaret (1984): A Writer's Britain. Landscape in Literature. London.

Driault, Édouard (1916): La Républicque et le Rhin. 2 Bde. Paris.

Dumas, Alexandre (1999 [urspr. 1841]): Eine Reise an die Ufer des Rheins im Jahre 1838. München.

Dünne, Jörg/Günzel, Stephan (Hg.) (⁷2012): Raumtheorie. Grundlagentexte aus Philosophie und Kulturwissenschaften. Frankfurt a.M.

Dürbeck, Gabriele/Kanz, Christine (2020): Gibt es ein deutschsprachiges Nature Writing? Gebrochene Traditionen und transnationale Bezüge. In: Dies. (Hg.): Deutschsprachiges Nature Writing von Goethe bis zur Gegenwart. Kontroversen, Positionen, Perspektiven. Berlin, Heidelberg. S. 1-37.

Dupuis, Karl (o.J. [ca. 1789]): Malerische Ansichten in acht Kupfertafeln aus den merkwürdigsten Gegenden von Niederdeutschland. Neuwied.

Dybeck, Richard (1918): Om Dalarne. Utdrag ur Dybecks »Runa« och andra skrifter. 2 Bde. Stockholm.

Ebke, Almuth (2019): Britishness. Die Debatte über nationale Identität in Großbritannien, 1967 bis 2008. Berlin, Boston.

Edman, Stefan (1996): I samspel med naturen. In: Svenska turistföreningens årsbok 1997: Dalarna. O.O. S. 112-133.

Edwards, K. C. (o.J. [ca. 1940]): Sweden. Dalarna Studies. London.

Ehland, Christoph (2007): Classy Northerners: Class, Space and the Wunderful Illusion. In: Ders. (Hg.): Thinking Northern. Textures of Identity in the North of England. Amsterdam, New York. S. 363-403.

Eichberg, Henning (1983): Stimmung über der Heide – Vom romantischen Blick zur Kolonisierung des Raumes. In: Großklaus, Götz/Oldemeyer, Ernst (Hg.): Natur als Gegenwelt. Beiträge zur Kulturgeschichte der Natur. Karlsruhe. S. 197-233.

Eisen, Franz Carl (o.J. [1847]): Album des Rheins. Eine Sammlung der interessantesten Ansichten zwischen Köln, Koblenz und Mainz. 65 Stahlstiche. Köln.

Eitelbach, Kurt (1983): Der romantische Mittelrhein. Ölbilder und Aquarelle aus Koblenzer und rheinischem Privatbesitz. Koblenz.

Eklund, Gun-Britt/Thunell, Inger (2001): Gustaf Ankarcrona 1869-1933. Uppsats i konstvetenskap, Uppsala universitet 1982, bearbetad av Leksands kulturförvaltning 2001. Leksand.

Elfving, Gösta (1972): Dalarna nu. En modern landshövdingeberättelse. In: Svenska turistföreningen, årsskrift 1972: Dalarna. Stockholm. S. 21-41.

Ely, Christopher (2002): This Meager Nature. Landscape and National Identity in Imperial Russia. DeKalb/IL.

Ender, Markus u.a. (2017): Aufgeräumt. Landschaftslektüren von Tirol bis in die Po-Ebene. In: Ders. u.a. (Hg.): Landschaftslektüren. Lesarten des Raums von Tirol bis in die Po-Ebene. Bielefeld. S. 10-24.

Engelmann, Wilhelm (Hg.) (1857): Bibliotheca Geographica. Verzeichniss der seit Mitte des 18. Jahrhunderts bis zu Ende des Jahres 1856 in Deutschland erschienenen Werke über Geographie und Reisen; mit Einschluss der Landkarten, Pläne und Ansichten. Leipzig.

Eriksson, Birger (1988): Det kooperativa landskapet 2. Dalakooperationens verksamhet. Produktion och varuförmedling. Glimtar från arbetet i de kooperativa studiecirklar. Falun, Borlänge.

Eriksson, Nils-Erik (1957): Dalarna. Turisternas landskap. Stockholm.

Eriksson, Olof (1999): Dalarna som varumärke – en fråga om samtidshistorisk bas, yttre bild och faktisk verklighet. In: Dalarnas Hembygdsbok 69. S. 69-76.

Eriksson, Ulf G. (1983): Dalarna. Stockholm.

Erixon, Sigurd (1941): Strövtåg i svenska bygder. Malmö.

Erlandson-Hammargren, Erik (2006): Från alpromantik till hembygdsromantik. Natursynen i Sverige från 1885 till 1915, speglad i Svenska Turistföreningens årsskrifter och Nils Holgerssons underbara resa genom Sverige. Stockholm.

Eskeröd, Albert (1973): Kyrkbåtar och kyrkbåtsfärder. Stockholm.

Ester, Karl d' (Hg.) (1916): Die Rheinlande. Ein Heimatbuch. Leipzig.

Etzemüller, Thomas (2012): Romantischer Rhein – Eiserner Rhein. Ein Fluß als *imaginary landscape* der Moderne. In: Historische Zeitschrift 295. S. 390-424.

—— (2013): Suchbewegungen: Schwedens Weg in die »ambivalente Moderne«. In: Lehnert, Detlef (Hg.): Gemeinschaftsdenken in Europa. Das Gesellschaftskonzept »Volksheim« im Vergleich 1900-1938. Köln, Weimar, Wien. S. 149-169.

—— (2019): Gegenwartsdiagnose heißt: etwas als etwas sichtbar machen. Wahrnehmung, Visualisierung und Intervention in Gestalten der Moderne. In: Alkemeyer, Thomas/Buschmann, Nikolaus/Etzemüller, Thomas (Hg.): Gegenwartsdiagnosen. Kulturelle Formen gesellschaftlicher Selbstproblematisierung in der Moderne. Bielefeld. S. 105-126.

Euskirchen, Claudia (2001): Bildende Kunst. In: Landesamt für Denkmalpflege Rheinland-Pfalz (Hg.): Das Rheintal von Bingen und Rüdesheim bis Koblenz. Eine europäische Kulturlandschaft. Mainz. S. 394-428.

Fahlander, Thomas (Hg.) (2013): Knis Karl. Falun.

Falk, Susanne (1990): Der Sauerländische Gebirgsverein. »Vielleicht sind wir die Modernen von übermorgen«. Bonn.

—— (1994): Heimatschutz im Sauerländischen Gebirgsverein zwischen der Jahrhundertwende und 1933. In: Baumeier, Stefan/Köck, Christoph (Hg.): Sauerland. Facetten einer Kulturregion. Detmold. S. 64-73.

—— (1996): »Eine Notwendigkeit, uns innerlich umzustellen, liege nicht vor«. Kontinuität und Diskontinuität in der Auseinandersetzung des Sauerländischen Gebirgsvereins mit Heimat und Moderne 1918-1960. In: Frese, Matthias/Prinz, Michael (Hg.): Politische Zäsuren und gesellschaftlicher Wandel im 20. Jahrhundert. Paderborn. S. 401-417.

Fearnside, W. G. (1832): Tombleson's View of the Rhine. London.

Febvre, Lucien (1994 [urspr. 1935]): Der Rhein und seine Geschichte. Frankfurt a.M., New York, Paris.

Fechner, Renate (1986): Natur als Landschaft. Zur Entstehung der ästhetischen Landschaft. Frankfurt a.M., Bern, New York.

Fick, Johann Georg Christian (1809): Neues Handbuch für Reisende jeder Gattung durch Deutschland und die angränzenden Länder oder der treue Führer auf allen deutschen und den Hauptstrassen der benachbahrten Länder. Nürnberg.

Fjågesund, Peter (2007): From Sacred Scenery to Nuclear Nightmare: Rjukan and Its Myths. In: Klitgaard Povlsen, Karen (Hg.): Northbound. Travels, Encounters, and Constructions 1700-1830. Aarhus. S. 377-397.

——/Symes, Ruth A. (2003): The Northern Utopia. British Perceptions of Norway in the Nineteenth Century. Amsterdam, New York.

Fleckenstein, Gisela (1988): Warum ist es am Rhein so schön? Aspekte der Rheinromantik von etwa 1800 bis zur Gegenwart. In: Boldt, Hans u.a. (Hg.): Der Rhein. Mythos und Realität eines europäischen Stromes. Köln. S. 189-202.

Foerster, Heinz von/Glasersfeld, Ernst von (1999): Wie wir uns erfinden. Eine Autobiographie des radikalen Konstruktivismus. Heidelberg.

Fokke, Arend Simonszoon (1796): Beknopte beschrijving van den Rhijn-Stroom, benevens de steden, dorpen en plaatsen, aan deszelfs oevers gelegen. [...]. Amsterdam.

Foltz, Friedrich (1870): Der Rheinstrom von Mainz bis Cöln. Panorama vom Rhein. Mainz.

—— (1880): Der Rheinstrom von Mainz bis Cöln. Panorama vom Rhein. Mainz.

Ford, Charles Bradley (1933): The Landscape of England. London.

—— (Hg.) (1935): The Beauty of Britain. A Pictorial Survey. New York, London.

Ford, Ford Madox (1906): The Heart of the Country. A Survey of a Modern Land. London.

Ford, George H. (1977): Felicitous Space: The Cottage Controversy. In: Knoepflmacher, Ulrich Camillus/Tennyson, George Bernhard (Hg.): Nature and the Victorian Imagination. Berkeley, Los Angeles, London. S. 29-48.

Forssell, Christian Didrik (Hg.) (1827): Ett år i Sverige. Taflor af Svenska Almogens klädedrägt, lefnadssätt och hemseder, samt de för landets historia märkvärdigaste orter. Stockholm.

Forsslund, Jöran (1991): Min far Karl-Erik Forsslund. In: Rosander, Göran u.a.: Karl-Erik Forsslund. Författaren, folkbildaren, hembygdsvårdaren (Dalarnas hembygdsbok 1991). Falun, Hedemora. S. 19-44.

Forsslund, Karl-Erik (1906): Göran Delling. 2 Bde. Stockholm.

—— (1914a): Hembygdsvård. I. Naturskydd och nationalparker. Stockholm.

—— (1914b): Hembygdsvård. II. Kulturskydd och bygdemuséer. Stockholm.

—— (1918): Hos Johan Nordling i Skeberg. In: Idun 31. S. 672-674.

—— (1919): Till Gustaf Ankarcronas 50-årsdag. In: Idun 32. S. 293-296.

—— (1919-1939): Med Dalälven från källorna till havet. 11 Bde. Stockholm.

—— (1991 [urspr. 1900]): Storgården. En bok om ett hem. Uddevalla.

Forster, Georg (1989 [urspr. 1791-1794]): Ansichten vom Niederrhein, von Brabant, Flandern, Holland, England und Frankreich im April, Mai und Juni 1790. Stuttgart, Wien.

Forster, Peter (2013): Wie uns ein Niederländer das Bild vom Rhein schenkte. Herman Saftleven. In: Ders. (Hg.): Rheinromantik. Kunst und Natur. Regensburg. S. 192-205.

—— (Hg.) (2013): Rheinromantik. Kunst und Natur. Regensburg.

Forum Mittelrheintal (Hg.) (2004): Der Rhein im Herzen Europas. Oberes Mittelrheintal – Unesco-Welterbe. Boppard am Rhein.

Fourmois, Théodore/Hymans, Louis M. (o.J. [1854]): Le Rhin monumental et pittoresque. Aquarelles d'apres nature. Brüssel.

Frandsen, Steen Bo (1996): Opdagelsen af Jylland. Den regionale dimension i Danmarkshistorien 1814-1864. Aarhus.

—— (2002): Die Entdeckung der nationalen Landschaft: Zwischen patriotischer Erfassung und nationaler Stereotypisierung. In: Kaufmann, Stefan (Hg.): Ordnungen der Landschaft. Natur und Raum technisch und symbolisch entworfen. Würzburg. S. 157-173.

Frese, Matthias (2002): Tourismus zwischen Marketing und Identität. Das Sauerland und Westfalen im späten 19. und 20. Jahrhundert (1890-2000). In: Westfälische Forschungen 52. S. 371-419.

Friedrichsen, P. A. (1842): Panorama des Rheins von Schaffhausen bis Rotterdam. Nach der Natur gezeichnet und mit den interessantesten, architektonischen und geschichtlichen Denkmälern als Randbilder geziert. Koblenz.

Fries, Carl (1926): Genom Väster- och Österdalarna. In: Svenska Turistföreningens årsskrift 1926. S. 129-148.

—— (1943): Iter Dalekarlicum. In: Svenska Turistföreningens årsskrift 1943. S. 148-185.

—— (1951): Utblick över Siljansdalen. In: Veirulf, Olle (Hg.): Dalarna – ett vida berömt landskap. Stockholm. S. 63-69.

Frings, Theodor (1926): Sprache. In: Aubin, Hermann/Frings, Theodor/Müller, Josef: Kulturströmungen und Kulturprovinzen in den Rheinlanden. Geschichte, Sprache, Volkskunde. Bonn. S. 90-185.

Fülberth, Andreas/Meier, Albert/Ferreti, Victor Andrés (Hg.) (2007): Nördlichkeit – Romantik – Erhabenheit. Apperzeptionen der Nord/Süd-Differenz (1750-2000). Frankfurt a.M. u.a.

Funck-Brentano, Frantz (1934): Le chant du Rhin. Paris.

Furlough, Ellen (1998): Making Mass Vacations: Tourism and Consumer Culture in France, 1930s to 1970s. In: Comparative Studies of Society and History 40. S. 247-286.

Gabrielsson, Jan (1975): Det sällsamma Dalarna. Uppslagsbok för tillresande. Stockholm.

Gardiner, Juliet (2011): The Thirties. An Intimate History. London.

Gardnor, John (1788): Views taken on and near the River Rhine, at Aix la Chapelle, and on River Maese. London.

Gassen, Richard W./Holeczek, Bernhard (Hg.) (1992a): Mythos Rhein. Ein Fluß – Bild und Bedeutung. Ludwigshafen.

——/Holeczek, Bernhard (Hg.) (1992b): Mythos Rhein. Ein Fluß ohne künstlerische Gegenwart? Ludwigshafen.

——/Holeczek, Bernhard (Hg.) (1992c): Mythos Rhein. Ein Fluß in Kitsch und Kommerz. Ludwigshafen.

——/Holeczek, Bernhard (Hg.) (1992d): Mythos Rhein. Ein Fluß im Fokus der Kamera. Ludwigshafen.

Gebhard, Gunther/Geisler, Oliver/Schröter, Steffen (2010): Das Prinzip »Osten«. Geschichte und Gegenwart eines symbolischen Raums. Bielefeld.

Geer, Sten de (1926): Dalanatur och dalabygder. En geografisk orientering. In: Svenska Turistföreningens årsskrift 1926. S. 21-48.

Geib, Karl (1838): Malerische Wanderungen am Rhein von Constanz bis Cöln, nebst Ausflügen nach dem Schwarzwald[,] der Bergstraße und den Bädern des Taunus. 3 Bde., III. Abtheilung. Der Rhein von Mainz bis Coeln (= Malerische Wanderungen am Rhein von Mainz bis Cöln. Mit einem Ausfluge nach den Bädern des Taunus). Karlsruhe.

Gelfert, Hans-Dieter (2000): Was ist Kitsch? Göttingen.

Gerard, H. (1845): Nouveau guide des voyageurs du Rhin de Rotterdam A Bale. Brüssel.

Gilpin, William (1786): Observations, Relative Chiefly to Picturesque Beauty, Made in the Year 1772, on Several Parts of England; Particularly the Mountains, and Lakes of Cumberland, and Westmoreland. 2 Bde. London.

Glase, Béatrice (1960): Dansen kring Siljan. In: Idun 73. H. 31. S. 18-24, 35, 47.

Glatz, Joachim (2001): Schutz und Entwicklung der Burgenlandschaft. In: Landesamt für Denkmalpflege Rheinland-Pfalz (Hg.): Das Rheintal von Bingen und Rüdesheim bis Koblenz. Eine europäische Kulturlandschaft. Mainz. S. 696-703.

Glendening, John (1997): The High Road. Romantic Tourism, Scotland, and Literature, 1720-1820. New York.

Godwin, Fay (1990): Our Forbidden Land. London.

Görres, Guido (1922): Hans Theuerlich. In: Sarnetzki, Detmar Heinrich (Hg.): Das Lied vom Rhein. Köln. S. 160f.

—— (1940): Gestaltungsaufgaben im neuen Ostpreußen. In: Neues Bauerntum 32. S. 245-247.

Götlind, Anna (2005): Världsarvets världar. Mångvetenskapliga perspektiv på industriella världsarv. Falun.

Goldstein, Jürgen (2015): Georg Forster. Zwischen Freiheit und Naturgewalt. Berlin.

Gråbacke, Carina (2008): När folket tog semester. Studier av Reso 1937-1977. Lund.

Greider, Göran (2001): Fucking Sverige. Byn, bruket, skogen – en modern Dalaresa. Stockholm.

Griffiths, Clare V. J. (2007): Labour and the Countryside. The Politics of Rural Britain 1918-1939. Oxford, New York.

Grift, Liesbeth van de (2013): On a New Land a New Society: Internal Colonisation in the Netherlands, 1918-1940. In: Contemporary European History 22. S. 609-626.

—— (2015): Introduction: Theories and Practices of Internal Colonization. The Cultivation of Lands and People in the Age of Modern Territoriality. In: International Journal for History, Culture and Modernity 3. S. 139-158.

—— (2016): Community Building and Expert Involvement with Reclaimed Lands in the Netherlands, 1930s-50s. In: Couperus, Stefan (Hg.): (Re)Constructing Communities in Europe, 1918-1968. Senses of Belonging Below, Beyond and Within the Nation-State. New York, London. S. 108-129.

Grigson, Geoffrey (Hg.) (1951a): About Britain, No. 5: Chilterns to Black Country. A New Guide Book with a Portrait by W. G. Hoskins. London.

—— (Hg.) (1951b): About Britain, No. 10: The Lakes to Tyneside. With a Portrait by Sid Chaplin. London.

Grimm, Friedrich (1931): Frankreich am Rhein. Rheinlandbesetzung und Separatismus im Lichte der historischen französischen Rheinpolitik. Hamburg, Berlin.

—— (1937): Um Rhein, Ruhr und Saar. Ein Abwehrkampf 1918-1935. Leipzig.

Grindon, Leo H. (1882 [urspr. 1852]): Country Rambles, and Manchester Walks and Wild Flowers: Being Rural Wanderings in Cheshire, Lancashire, Derbyshire & Yorkshire. Manchester, London.

Grosser, Thomas (1992): Der romantische Rheinmythos. Die Entdeckung einer Landschaft zwischen Politik und Tourismus. In: Gassen, Richard W./Holeczek, Bernhard (Hg.): Mythos Rhein. Ein Fluß in Kitsch und Kommerz. Ludwigshafen. S. 11-38.

Großklaus, Götz (1993): Natur – Raum. Von der Utopie zur Simulation. München.

—— (1999): Landschaften im Kopf. Von der Utopie zur Simulation. In: Fridericiana 55. S. 22-34.

Gruenter, Rainer (1994): Der Rhein. In: Wunderlich, Heinke/Mondot, Jean (Hg.): Deutsch-Französische Begegnungen am Rhein 1700-1789. Rencontres franco-allemandes dans l'espace rhénan entre 1700 et 1789. Colloquium der Deutschen Gesellschaft für die Erforschung des 18. Jahrhunderts und der Société Française d'Étude du XVIII Siècle. Stadtmuseum Düsseldorf, 1.-3. Oktober 1992. Heidelberg. S. 147-164.

Guldin, Rainer (2014): Politische Landschaften. Zum Verhältnis von Raum und nationaler Identität. Bielefeld.

Gummerus, E. R. (1963): Buan till heders. In: Lidman, Hans (Hg.): Fäbodar. Stockholm. S. 226-247.

Günther, Dagmar (1998): Alpine Quergänge. Kulturgeschichte des bürgerlichen Alpinismus (1870-1930). Frankfurt a.M.

Haberland, Irene (2003): Das Stolzenfels-Album von Caspar Scheuren. Koblenz.

—— (2009): »… das Ganze gleicht einer Höllenmaschine, doch soll keine Gefahr dabei sein.« Technik im Spiegel der Landschaftsmalerei im 19. Jahrhundert. In: Uerscheln, Gabriele/Winzen, Matthias (Hg.): Reisen. Ein Jahrhundert in Bewegung. Köln. S. 105-130.

—— (2011): Bildschön und sagenhaft. Rheinburgen im 19. Jahrhundert. Bingen.

—— (2013): »Quod vidi pinxi«. Das Bild vom Rhein, eine Einführung. In: Forster, Peter (Hg.): Rheinromantik. Kunst und Natur. Regensburg. S. 157-174.

Habermann, Ina (2010): Myth, Memory and the Middlebrow. Priestley, du Maurier and the Symbolic Form of Englishness. Basingstoke.

Hachtmann, Rüdiger (2007): Tourismus-Geschichte. Göttingen.

Hässlin, Johann Jakob (1953): Der Rhein von Mainz bis Köln. Ansichten aus alter Zeit. Honnef/Rhein.

Häuser, Helmut (1963): Ansichten vom Rhein. Stahlstichbücher des 19. Jahrhunderts. Köln.

Häyrynen, Maunu (2002): Hur landskapsbildspråket definierar det nationella rummet. In: Pitkäranta, Inkeri/Rahikainen, Esko (Hg.): Det finska landskapet. Olika synvinklar inom landskapsforskningen. Helsinki. S. 34-41.

—— (2004): A periphery lost: the representation of Karelia in Finnish national landscape imagery. In: Fennia 182. S. 23-32.

—— (2008): A Kaleidoscopic Nation: The Finnish National Landscape Imagery. In: Jones, Michael/Olwig, Kenneth R. (Hg.): Nordic Landscapes. Region and Belonging on the Northern Edge of Europe. Minneapolis/MN. S. 483-510.

Hahn, Ulla (2009): Aufbruch. München.

Hallerdt, Björn (1960): Romantik och realism. Landskap och kulturminnen i Dalarna. In: Svensk lantmäteritidskrift 52. S. 520-530.

Hallström, Gustaf (1930): Dalfolkets nationalitet. In: Fönstret. Nr. 35. 27.12.1930. S. 7.

Hammarlund-Larsson, Cecilia (2002): »Något som är svårt att värdera i pengar« – Det öppna landskapet som kulturarv. In: Dies./Larsson, Bo/Rosengren, Annette (Hg.): Åter till Sollerön. Om kulturarv, folk och landsbygd. Stockholm. S. 139-168.

Hamrin, Örjan (1991): Funkisstriden. In: Rosander, Göran u.a.: Karl-Erik Forsslund. Författaren, folkbildaren, hembygdsvårdaren. Falun, Hedemora. S. 123-138.

—— (1996): I turisternas landskap. In: Svenska turistföreningens årsbok 1997: Dalarna. O.O. S. 24-41.

—— (2006): Dalfolkets mongoliska ursprung – om Ivar Lo-Johanssons angrepp på Dalarna. In: Dalarnas Hembygdsbok 76. S. 33-56.

Hansen, J. (1922): Politische Geschichte seit 1789. In: Aubin, Hermann u.a.: Geschichte des Rheinlandes von der ältesten Zeit bis zur Gegenwart. 2 Bde. Bonn. Bd. 1. S. 239-435.

Hård af Segerstad, Ulf (1972): Svenskt ideal? In: Svenska turistföreningen, årsskrift 1972: Dalarna. Stockholm. S. 6-20.

Hard, Gerhard (1970): Die »Landschaft« der Sprache und die »Landschaft« der Geographen. Semantische und forschungslogische Studien. Bonn.

Harker, Ben (2005): »The Manchester Rambler«: Ewan McGoll and the 1932 Mass Trespass. In: History Workshop Journal 30. Nr. 59. S. 219-228.

Harris, Alexandra (2010): Romantic Moderns. English Writers and the Imagination from Virginia Woolf to John Piper. London.

Hartenstein, Michael (1998): Neue Dorflandschaften. Nationalsozialistische Siedlungsplanung in den »eingegliederten Ostgebieten« 1939 bis 1944. Berlin.

Hartwich, Maeusz J. (2012): Das schlesische Riesengebirge. Die Polonisierung einer Landschaft nach 1945. Wien, Köln, Weimar.

Hauck, Thomas (2014): Landschaft und Gestaltung. Die Vergegenständlichung ästhetischer Ideen am Beispiel von »Landschaft«. Bielefeld.

Haushofer, Karl (1928-1931): Rheinische Geopolitik. In: Ders. (Hg.): Erdraum und Erdkräfte. Der natürliche Lebensraum. 3 Bde. Berlin. Bd. 1, 1. Buch, 1. Teil. S. 1-18.

Hausmann, Guido (2005): Der Nil als androgynes Zivilisationssymbol? Vater Rhein und Mutter Wolga erinnern sich. In: Cheauré, Elisabeth/Nohejl, Regine/Napp, Antonia (Hg.): Vater Rhein und Mutter Wolga. Diskurse um Nation und Gender in Deutschland und Rußland. Würzburg. S. 59-74.

—— (2009): Mütterchen Wolga. Ein Fluß als Erinnerungsort vom 16. bis ins frühe 20. Jahrhundert. Frankfurt a.M., New York.

Hayes, Nick (2020): The Book of Trespass. Crossing the lines that divide us. London u.a.

HB-Bildatlas (2002): Der Rhein zwischen Köln und Mainz. Ostfildern.

Hedlund, Karl (1940): Hembygdsvårdens nutidsuppgifter. In: Dalarnas Hembygdsbok. S. 13-20.

—— (1942): Karl-Erik Forsslund och Dalarna. In: Dalarnas Hembygdsbok. S. 5-24.

—— (1951): Dalarna i dikten. In: Veirulf, Olle (Hg.): Dalarna – ett vida berömt landskap. Stockholm. S. 240-265.

—— (1960): I Leksand. Sett och sagt under femhundra år. Leksands sparbanks 90-årsbok. Leksand.

Heffernan, James A. W. (2015): Wordsworth and Landscape. In: Gravil, Richard/Robinson, Daniel (Hg.): The Oxford Handbook of William Wordsworth. Oxford. S. 614-628.

Heinen, Norbert (1999): Eröffnungsansprache. In: Rheinischer Verein für Denkmalpflege und Landschaftsschutz (Hg.): Das Rheintal. Schutz und Entwicklung. Die Rheintal-Konferenz des Rheinischen Vereins für Denkmalpflege und Landschaftsschutz am 6./7. November 1997 in Mainz. Eine Dokumentation. Köln. S. 9-11.

Heinrichs, Kathrin (2013): Impuls – Wirtschaftsstandort Mittelrhein. In: Ministerium für Wirtschaft, Klimaschutz, Energie und Landesplanung Rheinland-Pfalz: Masterplan Welterbe Oberes Mittelrheintal. Anlage II C – Materialien zu den Workshops und der Zukunftskonferenz. 3. Workshop Wirtschaft und Energie am 30. Mai 2012 in Lahnstein. O.O., o.S.

Hendschel, U. (1845): Topographisches Rhein-Panorama von Schaffhausen bis zur Nordsee. In grossem Maasstabe entworfen und mit den speziellen Karten des grössten Theiles von Holland & Belgien sowie den Umgegenden des Bodensee's, der Mosel, der Ahr, Nahe &.&.&. und 27 genauen Städteplänen; nebst einer historischen Einleitung von Eduard Duller und erläuternden Notizen für Reisende über die interessantesten Städte obiger Gegenden. Frankfurt a.M.

Henningsen, Bernd (1986): Der Wohlfahrtsstaat Schweden. Baden-Baden.

Henßen, Gottfried/Wrede, Adam (1935): Volk am ewigen Strom. 2 Bde. Essen.

Herchenhein, Friedrich (o.J. [1869]): Neues Panorama des Rheins von Mannheim bis Cöln. Mit 45 Randbildern nebst Beschreibung. Mainz.

—— (o.J. [1886]): Neues Panorama des Rheins von Mannheim bis Cöln. Mainz.

Hermand, Jost (1983): Die touristische Erschliessung und Nationalisierung des Harzes im 18. Jahrhundert. In: Griep, Wolfgang/Jäger, Hans-Wolf (Hg.): Reise und soziale Realität am Ende des 18. Jahrhunderts. Heidelberg. S. 169-187.

Herold, Ann-Katrin/Rund, Belinda (2001): Das Bild der Landschaft – Modellhafte Analyse und Bewertung des Oberen Mittelrheintals. In: Landesamt für Denkmalpflege Rheinland-Pfalz (Hg.): Das Rheintal von Bingen und Rüdesheim bis Koblenz. Eine europäische Kulturlandschaft. Mainz. S. 641-658.

Herz, Ulrich (1976): Dalarna i går, i dag, i morgon. Stockholm.

Heyl, Ferdinand (1874): Die Rheinlande oder West-Deutschland. Leipzig.

——/Berlepsch, [Hermann Alexander] (1867): Neuestes Reisehandbuch für West-Deutschland. Hildburghausen.

Hildenbrand, Hans (o.J. [1905]): Der Rhein von Mainz bis Cöln. 12 verschiedene Ansichten in feinstem Vierfarbendruck. Sehr malerische farbenphotographische Aufnahmen nach Lumière. Berlin.

Hillier, Caroline (1987 [urspr. 1976]): A Journey to the Heart of England. London.

Hinrichsen, Alex W. (1991): Zur Entstehung des modernen Reiseführers. In: Spode, Hasso (Hg.): Zur Sonne, zur Freiheit! Beiträge zur Tourismusgeschichte. Berichte und Materialien Nr. 11. Berlin. S. 21-31.

Hobsbawm, Eric J./Ranger, Terence (Hg.) (2013 [urspr. 1983]): The Invention of Tradition. Cambridge u.a.

Hocker, Nikolaus (1860): Der Rhein. Ein Reisehandbuch für die Besucher der Rheinlande von Köln bis Mainz. Leipzig.

Hoff, August (1925): Kunst- und Baudenkmäler am Rhein. In: Brües, Otto (Hg.): Der Rhein in Vergangenheit und Gegenwart. Eine Schilderung des Rheinstroms und seines Gebietes von den Quellen bis zur Mündung, mit besonderer Berücksichtigung von Land und Leuten, Geschichte, Geistesleben und Kunst, Landwirtschaft und Industrie. Stuttgart, Berlin, Leipzig. S. 235-298.

Hofrén, Erik (1982): Dalarna. Det kooparativa landskapet. Med historien i minne – se framåt tillsammans. Falun.

Hohenadl, Jörg/Kustos, Norbert (2007): Romantischer Rhein. Romantic Rhine/Le Rhin romantique. Hamburg.

Hoitz, Hans (³1912-1913): Rheinwanderbuch. 20 Tage auf den Rheinhöhen und im Rheintal. Bonn.

Höjer, Nils (1897): Dalarne och Dalkarlarne. En historisk-geografisk undersökning. In: Historisk tidskrift 17. S. 31-54.

Holmström, Richard/Svensson. S. Artur (Hg.) (1971): Dalarna. Malmö.

Holt, Ysanne (2003): British Artists and the Modernist Landscape. Aldershot.

Holzhäuer, Hanne (o.J. [2002]): Der Rhein im Panorama: 1825 bis heute. Ausstellung in der Badischen Landesbibliothek, Karlsruhe vom 13. November 2002 bis 1. März 2003. Karlsruhe.

Horn, Vivi (1930): Hos Gustaf Ankarcrona på Holen. In: Svenska hem i ord och bilder 18. S. 157-164.

—— (1932): På Storgården hos fil. dr Karl-Erik och fru Fejan Forsslund. In: Svenska hem i ord och bilder 20. S. 243-258.

Horn, W. O. von (³1881 [urspr. 1867]): Der Rhein. Geschichte und Sagen seiner Burgen, Abteien, Klöster und Städte. Wiesbaden.

Hoskins, William G. (1949): Midland England. A Survey of the Country between the Chilterns and the Trent. London u.a.

—— (1955): The Making of the English Landscape. London.

—— (1988): The Making of the English Landscape. London.

Howard, Peter (1991): Landscapes. The Artists' Vision. London, New York.

Howe, Kerry R. (2000): Nature, culture, and History. The »Knowing« of Oceania. Honolulu.

Howkins, Alun (1986): The Discovery of Rural England. In: Colls, Robert/Dodd, Philip (Hg.): Englishness. Politics and Culture 1880-1920. London, New York, Sydney. S. 62-88.

—— (2001): Rurality and English Identity. In: Morley, David/Robins, Kevin (Hg.): British Cultural Studies. Geography, Nationality, and Identity. Oxford. S. 145-156.

Hülphers, Abraham Abrahamson (1957): Dagbok öfwer en resa igenom de under Stora Kopparbergs Höfdingedöme lydande Lähn och Dalarne år 1757. Falun.

Huggins, Mike/Gregson, Keith (2013): Sport, Tourism and Place Identity in the Lake District, 1800-1950. In: Walton, John K./Wood, Jason (Hg.): The Making of a Cultural Landscape. The English Lake District as Tourist Destination, 1750-2010. Farnham. S. 181-197.

Hugo, Victor (1842): Victor Hugo's sämmtliche Werke. Bd. 21-23: Der Rhein. Briefe an einen Freund. I-III. Stuttgart.

Hugo, Yngve (1942): I predikstolen. In: Forsslund, Jöran (Hg.): Karl-Erik Forsslund. En minnesskrift utgiven av Brunnsvikarnas förbund. Stockholm. S. 22-31.

Hussey, Christopher (1924): The Fairy Land of England. London, New York.

Idevall Hagren, Karin (2021): Nature, modernity, and diversity: Swedish national identity in a touring association's yearbooks 1886-2013. In: National Identities 23. S. 473-490.

Immermann, Karl Leberecht (o.J. [1883]): Immermann's Werke. Zehnter Theil. Reisejournal. – Blick ins Tirol. – Ahr und Lahn. Berlin.

Ingram, J. H. (1947-1948): The Heart of the English Midlands. A Survey of Cheshire, Derbyshire, Leicestershire, Nottinghamshire and Staffordshire. London u.a.

Initiative Baukultur für das Welterbe Oberes Mittelrheintal (2011): Leitfaden Farbkultur. Analysen und Anregungen für das farbliche Gestalten im Welterbe Oberes Mittelrheintal. Mainz.

—— (^{2}2013): Leitfaden Baukultur. Anregungen, Tipps und Ideen für das Bauen im Welterbe Oberes Mittelrheintal. Koblenz.

—— (Hg.) (o.J.): Leitfaden Strassenraumgestaltung. Anregungen für die Gestaltung öffentlicher Straßen und Plätze im Welterbe Oberes Mittelrheintal. O.O.

Ipsen, Detlev (2002): Raum als Landschaft. In: Kaufmann, Stefan (Hg.): Ordnungen der Landschaft. Natur und Raum technisch und symbolisch entwerfen. Würzburg. S. 33-60.

Jakobsson, Greta (1982): Karl Lärka berättar. Stockholm.

Janscha, Lorenz/Ziegler, Johann (1798): Collection de cinquante vues du Rhin les plus intéressantes et les plus pittoresques, depuis Spire jusqu'à Dusseldorf. Dessinées sur les lieux d'après nature. Fünfzig malerische Ansichten des Rhein-Stromes von Speyer bis Düsseldorf, nach der Natur gezeichnet. Wien.

Järnfeldt-Carlsson, Marta (2008): Gerda Boëthius. Konsthistoriker och museichef bland idel män. Umeå.

Jeffrey, Ian (1984): The British Landscape. 1920-1950. London.

Jeismann, Michael (1992): Das Vaterland der Feinde. Studien zum nationalen Feindbegriff und Selbstverständnis in Deutschland und Frankreich 1792-1918. Stuttgart.

Jeremiah, David (2010): Motoring and the British Countryside. In: Rural History 21. S. 233-250.

Joad, C. E. M. (1931): The Horrors of the Countryside. London.

Johannes, Per (1942): Sångsgården. Skaldehemmet, där traditionerna vårdas. In: Svenska hem i ord och bilder 30. S. 162-165.

—— (1948): Siljansbygden. Stockholm.

—— (1975): Krök Jerk minns Ankarcrona och Alfvén. Leksand.

Jones, Michael/Olwig, Kenneth R. (Hg.) (2008): Nordic Landscapes. Region and Belonging on the Northern Edge of Europe. Minneapolis/MN.

Jong, Adriaan de (2007): Die Dirigenten der Erinnerung. Musealisierung und Nationalisierung der Volkskultur in den Niederlanden 1815-1940. Münster u.a.

Jost, Erdmut (2005): Landschaftsblick und Landschaftsbild. Wahrnehmung und Ästhetik im Reisebericht 1780-1820. Sophie von La Roche – Friederike Brun – Johanna Schopenhauer. Freiburg, Berlin.

Judson, Pieter M. (2006): Guardians of the Nation. Activists on the Language Frontiers of Imperial Austria. Cambridge/MA, London.

—— (2014): Reisebeschreibungen in der »Südmark« und die Idee der deutschen Diaspora nach 1918. In: Stachel, Peter/Thomsen, Martina (Hg.): Zwischen Exotik und Vertrautem. Zum Tourismus in der Habsburgermonarchie und ihren Nachfolgestaaten. Bielefeld. S. 59-76.

Jügel, Carl (1830): Album pittoresque du Rhin. Collection des plus belles vues depuis Mayence jusqu'à Cologne. Desinées d'après nature par plusieurs habiles artistes, et gravées à l'aquatinte par J. J. Weber. Frankfurt a.M.

Jundt, Jonas (1954): Der Rheingau und die Taunusbäder. Aus alter Zeit. Honnef/Rhein.

Jureit, Ulrike (2012): Das Ordnen von Räumen. Territorium und Lebensraum im 19. und 20. Jahrhundert. Hamburg.

Kalisch, Volker (2009): Der Rhein. Versuch zur guten Nachbarschaft. In: Historische Mitteilungen 22. S. 59-94.

Kallis, Aristotle (2014): The Third Rome, 1922-1943. The Making of the Fascist Capital. Basingstoke.

Kaltmeier, Olaf (2012): Politische Räume jenseits von Staat und Nation. Göttingen.

Karlfeldt, Erik Axel (1926): I Dalarne. In: Svenska Turistföreningens årsskrift 1926. S. 1-20.

Karnfält, Barbro (1987): Konstnärskolonierna i Leksand. In: Rosander, Göran (Hg.): Turisternas Leksand. Turismen i Leksand, Siljansnäs och Ål genom tiderna. Leksand. S. 177-211.

Kauffman, Jesse (2015): The Colonial U-Turn: Why Poland is not Germany's India. In: Demshuk, Andrew/Weger, Tobias (Hg.): Cultural Landscapes. Transatlantische Perspektiven auf Wirkungen und Auswirkungen Deutscher Kultur und Geschichte im östlichen Europa. München. S. 49-67.

Kaufmann, Stefan (2002): Einleitung. In: Ders. (Hg.): Ordnungen der Landschaft. Natur und Raum technisch und symbolisch entwerfen. Würzburg. S. 7-29.

—— (2005): Soziologie der Landschaft. Wiesbaden.

Kautzsch, Rudolf u.a. (1925): Frankreich und der Rhein. Beiträge zur Geschichte und geistigen Kultur des Rheinlandes. Frankfurt a.M.

Keller, Tait (2016): Apostles of the Alps. Mountaineering and Nation Building in Germany and Austria, 1860-1939. Chapel Hill.

Kenny, Michael/McLean, Iain/Paun, Akash (Hg.) (2018): Governing England. English Identity and Institutions in a Changing United Kingdom. Oxford.

Kern, Sandra (2001): Typische Landschaftsbildelemente und ihre Verbreitung. In: Landesamt für Denkmalpflege Rheinland-Pfalz (Hg.): Das Rheintal von Bingen und Rüdesheim bis Koblenz. Eine europäische Kulturlandschaft. Mainz. S. 625-640.

Kern, Werner (1973): Die Rheintheorie der historisch-politischen Literatur Frankreichs im Ersten Weltkrieg. Dissertation, Univ. des Saarlandes.

Kerp, Heinrich (1927): Auf Pfaden der Romantik am Rhein. Ein rheinisches Heimatbuch. Bonn.

Keune, Karsten (²2007): Sehnsucht Rhein. Rheinlandschaften in der Malerei. Gemälde aus der Sammlung Siebengebirge. Bonn.

—— (Hg.) (2011): Der Rhein. Strom der Romantik. Gemälde aus der Sammlung RheinRomantik. Petersberg.

Key, Ellen (2008 [urspr. 1899]): Beauty in the Home. In: Creagh, Lucy/Kåberg, Helena/ Miller Lane, Barbara (Hg.): Modern Swedish Design. Three Founding Texts. New York. S. 32-57.

Kiewitz, Susanne (2003): Poetische Rheinlandschaft. Die Geschichte des Rheins in der Lyrik des 19. Jahrhunderts. Köln, Weimar, Wien.

Kingsnorth, Paul (2009): Real England. The Battle Against the Bland. London.

Kissel, Renate/Triep, Ulrich (2001): Zu Gast am Romantischen Rhein. Eine kulinarische Entdeckungsreise von Bonn bis Mainz. Mit Bildern von Andreas Bruchhäuser. Bonn.

Klebe, Friedrich Albert (²1806): Reise auf dem Rhein durch die teutschen und französischen Rheinländer nach Achen [sic], und Spaa. Frankfurt a.M.

Kleefeld, Klaus-Dieter (2007): Das Mittelrheintal. Bemühungen um Schutz und Pflege im historischen Kontext. In: Siedlungsforschung 25. S. 293-312.

Klein, Ernst (1925): Siljansbygden. Leksand – Rättvik – Mora – Orsa. Stockholm.

—— (1926): Hembygdsrörelsens i Dalarna. In: Svenska Turistföreningens årsskrift 1926. S. 103-128.

Klein, Joh. Aug. (1828): Rheinreise von Mainz bis Köln. Historisch, topographisch, malerisch bearbeitet von Professor Joh. Aug. Klein. Koblenz.

Kloos, Michael (2014): Landscape 4. Landschaftsideen Nordeuropas und die visuelle Integrität von Stadt- und Kulturlandschaften im UNESCO-Welterbe. Dissertation, RWTH Aachen (URL: https://publications.rwth-aachen.de/record/444768/ files/5078.pdf [19.2.2021]).

Knapp, Werner (1942): Deutsche Dorfplanung. Gestalterische Grundlagen. Stuttgart.

Knight, Charles Raleigh (1846): Scenery of the Rhine. London.

Knoll, Gabriele M. (2001): Rhein-Romantik. Koblenz.

Knorr-Anders, Esther/Ohrenschall, Alice (1995): Der romantische Rhein. München.

Knutsson, Johan (2010): I »hemtrefnadens« tid. Allmoge, nationalromantik och konstnärligt nyskapande i arkitektur, möbler och inredningar 1890-1930. Stockholm.

Köck, Christoph (1994): Die Entdeckung des Sauerlandes. Zur kulturellen Symbolik einer Region. In: Baumeier, Stefan/Köck, Christoph (Hg.): Sauerland. Facetten einer Kulturregion. Detmold. S. 10-33.

Kölbel, Bernd/Terken, Lucie (Hg.) (2007): Steven Jan van Geuns. Tagebuch einer Reise mit Alexander von Humboldt durch Hessen, die Pfalz, längs des Rheins und durch Westfalen im Herbst 1789. Berlin.

Koersner, Vilhelm (1885): Dalarne. En vägvisare för resande. Stockholm.

Kohl, Stephan (2012): Moralische Implikationen ästhetisch konstruierter Landschaften: Nordengland vs. Südengland. In: Krebs, Stefanie/Seifert, Manfred (Hg.): Landschaft quer Denken. Theorien – Bilder – Formationen. Leipzig. S. 111-126.

Kopp, Kristin (2012): Germany's Wild East. Constructing Poland as Colonial Space. Ann Arbor.

Kopper, Christopher (2009): Eine komparative Geschichte des Massentourismus im Europa der 1930er bis 1980er Jahre. Deutschland, Frankreich und Großbritannien im Vergleich. In: Archiv für Sozialgeschichte 49. S. 129-148.

Koshar, Rudy (1998): »What ought to be seen«: Tourists' Guidebooks and National Identities in Modern Germany and Europe. In: Journal of Contemporary History 33. S. 323-340.

Krätzer, G. (o.J. [ca. 1844]): Das Rheinland von Basel bis Rotterdam. Mainz.

Krebs, Stefanie/Seifert, Manfred (Hg.) (2012): Landschaft quer Denken. Theorien – Bilder – Formationen. Leipzig.

Kremer, Bruno P. (2010): Der Rhein. Von den Alpen bis zur Nordsee. Duisburg.

Kreuzberg, Bernhard Josef (1937): Victor Hugo und der Rhein. In: Rheinische Vierteljahrsblätter 7. S. 228-272.

—— (1949): Der »Viaggo sul reno« des Abbate de Giorgi Bertòla (1787). In: Rheinische Vierteljahrsblätter 14. S. 190-207.

Kroener, Wolfgang (2002): 200 Jahre Rhein-Romantik. Sonderdruck der Rhein-Zeitung im Juni 2002. Koblenz.

Kühl, Henriette (2002): ...groß und herrlich wie ... ein Koloss, eine Pyramide, ein Dom zu Köln. Politische Denkmäler 1813-1848. In: Landesmuseum Koblenz (Hg.): Der Geist der Romantik in der Architektur. Gebaute Träume am Mittelrhein. Regensburg. S. 73-83.

Kühn, Norbert (1995): Kritische Betrachtungen zum Umgang mit der Rheinlandschaft. In: Schmidt, Hans M./Malsch, Friedemann/Schoor, Frank van de (Hg.): Der Rhein – Le Rhin – De Waal. Ein europäischer Strom in Kunst und Kultur des 20. Jahrhunderts. Köln. S. 59-83.

Kühn, Thomas (2009): Präsentationstechniken und Ausstellungssprache in Skansen. Zur musealen Kommunikation in den Ausstellungen von Artur Hazelius. Ehestorf.

Kühne, Olaf (2013a): Landschaftstheorie und Landschaftspraxis. Eine Einführung aus konstruktivistischer Perspektive. Wiesbaden.

—— (2013b): Macht und Landschaft. Annäherungen an die Konstruktionen von Experten und Laien. In: Leibenath, Markus u.a. (Hg.): Wie werden Landschaften gemacht? Sozialwissenschaftliche Perspektiven auf die Konstituierung von Kulturlandschaften. Bielefeld. S. 237-271.

Küster, Hansjörg (1999): Geschichte der Landschaft in Mitteleuropa. Von der Eiszeit bis zur Gegenwart. München.

—— (2009): Schöne Aussichten. Kleine Geschichte der Landschaft. München.

Kumar, Krishan (2003): The Making of English National Identity. Cambridge u.a.

Kunst- und Ausstellungshalle der Bundesrepublik Deutschland/Plessen, Marie-Louise von (Hg.) (2016): Der Rhein. Eine europäische Flussbiografie. München, London, New York.

Lachenwitz, F. L. (1836): Handbuch, für Reisende mit Dampfschiffen von London bis Strasburg. Köln.

Länsstyrelsen Dalarna, Miljövårdsenheten (1994): Värdefulla odlingslandskap i Dalarna. Bevarandeprogram för odlingslandskapets natur- och kulturmiljövärden i Kopparbergs län. Falun.

Lärka, Karl/Jonsson, Sune (Hg.) (1974): Karl Lärkas Dalarna. Stockholm.

Lagercrantz, Bo (1991): Nordiska museet, Skansen och hembygdsrörelsen. 1901-1929. In: Biörnstad, Arne (Hg.): Skansen under hundra år. Höganäs. S. 77-95.

Lake District National Park Partnership (2015a): Nomination of the English Lake District. Volume 1: Nomination Document (URL: https://whc.unesco.org/en/list/422/documents/ [7.1.2021]).

—— (2015b): Nomination of the English Lake District. Volume 4: The Partnership's Plan. The Management Plan for the English Lake District 2015-2020 (URL: https://whc.unesco.org/en/list/422/documents/ [5.1.2021]).

Lambert, Audrey M. (1971): The Making of the Dutch Landscape. A Historical Geography of the Netherlands. London, New York.

Landesamt für Denkmalpflege Rheinland-Pfalz (Hg.) (2001): Das Rheintal von Bingen und Rüdesheim bis Koblenz. Eine europäische Kulturlandschaft. Mainz.

Lang, Joseph Gregor (1975 [urspr. 1789-1790]): Reise auf dem Rhein. Von Mainz bis zum Siebengebirge. Köln.

Lange, Ludwig (1847): Der Rhein und die Rheinlande von Mainz bis Köln in malerischen Original Ansichten. Darmstadt.

Larsson, Carl (1916): Carl Larssons hem i Sundborn. Skildradt af honom själf. In: Svenska hem i ord och bilder 4. S. 155-165.

—— (1969 [urspr. 1899]): Ett hem. 24 målningar. Med text av Carl Larsson. Stockholm.

Larsson i By, Carl (1920/1939): En Dalasockens historia. Kulturhistorisk beskrivning av By i Folkare Härad. 2 Bde. Stockholm.

Lasinsky, Johann Adolph (1829): Sketchbook. Fifty-fife picturesque views of the Rhine, from Mayence to Cologne. With a map of the course of the Rhine from Mayence to Cologne, drawn from nature by J. A. Lasinsky. Frankfurt a.M.

—— (o.J. [ca. 1835]): Zwölf Skizzen der merkwürdigsten Burgen &c. am Rhein. Koblenz.

——/Bodmer, Rudolf (1834): O.T. [Rheinansichten]. Koblenz.

Legnér, Mattias (2004): Fäderneslandets rätta beskrivning. Mötet mellan antikvarisk forskning och ekonomisk nyttokultur i 1700-talets Sverige. Helsinki.

Lehmann, Herbert (1973 [urspr. 1950]): Die Physiognomie der Landschaft. In: Paffen, Karlheinz (Hg.): Das Wesen der Landschaft. Darmstadt. S. 39-70.

Leibenath, Markus u.a. (Hg.) (2013): Wie werden Landschaften gemacht? Sozialwissenschaftliche Perspektiven auf die Konstituierung von Kulturlandschaften. Bielefeld.

Lekan, Thomas (2008): Saving the Rhine. Water, Ecology, and Heimat in Post World War II Germany. In: Mauch, Christof/Zeller, Thomas (Hg.): Rivers in History. Perspectives on Water Ways in Europe and North America. Pittsburgh/PA. S. 110-136.

Lerner, Marion (2010): Der Landnahme-Mythos. Kulturelles Gedächtnis und nationale Identität. Isländische Reisevereine im frühen 20. Jahrhundert. Baden-Baden.

Lewin, Kurt (2012 [urspr. 1917]): Kriegslandschaft. In: Dünne, Jörg/Günzel, Stephan (Hg.): Raumtheorie. Grundlagentexte aus Philosophie und Kulturwissenschaften. Frankfurt a.M. S. 129-139.

Leyden, Friedrich (1928-1931): Die Randlandschaften. Die Maas- und Scheldeland-schaft. In: Haushofer, Karl (Hg.): Erdraum und Erdkräfte. Der natürliche Lebens-raum. 3 Bde. Berlin. Bd. 2, 1. Buch, 2. Teil. S. 107-126.

Lidman, Hans (Hg.) (1963): Fäbodar. Stockholm.

Linck, Sönke (2015): Die polnische Landschaft als Objekt deutscher Kolonialrhetorik: Das Beispiel der *Preußischen Jahrbücher* (1886-1914). In: Demshuk, Andrew/Weger, Tobias (Hg.): Cultural Landscapes. Transatlantische Perspektiven auf Wirkungen und Auswirkungen Deutscher Kultur und Geschichte im östlichen Europa. München. S. 69-97.

Lindblad, J. M. (1867): Vår-Blommor från Rhen och Paris. Härnosand.

Lindblom, Andreas (1931): En krönika om Skansens första landskapsdag. In: Fataburen. S. 217-236.

Linde-Laursen, Anders (1993): The Nationalization of Trivialities: How Cleaning be-comes an Identity Marker in the Encounter of Swedes and Danes. In: Ethnos 58. S. 275-293.

Ling Wong, Judy (o.D.): Marking a place with memory. In: CPRE/The countryside cha-rity, Homepage (URL: https://www.cpre.org.uk/discover/marking-a-place-with-memory/ [25.2.2021]).

Linnerhielm, J. Carl (1797): Bref under resor i Sverige. Stockholm.

—— (1816): Bref under senare resor i Sverige. Stockholm.

Litström, K. G./Murelius, K. F. (1880): Genom Öster-Dalarne. Handbok för Resande och Turister. Falun.

Littke, Rolf (1947): Västerbergslagen från turistsynpunkt. In: Wästerbergslagen i Da-larna. Gruvornas, Hyttornas och Smedarnas Gamla Bygd. Ludvika. S. 4-9.

Liulevicius, Vejas Gabriel (2009): The German Myth of the East. 1800 to the Present. Oxford.

Löber, Ulrich/Gorschlüter, Hans-Peter (1989): Spurensuche. Frühe Fotografen am Mittelrhein. Koblenz.

Löffler, Karl (1928-1931): Die Randlandschaften. Die Wasserscheide zwischen Rhein und Donau. In: Haushofer, Karl (Hg.): Erdraum und Erdkräfte. Der natürliche Le-bensraum. 3 Bde. Berlin. Bd. 2, 1. Buch, 2. Teil. S. 70-90.

Löfgren, Orvar (1989): Landscapes and Mindscapes. In: Folk 31. S. 183-208.

—— (1999): On Holiday. A History of Vacationing. Berkeley, Los Angeles, London.

—— (2001): Know Your Country. A Comparative Perspective on Tourism and Nation Building in Sweden. In: Baranowski, Shelley/Furlough, Ellen (Hg.): Being Elsewhe-re. Tourism, consumer Culture, and Identity in Modern Europe and North Ameri-ca. Ann Arbor. S. 137-154.

Löw, Martina (2001): Raumsoziologie. Frankfurt a.M.

Lo-Johansson, Ivar (1930a): Sveriges argsintaste provins. In: Fönstret. Nr. 28. 8.11.1930. S. 6f.

—— (1930b): Dalfolkets nationalitet. In: Fönstret. Nr. 32. 6.12.1930. S. 5f.

—— (1930c): Dalfolkets nationalitet. In: Fönstret. Nr. 33. 13.12.1930. S. 7f.

Loris, Yves (2005): Burgenhopping im Weltkulturerbe. In: Wandermagazin. S. 83-100.

Lowe, Peter (2012): English Journeys. National and Cultural Identity in 1930s and 1940s England. Amherst.

Lowenthal, David/Prince, Hugh C. (1964): The English Landscape. In: The Geographical Review 54. S. 309-346.

Lubkowitz, Anneke (2020): Haunted Spaces in Twenty-First Century British Nature Writing. Berlin, Boston.

Luhmann, Niklas (1988): Erkenntnis als Konstruktion. Bern.

Lundberg, Erik (1960): Landskapsvård vid kraftverksbyggen. In: Hallerdt, Björn (Hg.): Landskapsvård i Dalarna. Falun. S. 21-36.

Lundqvist, Åke (1996): Minnen av Gustav Eriksson. In: Svenska turistföreningens årsbok 1997: Dalarna. O.O. S. 8-23.

Lunner, Sven F. (1951): Det folkliga bildningsarbetet. In: Veirulf, Olle (Hg.): Dalarna – ett vida berömt landskap. Stockholm. S. 210-222.

Macpherson, Ben (2018): Cultural Identity in British Musical Theatre, 1890-1939. Knowing One's Place. London.

Mäding, Erhard (1943): Regeln für die Gestaltung der Landschaft. Einführung in die Allgemeine Anordnung Nr. 20/VI/42 des Reichsführers SS, Reichskommissars für die Festigung deutschen Volkstums, über die Gestaltung der Landschaft in den eingegliederten Ostgebieten. Berlin.

Malten, Heinrich M. (1844): Schloß Stolzenfels am Rheine. Frankfurt a.M.

Mangård, Carl (2002 [urspr. 1930]): Sångs i Sjugare by. Ett besök på Karlfeldts sommargård. In: Åsberg, Christer (Hg.): Kring Siljan och Sångs. Erik Axel Karlfeldt och Leksandsbygden. Stockholm. S. 43-54.

Marryat, Horace (1862): One Year in Sweden; including a Visit to the Isle of Götland [sic]. 2 Bde. London.

Marsh, Jan (1982): Back to the Land. The Pastoral Impulse in England, from 1880 to 1914. London, Melbourne, New York.

Marsh, Terry/Sparks, Jon (2000): The Lake District. The Official National Park Guide. Newton Abbot.

Marshall, John Duncan/Walton, John K. (1981): The Lake Counties from 1830 to the mid-twentieth century. A study in regional change. Manchester.

Martin, Ron (1988): The Political Economy of Britain's North-South Divide. In: Transactions of the Institute of British Geographers 13. S. 389-418.

Martineau, Harriet (o.J. [1855]): A Complete Guide to the English Lakes. Windermere.

Masser, Bo/Tidén, Görgen (2012): Smak av Dalarna. Maten, miljön och människorna. Västerås.

Massingham, Harold John (1936): English Downland. London.

—— (²1941 [urspr. 1937]): Cotswold Country. London.

Mathieu, Jon u.a. (2016): Geschichte der Landschaft in der Schweiz. Von der Eiszeit bis zur Gegenwart. Zürich.

Mathis, Charles-François (2010): In Nature We Trust. Les paysages anglais à l'ère industrielle. Paris.

Matless, David (1993): One Man's England: W. G. Hoskins and the English Culture of Landscape. In: Rural History 4. S. 187-207.

—— (²2016 [urspr. 1998]): Landscape and Englishness. London.

Maull, Otto (1928-1931): Geomorphologie und geomorphologische Wirkungen des rheinischen Lebensraumes (I). In: Haushofer, Karl (Hg.): Erdraum und Erdkräfte. Der natürliche Lebensraum. 3 Bde. Berlin. Bd. 1, 1. Buch, 1. Teil. S. 73-148.

Maurer, Michael (2007): Die Entdeckung Schottlands. In: Fülberth, Andreas/Meier, Albert/Ferreti, Victor Andrés (Hg.): Nördlichkeit – Romantik – Erhabenheit. Apperzeptionen der Nord/Süd-Differenz (1750-2000). Frankfurt a.M. u.a. S. 143-159.

Mayhew, Henry (1860): The lower Rhine and Its Picturesque Scenery. Rotterdam to Mayence. London, New York.

McBride, Simon (1989): The Spirit of England. Exeter, London.

Meier, Albert (1999): Textsorten-Dialektik. Überlegungen zur Gattungsgeschichte des Reiseberichts im 18. Jahrhundert. In: Maurer, Michael (Hg.): Neue Impulse der Reiseforschung. Berlin. S. 237-245.

Meisen, Karl/Steinbach, Franz/Weisgerber, Leo (Hg.) (1950): Geschichtlicher Handatlas der deutschen Länder am Rhein. Mittel- und Niederrhein. Köln, Lörrach.

Melkonian, Michael (Hg.) (1992): Ökologie des Rheins. Chancen und Risiken eines europäischen Stromes. Bonn.

Mellin, Gustaf Henrik (1840): Sverige framstäldt i teckningar. Tvåhundra litografier. Med text. Stockholm.

Mellquist, Sven A. (1951): Den högre djurvärlden. In: Veirulf, Olle (Hg.): Dalarna – ett vida berömt landskap. Stockholm. S. 53-62.

Melville, Ralph (2014): Klippenhaus und Zauberhöhle. Der Osteinsche Park auf dem Niederwald und die Anfänge der Rheinromantik. In: Mainzer Zeitschrift 109. S. 3-23.

Menke, Heinrich (1953): Schutz dem Rheintal. Das Rheintal von Bingen bis Rolandseck unter Landschaftsschutz. In: Mitteilungsblatt. Rheinischer Verein für Denkmalpflege und Heimatschutz 21. H. 3. S. 1-3.

Mercer, Derrik/Puttnam, David (1988): Rural England. Our Countryside at the Crossroads. London.

Mercereau, Charles (o.J. [ca. 1860]): Vues panoramiques des bords du Rhin. Paris.

Merz, Thomas (2001): Besonders erhaltenswerte Weinbergterrassen. In: Landesamt für Denkmalpflege Rheinland-Pfalz (Hg.): Das Rheintal von Bingen und Rüdesheim bis Koblenz. Eine europäische Kulturlandschaft. Mainz. S. 955-959.

Metz, Friedrich (1961 [urspr. 1940]): Die rheinische Kulturlandschaft. In: Ders.: Land und Leute. Gesammelte Beiträge zur deutschen Landes- und Volksforschung. Stuttgart. S. 127-137.

Meyer, Philippe (2011): L'or du Rhin, histoire d'un fleuve. Paris.

Ministerium für Kultur, Jugend, Familie und Frauen des Landes Rheinland-Pfalz (Hg.) (1998): Welterbe Mittelrhein. Das Konzept Kulturlandschaft als Herausforderung für die Region. Mainz.

Ministerium für Wirtschaft, Klimaschutz, Energie und Landesplanung Rheinland-Pfalz (2013): Masterplan Welterbe Oberes Mittelrheintal. Anlage II A Raumanalyse. O.O.

Mitchell, Don (1998): Writing the Western. New Western History's Encounter with Landscape. In: Ecumene 5. S. 7-30.

Mitchell, W. J. T. (Hg.) (²2002): Landscape and Power. Chicago.

Mjöberg, Jöran (1983): Karlfeldts dalmålningsdikter och dalmåleriet. In: Från kulturdagarna i Bonäs bygdegård den 28 och 29 juni 1982. Uppsala. S. 39-56.

Moberg, Jan-Olov/Svensson, Mikael (2014): Dalälven. Från fjäll till fjärd. Karlstad.

Mölders, Tanja (2013): Natur- und Kulturlandschaften zwischen Einheit und Differenz. Das Beispiel Biosphärenreservat Mittelelbe. In: Leibenath, Markus u.a. (Hg.): Wie werden Landschaften gemacht? Sozialwissenschaftliche Perspektiven auf die Konstituierung von Kulturlandschaften. Bielefeld. S. 61-95.

Mörner, Cecilia (2010): Film in Falun – Falun on Film: The Construction of An Official Local Place Identity. In: Hedling, Erik/Hedling, Olof/Jönsson, Mats (Hg.): Regional Aesthetics: Locating Swedish Media. Stockholm. S. 153-168.

Mohnike, Thomas (2007): Imaginierte Geographien. Der schwedische Reisebericht der 1980er und 1990er Jahre und das Ende des Kalten Krieges. Würzburg.

Molin, Adrian (1930): Landskapskynnen. Stockholm.

Montelius, Sigvard (1972): Väster Bergslagen. In: Svenska turistföreningen, årsskrift 1972: Dalarna. Stockholm. S. 251-268.

—— (1973): Kulturlandskap i omvandling. Falun.

—— (1976): Resenärer i Dalarna före järnvägens tid. In: Rosander, Göran (Hg.): Turisternas Dalarna (Dalarnas hembygdsbok 1976). Falun. S. 11-43.

Moore-Svensson, Susanne (1987): Kyrkbåtsrodden i Leksand. En reaktiverad folksed. In: Rosander, Göran (Hg.): Turisternas Leksand. Turismen i Leksand, Siljansnäs och Ål genom tiderna. Leksand. S. 260-283.

Moore, John (1938): The Cotswolds. In: Williams-Ellis, Clough (Hg.): Britain and the Beast. London. S. 86-90.

Morrison, Kathryn A./Minnis, John (2012): Carscapes. The Motor Car, Architecture and Landscape in England. New Haven, London.

Morton, Henry Vollam (1928): The Call of England. London.

—— (1942): I saw two Englands. The record of a journey before the war, and after the outbreak of war, in the year 1939. London.

—— (2000 [urspr. 1927]): In Search of England. London.

Mount, Harry (2013): How England Made the English. From Why We Drive on the Left to Why We Don't Talk to Our Neighbours. London.

Müller, Edwin (1852): Die Rheinreise von Düsseldorf bis Basel. Der sichere und kundige Führer auf der Reise durch die Städte, Burgen, Bäder, Gebirge und Thäler sämmtlicher deutschen und französischen Rheinlande. Berlin.

—— (²1868): Die Rheinreise von Düsseldorf bis Mainz. Führer durch die Städte, Burgen und Thäler des Rheins und seiner Nebenflüsse Ahr, Lahn, Mosel, Nahe und Main. Berlin.

Müller, Thomas (2009): Imaginierter Westen. Das Konzept des »deutschen Westraums« im völkischen Diskurs zwischen Politischer Romantik und Nationalsozialismus. Bielefeld.

Müller von Königswinter, Wolfgang (1867): Sommertage am Siebengebirge. Kreuznach.

Muir, Richard (2000): The New Reading the Landscape. Fieldwork in Landscape History. Exeter.

Mulvihill, James (1995): Consuming Nature: Wordsworth and the Kendal and Windermere Railway Controversy. In: Modern Language Quarterly 56. S. 305-326.

Murray, John (1845): A Hand-Book for Travellers on the Continent, being a Guide to Holland, Belgium, Prussia, Northern Germany, and along the Rhine from Holland to Switzerland. London.

Näsström, Gustaf (1937): Dalarna som svenskt ideal. Stockholm.

—— (1972): Mitt Dalarna. Stockholm.

Nathhorst, Mary T. (1918): Selma Lagerlöfs hem i Falun. In: Svenska hem i ord och bilder 6. S. 46-53.

National Grid (2017): North West Coast Connections. Scoping Report: Heritage Impact Assessment. The English Lake District. Nominated Property for Inscription on the World Heritage List (URL: https://whc.unesco.org/en/list/422/documents/ [5.1.2021]).

Neubauer, Mats (2009): Historia och historier från Dalarna. Falun.

Nicholson, Norman (1969): Greater Lakeland. London.

—— (1995 [urspr. 1955]): The Lakers. The Adventures of the First Tourists. Milnthorpe.

Nilsson, Bo G. (1978): Vägvisare och reskartor. In: Fataburen. S. 139-163.

Nisard, Désiré (o.J. [1835]): Promenades d'un artiste. Bords du Rhin. Hollande. Belgique. Paris.

Nochlin, Linda (1983): The Imaginary Orient. In: Art in America 71. H. 5. S. 118-131.

Noll, Thomas/Stobbe, Urte/Scholl, Christian (Hg.) (2012): Landschaft um 1800. Aspekte der Wahrnehmung in Kunst, Literatur, Musik und Naturwissenschaften. Göttingen.

Nordling, Johan (1907): Siljan. En bok om Sveriges hjärta. 2 Bde. Stockholm.

Nordrhein-Westfalen-Stiftung (Hg.) (2010): Schloss Drachenburg. Historistische Burgenromantik am Rhein. Berlin, München.

Nover, Jakob (o.J. [ca. 1900]): Der Rhein und seine Nebenthäler. Berlin, Eisenach, Leipzig.

Nowack, Thilo (2006): Rhein, Romantik, Reisen. Der Ausflugs- und Erholungsreiseverkehr im Mittelrheintal im Kontext gesellschaftlichen Wandels (1890-1970). Dissertation, Univ. Bonn.

Nyman, Anders (1972): De sista fäbodarna. In: Svenska turistföreningen, årsskrift 1972: Dalarna. Stockholm. S. 172-185.

Nyström, Per (1999): Framtidsbygge på rotfast grund. Gustaf Ankarcrona och ungdomsrörelsen i Dalarna. In: Akka 1. S. 5-35.

O.A. (o.J. [ca. 1830]): Das Rheinthal von der Mündung der Nahe bis zur Mündung der Mosel. Nebst den bedeutendsten und malerischsten Ansichten der auf beiden Ufern dieses Flusses liegenden Städte, Festungen und Ortschaften. Nach der Natur perspektivisch aufgenommen. O.O.

O.A. (o.J. [1838]): The Continental Tourist, Belgium and Nassau. Commencing at Antwerp, and Proceeding through Brussels, Namur, Liege, Aix-la-Chapelle, Cologne, through the Baths of Nassau, and the Taunus Range of Mountains to Frankfort on the Main. London.

O.A. (1842): Die Fahrt auf dem Rhein von Mainz bis Köln. Zur Mitgabe und Erinnerung für Rheinreisende. Leipzig.

O.A. (o.J. [1850a]): Die Rheingegend von Mainz bis Düsseldorf. Eine Sammlung der vorzüglichsten malerischen Ansichten. Nach Original-Zeichnungen in Stahl gestochen von den ausgezeichnetsten Künstlern. Bonn.

O.A. (o.J. [ca. 1850b]): Neues Taschen-Panorama des Rheins von Mainz bis Cöln. Frankfurt a.M.

O.A. (²1852): Schultze & Müller am Rhein. Humoristische Reisebilder von Cöln bis Mainz. Berlin.

O.A. (1855): Guide des bords du Rhin. Paris.

O.A. (1860): Vom Rhein! O.O.

O.A. (1867): Der Rhein von Mainz bis Cöln. Neues Taschen-Panorama mit anhängendem Texte. Mainz.

O.A. (1871): Der deutsche Rhein. Führer von Mainz bis Coeln. Frankfurt a.M.

O.A. (1885): Panorama des Rhein's von Cöln bis Mainz. Bonn.

O.A. (1892): Kleiner Führer für die Rheinreise von Köln bis Frankfurt-Heidelberg. Nach der achtzehnten Auflage des grösseren Reise-Handbuchs »Der Rhein«. Berlin.

O.A. (1894): Rhein-Panorama von Mainz bis Köln. Eisenach.

O.A. (o.J. [ca. 1899]): Vom Rhein. Berlin.

O.A. (1903): Gustaf [sic] Vasa-minnet. Vid aftäckningen af Vasastoden på Mora Strand den 11 juli 1903. Utgifvet af Mora Tidning. Borlänge.

O.A. (o.J. [ca. 1903]): Hochinteressanter Ausflug nach Dalekarlien. Stockholm – Krylbo – Borlänge – Insjön – Mora – Orsa – Rättvik – Falun – Gefle – Elfkarleö – Uppsala. Stockholm.

O.A. (1904): Erinran om publicistutfärden till Dalarne den 26-28 februari 1904. Gävle.

O.A. (o.J. [ca. 1910a]): Drachenfels und Schloß Drachenburg bei Königswinter am Rhein. Leipzig, Köln.

O.A. (o.J. [ca. 1910b]): Rhein-Panorama von Mainz bis Köln. Mainz.

O.A. (E. K-n. [wohl Ernst Klein]) (1926): Hela Sverige i ett museum. Nordiska Museet och Skansen – en givande rundresa. In: Svensk turisttidning 5. S. 500f., 561, 565.

O.A. (1927): Vinter i Dalarna. Rättvik, Mora och Älvdalen. In: Svensk turisttidning 6. S. 89-91.

O.A. (1930a): Dalecarlia. Sweden. Stockholm.

O.A. (1930b): Dalekarlien. Schweden. Stockholm.

O.A. (1938): Der deutsche Rhein. Wanderungen und Fahrten der Romantik. Berlin.

O.A. (1950): Der Rheinlauf von Mainz bis Köln. Bonn.

O.A. (²1962): Der Rhein von seinem Ursprung bis zur Mündung. Wien, München.

O.A. (1968): Relief-Panorama des Rheins von Mainz bis Köln. Vogelschaugemälde. Köln.

O.A. (1992): Mora i konsten från Carl von Linné till Anders Zorn. Mora in art, from Carl von Linné to Anders Zorn. 9 december 1992-14 mars 1993. Zornmuseet Mora. Mora.

O.A. (o.J. [2009]): Rheinlauf. Mittelrhein von Mainz bis Köln. Das romantische Stromtal entdecken! Flusslaufkarte mit informativen Begleittexten und vielen Farbfotos. Pulheim.

O.A. (2010): Wir sehen uns am Romantischen Rhein. Informationen & Tipps rund um den Romantischen Rhein. Bonn.

Ochsenheimer, Ferdinand (1795): Streifereien durch einige Gegenden Deutschlands. Leipzig.

Ockhart, Josef Franz (1816): Der Rhein nach der Länge seines Laufs und der Beschaffenheit seines Strombettes, mit Beziehung auf dessen Schifffahrtsverhältnisse betrachtet. Ein Beitrag zur nähern Kunde der deutschen Flussschifffahrt. Mainz.

O'Connell, Michael (1983): Authority and the Truth of Experience in Petrarch's »Ascent of Mount Ventoux«. In: Philological Quarterly 62. S. 507-519.

Ödman, N. P. (1890): I Dalarne. In: Meyer, Gustaf (Hg.): Album för literatur [sic] och konst. Stockholm. S. 52-79.

Öhman, Peter (1987): Ankarcronas hembygdsvårdande insatser. In: Rosander, Göran (Hg.): Turisternas Leksand. Turismen i Leksand, Siljansnäs och Ål genom tiderna. Leksand. S. 212-230.

Oellers, Norbert (2005): Rhein-Streit 1921/22. Maurice Barrès, Ernst Robert Curtius und Ernst Bertram. In: Breuer, Dieter/Cepl-Kaufmann, Gertrude (Hg.): »Deutscher Rhein – fremder Rosse Tränke?« Symbolische Kämpfe um das Rheinland nach dem Ersten Weltkrieg. Essen. S. 69-80.

Oljelund, Ivan (1947): Utsikt i Grangärde. In: Wästerbergslagen i Dalarna. Gruvornas, Hyttornas och Smedarnas Gamla Bygd. Ludvika. S. 11-14.

Olsson, Anders (o.J. [1932]): Väster Dalarna. In: Dalarnas turistförening: Dalarna – de gamla bygdernas landskap, den nya tidens landskap, ett ord till våra gäster. Stockholm. S. 47-51.

Olwig, Kenneth R. (1984): Nature's Ideological Landscape. A Literary and Geographic Perspective on its Development and Preservation on Denmark's Jutland Heath. London, Boston, Sydney.

O'Neill, Clifford (2000): Visions of Lakeland: Tourism, Preservation and the Development of the Lake District, 1919-1939. Dissertation, Univ. Lancaster (URL: https://ethos.bl.uk/OrderDetails.do?uin=uk.bl.ethos.248539 [15.11.2019]).

—— (2005): »The Most Magical Corner of England«: Tourism, Preservation and the Development of the Lake District, 1919-39. In: Walton, John K. (Hg.): Histories of Tourism. Representation, Identity and Conflict. Clevedon, Buffalo, Toronto. S. 228-244.

Orwell, George (1976 [urspr. 1937]): The Road to Wigan Pier. Harmondsworth u.a.

Osmond, John (1988): The Divided Kingdom. London.

Österholm, Cecilia (Hg.) (o.J. [2006]): Dalamyter. Traditioner och symboler i Dalarna. Falun.

Ott, Michaela (2003): Art. »Raum«. In: Barck, Karlheinz u.a. (Hg.): Ästhetische Grundbegriffe. Historisches Wörterbuch in sieben Bänden. Stuttgart, Weimar. Bd. 5. S. 113-148.

Ousby, Ian (Hg.) (1992): James Plumptre's Britain. The Journals of a Tourist in the 1790s. London u.a.

Outhier, Réginald (1749): Journal d'un voyage au nord, En 1736 & 1737. Amsterdam.

Pabst, Klaus (2003): Die »Historikerschlacht« um den Rhein. In: Elvert, Jürgen/Krauß, Susanne (Hg.): Historische Debatten und Kontroversen im 19. und 20. Jahrhundert. Jubiläumstagung der Ranke-Gesellschaft in Essen, 2001. Stuttgart. S. 70-81.

Paffen, Karlheinz (Hg.) (1973): Das Wesen der Landschaft. Darmstadt.

Paquet, Alfons (1920): Der Rhein als Schicksal. In: Ders.: Der Rhein als Schicksal oder Das Problem der Völker. München. S. 9-62.

—— (1923): Der Rhein, eine Reise. Frankfurt a.M.

—— (1926): Der Rhein und das Wort. Rede auf einer Tagung der rheinischen Dichter in Koblenz am 10. Juli 1926. In: Beiträge zur Rheinkunde 1. H. 2. S. 3-16.

—— (1929-1930): Die Rhein-Ruhrstadt. In: Hochland 27. S. 385-396.

—— (1940): Der Rhein. Vision und Wirklichkeit. Mit 160 Aufnahmen von Dr. Paul Wolff und seinem Mitarbeiter Alfred Tritschler. Düsseldorf.

Parau, Cristina Rita (2008): Die Konstruktion des geschichtlichen Raumes in Josef Pontens virtueller Geo-Grafie der Rheinlande. In: Cepl-Kaufmann, Gertrude/

Groß, Dominik/Mölich, Georg (Hg.): Wissenschaftsgeschichte im Rheinland unter besonderer Berücksichtigung von Raumkonzepten. Kassel. S. 107-126.

Payne, Albert Henry (o.J. [ca. 1850]): Payne's panorama of the Rhine. Exhibiting in one continued view, both banks of the river, from Mayence to Coblentz, the Siebengebirge and Cologne. Engraved from Original Drawings. In sixty views, on twenty steel plates. London.

Payne, Christiana (1993): Toil and Plenty. Images of the Agricultural Landscape in England, 1780-1890. New Haven, London.

Pearsall, William Harold/Pennington, Winifred (1973): The Lake District. A Landscape History. London.

Peitsch, Helmut (1978): Georg Forsters »Ansichten vom Niederrhein«. Zum Problem des Übergangs vom bürgerlichen Humanismus zum revolutionären Demokratismus. Frankfurt a.M. u.a.

Pelc, Martin (2014): Orte der Selbstpositionierung. Deutsche und tschechische Wandervereine in den böhmischen Ländern vor 1945. In: Stachel, Peter/Thomsen, Martina (Hg.): Zwischen Exotik und Vertrautem. Zum Tourismus in der Habsburgermonarchie und ihren Nachfolgestaaten. Bielefeld. S. 233-242.

Perry, Clay/Gore, Ann/Fleming, Laurence (1986): Old English Villages. London.

Persson, Mats (1987): Hotell och pensionat i Leksand, Siljansnäs och Ål genom tiderna. In: Rosander, Göran (Hg.): Turisternas Leksand. Turismen i Leksand, Siljansnäs och Ål genom tiderna. Leksand. S. 129-176.

Petri, Franz/Droege, Georg (Hg.) (1976-1979): Rheinische Geschichte. 4 Bde. Düsseldorf.

Pfeifer, Gottfried (1936): Rez. A. Demangeon/L. Febvre: Le Rhin. Problèmes d'histoire et d'économie (Paris 1935). In: Rheinische Vierteljahrsblätter 6. S. 95-101.

Pfotenhauer, Angela/Lixenfeld, Elmar (2006): Oberes Mittelrheintal. Welterbe. Bonn.

Philip, J. Bentley (1915): Sommardagar i Sverige. Stockholm.

Phillips, John (o.J. [1855]): Phillips' Excursions in Yorkshire by the North Eastern Railway. Third Edition, Illustrated. York.

Plümer, Friedrich (1940): Der Rhein, die geopolitische Leitlinie Europas. In: Stokar, Walter von u.a.: Rheinische Geschichte als Spiegel der deutschen Geschichte. Düsseldorf. S. 225-248.

Poethen, Wilhelm (1925): Von der Romantik zum Realismus. In: Schulte, Aloys (Hg.): Tausend Jahre deutscher Geschichte und deutscher Kultur am Rhein. Düsseldorf. S. 431-441.

Pollard, Ingrid (1993): Another View. In: Feminist Review 15. Nr. 45. S. 46-50.

Ponten, Josef (1925): Der Rhein. Zwei Aufsätze. Gabe zur Feier der Tausend Jahre der Rheinlande. Berlin, Leipzig.

—— (1932): Der Strom Gottes. Paul Therstappen zum 60. Geburtstag. In: Rheinische Heimatblätter 9. Ausgabe B. S. 164-167.

——/Winckler, Josef (Hg.) (1925): Das Rheinbuch. Eine Festgabe rheinischer Dichter. Berlin, Leipzig.

Potts, Alex (1989): »Constable Coutry« between the wars. In: Samuel, Raphael (Hg.): Patriotism: The Making and Unmaking of British National Identity. Volume III: National Fictions. London, New York. S. 160-186.

Poulter, Gillian (2004): Montreal and its Environs. Imagining a National Landscape, 1867-1885. In: Journal of Canadian Studies 38. H. 3. S. 69-101.

Pretzel, Ulrike (1995): Literaturform Reiseführer im 19. und 20. Jahrhundert. Untersuchungen am Beispiel des Rheins. Frankfurt a.M. u.a.

Priestley, John B. (1935): The Beauty of Britain. In: Ford, Charles Bradley (Hg.): The Beauty of Britain. A Pictorial Survey. New York, London. S. 1-10.

—— (Hg.) (1939): Our Nation's Heritage. London.

—— (1939): Britain is in Danger. In: Ders. (Hg.): Our Nation's Heritage. London. S. 163-169.

—— (2018 [urspr. 1934]): English Journey. Bradford.

Prins Wilhelm (1944): Inom egna gränser. Svenska bildrutor. Stockholm.

Pugh, Simon (Hg.) (1990): Reading Landscape. Country – City – Capital. Manchester, New York.

Pulbrook, Ernest C. (o.J. [1922]): English Country Life and Work. An Account of Some Past Aspects and Present Features. London.

—— (²1926 [urspr. 1914]): The English Countryside. London.

Purdue, A. W. (2010): The Landed Estate and the Making of Northumberland Landscape, 1700-1914. In: Faulkner, Thomas/Berry, Helen/Gregory, Jeremy (Hg.): Northern Landscapes. Representations and Realities of North-East England. Woodbridge. S. 41-52.

Quelle, Otto (1926): Industriegeographie der Rheinlande. Bonn.

Quigley, Hugh (1936): The Highlands of Scotland. London.

Rada, Uwe (2005): Die Oder. Lebenslauf eines Flusses. Berlin.

Radcliffe, Ann (1975 [urspr. 1795]): A Journey Made in the Summer of 1794, through Holland and the Western Frontier of Germany. Hildesheim, New York.

Rådström, Anne Marie (²2002 [urspr. 1980]): Fröken Ottil. En bok om Ottila Adelborg – barnens konstnär och en pionjär för folklig kultur. Falun.

Ramsten, Märta/Ternhag, Gunnar (2006): Anders Zorn och musiken. Mora.

Randel, Ane (1922): I världens hjärta: Siljansdalen. Några dalminnen från världskrigets första vår. In: Svensk turisttidning 1. S. 215-217.

Rathke, Ursula (1979): Preußische Burgenromantik am Rhein. Studien zum Wiederaufbau von Rheinstein, Stolzenfels und Sooneck (1823-1860). München.

—— (1980): Schloß- und Burgenbauten. In: Trier, Eduard/Weyres, Willy (Hg.): Kunst des 19. Jahrhunderts im Rheinland. Bd. 2: Architektur II. Profane Bauten und Städtebau. Düsseldorf. S. 343-362.

Ratzel, Friedrich (1898): Deutschland. Einführung in die Heimatkunde. Leipzig.

—— (1906 [urspr. 1896]): Die deutsche Landschaft. In: Ders.: Kleine Schriften. 2 Bde. München, Berlin. Bd. 2. S. 127-150.

Rau, Susanne (2013): Räume. Konzepte, Wahrnehmungen, Nutzungen. Frankfurt a.M., New York.

Raumer, Kurt von (1936): Der Rhein im deutschen Schicksal. Reden und Aufsätze zur Westfrage. Berlin.

Rave, Paul Ortwin (1938): Zur Einführung. In: O.A.: Der deutsche Rhein. Wanderungen und Fahrten der Romantik. Berlin. S. 11-16.

Ravenstein, August (1845): Ravenstein's topographisches Taschen-Panorama des Rheins von Mainz bis Köln. Mit humoristischen Randzeichnungen. Frankfurt a.M.

Rawding, Charles/Blakey, P./Hind, David W. G. (2004): The Lake District as a Tourist Destination in the 21st Century. In: Hind, David W. G./Mitchell, John P. (Hg.): Sustainable Tourism in the English Lake District. Sunderland. S. 75-100.

Readman, Paul (2008): Land and Nation in England. Patriotism, National Identity, and the Politics of Land, 1880-1914. Woodbridge.

—— (2018): Storied Ground. Landscape and the Shaping of English National Identity. Cambridge u.a.

Region Dalarna (o.J. [2010]): Ikoners betydelse för en plats. Vad ska Dalarna göra med dalahästen? O.O. (URL: https://www.yumpu.com/sv/document/view/20152826/2010-rapport-vad-ska-dalarna-gora-med-dalahasten-pdf [20.3.2020]).

—— (o.J.): Pumpa of Dalarna. O.O.

Reichler, Claude (2005): Entdeckung einer Landschaft. Reisende, Schriftsteller, Künstler und ihre Alpen. Zürich.

Reichsstelle für Raumordnung (1938): Landschaftsgestaltung am Rhein. In: Raumforschung und Raumordnung 2. S. 325-327.

Rellstab, L. (1836): Empfindsame Reisen. Nebst einem Anhang von Reise-Berichten, -Skizzen, -Episteln, -Satiren, -Elegien, Jeremiaden u.s.w. aus den Jahren 1832 und 1835. 2 Bde. Leipzig.

Rentzhog, Sten (2007): Friluftsmuseerna. En skandinavisk idé erövrar världen. Stockholm.

Reynolds, Fiona (2017): The Fight for Beauty. Our Path to a Better Future. London.

Reynolds, Graham (1983): Constable's England. New York, London.

Rheinischer Verein für Denkmalpflege und Landschaftsschutz (o.J. [1997]): Rheintal-Charta. Köln.

—— (Hg.) (1999): Das Rheintal. Schutz und Entwicklung. Die Rheintal-Konferenz des Rheinischen Vereins für Denkmalpflege und Landschaftsschutz am 6./7. November 1997 in Mainz. Eine Dokumentation. Köln.

Rhodes, Ebenezer (1824): Peak Scenery; or, the Derbyshire Tourist. London.

Riehl, Wilhelm Heinrich (1859 [urspr. 1850]): Das landschaftliche Auge. In: Ders.: Culturstudien aus drei Jahrhunderten. Stuttgart. S. 57-79.

—— (1891): Eine Rheinfahrt mit Victor Scheffel. In: Ders.: Kulturgeschichtliche Charakterköpfe. Aus der Erinnerung gezeichnet. Stuttgart. S. 207-236.

Riemann, Angelika (1988): Rheinlust und Reisefieber. In: Boldt, Hans u.a. (Hg.): Der Rhein. Mythos und Realität eines europäischen Stromes. Köln. S. 203-222.

Ritter, Joachim (1963): Landschaft. Zur Funktion des Ästhetischen in der modernen Gesellschaft. Münster.

Robertson, Eric (1911): Wordsworthshire. An Introduction to a Poet's Country. London.

Robinson, John (1819): A Guide to the Lakes, in Cumberland, Westmorland, and Lancashire. London.

Romantischer Rhein Tourismus GmbH (2011): Tourismusstrategie Romantischer Rhein. Unser Handlungsleitfaden. St. Goarshausen.

Romson, Anna (Hg.) (2004): Fotografier av Karl Lärka 1916-1934. Stockholm.

Rönneper, Heino (1998): Das Rheintal als Unesco-Kulturlandschaft. In: Rheinische Heimatpflege 35. S. 8-15.

Roos, Anna Maria (1918): Dalarna. Läsebok för skola och hem. Uppsala.

Rosander, Göran (1976): Dalaturism under hundra år. In: Ders. (Hg.): Turisternas Dalarna (Dalarnas hembygdsbok 1976). Falun. S. 45-64.

—— (Hg.) (1976): Turisternas Dalarna (Dalarnas hembygdsbok 1976). Falun.

—— (1984): Herrarbete. In: Pettersson, Täpp John-Erik/Karlsson, Ove (Hg.): Mora. Ur Mora, Sollerö, Venjans och Vämhus socknars historia. 3 Bde. Mora. Bd. 1. S. 275-330.

—— (1987a): Från herrskapsturism till turistindustri. Turismen i Leksand kommun genom tiderna. In: Ders. (Hg.): Turisternas Leksand. Turismen i Leksand, Siljansnäs och Ål genom tiderna. Leksand. S. 13-93.

—— (1987b): Tällberg – turistbyn framför andra. In: Ders. (Hg.): Turisternas Leksand. Turismen i Leksand, Siljansnäs och Ål genom tiderna. Leksand. S. 231-259.

—— (1987c): »Besatta av Dalflugan«. In: Ders. (Hg.): Turisternas Leksand. Turismen i Leksand, Siljansnäs och Ål genom tiderna. Leksand. S. 309-346.

—— (1993): Hur Dalarna blev svenskt ideal. In: Saga och sed. S. 57-73.

—— (1994): Dalabilden i resehandböcker och turistbroschyrer. In: Östborn, Andreas (Hg.): Från Kulturdagarna i Bonäs bygdegård den 28 och 29 juni 1993: Turisternas Dala-bild. Mora. S. 7-42.

—— (1999): Lokal kulturell identitet. In: Pettersson, Täpp John-Erik/Karlsson, Ove (Hg.): Mora. Ur Mora, Sollerö, Venjans och Vämhus socknars historia. 3 Bde. Mora. Bd. 3. S. 339-394.

—— u.a. (1991): Karl-Erik Forsslund. Författaren, folkbildaren, hembygdsvårdaren. Falun, Hedemora.

Rosén, Bo (1959): Siljansbygden måste bevaras. In: Bygd och natur. Årsbok. S. 47-51.

—— (1965): Siljansbygden i närbild. Stockholm.

Rosengren, Henrik (2001): »Cause célèbre«. »Juden« som nationellt hot i Sverige 1917-1929. Tre fallstudier. C-uppsats, Lunds Universitet.

Rosenkranz, Heinrich (1830): Panorama des Rheins von Coeln nach Mainz. Frankfurt a.M.

Rouse, Clive (1936): The Old Towns of England. London.

Rowley, Trevor (2006): The English Landscape in the Twentieth Century. London, New York.

Rudberg, Eva (1999): The Stockholm Exhibition 1930. Modernism's Breakthrough in Swedish Architecture. Stockholm.

Ruppel, K. H. (1930): Der Rhein als Landschaft. In: Der Rhein ist frei. Festschrift zum 125jährigen Jubiläum der Kölnischen Zeitung. Köln. S. 58f.

Ruskin, John (o.J. [1876]): Preface. In: Somervell, Robert: A Protest Against the Extension of Railways in the Lake District. Windermere. S. 1-9.

Russell, Dave (2004): Looking North. Northern England and the national imagination. Manchester, New York.

Rutherford, Sarah (2013): Claife Station and the Picturesque in the Lakes. In: Walton, John K./Wood, Jason (Hg.): The Making of a Cultural Landscape. The English Lake District as Tourist Destination, 1750-2010. Farnham. S. 201-218.

Rutland, John Henry Manners (1822): A tour through part of Belgium and the Rhenish Provinces. London.

Rydberg, Sven (1957): Dalälven – industrifloden. Stockholm.

—— (1960): Naturvård och industri. In: Hallerdt, Björn (Hg.): Landskapsvård i Dalarna. Falun. S. 37-52.

—— (1972): Skogarna i Svartnäs. In: Svenska turistföreningen, årsskrift 1972: Dalarna. Stockholm. S. 238-250.

—— (1984): Rörelsens rötter. In: Dalarnas Hembygdsbok. S. 9-49.

—— (1992): Dalarnas industrihistoria 1800-1980. Några huvudlinjer. Falun, Hedemora.

Sagnac, Philippe (1917): Le Rhin Français pendant la Révolution et l'Empire. Paris.

Said, Edward (2009 [urspr. 1978]): Orientalismus. Frankfurt a.M.

Sandbach, Francis (1981): The early campaign for a national park in the Lake District. In: Kain, Roger (Hg.): Planning for Conservation. London. S. 117-140.

Sander, August (2014): Rheinlandschaften. Photographien 1926-1946. Mit einem Text von Wolfgang Kemp. München.

Sandström, Birgitta (Hg.) (2001): Karl Lärka. Odalman, fotograf, hembygdsvårdare. Mora.

—— (Hg.) (2004): Anders Zorn. Självbiografiska anteckningar. Mora.

—— (2014): Emma Zorn. Stockholm.

Sattler, Alfred (1993): Rheinpanoramen. Reisehilfen und Souvenirs. Köln.

Sauermann, Dietmar (Hg.) (1990): Gute Aussicht. Beiträge und Bilder aus der Frühzeit des Fremdenverkehrs im Sauerland. Rheda-Wiedenbrück.

Saure, Guido (2003): »Ein ganz besonderer Ort«. Kultur- und Landschaftsführer durch das Obere Mittelrheintal. Koblenz.

Schaarschmidt, Thomas (2009): Der Wilde Westen im Osten. Die nationalsozialistische Heimatpropaganda in Sachsen und das »frontier«-Paradigma Frederick Jackson Turners. In: Großbölting, Thomas/Willenius, Roswitha (Hg.): Landesherrschaft – Region – Identität. Der Mittelelberaum im historischen Wandel. Halle. S. 250-263.

Schaden, Christoph (Hg.) (2016): Bilderstrom. Der Rhein und die Fotografie, 2016-1853. Berlin.

Schäfer, Ulrich (2010): Schloss Drachenburg im Siebengebirge. Berlin, München.

Schäfke, Werner (⁴2006): Der Rhein von Mainz bis Köln. Eine Reise durch das romantische Rheintal. Köln.

Schaff, Barbara (2012): »A scene so rude, so wild as this, yet so sublime in barrenness«: Ein neuer Blick auf Schottland in der Reiseliteratur der Romantik. In: Noll, Thomas/Stobbe, Urte/Scholl, Christian (Hg.): Landschaft um 1800. Aspekte der Wahrnehmung in Kunst, Literatur, Musik und Naturwissenschaften. Göttingen. S. 207-226.

Scharff, Virgina J. (2003): Seeing Nature through Gender. Lawrence/KS.

Scharr, Kurt (2010): »Die Landschaft Bukowina«. Das Werden einer Region an der Peripherie 1774-1918. Wien, Köln, Weimar.

Scheuren, Caspar (2008 [urspr. 1842-1847]): Stolzenfels-Album. Koblenz (URL: https://www.dilibri.de/rlb/content/titleinfo/19002 [16.8.2021]).

Schier, E. S. (1838): Der Rhein. In: Spitz, Johann Wilhelm (Hg.): Das malerische und romantische Rheinland in Geschichten und Sagen, mit Stahlstichen. Düsseldorf. S. 1f.

Schildt, Göran (1942): Ett sommarhem vid Siljan. In: Svenska hem i ord och bilder 30. S. 81-83.

Schlegel, Friedrich (1959 [urspr. 1805]): Briefe auf einer Reise durch die Niederlande, Rheingegenden, die Schweiz und einen Teil von Frankreich. In: Ders.: Ansichten und Ideen von der christlichen Kunst. München u.a. S. 153-204.

Schlegel, Friedrich (1980 [urspr. 1803]): Reise nach Frankreich. In: Ders.: Werke in zwei Bänden. Berlin, Weimar. Bd. 2. S. 213-244.

Schmidt, Hans M. (1992): Burgenromantik im Rheinland. Und zum Einfluss englischer Architektur im 19. Jahrhundert. In: Honnef, Klaus/Weschenfelder, Klaus/Haberland, Irene (Hg.): Vom Zauber des Rheins ergriffen... Zur Entdeckung der Rheinlandschaft vom 17. bis 19. Jahrhundert. München. S. 307-318.

Schmidt, Johann Wilhelm (1801): Reise durch einige schwedische Provinzen bis zu den südlichen Wohnplätzen der nomadischen Lappen. Mit mahlerischen Ansichten nach der Natur gezeichnet von Carl Gustav Gillberg. Hamburg.

Schmitt, Michael (1996): Die illustrierten Rhein-Beschreibungen. Dokumentation der Werke und Ansichten von der Romantik bis zum Ende des 19. Jahrhunderts. Köln, Weimar, Wien.

Schmitthenner, Heinrich (1928-1931): Die kulturveränderte Landschaft und das Siedlungsbild der Gegenwart. In: Haushofer, Karl (Hg.): Erdraum und Erdkräfte. Der natürliche Lebensraum. 3 Bde. Berlin. Bd. 3, 3. Buch. S. 288-352.

Schmoll, Friedemann (2004): Erinnerung an die Natur. Die Geschichte des Naturschutzes im deutschen Kaiserreich. Frankfurt a.M., New York.

Schneider, Helmut J. (Hg.) (1983): Der Rhein. Seine poetische Geschichte in Texten und Bildern. Frankfurt a.M.

Schneider, Norbert ([2]2009): Geschichte der Landschaftsmalerei. Vom Spätmittelalter bis zur Romantik. Darmstadt.

Schopenhauer, Johanna (1831): Ausflug an den Niederrhein und nach Belgien im Jahr 1828. 2 Bde. Leipzig.

Schreiber, Aloys (1812): Anleitung den Rhein von Schaffhausen bis Holland, die Mosel von Coblenz bis Trier, die Bäder am Taunus, das Murgthal, Neckarthal und den Odenwald zu bereisen. Heidelberg.

Schroer, Markus (2006): Räume, Orte, Grenzen. Auf dem Weg zu einer Soziologie des Raums. Frankfurt a.M.

Schüler-Beigang, Christian (2001): Burgenbau. In: Landesamt für Denkmalpflege Rheinland-Pfalz (Hg.): Das Rheintal von Bingen und Rüdesheim bis Koblenz. Eine europäische Kulturlandschaft. Mainz. S. 228-279.

Schütz, Christian Georg (1822): Die Rheingegenden von Mainz bis Cöln in vier und zwanzig Ansichten. Frankfurt a.M.

Schütz, Wilhelm (o.J. [ca. 1907]): Rhein-Panorama. Eisenach.

Schulte, Aloys (1923): Der Rhein und seine Funktion in der Geschichte. Köln.

Schultze-Naumburg, Paul (1924): Vom Verstehen und Genießen der Landschaft. Rudolstadt.

Schwarz, Uwe (1993): Die Rheinpanoramen. Ausdruck der Rheinromantik und Reiselust im 19. Jahrhundert. In: Zögner, Lothar: Flüsse im Herzen Europas. Rhein – Elbe – Donau. Kartographische Mosaiksteine einer europäischen Flußlandschaft. Berlin. S. 29-36.

Schwarze, Wolfgang (Hg.) (1966): Romantische Rheinreise. 114 Faksimilestiche der Orte und Städte am ganzen Rheinlauf. Texte geplaudert von Rudi vom Endt. Wuppertal.

Scott-Moncrieff, George (o.J. [1939]): The Lowlands of Scotland. London.

Scotti, Roland (1992): Rheinklänge ohne Romantik. Zwischen Abbild und Zeichen: Der Rhein im 20. Jahrhundert. In: Gassen, Richard W./Holeczek, Bernhard (Hg.): Mythos Rhein. Ein Fluß – Bild und Bedeutung. Ludwigshafen. S. 115-167.

Scutt, Rebecca (1996): In Search of England: Popular Representations of Englishness and the English Countryside. Centre for Rural Economy Working Paper Series. Working Paper 22. Newcastle upon Tyne.

Sehlin, Halvar (1998): Känn ditt land. STF:s roll i den svenska turismens historia. Stockholm.

Seifert, Alwin (1941): Im Zeitalter des Lebendigen. Natur, Heimat, Technik. Dresden, Planegg vor München.

Seifert, Manfred/Fischer, Norbert (2012): Zur Entwicklung des Landschaftsbegriffs. Stationen des gesellschaftlichen Wissensbestands und jüngerer fachwissenschaftlicher Diskurs [sic]. In: Krebs, Stefanie/Seifert, Manfred (Hg.): Landschaft quer Denken. Theorien – Bilder – Formationen. Leipzig. S. 317-343.

Selling, Olof H. (Hg.) (1970): Resa i Dalarna 1765 av Johan Isac Adelswärd, Johan Gottlieb, Henric och Hans Jacob Gahn. Falun.

Semmens, Kristin: Seeing Hitler's Germany. Tourism in the Third Reich, Houndmills 2005.

Sharp, Thomas (o.J. [1939]): Northumberland & Durham Shell Guide. London.

Shields, Rob (1991): Places on the margin. Alternative geographies of modernity. London, New York.

Shoard, Marion (1997 [urspr. 1987]): This Land is Our Land. The Struggle for Britain's Countryside. London.

Short, John Rennie (1991): Imagined country. Environment, culture and society. London, New York.

Shrubsole, Guy (2019): Who Owns England? How We Lost Our Green & Pleasant Land & How to Take It Back. London.

Siekmann, Roland (2004): Eigenartige Senne. Zur Kulturgeschichte der Wahrnehmung einer peripheren Landschaft. Lemgo.

Simmel, Georg (2001 [urspr. 1913]): Philosophie der Landschaft. In: Ders.: Aufsätze und Abhandlungen 1909-1918. 2 Bde. Frankfurt a.M. Bd. 1. S. 471-482.

Simrock, Karl (1840): Warnung vor dem Rhein. In: Rheinisches Jahrbuch für Kunst und Poesie 1. S. 501f.

Simrock, Karl (1975 [urspr. 1840]): Das malerische und romantische Rheinland. Hildesheim, New York.

Skagerberg, Agneta (1974): Bygd i förvandling. Dalarna. Borlänge.

Skoneczny, Ingo (1983): Regionalplanung im faschistischen Italien. Die Besiedlung der pontinischen Sümpfe. Berlin.

Slagstad, Rune (2018): Da fjellet ble dannet. Oslo.

Smith, Anthony D. (2013): The Nation made real. Art and national identity in Western Europe, 1600-1850. Oxford.

Smith, Jos (2017): The New Nature Writing: Rethinking the Literature of Place. London.

Smith, Roly (2000): The Peak district. The Official National Park Guide. Newton Abbot.

Snodin, Michael/Stavenow-Hidemark, Elisabet (Hg.) (1998): Carl och Karin Larsson. Skapare av ett svenskt ideal. Stockholm.

Sörenson, Ulf (1996): Järnet i landskapet. In: Svenska turistföreningens årsbok 1997: Dalarna. O.O. S. 156-175.

Sörlin, Sverker (1988): Framtidslandet. Debatten om Norrland och naturresurserna under det industriella genombrottet. Stockholm.

—— (1998): Artur Hazelius och det nationella arvet under 1800-talet. In: Medelius, Hans/Nyström, Bengt/Stavenow-Hidemark, Elisabet (Hg.): Nordiska museet under 125 år. Stockholm. S. 16-39.

Solnit, Rebecca (2000): Wanderlust. A History of Walking. New York.

Somervell, Robert (o.J. [1876]): A Protest Against the Extension of Railways in the Lake District. Windermere.

Sooväli, Helen (2004): Saarema Waltz. Landscape Imagery of Saarema Island in the 20th Century. Tartu.

Souden, David/Starkey, David (1985): This Land of England. London.

Spies, Wilhelm (1924): Rheinkunde. Drei Teile in einem Band: Der werdende Rhein. Das historische Rheinbild. Der schaffende Rhein. Köln.

—— (1925): Der Rhein. In: Wentzcke, Paul/Lux, Hans Arthur (Hg.): Rheinland. Geschichte und Landschaft, Kultur und Wirtschaft der Rheinprovinz. Düsseldorf. S. 173-198.

Spitz, Johann Wilhelm (Hg.) (1838): Das malerische und romantische Rheinland in Geschichten und Sagen, mit Stahlstichen. Düsseldorf.

Stadius, Uno (1936): Kampår och brytningstider i svenskt kulturliv. Minnen från Sverige. Stockholm.

Stadt Lorch am Rhein/Stadt Rüdesheim am Rhein (2005): Baufibel. O.O.

Stanfield, Clarkson (1838): Sketches on the Moselle, the Rhine and the Meuse. London.

Stegemann, Hermann (1924): Der Kampf um den Rhein. Das Stromgebiet des Rheins im Rahmen der großen Politik und im Wandel der Kriegsgeschichte. Berlin, Leipzig.

Steinbach, Franz (1925): Schicksalsfragen der rheinischen Geschichte. In: Brües, Otto (Hg.): Der Rhein in Vergangenheit und Gegenwart. Eine Schilderung des Rheinstroms und seines Gebietes von den Quellen bis zur Mündung, mit besonderer Berücksichtigung von Land und Leuten, Geschichte, Geistesleben und Kunst, Landwirtschaft und Industrie. Stuttgart, Berlin, Leipzig. S. 107-178.

Steinmeyer, Heinz (1927): Die Staffage der romantischen Landschaft zu Anfang des 19. Jahrhunderts unter besonderer Berücksichtigung der Rheinansichten. Köln.

Stengel, Edmund E. (1926): Deutschland, Frankreich und der Rhein. Eine geschichtliche Parallele. Langensalza.

Stephan, Heinz (1924): Der Rhein in der Reisebeschreibung. In: Rheinische Heimat 3. S. 91-94.

Sterner, Maj (1931a): Siljansborg i Dalarne. In: Svenska hem i ord och bilder 19. S. 129-136.

—— (1931b): Advokat och fru Bertil Ihrman. Magasinsgatan 7, Falun. In: Svenska hem i ord och bilder 19. S. 225-240.

—— (1932a): Spadarfvet i Sundborns socken i Dalarne. Kapten och fru Axel Frieberg. In: Svenska hem i ord och bilder 20. S. 15-22.

—— (1932b): »Geschwornergården« vid Falun gruva. Bibliotekarien och fru Alvar Silows hem i en minnesrik omgivning. In: Svenska hem i ord och bilder 20. S. 81-88.

—— (1933): Fröken Anna Eklunds Rutgården i Styrsjöbo by, Dalarna. In: Svenska hem i ord och bilder 21. S. 235-242.

Stieler, Hans/Wachenhusen, H./Hackländer, F. W. (1978 [urspr. 1875]): Rheinfahrt. Von den Quellen des Rheins bis zum Meere. Hannover.

Stoklund, Bjarne (1999): How the Peasant House Became a National Symbol. A Chapter in the History of Museums and Nation-Building. In: Ethnologia Europaea 29. S. 5-18.

Stremlow, Matthias (1998): Die Alpen aus der Untersicht. Von der Verheissung der nahen Fremde zur Sportarena. Kontinuität und Wandel von Alpenbildern seit 1700. Bern, Stuttgart, Wien.

Strömbom, Sixten/Lundwall, Sten (1937): Dalarna i Konsten. Stockholm.

Strong, Roy (1996): Country Life 1897-1997. The English Arcadia. London.

Stuart, Donald (1930): Erholungsprovinz Rheinland. In: Der Rhein ist frei. Festschrift zum 125jährigen Jubiläum der Kölnischen Zeitung. Köln. S. 66-68.

Suliman, Annisa (2007): Diamonds or Beasts? Re-mapping English Conceptions of Northerness in the Late Victorian Periodical. In: Ehland, Christoph (Hg.): Thinking Northern. Textures of Identity in the North of England. Amsterdam, New York. S. 139-162.

Sundin, Bosse (1991): Storgårdens författare. En inledande presentation. In: Forsslund, Karl-Erik: Storgården. En bok om ett hem. Uddevalla. S. V-XVII.

Svärdström, Svante (1947): Blick på Dalarna. In: På skidor. Skid- och friluftsfrämjandets årsskrift. S. 90-109.

—— (1948 [urspr. 1944]): Dubbelblick på Dalarna. In: Gammalt och nytt från Dalarna. Sammanfört ur Falu-Kuriren årgångarna 1944-1947. Falun. S. 60-63.

—— (1951): Tag fasta på vardagens Dalarna, vädra ut romantiska rekvisitan! In: Gammalt och nytt från Dalarna. Sammanfört ur Falu-Kuriren årgångarna 1948-1950. Falun. S. 194-197.

Svenska turistföreningen (1904): Svenska turistföreningens resehandböcker. XII. Dalarna. Stockholm.

—— (1905): Svenska turistföreningens årsskrift för år 1905. Stockholm.

—— (⁵1922): Svenska turistföreningens resehandböcker. XII. Dalarna. Stockholm.

—— (1926): Svenska Turistföreningens årsskrift 1926. Stockholm.

—— (1941): Cykelturer i Dalarna. Stockholm.

—— (1972): Svenska turistföreningen, årsskrift 1972: Dalarna. Stockholm.

—— (1996): Svenska turistföreningens årsbok 1997: Dalarna. O.O.

—— (Hg.) (1998): Svenska turistföreningens årsbok 1999: Jämtland. Stockholm.

—— (Hg.) (1999): Svenska turistföreningens årsbok 2000: Östergötland. Stockholm.

Svensson, Sigfrid (1929): Hembygdsrörelsen – en folkrörelse. In: Ders. (Hg.): Hembygdens arv. Hembygdsgårdar och friluftsmuseeri Sverige vid ingången av år nittonhundratrettio. En översikt i ord och bild. Stockholm. S. VI-XI.

Sverkman, Evert (o.J. [1975]): Dalarna – en studieplan. Stockholm.

Swanberg, Lena Katarina (1996): Hela Sveriges hem. In: Svenska turistföreningens årsbok 1997: Dalarna. O.O. S. 42-59.

Sylwan, Georg (1918): Dalarna. Sveriges hjärta. En bok för all dalaturister och dalavänner. Stockholm.

Symonds, Henry Herbert (1936): Afforestation in the Lake District. A Reply to the Forestry Commission's White Paper of 26th August 1936. London.

Taylor, Bayard (1858): Northern Travel. Summer and Winter Pictures of Sweden, Lappland, and Norway. London.

Taylor, Harvey (1997): A Claim on the Countryside. A History of the British Outdoor Movement. Edinburgh.

Taylor, John (1994): A Dream of England. Landscape, Photography and the Tourist's Imagination. Manchester, New York.

Taylor, Peter J. (1991): The English and their Englishness: »A curiously mysterious, elusive and little understood people«. In: Scottish Geographical Magazine 107. S. 146-181.

—— (2001): Which Britain? Which England? Which North. In: Morley, David/Robins, Kevin (Hg.): British Cultural Studies. Geography, Nationality, and Identity. Oxford. S. 127-144.

Taylor, Robert R. (1998): The Castles of the Rhine. Recreating the Middle Ages in Modern Germany. Waterloo/ON.

Tebbutt, Melanie (2006): Rambling and Manly Identity in Derbyshire's Dark Peak, 1880s-1920s. In: The Historical Journal 49. S. 1125-1153.

Ternhag, Gunnar (1979): Spelmän i Dalarna. In: Ders. (Hg.): Spelmän i Dalarna. Falun. S. 5-16.

—— (1996): Det beror på. Sammeles Annas brudpolska. In: Svenska turistföreningens årsbok 1997: Dalarna. O.O.

Texier, Edmond (o.J. [1858]): Voyage pittoresque sur les bords du Rhin. Paris.

Thalheim, Karl E. (1936): Der deutsche Osten als Aufgabe und als Kraftquelle. In: Ders./ Hillen Ziegfeld, A. (Hg.): Der deutsche Osten. Seine Geschichte, sein Wesen und seine Aufgabe. Berlin. S. 585-594.

The Prince's Countryside Fund (o.J. [ca. 2019]): The Village Survival Guide. How to build a strong community. London.

Ther, Philipp (2002): Die »mental map« Europas. In: Neue Gesellschaft 49. H. 1-2. S. 60-64.

Thomas, Edward (1984 [urspr. 1909]): The South Country. London u.a.

Thomas, William Beach (1938): The English Landscape. London.

Thomée, Gustaf (1857): Sverige. En kort historisk-geografisk, statistisk och topografisk teckning af Fädernelandets Städer samt flesta öfriga Märkeliga Orter. Stockholm.

Thompson, Ian (2010): The English Lakes. A History. London, New York, Berlin.

Thum, Gregor (2006): Mythische Landschaften. Das Bild vom »deutschen Osten« und die Zäsuren des 20. Jahrhunderts. In: Ders. (Hg.): Traumland Osten. Deutsche Bilder vom östlichen Europa im 20. Jahrhundert. Göttingen. S. 181-211.

Tideström, Gunnar (1973): Vägvisare genom dalpoesin och poetisk vägvisare genom Dalarna. In: Från kulturdagarna i Bonäs bygdegård den 26-28 juni 1972. Uppsala. S. 15-76.

Timperley, Harold William (1933): The Cotswold Scene. In: Carrington, Noel (Hg.): Broadway and the Cotswolds. Birmingham. S. 7-21.

Todorova, Maria (2002): Der Balkan als Analysekategorie. Grenzen, Raum, Zeit. In: Geschichte und Gesellschaft 28. S. 470-493.

Tönnies, Ferdinand (1887): Gemeinschaft und Gesellschaft. Abhandlung des Communismus und Socialismus als empirischer Culturformen. Leipzig.

Topelius, Zacharias (2011 [urspr. 1845-1852]): Finland framställdt i teckningar. Helsinki, Stockholm.

Trepl, Ludwig (2012): Die Idee der Landschaft. Eine Kulturgeschichte von der Aufklärung bis zur Ökologiebewegung. Bielefeld.

Trotzig, Karl (1905): Dalarnas lustgård. En ko-midsommar i Floda. In: Svenska Turistföreningens årsskrift för år 1905. Stockholm. S. 1-31.

—— (1932): Hembygdsforskning och hembygdsvård i Dalarna. In: Årsbok för hembygdsvård. S. 1-13.

—— (1936): Folklynnet i Dalarna. Uttalanden i gammal och ny tid. In: Dalarnas Hembygdsbok. S. 21-81.

—— (1937): Folklynnet i Dalarna. Uttalanden i gammal och ny tid. In: Dalarnas Hembygdsbok. S. 22-76.

Tuchtenhagen, Ralph (2005): Aus den Tälern zu nationalen Höhen. Dalarna als schwedische Ideallandschaft im 19. Jahrhundert. In: Nordeuropaforum 15. S. 63-88.

—— (2007): »Nordische Landschaft« und wie sie entdeckt wurde. In: Fülberth, Andreas/Meier, Albert/Ferreti, Victor Andrés (Hg.): Nördlichkeit – Romantik – Erhabenheit. Apperzeptionen der Nord/Süd-Differenz (1750-2000). Frankfurt a.M. u.a. S. 127-142.

Tümmers, Horst-Johannes (1968): Rheinromantik. Romantik und Reisen am Rhein. Köln.

—— (1994): Der Rhein. Ein europäischer Fluß und seine Geschichte. München.

Tunander, Ingemar/Wallin, Sigurd (Hg.) (1954): Anders Tidströms resa genom Dalarna 1754. Falun.

Unge, Otto Seb. von (²1831 [urspr. 1829]): Vandring genom Dalarne, jemnte författarens resa söderut. Stockholm.

—— (o.J. [1835]): Författarens sednare Dalresa År 1833. Gammalt och Nytt. Västerås.

Urbanc, Mimi (2008): Stories about Real and Imagined Landscapes. The Case of Slovenian Istra. In: Acta Geographica Slovenica 48. S. 305-331.

Ursinus, Jean (1842): Panorama des Rheins von Mainz bis Cöln. Mainz.

Vale, Edmund (1937): North Country. London.

Vari, Alexander (2014): Die Nation im Schaukasten. Binnentourismus und Nationswerdung auf der Budapester Milleniums-Ausstellung 1896. In: Stachel, Peter/Thomsen, Martina (Hg.): Zwischen Exotik und Vertrautem. Zum Tourismus in der Habsburgermonarchie und ihren Nachfolgestaaten. Bielefeld. S. 123-133.

Veirulf, Olle (Hg.) (1951): Dalarna – ett vida berömt landskap. Stockholm.

Verein August Macke Haus e.V. (1994): Franz M. Jansen. Frühe Zyklen 1912-1914. Bonn.

Vickers, Adrian (1994): Bali. Ein Paradies wird erfunden. Geschichte einer kulturellen Begegnung. Köln, Les Bois.

Villeneuve, Louis Jules Frédéric (o.J. [ca. 1850]): Esquisses 1836. Bords du Rhin. Paris.

Vogel, F. C. (1833): F. C. Vogel's Panorama des Rheins oder Ansichten des rechten und linken Rheinufers von Mainz bis Coblenz. Frankfurt a.M.

Vogel, Jakob (2016): Natürliche oder nationale Grenze? Nationalisierung eines transnationalen Stroms im 19. Jahrhundert. In: Kunst- und Ausstellungshalle der Bundesrepublik Deutschland/Plessen, Marie-Louise von (Hg.): Der Rhein. Eine europäische Flussbiografie. München, London, New York. S. 226-239.

Vogt, Nicolaus (1804): Ansichten des Rheins. Frankfurt a.M.

——/Schreiber, Alois Wilhelm (1806): Mahlerische Ansichten des Rheins von Mainz bis Düsseldorf. Frankfurt a.M.

Voigtländer, Robert (1865): Voigtländer's Rheinbuch. Handbuch und Führer für Rheinreisende. Mit Karten, Stadtplänen und Illustrationen. Kreuznach.

Wackerbarth, August Joseph Ludwig von (1794): Rheinreise. Halberstadt.

Waine, Peter/Hilliam, Oliver (2016): 22 Ideas that Saved the English Countryside. The Campaign to Protect Rural England. London.

Waldeck, Adolph (²1849 [urspr. 1842]): Der Führer am Rhein von seiner Quelle bis zur Mündung. Ein Handbuch für Freunde der schönen Natur, der Kunst und des Alterthums. Mit ausgewählten Balladen und Liedern. Bonn.

Wallace, Doreen (1939): East Anglia. A Survey of England's Eastern Counties. London.

Walter, Martin (2018): Auf der Suche nach England. Die Konstruktion nationaler Identität in britischen Reiseberichten der Zwischenkriegszeit. Würzburg.

Walton, John K. (2013a): Setting the Scene. In: Ders./Wood, Jason (Hg.): The Making of a Cultural Landscape. The English Lake District as Tourist Destination, 1750-2010. Farnham. S. 31-48.

—— (2013b): Landscape and Society: The Industrial Revolution and Beyond. In: Ders./ Wood, Jason (Hg.): The Making of a Cultural Landscape. The English Lake District as Tourist Destination, 1750-2010. Farnham. S. 69-86.

——/McGloin, P. R. (1981): The Tourist Trade in Victorian Lakeland. In: Northern History 17. S. 153-182.

——/O'Neill, Clifford (2004): Tourism and the Lake District: Social and Cultural Histories. In: Hind, David W. G./Mitchell, John P. (Hg.): Sustainable Tourism in the English Lake District. Sunderland. S. 19-47.

Ward, Edith Marjorie (1929): Days in Lakeland. Past an Present. London.

—— (1948): Days in Lakeland. Past an Present. London.

Warner, Richard (1803): Richard Warners Reise durch die nördlichen Grafschaften von England und die Grenzen von Schotland [sic]. 2 Bde. Leipzig.

Wasser- und Schiffahrtsdirektion Duisburg (Hg.) (1951): Der Rhein. Ausbau, Verkehr, Verwaltung. Duisburg.

Wasser- und Schiffahrtsdirektion Mainz (1967): Rhein und Mosel. Kleiner Führer in Wort und Bild. Ihren Gästen von der Wasser- und Schiffahrtsdirektion Mainz überreicht. Vorläufige Ausgabe. Mainz.

Waugh, Edwin (1882 [urspr. 1861]): Rambles in the Lake Country. Manchester.

Weber, Karl Julius (1826-1828): Deutschland, oder Briefe eines in Deutschland reisenden Deutschen. 4 Bde. Stuttgart.

Weihrauch, Franz-Josef (1989): Geschichte der Rheinreise 1770-1860. Politik, Kultur, Ästhetik und Wahrnehmung im historischen Prozeß. Dissertation, Univ. Marburg.

Wein, Franziska (1992): Deutschlands Strom – Frankreichs Grenze. Geschichte und Propaganda am Rhein 1919-1930. Essen.

Weithmann, Michael W. (2000): Die Donau. Ein europäischer Fluss und seine 3000-jährige Geschichte. Regensburg u.a.

Wentzcke, Paul (1925): Rheinkampf. Zweiter Band: Der Kampf um Rhein und Ruhr 1919-1924. Berlin.

—— (1927): Rhein und Reich. Geopolitische Betrachtung der deutschen Schicksalsgemeinschaft. Bergen II.

——/Lux, Hans Arthur (Hg.) (1925): Rheinland. Geschichte und Landschaft, Kultur und Wirtschaft der Rheinprovinz. Düsseldorf.

Wenzel, Maria (2001): Die Geschichte der Denkmalpflege am Mittelrhein. In: Landesamt für Denkmalpflege Rheinland-Pfalz (Hg.): Das Rheintal von Bingen und Rüdesheim bis Koblenz. Eine europäische Kulturlandschaft. Mainz. S. 437-447.

Werner, Jeff/Björk, Tomas (2014): Blond och blåögd. Vithet, Svenskhet och visuell kultur/Blond and Blue-eyed. Whiteness, Swedishness, and Visual Culture. Göteborg.

Werquet, Jan (2002): Inszenierungen einer »historischen« Landschaft. Gartenkunst und künstlerische Landschaftsgestaltung am Mittelrhein. In: Landesmuseum Koblenz (Hg.): Der Geist der Romantik in der Architektur. Gebaute Träume am Mittelrhein. Regensburg. S. 121-129.

—— (2010): Historismus und Repräsentation. Die Baupolitik Friedrich Wilhelm IV. in der preußischen Rheinprovinz. Berlin, München.

West, Thomas (1778): A Guide to the Lakes: Dedicated to the lovers of landscape studies, and to all who have visited, or intend to visit the Lakes in Cumberland, Westmorland, and Lancashire. London.

Whitehead, Phyllis (1966): They came to the Lakes: A guide to the homes of famous poets and writers. Clapham.

Whyte, Ian D. (2002): Landscape and History since 1500. London.

Wiedemann, Felix (2012): Orientalismus, Version 2.0. In: Docupedia-Zeitgeschichte 19.5.2021 (URL: http://docupedia.de/zg/Wiedemann_orientalismus_v2_de_2021 [18.11.2021]).

Wiepking-Jürgensmann, Heinrich Friedrich (1942): Die Landschaftsfibel. Berlin.

Wiesing, Lambert (2008): Die Sichtbarkeit des Bildes. Geschichte und Perspektiven der formalen Ästhetik. Frankfurt a.M., New York.

Wiklund, O. (1876): Minne af Dalarne. 24 fotografiska vyer med upplysande text. Västerås.

Wilhelm, Jürgen/Zehnder, Frank Günter (2002): Der Rhein. Bilder und Ansichten von Mainz bis Nijmegen. Köln.

Williams-Ellis, Clough (Hg.) (1938): Britain and the Beast. London.

Winberg, Edla (1882): Sagor och minnen från Rhen. Tre föredrag. Helsinki.

Winckler, Josef (1925): Der Rheinbagger. Eine Rhapsodie. In: Ponten, Josef/Winckler, Josef (Hg.): Das Rheinbuch. Eine Festgabe rheinischer Dichter. Berlin, Leipzig. S. 282-305.

Winter, Emil (o.J. [ca. 1905]): Relief-Panorama des Rheines in Kupferdruck. O.O.

—— (o.J. [ca. 1925]): Relief-Panorama des Rheines in Kupferdruck. Köln.

Wippermann, Wolfgang (2007): Die Deutschen und der Osten. Feindbild und Traumland. Darmstadt.

Wirtgen, Philipp (o.J. [1839]): Das Ahrthal und seine sehenswerthesten Umgebungen. Ein Leitfaden für Reisende. Bonn.

Withers, Charles W. J. (1996): Place, Memory, Monument. Memorializing the Past in Contemporary Highland Scotland. In: Ecumene 3. S. 325-344.

Wolf, Manfred (1956): Der Rhein als Heirats- und Wandergrenze. In: Homo 7. S. 2-13.

Wolff, Arnold (1980): Der Kölner Dom. In: Trier, Eduard/Weyres, Willy (Hg.): Kunst des 19. Jahrhunderts im Rheinland. 5 Bde. Düsseldorf. Bd. 1. S. 55-73.

Wolters, Friedrich (1927): Der Rhein. Unser Schicksal. In: Ders.: Vier Reden über das Vaterland. Breslau. S. 99-170.

——/Elze, Walter (Hg.) (1923): Stimmen des Rheines. Ein Lesebuch für die Deutschen. Breslau.

Wood, Christopher (1988): Paradise Lost. Paintings of English Country Life and Landscape, 1850-1914. London.

Woof, Robert (1986): The Matter of Fact Paradise. In: The Lake District. A sort of national property. Papers presented to a symposium held at the Victoria & Albert Museum, 20-22 October 1984. Cheltenham. S. 9-27.

Wordsworth, William (1835): A Guide Through the Districts of the Lakes in the North of England, with a Description of the Scenery, &c. For the Use of Tourists and Residents. Fifth Edition, with Considerable Additions. Kendal.

—— (o.J. [ca. 1845]): Kendal and Windermere Railway. Two Letters Re-Printed from the Morning Post. Kendal.

—— (1864): Our English Lakes, Mountains, and Waterfalls as seen by William Wordsworth. London.

Wozniakowski, Jacek (1987): Die Wildnis. Zur Deutungsgeschichte des Berges in der europäischen Neuzeit. Frankfurt a.M.

Wrangham, C. E. (Hg.) (1983): Journey to the Lake District from Cambridge 1779. A diary written by William Wilberforce. Boston, Henley-on-Thames, London.

Wright, Patrick (2001): Deep and True? Reflections on the Cultural Life of the English Countryside. The BBC Proms Lecture as broadcast on Radio Three from the Victoria & Albert Museum at 5.30 pm on Sunday 19 August 2001 (URL: www.patrickwright.net/wp-content/uploads/pwright-proms-lecture-2001.pdf [3.9.2019]).

Wünsch, Anton (o.J. [ca. 1830]): Ansichten vom Rhein von Mainz bis Cöln. O.O.

Wyck, H. J. Frhr. van der (1825): Der Mittel-Rhein und Mannheim in hydrotechnischer Hinsicht. Mannheim.

Yoshikawa, Saeko (2014): William Wordsworth and the Invention of Tourism, 1820-1900. Farnham, Burlington/VT.

Yrgård, Erik M. (1981): Fest och glädje. In: Alsén, Hans u.a.: Tradition och förnyelse i Anders Diös' byggenskap. En hyllningsskrift den 21 februari 1981 till Anders Diös. Uppsala. S. 87-99.

Zechner, Johannes (2006): Der »Deutsche Wald« als nationalsozialistische Ideallandschaft. In: Kazal, Irene u.a. (Hg.): Kulturen der Landschaft. Ideen von Kulturlandschaft zwischen Tradition und Modernisierung. Berlin. S. 293-303.

Zedler (1742): Art. »Rhein«. In: Zedler, Johann Heinrich (Hg.): Grosses vollständiges Universal-Lexikon Aller Wissenschafften und Künste, Welche bißhero durch menschlichen Verstand und Witz erfunden und verbessert worden [...]. 68 Bde. Halle, Leipzig. Bd. 31. Sp. 1104-1109.

Zimmerer, Jürgen (2004): Die Geburt des »Ostlandes« aus dem Geiste des Kolonialismus. Die nationalsozialistische Eroberungs- und Beherrschungspolitik in (post-)kolonialer Perspektive. In: Sozial.Geschichte N.F. 19. S. 10-43.

Zimmermann, Jörg (2001a): Das Mittelrheintal als Paradigma einer assoziativen Kulturlandschaft. In: Landesamt für Denkmalpflege Rheinland-Pfalz (Hg.): Das Rheintal von Bingen und Rüdesheim bis Koblenz. Eine europäische Kulturlandschaft. Mainz. S. 464-471.

—— (2001b): Das Mittelrheintal – Zur ästhetischen Dimension einer Kulturlandschaft. In: Landesamt für Denkmalpflege Rheinland-Pfalz (Hg.): Das Rheintal von Bingen und Rüdesheim bis Koblenz. Eine europäische Kulturlandschaft. Mainz. S. 659-685.

Zschokke, Emil u.a. (o.J. [ca. 1850]): Voyage pittoresque des bords du Rhin. Dessiné par Louis Bleuler et Federly, gravé par Hurlimann, Hemety, Saladé et Weber, et accompagné d'un texte explicatif traduit librement sur le manuscrit allemand de Em. Zschokke. Laufen.

Zweckverband Welterbe Oberes Mittelrheintal (2007a): Leitlinien des Fachbeirats. Zusammenfassung. St. Goarshausen.

—— (2007b): Handbuch Corporate Design. »Umsetzung des Kommunikationskonzeptes«. St. Goarshausen.

—— (2008): Kulturlandschafts-Entwicklungskonzept (KLEK). Kurzfassung. Rengsdorf, St. Goarshausen.

—— (2012): Handlungsprogramm 2012-2017. St. Goarshausen.

Geschichtswissenschaft

Manuel Gogos
Das Gedächtnis der Migrationsgesellschaft
DOMiD – Ein Verein schreibt Geschichte(n)

2021, 272 S., Hardcover, Fadenbindung, durchgängig vierfarbig
40,00 € (DE), 978-3-8376-5423-3
E-Book: kostenlos erhältlich als Open-Access-Publikation
PDF: ISBN 978-3-8394-5423-7

Thomas Etzemüller
Henning von Rittersdorf:
Das Deutsche Schicksal
Erinnerungen eines Rassenanthropologen.
Eine Doku-Fiktion

2021, 294 S., kart.
35,00 € (DE), 978-3-8376-5936-8
E-Book:
PDF: 34,99 € (DE), ISBN 978-3-8394-5936-2

Thilo Neidhöfer
Arbeit an der Kultur
Margaret Mead, Gregory Bateson
und die amerikanische Anthropologie, 1930-1950

2021, 440 S., kart., 5 SW-Abbildungen
49,00 € (DE), 978-3-8376-5693-0
E-Book: kostenlos erhältlich als Open-Access-Publikation
PDF: ISBN 978-3-8394-5693-4

**Leseproben, weitere Informationen und Bestellmöglichkeiten
finden Sie unter www.transcript-verlag.de**

Geschichtswissenschaft

Norbert Finzsch
Der Widerspenstigen Verstümmelung
Eine Geschichte der Kliteridektomie
im »Westen«, 1500-2000

2021, 528 S., kart., 30 SW-Abbildungen
49,50 € (DE), 978-3-8376-5717-3
E-Book:
PDF: 48,99 € (DE), ISBN 978-3-8394-5717-7

Frank Jacob
Freiheit wagen!
Ein Essay zur Revolution im 21. Jahrhundert

2021, 88 S., kart.
9,90 € (DE), 978-3-8376-5761-6
E-Book: kostenlos erhältlich als Open-Access-Publikation
PDF: ISBN 978-3-8394-5761-0

Verein für kritische Geschichtsschreibung e.V. (Hg.)
WerkstattGeschichte
2021/2, Heft 84: Monogamie

2021, 182 S., kart., 4 Farbabbildungen
22,00 € (DE), 978-3-8376-5344-1
E-Book:
PDF: 21,99 € (DE), ISBN 978-3-8394-5344-5